Beatrix Spitzer

Der zweite Rosengarten

Eine Geschichte der Geburt

ELWIN STAUDE VERLAG HANNOVER

Druck: B&W Druckservice Hildesheim
Titel: Zeichnung aus Eurcharius Rösslin, Der Schwangern
        frawen und hebammen rosengarten, 1513
ISBN 3-87777-090-8

Inhalt

Vorwort

„Der zweite Rosengarten" entstand aus meinem pers   ı Interesse
als Ärztin, Medizinhistorikerin und Mutter von fün   ·rn. Mich
beschäftigte die Frage, was Schwangerschaft und Geb   eine Frau
früher bedeuteten, welche Hilfen ihr dabei gewährt ʼ   und mit
welchen Gefahren sie zu rechnen hatte. (Achtung!   ə gerade
schwanger sind, sollten Sie mit der Lektüre vielleicht   bis alles
glücklich überstanden ist.) In der modernen Geburt   heinen
die beiden Hauptanliegen — höchste Sicherheit für M   ⅟ Kind
— längst erreicht zu sein. Und doch versagt eine h‹   ısierte
Umgebung manchmal da, wo ein altes Handwerk etwas   ℩ hat.
Ein Blick in die Vergangenheit läßt moderne Geburts   ·ilen
in einem ganz neuen Licht erscheinen. Die ₁   ℩che
Perspektive hilft, Vorgänge und Handlungen besser zu ν   ınd
mitunter auch mehr zu schätzen.

Dies ist kein Lehrbuch und erhebt keinen Anspru‹   ʼl-
ständigkeit. Das Buch richtet sich an jeden, der sich für   ɖ
damit zusammenhängende Themen interessiert. Mein l
merk gilt dabei der größten Gruppe der weiblichen Bevölk
der hart arbeitenden Frau. Dies war früher die Bäuerin auf
Der zeitliche Schwerpunkt liegt auf der Neuzeit, d.h. En
Jahrhunderts bis heute. Da antikes Wissen bis weit in d
bestimmend war, bildet ein kurzer Abriß zur Geburtshi
Antike die Einleitung. Dieses Kapitel endet mit ein paar E
gen zum „Rosengarten", dem ersten deutschen Hebammen

das meinem Buch seinen Namen gab. Den räumlichen Bezugsrahmen der Arbeit stellt der deutsche Sprachraum dar, wobei sich ein Blick über die Grenzen hinaus hie und da als aufschlußreich erweist.

Es werden weder medizinische Fachkenntnisse vorausgesetzt (medizinische Fachausdrücke stehen in Klammern hinter dem deutschen Ausdruck) noch Latein- oder Griechischkenntnisse. Es kommen Zeitgenossen zu Wort, deren Aussagen mir bedeutsam erschienen. Oft sind es Vertreter der Ärzteschaft, da von ihnen wesentlich mehr schriftliche Zeugnisse vorliegen als von Hebammen und Frauen allgemein.

Das Buch gliedert sich in zwei große Teile. In der „Geburt der Geburtshilfe" geht es um die Professionalisierung des Hebammenberufs, d.h. um die Entwicklung dieses Berufes in der Geschichte bis hin zu den Aufgaben der Hebamme in der modernen Gesellschaft. Eine Geschichte des Hebammenwesens wäre nur bruchstückhaft, wenn man die Rolle des Mannes bei der Geburt unberücksichtigt ließe. Daher ist ein eigenes Kapitel dem aufkommenden Interesse männlicher Experten an der Geburtshilfe gewidmet. Im zweiten Teil, der mit „Schwangerschaft, Geburt und Wochenbett" überschrieben ist, wird auf den weiten Aufgabenbereich der Hebamme während dieser verschiedenen Phasen näher eingegangen, der sich im Laufe der Jahrhunderte ständig änderte und auch regional unterschiedlich bestimmt wurde. Den Abschluß bildet ein Kapitel zur Stellung der alleinerziehenden Frau in der Geschichte, ein Thema, das angesichts der Zunahme dieser Bevölkerungsgruppe in den letzten Jahren ganz aktuell ist.

„Der zweite Rosengarten" wäre nicht ohne das rege Interesse von Freunden, Bekannten und meines Mannes an diesem Thema entstanden. Bei der Korrektur von Fehlern sowie der Verbesserung der Verständlichkeit des Textes waren mir Gudrun Keller, Sabine Kubesch, Ulrike Selz, Maria Spitzer, Susanne Spitzer und Klaus Wendt behilflich, wofür ich ihnen sehr dankbar bin. Für die Durchsicht des Manuskripts auf inhaltliche Fehler möchte ich ganz besonders Helga Albrecht und Henriette Thomas vom Bund Deutscher Hebammen, der Hebamme Beatrice Rust, der Frauenärztin Dr. Bärbel Eberhard-Lutze sowie dem Frauenarzt Prof. Dr. C. Lauritzen danken. Bei der Klärung technischer Details sowie der Bearbeitung des Bildmaterials waren mir Jo Grothe, Bernhard Layer, mein Mann und mein Bruder sehr behilflich. Für die verbliebenen Fehler bin ich allein selbst verantwortlich.

Das Buch ist meinen Kindern gewidmet, die mein Interesse an dem Thema „Geburt" wachhielten und mein Wissen darum vertieften.

Ulm, im Dezember 1998   Beatrix Spitzer

I. Geburt der Geburtshilfe

1. Antike

Für Jahrtausende war Geburtshilfe Frauensache. Ganz gleich, welche antiken Quellen man zu Rate zieht, die Bibel der Hebräer, die Schriften von Griechen, Römern oder Arabern, immer waren es Frauen, die anderen Frauen bei der Geburt behilflich waren. Männer, meist Ärzte, traten nur in Erscheinung, wenn es zu Komplikationen kam.[1]

In der Antike wurde bereits eine Reihe von Themen der Geburtshilfe diskutiert, die heute noch von großem Interesse sind. Man machte sich beispielsweise Gedanken über

- den Beginn des Lebens im Mutterleib,
- die Feststellung der Fruchtbarkeit der Frau,
- die Bestimmung des Geschlechts des Kindes und der Schwangerschaftsdauer,
- Achtmonatskinder,
- die rechtliche Stellung der Erstgeborenen,
- die Unterscheidung einer „echten Schwangerschaft" von einer „falschen" (sogenannte Molenschwangerschaft),
- Mittel zur Abtreibung, ohne allerdings Abtreibung oder Kindstötung — gängige Praktiken zur damaligen Zeit — zu problematisieren.

Man befaßte sich mit spitzfindigen Fragen wie beispielsweise,

- ob bei bestehender Schwangerschaft die Zeugung eines weiteren Kindes möglich ist oder
- ob die Beckenknochen der Frau während der Geburt auseinandertreten.

Obwohl man in der Antike die normale Geburt recht genau kannte und beschrieb, betrachtete man sie nicht als natürlichen Vorgang, sondern als krankhafte Besonderheit, die menschliches Eingreifen erforderte.

---

[1] Bei den alten Indern waren vermutlich außer Hebammen auch Ärzte bei Normalgeburten anwesend. Fasbender 1897, S. 47, 53

Hebammen in der Bibel

Das Alte Testament enthält an mehreren Stellen Aufzeichnungen zur Geburtshilfe bei den Hebräern, die bis ins 10. Jahrhundert v.Chr. zurückreichen. Immer waren es Hebammen, die den gebärenden Frauen Beistand leisteten.[2]

An dieser Stelle sei angemerkt, daß man zwischen dem Wahrheitsgehalt der Bibel und anderer Dokumente, z.B. Geburtshilfelehrbücher, unterscheiden muß. Die Bibel gilt nach christlicher Lehre als von Gott eingegeben. Da die darin erzählten Geschichten jedoch von Menschen weitergereicht und schriftlich festgehalten wurden, kann sie auch als wichtige Geschichtsquelle interpretiert werden, die uns einen Eindruck davon vermittelt, wie die Hebräer in der Antike lebten.

Bereits im ersten Buch des Pentateuchs, in der Schöpfungsgeschichte (Genesis), wird eine Geburt geschildert.[3] Die gebärende Rahel leidet große Schmerzen und wird von einer Hebamme beruhigt. Sie gebiert einen Sohn und stirbt kurze Zeit später. Die Hebamme läßt in dieser schwierigen Geburtssituation der Natur ihren Lauf. Ihr Beistand besteht im wesentlichen in tröstenden Worten und Ermahnung zur Geduld.

---

[2] Zur Datierung des Alten Testaments sei folgendes angemerkt: Die Ereignisse, die darin geschildert werden, beginnen bei den frühesten Anfängen der Menschheitsgeschichte und enden vor der Geburt Jesu. Die ältesten Erzählungen des Alten Testaments werden in das 10. vorchristliche Jahrhundert datiert, wobei der Erzählstoff selbst vermutlich noch wesentlich älter ist und lange Zeit mündlich bewahrt wurde. Wann und von wem die verschiedenen Bücher des Alten Testaments verfaßt wurden, ist eine umstrittene Frage. Die Reihenfolge der Bücher des Alten Testaments kristallisierte sich erst im Laufe mehrerer Jahrhunderte heraus — zwischen dem 5. Jahrhundert v.Chr. und dem 1. Jahrhundert n.Chr. Die ersten fünf Bücher des Alten Testaments, der Pentateuch, wurden bereits im 5./4. Jahrhundert v.Chr. an den Anfang der Bibel gestellt. Aufgrund sprachlicher und inhaltlicher Unterschiede geht man heute von mehreren Überlieferungssträngen aus. Neue Jerusalemer Bibel, S. XII

[3] Genesis 35: „Als sie bei der Geburt schwer litt, redete ihr die Amme zu: Fürchte dich nicht, auch diesmal hast du einen Sohn. Während ihr das Leben entfloh — sie mußte nämlich sterben — , gab sie ihm den Namen Ben-Oni (Unheilskind); sein Vater aber nannte ihn Benjamin (Erfolgskind)" (17-18). Zit. nach Neue Jerusalemer Bibel

An einer anderen Stelle der Schöpfungsgeschichte[4] wird eine
Zwillingsgeburt geschildert, die damit beginnt, daß zunächst der Arm
des einen Zwillings sichtbar wird. Dies ist eine für Mutter und Kind
lebensbedrohliche Situation, da es sich um eine geburtsunmögliche
Lage handelt: Es bliebe nur der Kaiserschnitt — in der Antike an der
Lebenden nicht durchführbar —, oder das Kind stirbt. Die anwesende Hebamme hat ganz offensichtlich vor allem die rechtlichen
Konsequenzen der Situation im Sinn: Sie schlingt einen Faden um
den vorgefallenen Arm des Kindes, um es später als Erstgeborenen
identifizieren zu können. Im weiteren Verlauf der Geburt zieht das
Kind den Arm wieder in den Mutterleib zurück. Beide Kinder werden glücklich geboren, wider Erwarten zuerst das ohne Armband,
dann das mit.

In einem weiteren Buch des Pentateuchs, „Auszug der Israeliten
aus Ägypten" (Exodus 1:15; ca. 1250 v.Chr.), werden die beiden
Hebammen Schifra und Pua erwähnt, die die Hebräerinnen in Ägypten entbinden. Der ägyptische König, der sich vor der wachsenden
Macht der Hebräer in seinem Land fürchtet, befiehlt ihnen, alle
neugeborenen Knaben zu töten, die Mädchen hingegen am Leben zu
lassen.[5] Die Hebammen widersetzen sich jedoch diesem Befehl und
lassen im Vertrauen auf Gott das Leben der Kinder unangetastet. Sie
werden dafür von Gott reich belohnt, indem sie im weiteren Verlauf
ihrer Hebammentätigkeit sehr erfolgreich sind.

Der tiefere Sinn dieser Erzählung — Gottesfurcht wird durch geburtshilflichen Erfolg belohnt — wurde Jahrhunderte später in neuzeitlichen Hebammenordnungen und -lehrbüchern aufgegriffen. Ein
frommer Lebenswandel war lange Zeit eine der wenigen Voraussetzungen zum Hebammenberuf, und die gottesfürchtigen Hebammen
Schifra und Pua dienten als Vorbild. Justine Siegemundin (1636-

---

[4] Genesis 38: „Als sie niederkam, waren Zwillinge in ihrem Leib. Bei der Geburt
streckte einer die Hand heraus. Die Hebamme griff zu, band einen roten Faden um
die Hand und sagte: Er ist zuerst herausgekommen. Er zog aber seine Hand wieder
zurück, und heraus kam sein Bruder" (27-29). Zit. nach Neue Jerusalemer Bibel

[5] Exodus 1: „Zu den hebräischen Hebammen — die eine hieß Schifra, die andere Pua
— sagte der König von Ägypten: Wenn ihr den Hebräerinnen Geburtshilfe leistet,
dann achtet auf das Geschlecht! Ist es ein Knabe, so laßt ihn sterben! Ist es ein
Mädchen, dann kann es am Leben bleiben" (15-16). Zit nach Neue Jerusalemer Bibel

1705; zur Biographie siehe Kapitel 8), die vielleicht bekannteste
deutsche Hebamme in der Geschichte, schickte diese Bibelstelle als
Leitwort ihrem Hebammenlehrbuch voraus.[6]

Geburt und Erkenntnis: Hebammen im Alten Griechenland

Im antiken Griechenland genossen die Hebammen zwischen etwa
800 und 500 v.Chr. großes Ansehen. Sie besaßen ein umfangreiches
Wissen und verfügten über diätetische, chirurgische und pharmazeuti-
sche Kenntnisse. Im Laufe der darauffolgenden Jahrhunderte nahm
ihr Ansehen jedoch allmählich ab.

Die Gottheiten, deren Beistand bei der Geburt erfleht wurde, waren weiblichen Geschlechts. Man rief Hera, die Ehefrau des Zeus und
Göttin der Ehen, um Hilfe an. War Hera der gebärenden Frau gnädig
gesonnen, so schickte sie ihre geburtshelfenden Töchter.[7] Daneben
wandte man sich an Artemis, die Göttin der Jagd und Schützerin der
Gebärenden. Da Artemis auch launisch sein konnte und ab und zu
ein Neugeborenes mit ihrem Pfeil tötete, wurden ihr Opfergaben
dargebracht, um sie gnädig zu stimmen.[8]

Das griechische Hebammenwesen wird in einer Schrift des Philosophen Platon (429-337 v.Chr.), einem Zeitgenossen des Arztes
Hippokrates, näher beschrieben. Darin unterhalten sich Theaitetos
und Sokrates über das Hebammenwesen in Griechenland. Sokrates,
Platons Lehrer, war der Sohn einer Hebamme und ahmte ihre Entbindungskunst in seiner Lehrmethode nach, indem er seinen Schülern zur Geburt ihrer Erkenntnis verhalf. Aus diesem Gespräch geht

---

[6] Exodus 2: „Gott that den Wehe-Müttern gutes. Weil die Wehe-Mütter Gott
fürchteten, bauete Er ihnen Häußer. Das ist: Er segnet sie in ihrem Beruff und beloh-
net ihre Treue" (20-21).

[7] Sie werden auch Eileithyien genannt. „Eileithyia" tritt auch als Beiname der Göttin
Artemis auf. An anderer Stelle erscheint sie als deren Helferin. Siebold, S. 58f

[8] Staehr, S. M89-M92. Staehr beschreibt das Artemis-Heiligtum Brauron, das sich
35 km nördlich von Athen befindet und wo in der Antike Jungfrauen zu Hebammen,
auch „Bärinnen" genannt, ausgebildet wurden. Es handelte sich sozusagen um die
erste Hebammenschule Griechenlands.

hervor, daß Hebammen meist ältere Frauen waren, die selbst geboren hatten:

> „Denn du weißt doch wohl, daß keine, solange sie noch selbst empfängt und gebärt, andere entbindet, sondern nur, welche selbst nicht mehr fähig sind zu gebären, tun es." [9]

Sie leisteten nicht nur Beistand bei der Geburt, sondern besaßen darüber hinaus Erfahrung mit wehenerregenden und -hemmenden Medikamenten sowie mit Abtreibungsmitteln:

> „.... es können auch die Hebammen durch Arzneimittel und Zaubersprüche die Wehen erregen und, wenn sie wollen, sie auch wieder lindern und den Schwergebärenden zur Geburt helfen, oder auch das Kind, wenn diese beschlossen haben, sich dessen zu entledigen, solange es noch ganz klein ist, können sie abtreiben". [10]

Außerdem war es Aufgabe der Hebammen, eine normale Schwangerschaft von einer Molenschwangerschaft, dem sogenannten Mondkalb, zu unterscheiden (siehe auch Kapitel 5). Bei einer Molenschwangerschaft ist der Embryo aus meist ungeklärter Ursache mißgebildet oder fehlt völlig. Man spricht bei fehlendem Embryo auch von einem Windei. Der Bauchumfang der schwangeren Frau nimmt rascher zu als bei einer normalen Schwangerschaft. In der Regel kommt es in den ersten drei Monaten zum Abgang der Molenschwangerschaft.[11]

In früheren Zeiten konnte eine Molenschwangerschaft erst im nachhinein, d.h. nach dem Abort, eindeutig diagnostiziert werden. Während der Schwangerschaft konnte man sie lediglich vermuten. Von einer guten Hebamme wurden jedoch auch hier diagnostische Fähigkeiten erwartet.[12]

---

[9] Platon, Theaitetos, 149b

[10] Platon, Theaitetos, 149d

[11] Pschyrembel, Dudenhausen, S. 546-647

[12] „Denn bei den Frauen kommt es nicht vor, daß sie größtenteils zwar echte Kinder gebären, bisweilen aber auch Mondkälber, und daß beides schwierig wäre zu unterscheiden". Platon, Theaitetos, 150b Dabei stritten sich die Gelehrten jahrhundertelang, ob eine Molenschwangerschaft auch ohne Geschlechtsverkehr entstehen könne. Diese Frage war von besonderem Interesse, wenn es um die Verurteilung einer schwangeren Frau ging, der Geschlechtsverkehr nicht erlaubt war. Andererer-

Hebammen waren auch als geschickte Heiratsvermittlerinnen gefragt. Ihnen wurde die Fähigkeit zugesprochen, die richtigen Partner
zusammenzubringen, um gesunde Kinder zu zeugen. Diese Vermitt-
lungstätigkeit war gesellschaftlich anerkannt und hatte mit Kuppelei
nichts gemein:

> „Denn eigentlich steht es den wahren Geburtshelferinnen auch
> allein zu, auf die rechte Art Ehen zu stiften." [13]

Hippokrates und die Anfänge der Schulmedizin

Das wichtigste Dokument, das uns einen Eindruck von dem medizinischen Kenntnisstand der griechischen Antike vermittelt, ist eine
Sammlung medizinischer Schriften, das Corpus hippocraticum. Es
stammt nur zum Teil von dem berühmten griechischen Arzt Hippokrates (460-377 v.Chr.). Ein großer Anteil dieser Schriften wurde
von seinen Schülern und anderen Medizinern vermutlich zwischen
420 v.Chr. und 100 n.Chr. verfaßt.

Im Corpus hippocraticum finden sich Abhandlungen zur Frauenheilkunde, der Gynäkologie (griech. gyne, gynaikos: Weib, logos:
Lehre), und zur Entwicklung des Kindes im Mutterleib. Darüber
hinaus sind geburtshilfliche Lehren in weiteren Schriften des Corpus
hippocraticum enthalten. Einige wesentliche Gedanken werden im
folgenden kritisch gesichtet.

Die hippokratischen Schriften vermitteln uns einen Eindruck
über die Geburtshilfe bei den Griechen. Wichtig ist in diesem Zusammenhang, daß diese Schriften, wie fast alle antiken Zeugnisse,
von Männern verfaßt wurden, die wenig praktische Erfahrung mit

---

seits genoß eine schwangere Frau, die vor Gericht stand, einige Vorrechte, z.B.
wurde sie vor der Folter verschont. Zacchias widmet diesem Gegenstand drei aus-
führliche Kapitel und kommt zu dem Schluß, daß eine Mole ein formloses Fleischstück
sei, das auch ohne den männlichen Samen entstehen könne. Eine Frau, die eine Molenschwangerschaft habe, dürfe daher nicht einer schwangeren Frau gleichgestellt
werden. Siehe dazu Fossel, S. 57f. Siegemundin (S. 229) gibt eine Definition für eine
Molenschwangerschaft: „... ein Mond-Kind, das ist: ein zähes, festes und zusammen-
gewachsenes Wesen, auch wohl fleischtige Massa oder Klumpen ..."

[13] Platon, Theaitetos, 150a

Schwangerschaft und Geburt besaßen, während Hebammen, die
eigentlich Sachverständigen, keine Abhandlungen über ihr Erfahrungswissen schrieben. Von besonderer Tragweite ist die Tatsache,
daß die hippokratischen Lehren über Schwangerschaft und Geburt in
der Folge auch die Geburtshilfe im deutschsprachigen Raum für etwa
2000 Jahre nachhaltig beeinflußten.[14]

Die Frau und ihr Samen

Die Hippokratiker, wie der Einfachheit halber die Verfasser des Corpus hippocraticum im folgenden genannt werden, glaubten, bei der
Zeugung eines Kindes lieferten beide Partner Samen. Man stellte sich
vor, der Samen werde aus der Flüssigkeit des ganzen Körpers, auch des
Gehirns, abgesondert, laufe am Rückenmark entlang und gelange von
dort in die Blutgefäße. Diese verliefen beim Mann mitten durch die
Hoden hindurch, bei der Frau in die Gebärmutter.[15] Die Hoden
spielten daher nach Ansicht der Hippokratiker für die Samenberei-
tung keine Rolle, und die Eierstöcke waren ihnen unbekannt. Es ist
bemerkenswert, daß die Hippokratiker der Auffassung waren, daß
nicht nur der männliche, sondern auch der weibliche Samen Eigenschaften des neuentstehenden Wesens enthalte. Es gab durchaus auch
Philosophen und Ärzte, die glaubten, das Kind entstehe nur aus dem
männlichen Samen und ernähre sich von dem Periodenblut der
Mutter.

Die Eierstöcke erwähnte erstmals Herophilus aus Chalkedon (um
300 v.Chr.), der anatomische Untersuchungen an menschlichen
Leichen durchführte. Er lebte in Alexandrien, der einzige Ort in der
Antike, wo die Zergliederung (Sektion) menschlicher Leichen erlaubt war. Herophilus glaubte allerdings, die Eierstöcke bereiteten
weiblichen Samen.

---

[14] Medizinhistoriker der Vergangenheit und Gegenwart beschäftigen sich u.a. mit
der wichtigen Frage der Echtheit der Schriften, d.h. für welche Bücher Hippokrates
als Verfasser in Frage kommt. Auf diese Frage möchte ich jedoch nicht näher eingehen.

[15] Corpus hippocraticum, Der Samen. Hier wie im folgenden werde ich nach der
deutschen Übersetzung des Corpus hippocraticum von Kapferer zitieren.

Zweitausend Jahre später ermöglichte die Erfindung des Mikroskops (im 17. Jahrhundert) schließlich genauere Untersuchungen der Eierstöcke, damals auch weibliche Hoden („testes muliebres") genannt. Der Niederländer Regner de Graaf (1641-1673) entdeckte den Follikel, der die Eizelle enthält. Der sprungreife Follikel, der die Eizelle freigibt, wird daher auch nach ihm Graafscher Follikel genannt (Abbildung 1.1). De Graaf erkannte ganz richtig, daß Follikel und Eizelle zusammengehören, identifizierte sie jedoch nicht, wie vielfach in der Literatur behauptet wird. Weiterhin schlug er mit Recht vor, den weiblichen Hoden lieber als Ovar, Eierstock, zu bezeichnen. De Graaf hatte die menschliche Eizelle postuliert. Gesehen wurde sie von C.E. v. Baer (1792-1876) im Jahre 1827.

Mit der Entdeckung des Samenfadens im Jahr 1677 entbrannte ein Streit zwischen zwei wissenschaftlichen Richtungen. Die einen wollten der Frau ihren wesentlichen Beitrag bei der Zeugung absprechen und waren der Überzeugung, der Samenfaden enthalte bereits die fertigen Körperteile in Kleinformat und niste sich in der Gebärmutter ein, um vom weiblichen Ei ernährt zu werden; die andere Partei glaubte, alle Eigenschaften des zukünftigen Erdenbürgers seien einer Blüte vergleichbar im weiblichen Keim enthalten und warteten nur darauf, sich zu entfalten.

Trotz dieser wissenschaftlichen Auseinandersetzungen wurde die Bedeutung des Eierstocks bei der Zeugung zunehmend erkannt. Ihm wurde in der Folge die Aufmerksamkeit zuteil, die in der Vergangenheit der Gebärmutter gewidmet worden war. Die erste erfolgreiche Operation im Bauchraum wurde am Eierstock ausgeführt, noch bevor es wirksame Schmerzbetäubung und Desinfektion gab. Im Jahre 1809 entfernte Ephraim McDowell (1771-1830) erfolgreich einen Eierstock bei einer tumorkranken Patientin.

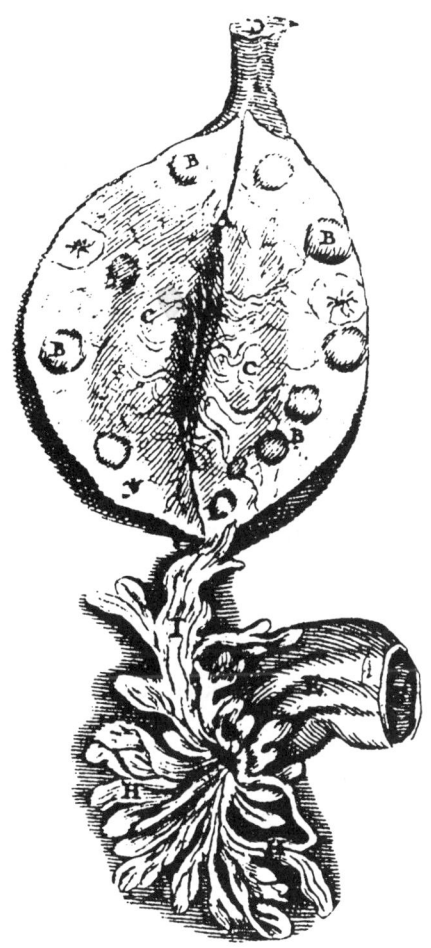

Abb.1.1: Ovar mit Follikeln und Tube von De Graaf

Eine Verbindung vom Mund zur Scheide

Einige der damals geübten Bräuche in der Frauenheilkunde und Geburtshilfe gingen auf die irrige Auffassung zurück, es bestehe eine direkte Verbindung zwischen Mund und Scheide — ein Mund-Gebärmutter-Scheiden-Kanal. Wollte man beispielsweise die Fruchtbarkeit einer Frau prüfen, legte man ihr mit Knoblauch und Bittermandelöl getränkte Einlagen in die Scheide. Der daraufhin auftretende Mundgeruch sollte als Beweis der Durchgängigkeit dienen:

> „Man schabe eine Knoblauchwurzel ab und lege sie an die Gebärmutter. Am nächsten Tag führe man den Finger (in deren Mund), und wenn ihr Mund (danach) riecht, so ist es gut; wenn nicht, so mache man erneut eine Einlage. — Ein anderes Prüfmittel. Man wickle ein wenig Bittermandelöl in Wolle ein und mache damit eine Einlage und dann sehe man nach, wonach ihr Mund riecht."[16]

Die Mund-Scheiden-Verbindung hielt sich bis Ende des 18. Jahrhunderts im Volksglauben, obwohl seit dem 16. Jahrhundert menschliche Leichen wissenschaftlich untersucht wurden und eine derartige Verbindung nicht nachgewiesen werden konnte. Die Annahme eines solchen Kanals beeinflußte auch die Technik des Kaiserschnitts an der Verstorbenen. Da man zugleich glaubte, daß das Kind im Mutterleib atme, steckte man noch bis Ende des 18. Jahrhunderts der verstorbenen Schwangeren ein Hölzchen zwischen Ober- und Unterkiefer. Es sollte dem Kind im Mutterleib das Atmen ermöglichen, um es so am Leben zu erhalten, bis es durch den Kaiserschnitt gerettet werden konnte (siehe Kapitel 8).

Empfängnis

Als den günstigsten Zeitpunkt für eine Empfängnis (Konzeptionsoptimum) nahm man die Zeit während oder im Anschluß an die Monatsblutung an, da dann der Muttermund etwas mehr geöffnet ist.

---

[16] Corpus hippocraticum, Die Natur der Frau.

Kam es bei bestehendem Kinderwunsch zu keiner Empfängnis, versuchte man mit Bedampfungen der Gebärmutter und Scheideneinlagen die Fruchtbarkeit zu steigern:

> „... so vermische man möglichst süßen Wein zu gleichen Teilen mit Wasser ... und nehme Fenchelwurzeln ... und Rosenöl. Letzteres schütte man in einen neuen Topf, den Wein gieße man dazu. In den Deckel des Topfes bohre man ein Loch, stecke ein Stück Schilfrohr hinein und bedampfe nun ... Nach erfolgter Bedampfung lege sie sich eine Meerzwiebel ein ... Sie lege sie sich so lange ein, bis sie sagt, daß der Muttermund weich und weit ist."[17]

Es ist erstaunlich, daß wir erst seit kurzem wissen, wann eine Frau tatsächlich empfängt. Erst in den dreißiger Jahren dieses Jahrhunderts verbreitete sich die Erkenntnis, daß das Konzeptionsoptimum in der Zyklusmitte liegt. Die beiden Gynäkologen Knaus (Prag, 1892-1970) und Ogino (Japan, geb. 1892) entwickelten eine Kalender-Methode, nach der eine Frau ihr indivduelles Konzeptionsoptimum feststellen kann. Die Knaus-Ogino-Methode setzte sich neben anderen Methoden zur natürlichen Familienplanung durch. Die Versagerquote dieser Methode ist allerdings relativ hoch. Vergleicht man die Sicherheit verschiedener Methoden zur Empfängnisverhütung, so rangiert die Knaus-Ogino-Methode an unterster Stelle: Der Pearl-Index, der die Anzahl von Schwangerschaften auf 100 Frauenjahre angibt (ein Frauenjahr ist die Anwendung der entsprechenden Verhütungsmethode über ein Jahr), ist ausgesprochen hoch und beträgt etwa 15. Im Vergleich dazu ist der Pearl-Index unter der Pille (eine Kombination der Hormone Östrogen und Progesteron) weitaus geringer (0,16-0,27).[18]

Heute weiß man, daß die befruchtungsfähige Zeit (fertile Periode) wahrscheinlich nur vier Tage dauert. Die Eizelle ist vermutlich nur sechs bis acht Stunden befruchtungsfähig, die Samenzelle lebt etwa zwei Tage. Angesichts der zahlreichen — trotz Kinderwunsch — kinderlosen Ehen, aber auch der immer noch sehr hohen Rate ungewollter Schwangerschaften bei natürlicher Familienplanung kommt der genauen Kenntnis der fertilen Phase unschätzbare Bedeutung zu.

---

[17] Corpus hippocraticum, Die Natur der Frau, Kap. 107

[18] O'Dowd, Philipp, S. 461 u. 471

Junge oder Mädchen?
Tips zur Bestimmung des Geschlechts

Im antiken Griechenland und Rom war es von entscheidender Bedeutung, ob eine Frau einen Jungen oder ein Mädchen zur Welt
brachte. Die Geburt eines Jungen wurde freudig begrüßt, da er als Erbe
in Frage kam. Der Familienvater allein entschied, ob ein Neugeborenes angenommen und aufgezogen oder ausgesetzt wurde. Wurde das
Kind an einem belebten Ort, z.B. auf dem Marktplatz, ausgesetzt,
hatte es auch eine gewisse Chance, von einer anderen Familie aufgenommen zu werden. In Griechenland wurden insbesondere unreife,
mißgebildete und uneheliche Kinder, Kinder von Sklaven und eher
Mädchen als Knaben ausgesetzt.

> „Den Sohn zieht mancher auf, auch wenn er arm ist, die Tochter
> setzt er aus, auch wenn er reich ist."[19]

Da das Erbe auf alle männlichen Nachkommen gleichmäßig verteilt wurde, waren zu viele Jungen allerdings auch nicht willkommen.
Hesiod (um 700 v.Chr.) empfiehlt, nur einen einzigen Erben zu
hinterlassen — ein Hinweis, daß auch Knaben ausgesetzt wurden.[20]
   Verständlicherweise suchte man daher nach Mitteln und Wegen,
auf das Geschlecht des Kindes Einfluß zu nehmen. Wünschte man
einen Knaben, so hielt man das Ende der Periodenblutung oder die
Zeit kurz danach für optimal für die Empfängnis; ein Mädchen,
glaubte man, werde eher während der Monatsblutung gezeugt.[21]
   Eine mögliche Manipulation des Geschlechts faszinierte die Menschen offensichtlich schon immer — wie auch heute noch. Die
genannte hippokratische Auffassung veranlaßte noch Ende des 19.
Jahrhunderts einen deutschen Gynäkologen zu einer Umfrage.
Frauen, die geboren hatten, sollten den Beginn der letzten Periode
vor der Schwangerschaft sowie den Tag der Empfängnis angeben. Die
hippokratische These konnte nicht bestätigt werden.[22]

---

[19] Stobaeus, 4. Jahrhundert n.Chr. in Griechenland, zit. nach Pfeil, S. 278

[20] Zit. nach Pfeil, S. 278

[21] Corpus hippocraticum, Die Überfruchtung

[22] Schroeder, K., S. 36

Noch ein weiterer Tip findet sich im Corpus hippocraticum zur
Einflußnahme auf das Geschlecht. Entscheidend ist in diesem Zusammenhang, daß die Hippokratiker — wie im übrigen auch damalige Philosophen — annahmen, die rechte Körperseite sei vollkommener und besser als die linke. Möglicherweise beruht diese Höherbe-
wertung der rechten Seite auf der Beobachtung, daß die meisten Menschen rechtshändig sind, d.h. mit ihrer rechten Hand leistungsfähiger
als mit der linken. Die Hippokratiker behielten die rechte Seite dem
männlichen Geschlecht vor. Entsprechend müsse ein Mann zur
Zeugung eines Knaben seinen linken Hoden abbinden, zur Zeugung
eines Mädchens den rechten.[23] In ähnlicher Weise dachte man, ein
Knabe befinde sich auf der rechten Seite und ein Mädchen auf der
linken Seite der Gebärmutter.[24]
Interessant sind die weitreichenden praktischen Folgen der Rechts-
Links-Lehre. Noch 1786 riet ein deutscher Arzt Frauen, die einen
Knaben wünschten, sich beim Geschlechtsverkehr auf die rechte
Seite zu legen und bei Mädchenwunsch auf die linke.[25]
Das Geschlecht des Kindes glaubte man bereits während der
Schwangerschaft an der Mutter ablesen zu können: Ein blühendes
Aussehen der Schwangeren deute auf einen Jungen hin, sehe sie
elend aus, sei sie mit einem Mädchen schwanger.[26] Auch diese Art
von Geschlechtsdiagnose während der Schwangerschaft hielt sich
über Jahrhunderte. Die beiden italienischen Ärzte Giovanni Battista
Codronchi (1547-1628) und Fortunatus Fidelis (etwa 1550-1630)
wiesen in ihren Schriften darauf hin, daß es einer Frau, die mit
einem Jungen schwanger sei, besser gehe, als bei einer Mädchen-
schwangerschaft.[27] Auch heute noch sind viele Mütter der festen
.Überzeugung, daß ein unterschiedliches Befinden mit dem jeweiligen
Geschlecht des Kindes zusammenhängt und eine Frau, die einen

[23] Corpus hippocraticum, Die Überfruchtung

[24] Corpus hippocraticum, Die Lehrsätze des Hippokrates (Aphorismoi), 5. Ab-
schnitt, 48

[25] Schroeder, K., S. 35

[26] Corpus hippocraticum, Die Lehrsätze des Hippokrates (Aphorismoi), 5. Ab-
schnitt, 42

[27] Fischer-Homberger 1983, S. 176 und 226

Jungen erwartet, besser aussieht. Die Bauchform verweise ebenfalls auf
das Geschlecht: Bei einem Mädchen sei der Bauch der Mutter rund
und der Po dicker, bei einem Jungen der Bauch spitz und der Po
abgeflacht.[28]

Die Kammern der Gebärmutter

Zu Hippokrates' Zeiten war man der Überzeugung, daß die menschliche Gebärmutter in zwei Hörner geteilt ist bzw. aus mehreren Kammern besteht. Die Hippokratiker waren sehr gute Beobachter. Da
jedoch Ärzte im antiken Griechenland keine menschlichen Leichen
sezierten, stammten die anatomischen Kenntnisse aus dem Tierreich
und wurden auf den menschlichen Körper übertragen. Vermutlich
dienten vor allem Opfer- oder Schlachttiere, sprich Haustiere wie
Schweine und Großvieh, als Anschauungsmaterial. Haustiere haben
zwei ausgeprägte Gebärmutterhörner, die beispielsweise beim Schwein
zu regelrechten Gebärmutterschläuchen ausgewachsen sind (Abbildung 1.2).

Ähnliche Gebärmutterverhältnisse stellte man sich auch beim
Menschen vor. Die Gebärmutter enthält jedoch bei den Primaten
(Affe, Mensch) normalerweise nur eine einzige Höhlung. Nur in
ganz seltenen Fällen kann auch beim Menschen die Gebärmutter
geteilt sein, wenn bei der Entwicklung der Gebärmutter bestimmte
Gänge (die sogenannten Müllerschen Gänge) unzureichend ver-
schmolzen sind. Bei einer völligen Doppelbildung der Gebärmutter
spricht man auch von einer zweihörnigen Gebärmutter (Uterus bi-
cornis).

Selbst Mundinus von Bologna, der im Jahr 1316 über seine Sek-
tionsergebnisse des menschlichen Körpers berichtete, hielt in seiner
Schrift noch an den Kammern der Gebärmutter fest.[29]

---

[28] Hintereicher, S. 49

[29] O'Dowd, Philipp, S. 8

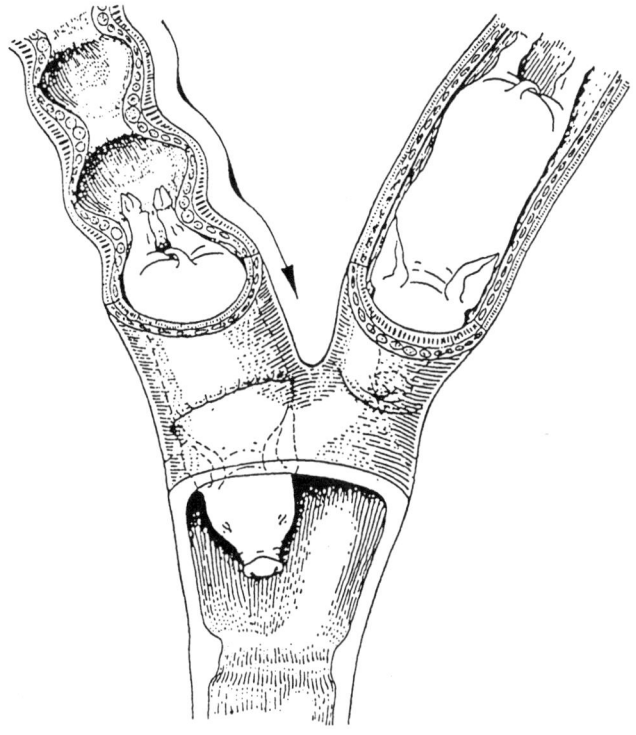

Abb. 1.2: Die Gebärmutterhörner beim Schwein. Geburt von Ferkeln. Nach: Richter, Götze, Tiergeburtshilfe

Kindesentwicklung und Wochenfluß

Ein weiterer sehr folgenreicher Gedanke im Corpus hippocraticum ist die Annahme, Jungen und Mädchen entwickelten sich mit unterschiedlicher Geschwindigkeit im Mutterleib, da Mädchen aus schwächerem und feuchterem Samen entstünden. Daher seien bei einem Jungen bereits nach 30 Tagen die Organe angelegt, bei einem Mädchen erst nach 42 Tagen.[30] An anderer Stelle heißt es entsprechend, der weibliche Fötus bewege sich mit vier Monaten, der männliche mit drei Monaten, da er kräftiger sei und sich aus stärkerem Samen entwickele.[31] In ähnlicher Weise lehrte der griechische Philosoph Aristoteles (384-322), das Kind werde je nach Geschlecht im Mutterleib zu unterschiedlichen Zeiten belebt: der männliche Fötus am 40. Tag nach der Empfängnis, der weibliche mit Beginn des vierten Schwangerschaftsmonats.[32]

Gleichzeitig glaubten die Hippokratiker, das Kind im Mutterleib ernähre sich von dem Periodenblut, das auch während der Schwangerschaft gebildet werde, aber nicht abfließen könne. Da jedoch bis zur vollständigen Ausbildung der Organe wenig Periodenblut verbraucht werde, gehe dieses unverbrauchte Blut nach der Schwangerschaft als Wochenfluß ab. Daher dauere der Wochenfluß nach einer Mädchengeburt länger — nämlich 42 Tage —, nach einer Knabengeburt jedoch nur 30 Tage.[33] (Der Wochenfluß dauert normalerweise drei bis vier Wochen.)

In ähnlicher Weise wird auch im Alten Testament (Leviticus 12, 1-5) von einem kürzeren Wochenfluß nach der Geburt eines Jungen berichtet, der halb so lang dauere wie nach einer Mädchengeburt. Die Mutter durfte nach einer Knabengeburt die Kirche für 40 Tage nicht betreten, nach der Geburt eines Mädchens mußte sie doppelt so lange der Kirche fernbleiben. Die Zeremonie des Aussegnens geht auf diese Bibelstelle zurück (siehe Kapitel 9).

Der moderne Leser mag sich wundern, warum die tatsächliche Dauer des Wochenflusses nicht einfach festgehalten wurde, zumal die griechischen Ärzte der Antike gute und exakte Beobachter waren. Eine genaue Beobachtung hätte dieses komplizierte Theoriengebäude gewiß unmittelbar zum Einsturz gebracht. Die Antwort ist, daß es vermutlich gar nicht um eine meßbare Gegebenheit wie den Wochenfluß ging, sondern um unhinterfragte Geschlechtsunterschiede. In jener Zeit wurden Mädchen für so viel minderwertiger als Jungen

---

[30] Corpus hippocraticum, Der Samen - Das Werden des Kindes, S. 38f

[31] Fasbender 1897, S. 92; Corpus hippocraticum, Über die Natur des Kindes

[32] Aristoteles, Historia animalium

[33] Fasbender 1897, S. 180-183

angesehen, daß die Annahme einer unterschiedlich raschen Entwicklung im Mutterleib nur zu gut in das damalige Weltbild paßte.

Die praktischen Auswirkungen dieses Konzeptes von Unterschieden in der Kindesentwicklung und der Dauer des Wochenflusses
waren weitreichend. Entscheidend ist hier nicht nur der Gedanke,
daß sich Mädchen und Jungen unterschiedlich rasch entwickeln.
Von besonderer Tragweite war die Auffassung, daß es zu einem bestimmten Zeitpunkt in der Schwangerschaft einen Entwicklungs-
sprung gibt, nach dem das Kind gegliedert, geformt, menschenähnli-
cher, belebt oder, in späteren Diskussionen, beseelt ist. Diese Auffassung bestimmt noch heute die Abtreibungsdiskussion.

Unter dem Einfluß dieses Gedankens standen offensichtlich auch
die 70 Übersetzer, die im 3. vorchristlichen Jahrhundert die Bibel
vom Hebräischen ins Griechische übertrugen. Nach ihnen wurde
diese Bibel auch Septuaginta (lat.: siebzig) genannt. Eine Bibelstelle
(Exodus 21ff), die sich mit Abtreibung befaßt, wurde dabei uminter-
pretiert. Durch falsche Beziehung der Satzteile des hebräischen Textes
wurde zwischen belebter und unbelebter Frucht unterschieden. Demzufolge hatte ein Mann, wenn er im Verlauf einer Schlägerei mit
einem anderen dessen schwangere Frau verletzte und sie ihr Kind
verlor, an den Vater des Kindes eine Geldstrafe zu zahlen, wenn das
Kind noch ungeformt war. War es jedoch geformt, so galt „Auge um
Auge, Zahn um Zahn", d.h. der Täter mußte mit der Todesstrafe
rechnen.

Die Septuaginta war eine Bibelübersetzung mit erheblicher Autori-
tät und diente als Grundlage für die kirchliche Gesetzgebung. Die
Annahme einer erst im Laufe der Schwangerschaft stattfindenden
Belebung beeinflußte für Jahrhunderte im christlichen Abendland die
Diskussion um Abtreibung und — unmittelbar damit verquickt —
Abtreibungsbestrafung, wobei die Strafe für eine Abtreibung vor der
Beseelung meist milder ausfiel. Abtreibung wurde erst nach einem
bestimmten Zeitpunkt der Schwangerschaft als Tötungsdelikt geahn-
det. Die Fristenlösung, die auf die erwähnte Bibelstelle zurückgeht,
behielt im kanonischen Recht der katholischen Kirche bis 1917
Gültigkeit.[34]

---

[34] Jerouschek, S. 47

Erst im 19. Jahrhundert ließen wissenschaftliche Erkenntnisse, die unter anderem durch die Weiterentwicklung des Mikroskops und dessen Gebrauch in der Medizin gewonnen wurden, die Auffassung von einem Einschnitt in der Embryonalentwicklung, d.h. von einem Zeitpunkt, nach dem Leben beginnt, unhaltbar werden.

Der gefährliche achte Monat

Die Hippokratiker glaubten, das Kind befinde sich immer in aufrechter Körperhaltung in der Gebärmutter. Im siebten Monat jedoch drehe sich das Kind mit dem Kopf nach unten und stürze mit dem Kopf in Richtung Becken (Abbildung 1.3). Es folge dabei der Schwerkraft, da die obere Körperhälfte — am Nabel gemessen — schwerer sei. Durch das Stürzen im Mutterleib sei das Kind jedoch so sehr geschwächt, daß es in diesem Zustand auf keinen Fall die Beschwerlichkeiten einer Geburt durchstehen könne. Die Hippokratiker hielten Siebenmonatskinder für lebensfähig, räumten jedoch Achtmonatskindern keine Lebenschancen ein: „Deshalb bleibt von den Achtmonatskindern keines am Leben."[35] Bei dieser Argumentation (wie auch bei anderen Berechnungen, z.B. zur Schwangerschaftsdauer) spielten auch die heilige Zahl Sieben und die minderwertigere Zahl Acht eine besondere Rolle.

Die Lebensunfähigkeit des Achtmonatskindes wurde zwar schon im 16. Jahrhundert von Horatius Augenius (1527-1603) abgelehnt, hielt sich jedoch in Fachkreisen noch eine Weile und unter Laien sogar bis in unser Jahrhundert.[36]

Zum Stürzen ist zu sagen, daß die meisten Kinder sich tatsächlich vor der Geburt mit dem Kopf nach unten drehen. Je nach dem, ob eine Frau schon einmal geboren hat oder nicht, rechnet man mit der Drehung des kindlichen Körpers zu unterschiedlichen Phasen der Schwangerschaft. Bei einer Mehrgebärenden kann der kindliche Kopf

---

[35] Corpus hippocraticum, Das Achtmonatskind.

[36] Fischer-Homberger 1983, S. 243. Ich selbst erinnere mich, daß in meiner Kindheit im näheren Bekanntenkreis ein Achtmonatskind zur Welt kam, ein Ereignis, das große Besorgnis auslöste. Denn mit sieben Monaten, so hieß es, hätte die Kleine bessere Überlebenschancen gehabt!

bis zur Geburt beweglich bleiben, d.h. es ist völlig normal, wenn es sich erst im letzten Moment mit dem Kopf nach unten dreht. Bei einer Erstgebärenden steht der kindliche Kopf etwa vier Wochen vor dem errechneten Geburtstermin fest im Beckeneingang.

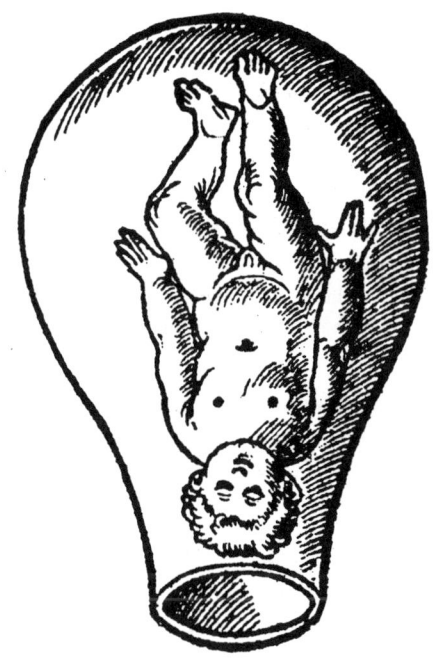

Abb. 1.3: Das Kind stürzt im Mutterleib. Aus Rösslins „Rosengarten"

Unsichere Schwangerschaftsdauer

Die Hippokratiker wußten, daß eine normale Schwangerschaft „sieben mal vierzig" Tage dauert. Allerdings räumten sie ein, daß das

Kind auch bereits nach sieben Monaten oder aber erst nach zehn oder
elf Monaten geboren werden könne.[37]

Über die Höchstdauer einer Schwangerschaft wurde lange Zeit ge-
rätselt. Zum einen waren die Möglichkeiten, den Schwangerschaftsbeginn zu diagnostizieren, sehr begrenzt. Darüber hinaus hielt man das
Ende der Monatsblutung für das Konzeptionsoptimum, so daß man
den Schwangerschaftsbeginn falsch ansetzte. Zudem machte sich
lange die aristotelische Vorstellung geltend, die Schwangerschaft
könne von Frau zu Frau unterschiedlich lange dauern.[38] Eine Idee
von der stetigen Entwicklung des Kindes im Mutterleib zu einem
reifen Kind, d.h. ein Begriff von Reife und Unreife, war ebenfalls
noch nicht vorhanden. So verwundert es nicht, daß auch mehrjäh-
rige Schwangerschaften für durchaus möglich gehalten wurden:

> „In einer Würzburger Urkunde des Jahres 1437 wird die Mög-
> lichkeit zwei- oder dreijähriger Schwangerschaft betont mit Hinweis
> auf Rüben- oder Kornsaat, die bisweilen erst im zweiten oder dritten
> Jahr aufgeht."[39]

Noch im 17. und sogar im 18. Jahrhundert war die Schwangerschaftsdauer ein strittiges Thema. Paolo Zacchias (1584-1659), der
Vater der Gerichtsmedizin, päpstlicher Leibarzt und Berater der Rota
Romana, des obersten vatikanischen Gerichtshofes, äußerte sich eben-
falls zu dieser Frage und übte heftige Kritik an der ungewissen
Schwangerschaftsdauer. Er nannte als richtigen Geburtstermin das
Ende des neunten Schwangerschaftsmonats.[40] Zacchias' Ansichten
über die Schwangerschaftsdauer sickerten nur langsam durch, und
noch zu Beginn des 18. Jahrhunderts wurde diese Frage in der Fach-
welt kontrovers diskutiert.[41] Mindest- und Höchstdauer einer
Schwangerschaft waren immer dann von besonderem Interesse, wenn
Legitimitätsfragen zu klären waren (siehe Kapitel 11).

---

[37] Corpus hippocraticum, Das Achtmonatskind, Kap. 4

[38] Aristoteles, Historia de animalibus

[39] Handwörterbuch des Deutschen Aberglaubens, Bd. 7, S. 1426

[40] Fossel, S. 55

[41] Fischer-Homberger 1983, S. 247

Überfruchtung

Eine Möglichkeit, extrem lange Schwangerschaften zu erklären, bot die Theorie der Überfruchtung. Das Kind war dieser Auffassung zufolge erst im Verlauf einer bereits bestehenden Schwangerschaft gezeugt worden, und das erste Kind war im Mutterleib gestorben. Die Überfruchtung wurde von verschiedenen Ärzten wie z.B. P. Zacchias bis in die Neuzeit verfochten.[42]

Die Hippokratiker vertraten ebenfalls die Auffassung, daß eine bereits schwangere Frau nochmals empfangen könne. Sie hielten allerdings die „Beifrucht" für nicht lebensfähig.[43]

Die Öffnung des Beckenrings

Besondere Aufmerksamkeit wurde bereits damals dem weiblichen Becken gewidmet, durch das das Kind während der Geburt hindurchtritt. Man wußte, daß das Becken aus ringförmig angeordneten Knochen besteht, die vorne in der Schambeinfuge (Symphyse) verbunden sind (Abbildung 1.4).

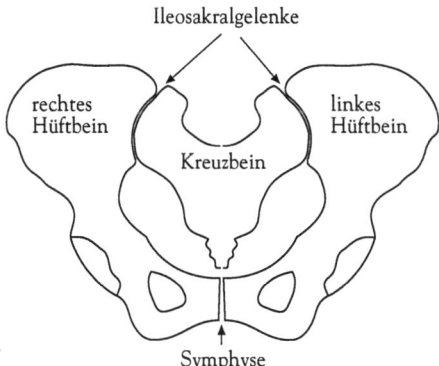

Abb. 1.4: Knochen und Knochenverbindungen des weiblichen Beckens

---

[42] Fossel, S. 57

[43] Corpus hippocraticum, Überfruchtung, Kap. 1

Diese Fuge besteht aus Knorpel. Sie wird jedoch, ebenso wie die gelenkigen Verbindungen mit dem Kreuzbein, unter dem erhöhten Östrogeneinfluß während der Schwangerschaft gelockert. Eine geringfügige Beckenringlockerung während der Schwangerschaft ist daher völlig normal; ein Spalt der Schambeinfuge von bis zu 1 cm ist noch im Rahmen.

Darüber hinaus kann es jedoch auch zu einer schmerzhaften Schädigung der Schambeinfuge kommen, die ebenfalls bei völlig normalem Schwangerschaftsverlauf auftreten kann. Bei einer schweren Geburt, z.B. bei engem Becken, kann die Schambeinfuge reißen. Das ist der schwerwiegendste Grad. Gehbeschwerden bis hin zur Gehunfähigkeit sind gefürchtete Folgen dieser Schädigung (Abbildung 1.5).[44]

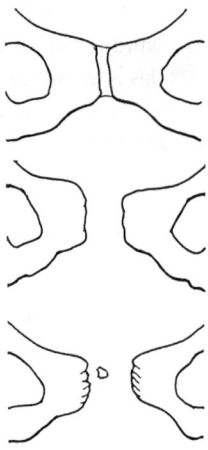

Abb. 1.5: Symphysenschaden unterschiedlichen Schweregrades. Nach: Pschyrembel, Dudenhausen, S. 663

Dieses gewiß auch in der Antike beobachtete Krankheitsbild wurde damals als natürliche Folge einer Schwangerschaft gewertet. Man glaubte, daß bei der Erstgebärenden *immer* während der Geburt

---

[44] Pschyrembel, Dudenhausen, S. 662-665

die Beckenknochen im Bereich der Schambeinfuge auseinandertreten, nicht jedoch bei Mehrgebärenden. Bei letzteren nahm man wohl an, daß der Beckenring dann genügend geweitet sei.[45]

Die Vorstellung, daß der Beckenring unter der Geburt geöffnet werde, hielt sich über viele Jahrhunderte — zum Schaden der gebärenden Frauen. Diese irrige Annahme wurde zudem noch verallgemeinert; man glaubte später, nicht nur die Erstgebärenden, sondern auch die Mehrgebärenden seien von diesen Veränderungen während der Geburt betroffen. Bei einem zu langsamen Geburtsverlauf wurde das Auseinanderweichen der Beckenknochen durch Eingreifen von außen, z.B. durch gewaltsames Spreizen der Oberschenkel, beschleunigt.

Der berühmte französische Chirurg und Geburtshelfer Ambroise Paré (16. Jahrhundert) beispielsweise nahm noch eine Trennung der Beckenknochen während der Geburt an, und zwar nicht nur vorn im Bereich der Schambeinfuge, sondern auch in den hinteren Verbindungen. Die Idee, daß feste Verbindungen im weiblichen Becken auseinanderreißen, war so verbreitet und unangefochten, daß man sogar entsprechende knackende Geräusche bei Frauen zu hören glaubte und diese beschrieb.[46]

Die Hebamme Siegemundin war eine der ersten Hebammen, die nichts vom Auseinanderreißen der „Geburtsschlösser" (d.h. der Schambeine mit der Schambeinfuge) hielten:

> „Wenn die Geburt hart ist, und keine andere Ursache der harten Geburt vorhanden, als die Enge und Strengigkeit des Leibes, nehmlich der vorderen Schoß, so must du der Frauen Zeit lassen, und ja nichts durch deine Finger ausdehnen, oder auseinander spannen, wie der allgemeine Irrthum ist."[47]

Der französische Geburtshelfer Francois Mauriceau (1637-1709) äußerte sich ebenfalls negativ zu dieser hippokratischen Lehre: Das weibliche Becken sei geräumig genug, so daß beim Austritt des kindlichen Körpers die mütterlichen Knochen nicht auseinandertreten

---

[45] Fasbender 1897, S. 129

[46] Fasbender 1906, S. 125f

[47] Siegemundin, S. 15

müßten. Er betonte mit Recht, daß in einem solchen Falle die Frauen nach der Entbindung zeitlebens gehunfähig wären.[48]

Eine normale Geburt

Im Corpus hippocraticum findet sich die Beschreibung eines normalen Geburtsverlaufes. Die Hippokratiker kannten den Gebärstuhl, die Geburt fand jedoch meist im Bett statt.[49] Die Hebamme salbte den Schambereich der Gebärenden mit Fett ein und bereitete ihr Sitzbäder. Auch mit Bedampfungen wurden die Geburtswege geschmeidiger gemacht. Zur Geburtsbeschleunigung dienten Getränke, Einlagen, Salben und Räucherungen der Geschlechtsteile mit Harz, Kümmel oder Fichtenrinde. Schmerzlindernd sollten warme Verbände und heiße Güsse auf die schmerzenden Körperstellen — Kreuz, Hüften und Schenkel — wirken.[50]

Als Auslöser der Geburt wurde Nahrungsmangel des Kindes angenommen. Das Kind sei so weit entwickelt, daß die Mutter seinen Nahrungsbedarf nicht mehr decken könne:

> „Die Nahrung und die (Nahrungs-)Zufuhr, die aus der Mutter kommt, sind dann, wenn die 10 Monate verstrichen sind und der Embryo groß geworden ist, für das Kindchen nicht mehr ausreichend. ... und so macht es lebhafte Bewegungen und zerreißt die Haut."[51]

Nur die Geburt mit dem Kopf voran (Kopflage) galt als normal. Das Kind gebrauche Hände oder Füße, um die Eihaut zu zerreißen, und schaffe sich eine Passage durchs Becken der Mutter. Nach Vorstellung der Hippokratiker war es somit nicht die Gebärmutter, die das

---

[48] Siehe Fasbender 1906, S. 160. Allerdings meinte der Geburtshelfer Roederer in der 2. Hälfte des 18. Jahrhunderts, daß nun doch die meisten jüngeren Kollegen der Überzeugung seien, daß die Beckenknochen während der Geburt nicht auseinanderweichen. Fasbender 1906, S. 109

[49] Fasbender 1897, S. 133-136

[50] Fasbender 1897, S. 139f

[51] Corpus hippocraticum, Der Samen — Das Werden des Kindes.

Kind nach außen treibt, vielmehr gehe die Initiative vom Kind aus.
Das Kind bahne sich selbst den Weg nach außen:

> „Wenn für das Weib die Niederkunft herannaht, dann ge-
> schieht es, daß durch das sich bewegende Kindchen und durch sein
> Zappeln mit Händen und Füßen eine (Stelle) der Haut im Inneren
> sich losreißt ... Wenn das Kind hindurchtritt, drückt und erweitert
> es bei seinem Durchgang die Gebärmutter, da sie weich ist. Es
> kommt mit dem Kopf voran heraus, wenn es normal geht, denn bei
> ihm sind die oberen (Körper-)Teile, am Nabel gewogen, am schwer-
> sten."[52]

Kam das Kind mit den Füßen zuerst, wurde mit allen Mitteln versucht, es im Mutterleib zu wenden. Eine Wendung sollte mittels
innerer und äußerer Handgriffe erreicht werden, notfalls auch durch
Schüttelungen der gebärenden Frau. Bei diesen Schüttelungen wurde
die Schwangere von vier Helferinnen an Armen und Beinen gefaßt
und zehnmal geschüttelt.

Nur in schwierigen Fällen, z.B. bei einem Geburtsstillstand, zog
die Hebamme einen Arzt hinzu.[53]

Man erwartete, daß die Nachgeburt sofort nach der Geburt des
Kindes abgeht. Andernfalls bestand die Befürchtung, der Muttermund
verschließe sich und die Gebärmutter behalte Mutterkuchen und
Eihäute bei sich. Erfolgte daher die Nachgeburt nicht unmittelbar im
Anschluß an die Geburt, wurde mittels Bauchpresse, Niesmitteln und
wiederum mittels Schüttelungen der Mutter zu helfen versucht oder
einfach durch Zug an der Nabelschnur.[54]

Die Geburt im Alten Rom

Über den Stand der Geburtshilfe im antiken Rom ist wenig bekannt.
Vermutlich waren die Römer in der Zeit der Aufbauphase des Römischen Reiches mit Eroberungszügen derart beschäftigt, daß medizini-

---

[52] Corpus hippocraticum, Der Samen — Das Werden des Kindes, S. 52f.

[53] Corpus hippocraticum, Überfruchtung, Kap. 15

[54] Fasbender 1897, S. 141, Fasbender 1906, S. 19

sche Kenntnisse nur dann gefragt waren, wenn es um Kriegsmedizin,
d.h. äußere Wundversorgung ging:

> „Einem Volke aber, welches durch Eroberungen und stete Rich-
> tung nach aussen sich zu der Höhe hinausschwang, die ihm später
> die Völkerherrschaft sichern konnte, mussten die Künste des Frie-
> dens lange fremd bleiben ... Fremd waren ihnen daher Aerzte, und
> nur dann schätzten sie allenfalls ihre Kunst, wenn sie es verstand,
> äussere Verletzungen zu behandeln ..."[55]

Geburtshilfe bestand in ihren Anfängen im wesentlichen im An-
flehen der Schutzgottheiten. Lucina (von lat. lux: Licht) wurde von
allen Gebärenden um Beistand angerufen, da sie den Nachkömmlin-
gen ans Licht verhalf. Sie taucht in verschiedenen Schriften als
Beiname der Juno, der Gattin des Jupiters, oder der Diana, Göttin der
Jagd, auf.

Seit dem dritten Jahrhundert v.Chr. kamen griechischen Ärzte als
Sklaven und Freie nach Rom. Sie fanden zunächst wenig Anerkennung, konnten sich jedoch schließlich etablieren, da die Römer
selbst keine eigenständige Medizin entwickelt hatten. Die Hebammen
im antiken Rom waren seit dem ersten Jahrhundert v.Chr. oftmals
Griechinnen. Sie werden in römischen Schriften und Inschriften
oftmals als „obstetrices" (lat., Hebamme) bezeichnet, woraus sich die
englische Bezeichnung „obstetrics" für Geburtshilfe herleitet. Diese
Frauen hatten einen umfangreichen Aufgabenbereich. Über den
unmittelbaren Beistand bei der Geburt hinaus behandelten sie
Frauen- und Kinderkrankheiten und waren auch im Umgang mit
Medikamenten erfahren. Vor Gericht waren sie als Sachverständige
gefragt, eine Funktion, die Hebammen bis in die Neuzeit insbesondere bei Ehescheidungsverhandlungen innehatten (siehe Kapitel 4).
Sie wurden auch „medicae" — Ärztinnen — genannt und genossen
hohes Ansehen.[56]

Der zwischen 98 und 138 n.Chr. in Rom als Gynäkologe und
Geburtshelfer tätige Soranus von Ephesus war eine unangefochtene
Autorität in seinem Fach. Er ist durch seine „Gynäkologie", ein
Lehrbuch der Geburtshilfe und Gynäkologie, berühmt geworden. In

[55] Siebold, Bd. I, S. 111f

[56] Fasbender 1906, S. 26

diesem neben dem Corpus hippocraticum für die Geburtshilfe wichtigsten literarischen Zeugnis des Altertums[57] sind sowohl die Erfahrungen dieses Arztes als auch das damalige medizinische Wissen zusammengefaßt. Die Schrift wurde in verschiedene Sprachen übersetzt und war bis in das späte Mittelalter hinein das Standardwerk der Frauenheilkunde.

Soranus' Werk wurde über viele Jahrhunderte zunächst dem aus Nordafrika stammenden, im 6. Jahrhundert in Rom lebenden Moschion zugeschrieben, über dessen Leben weiter nichts bekannt ist. Als um 1810 die Handschriften von Soranus entdeckt wurden, stellte es sich heraus, daß die Moschion zugeschriebenen Lehren auf Soranus zurückgingen. Eine Veröffentlichung des gesamten Werkes des Soranus' in griechischer Sprache erfolgte im Jahr 1838.[58]

Viele für Jahrhunderte bestimmende Meinungen und geburtshilfliche Praktiken — manche falsch, andere richtig — gehen auf Soranus zurück. Die Ansicht, der Mutterkuchen befinde sich an der oberen Rundung der Gebärmutter (Fundus uteri), blieb für Jahrhunderte unhinterfragt. Soranus vertrat die Auffassung, die weiblichen Samengänge mündeten in die Harnblase, weshalb der weibliche Samen nicht zur Fortpflanzung beitrage. Als günstigsten Zeitpunkt für die Empfängnis nannte er das Ende der Monatsblutung. Geschlechtsverkehr während der Schwangerschaft hielt er für schädlich. Soranus lehnte die hippokratische Lehre ab, Knaben befänden sich auf der rechten, Mädchen auf der linken Seite der Gebärmutter.

Geburtenkontrolle im Alten Rom

Empfängnisverhütung und Abtreibung wurden bereits in der Antike offen diskutiert. Beides war erlaubt und galt als geeignete Methode, ein zu starkes Anwachsen der Bevölkerung zu verhindern. Abtreibung wurde daher weder in der römischen Republik noch in der frühen Kaiserzeit als Delikt angesehen.[59] Über eine eventuelle Abtreibung

---

[57] Fasbender 1906, S. 34

[58] Fasbender 1906, S. 34, 48

[59] Pfeil, S. 55

hatte der Vater als pater familias zu entscheiden, dessen Gewalt sich
auf Leben und Tod der Kinder erstreckte. Man kannte über 200
Abtreibungsmittel, von denen heute über 90 Prozent als wirksam
eingestuft werden.[60]

Soranus empfahl in seiner Schrift verschiedene Getränke und
Scheideneinlagen zur Empfängnisverhütung. Den Rezepturen zur
Herstellung eines Tranks folgt die Warnung, daß sie „nicht nur die
Empfängnis verhüten, sondern auch vernichten, was schon empfangen ist."[61] Die Scheideneinlagen wurden z.B. aus Wolle hergestellt,
die zuvor mit verschiedenen Lösungen getränkt wurde. Des weiteren
empfahl Soranus der Frau Atemübungen und Waschungen nach dem
Beischlaf. Von Amuletten und jeder Art von Zauberei hielt Soranus
nichts.[62]

Eine tüchtige Hebamme

Soranus führt die körperlichen und geistigen Voraussetzungen einer
Hebamme auf, Eigenschaften, die in ähnlicher Weise noch einein-
halb Jahrtausende später in den deutschen Hebammenordnungen
formuliert werden. Es fällt auf, daß Soranus von einer Hebamme
nicht nur Kenntnisse in der Geburtshilfe erwartet, sondern auch im
ärztlichen Bereich, d.h. in der Chirurgie und in der Anwendung von
Arzneimitteln. Kenntnisse im Lesen und Schreiben waren Voraussetzung zum Hebammenberuf, und Soranus fordert die Hebamme auf zu
lesen, damit sie auch theoretisch ihre Kunst verstehe. Sie solle nüchtern, ruhig und verschwiegen sein und ihre Hände pflegen. Lange
und schmale Finger seien von Vorteil. Die Fingernägel solle sie kurz-
halten und abrunden. Die Hebamme mußte jedoch nicht — wie im
antiken Griechenland und in den neuzeitlichen Hebammenordnungen verlangt — selbst geboren haben.[63]

---

[60] Jütte, S. 27-43

[61] Noonan, S. 10

[62] Noonan, S. 11-14

[63] Fasbender 1906, S. 26f

Das Geburtsgeschäft

Eine Geburt bedeutete zu Soranus' Zeiten harte körperliche Arbeit,
nicht nur für die gebärende Frau, sondern auch für die Hebamme.
Soranus beschreibt das ständige, geschäftige Treiben der Hebamme.

Bereits gegen Ende der Schwangerschaft salbte die Hebamme die
Ränder des Muttermundes fortwährend ein, um so die Weitung des
Muttermundes zu fördern. Während der Geburt saß die Schwangere
auf dem Gebärstuhl oder auf dem Schoß einer kräftigen Frau, vor ihr
die Hebamme. Zwei an den Seiten stehende Hilfspersonen übten
von außen milden Druck auf die Gebärmutter aus.[64]

Eine weitere Helferin schützte den Damm, d.h. die Gegend zwischen After und den äußeren Geschlechtsteilen — die erste Erwähnung des Dammschutzes überhaupt. Die Hilfsperson hielt ein zusam-
mengelegtes Leinentuch auf den Damm der gebärenden Frau, um ein
Zerreißen des Gewebes zu vermeiden (siehe Kapitel 7).

Die Hebamme erweiterte vorsichtig den Muttermund mit dem
Finger und zog die Schamlippen auseinander. Wie bereits die Hippokratiker so glaubte auch Soranus, der knöcherne Beckenring der Frau
weite sich bei der Geburt. Bei geöffnetem Muttermund zog die Hebamme in einer Wehenpause sanft am kindlichen Kopf.

Blieb die Nachgeburt zurück, so gab es für Soranus nur eine Me-
thode, sie herauszubefördern: Die Hebamme ging mit der Hand in die
Gebärmutter ein und holte die Nachgeburt heraus, die manuelle
Lösung. Alle anderen damals gebräuchlichen Mittel und Methoden
(Niesmittel, Räucherungen, Schüttelungen und Zug an der Nabel-
schnur) lehnte er ab.[65]

Bei Verzögerung des Geburtsverlaufs wurden Harnblase und Mast-
darm entleert — Methoden, die heute noch in manchen geburtshilflichen Abteilungen praktiziert werden, um eine Geburt vorzubereiten

---

[64] Der Druck auf die Gebärmutter blieb eine lange Zeit praktizierte Methode, um
die gesamte Geburt zu beschleunigen. In der modernen Geburtshilfe übt eine Hilfsperson mitunter in der letzten Phase der Geburt einen Druck auf die Gebärmutter
aus, wenn das kindliche Köpfchen zu langsam geboren wird, der sogenannte Kristel-
lersche Handgriff, benannt nach dem Geburtshelfer Samuel Kristeller (1820-1900).
Denn ein verzögerter Austritt des Kopfes kann das Kind in große Gefahr bringen.

[65] Fasbender 1906, S. 39

und für einen ungebremsten Geburtsverlauf zu sorgen. Des weiteren
spritzte die Hebamme fettige Substanzen in den Geburtskanal.

Soranus illustriert die verschiedenen Lagen des Kindes in der Gebärmutter und gibt genaue Anweisungen bei schwierigen geburtshilflichen Situationen (Wendung, Armlösung). Die hippokratischen
Schüttelungen, bei denen die gebärende Frau im Bett, mit Hilfe einer
Leiter oder einer Hilfsperson, die sie von hinten unter den Achseln
faßte, gewaltsam bewegt wurde, lehnt Soranus ab.

War eine Entbindung des Kindes nicht möglich, wurden Haken
und weitere Instrumente angebracht. Oberstes Gebot war stets, das
Leben der Mutter zu retten. Der Geburtshelfer durfte nichts unver-
sucht lassen, um die gebärende Frau zu retten. Schon gar nicht durfte
er sie aufgeben und verlassen, wie beispielsweise von dem französischen Geburtshelfer Mauriceau im 17. Jahrhundert berichtet wird. Im
äußersten Notfall mußte der Geburtshelfer das Leben des Kindes
opfern, um das der Mutter zu retten.

Antikes Wissen für jedermann: Der Rosengarten

Mehr als 1000 Jahre später wurde das eben dargestellte geburtshilfliche
Wissen, das aus der Antike stammte, in dem ersten Hebammenbuch
in deutscher Sprache zusammengefaßt. Im Jahre 1513 wurde „Der
Schwangeren Frauen und Hebammen Rosengarten" („Der Swangern
frawen und hebammen rosegarten"), auch einfach „Rosengarten"
genannt, erstmals veröffentlicht (Abbildung 1.6). Eucharius Rösslin,
der Verfasser des „Rosengarten(s)", war Apotheker in Freiburg im
Breisgau und Arzt in Frankfurt am Main und Worms; er selbst betä-
tigte sich nicht als Geburtshelfer. Seine Lehren entnahm er den
Schriften von Hippokrates, Soranus bzw. seines Übersetzers Moschion, Aetius und Avicenna.

Der Rosengarten erschien in einer Zeit, in der es noch keinen organisierten Hebammenunterricht gab, und füllte damit eine große
Bedarfslücke. Mit dieser Hebammenanleitung wurde geburtshilfliches
(wenn auch antikes) Wissen erstmals in deutscher Sprache für eine
größere Gruppe der Bevölkerung zugänglich gemacht.

Abb. 1.6: Titelblatt der Erstausgabe des „Rosengarten(s)" von 1513

Durch die Möglichkeit des Buchdrucks fand die Schrift eine enorme Verbreitung. Sie erschien bis ins 17. Jahrhundert in Europa in mehrfacher Auflage und verschiedenen Sprachen. Eine von Rösslins Sohn vorgenommene lateinische Übersetzung erschien 1532 unter dem Titel „De partu hominis". R. Jonas übersetzte die lateinische Fassung ins Englische und veröffentlichte sie im Jahr 1540 unter dem Titel „The Byrth of Mankynde".[66] Eucharius Rösslin wurde daher auch als der „Hebammenlehrer Europas" bezeichnet.[67]

Rösslin erwähnt in der Vorrede zu seiner Schrift, daß er mit „Rosengarten" die Kinderschar, die eine Mutter zu versorgen hat, bezeichne. Zugleich wurden jedoch in der zeitgenössischen Literatur auch die weiblichen Genitalien mit Rosengarten umschrieben, so daß vermutlich in den Buchtitel beide Bedeutungen eingehen.[68]

Auf den Inhalt des „Rosengarten(s)" gehe ich an dieser Stelle nicht näher ein, da auf diese Schrift in den folgenden Kapiteln noch mehrfach Bezug genommen wird.

---

[66] Donnison, S. 8

[67] Fasbender 1906, S. 121

[68] Schipperges 1990, S. 217

2. Hebamme aus Tradition

Bevor die Ausbildung zur Hebamme verschult wurde, d.h. bevor es Ausbildungsprogramme gab, Hebammenschulen aufgebaut wurden und eine Hebamme examiniert wurde, lernte sie ihren Beruf bei einer anderen erfahrenen Hebamme. Man unterscheidet zwischen der traditionellen, nicht-examinierten Hebamme, die auch nach der Einrichtung von Hebammenschulen noch lange Zeit auf dem Land anzutreffen war, und der examinierten Hebamme. Selbstverständlich gibt es fließende Übergänge, und eine strikte Zuordnung zu diesen beiden Berufsgruppen läßt sich nicht vornehmen. Auch Hebammen, die bereits langjährige Berufserfahrung besaßen und für ein paar Monate auf eine Hebammenschule geschickt wurden, hielten zum Teil an ihren althergebrachten Ansichten und Methoden fest. Andererseits gab es auch Frauen, die nie eine Hebammenschule besucht hatten und dennoch für Neuerungen aufgeschlossen und fortschrittlich waren. In diesem und dem darauffolgenden Kapitel werden diese beiden Berufsgruppen „traditionelle Hebamme" und „examinierte Hebamme" charakterisiert.

Vorweg ein paar Bemerkungen zur Wortbedeutung: *Tradition* kommt von dem lateinischen *tradere, weitergeben, überliefern*. Das nötige geburtshilfliche Wissen wurde von Generation zu Generation weitergegeben, die Handgriffe wurden abgeschaut.

Das Wort *Hebamme* leitet sich von den althochdeutschen Bezeichnungen *hefihanna* oder *hevanna* her, die in der Literatur erstmals Ende des 8. Jahrhunderts n.Chr. auftauchen. *hefi* bedeutet *heben, anna* ist die *Ahne* oder Mutter, die erfahrene ältere Frau. Die Hebamme ist die Hebemutter, die das Kind nach der Geburt vom Gebärlager aufhebt und dem Vater reicht, damit er es annimmt (und nicht etwa abweist oder aussetzt, wozu er in vorchristlicher Zeit das Recht hatte). Mit *Heben* ist somit dieser rechtlich-religiöse Vorgang gemeint und nicht ein Ziehen des Kindes aus dem Mutterleib.[1]

Die verschiedenen Bezeichnungen der Hebamme vermitteln einen Eindruck ihres weiten Aufgabengebietes. Die Hebamme wurde auch *Wehemutter* genannt, die Frau, die sich mit den Geburtsschmerzen

---

[1] Drux 1994, zit. nach Dumont du Voitel, S. 1589

auskennt. Mit der Bezeichnung als *Bademutter* wurde ihrer wichtigen
Aufgabe Rechnung getragen, das Neugeborene nach der Geburt zu
baden. Es ging dabei nicht nur darum, das Kind zu reinigen; die
Zubereitung des ersten Bades setzte besondere Kenntnisse voraus, da es
im Volksglauben zukunftsweisend war. Als *Kindermutter* oder *Püp-
pelmutter* (Püppel = Püppchen, kleines Wickelkind) war sie für das
Neugeborene zuständig.[2] Die *weise Frau* zeichnete sich durch ihr
wertvolles Wissen aus, das nicht nur geburtshilfliches Wissen, sondern Heilwissen allgemein umfaßte. Auch in Frankreich ist daher die
Hebamme die *sage femme*, die weise Frau. Die englische *midwife*
steht einer anderen Frau in ihrer schweren Stunde bei, sie ist *mit* ihr.
(*Wife* bedeutet ursprünglich nicht nur Ehefrau, sondern Frau allgemein. *Mid* entspricht dem deutschen *mit.*)

In jüngerer Zeit wurde die Berufsbezeichnung *Hebamme* immer
wieder heftig diskutiert. In den 60er Jahren dieses Jahrhunderts standen die Bezeichnungen *Hebin, Geburtshelferin, Geburtsfürsorgerin*
und *Amme als Betreuerin des Säuglings* zur Debatte. Die *Hebamme*
gewann jedoch schließlich die Oberhand.[3]

Wer wurde Hebamme?

Erfahrung am eigenen Leib

Wichtigste Berufsvoraussetzung war für die traditionelle Hebamme,
selbst geboren zu haben. Man versprach sich von einer Frau, die am
eigenen Leib Gebärerfahrung gesammelt hatte, den besten Umgang
mit einer Gebärenden. Gebärerfahrung forderten Hebammenlehrbücher und -ordnungen (siehe Kapitel 3).[4]

Justine Siegemundin (siehe Kapitel 8) nahm unter den Hebammen ihrer Zeit eine Sonderstellung ein. Sie hatte nie geboren, war
wirtschaftlich abgesichert (ihr Mann hatte ein festes Einkommen)

---

[2] Grimm, J, Grimm, W., Bd. 10, S. 715f. Vgl. auch Mackensen

[3] Gubalke, S. 147

[4] Eine Ausnahme stellt Soranus von Ephesus dar, der unter den Eigenschaften, die
eine gute Hebamme auszeichnen, Gebärerfahrung nicht erwähnt (siehe Kapitel 1).

und konnte lesen. In ihrem 1690 erschienenen Hebammenlehrbuch „Von schweren und unrecht-stehenden Geburthen" äußert sie sich zu dem Vorwurf, daß sie selbst nie geboren habe. Dies betrachte sie keineswegs als Nachteil, da auch kein Arzt oder Chirurg alle Krankheiten, die er behandelt, selbst durchgestanden habe. Und auch eine Frau, die komplikationslose Geburten am eigenen Leibe erfahren habe, sei dadurch nicht besser in der Lage, bei schwierigen Geburten Beistand zu leisten. Im Gegenteil, es käme vor allem auf eine gründliche Anamnese der gebärenden Frau, eine sorgfältige innere Untersuchung und das Wissen der Hebamme an:

> „Ist es denn nicht eben so möglich, daß eine Heb-Amme, ob sie gleich kein Kind gebohren, doch durch fleißiges Nachfragen, Handgriff und Nachsinnen, nicht allein so wohl, sondern besser, als die Kinder zur Welt gebracht, urtheilen und rathen könne."[5]

Da persönliche Gebärerfahrung als Voraussetzung zur Geburtshilfe betrachtet wurde, war der Hebammenberuf ein typischer Frauenberuf. Mit dem Reichshebammengesetz von 1938 wurde der Hebammenberuf im gesamten Deutschen Reich als geschlechtsgebunden erklärt: Außer von Ärzten durfte Geburtshilfe nur noch von weiblichen Personen ausgeübt werden.[6]

Seit 1985 dürfen nach dem Grundsatz der Berufsfreiheit und Gleichberechtigung auch Männer Hebamme werden. Deutschland folgte mit dieser Regelung anderen europäischen Ländern wie Dänemark, Norwegen, Schweden, Finnland, Island, Niederlande und Großbritannien.[7] Die männlichen Hebammen heißen „Entbindungspfleger". Sie befinden sich jedoch noch weit in der Minderheit. Derzeit ist ein Entbindungspfleger beim Bund Deutscher Hebammen organisiert.

---

[5] Siegemundin, S. a2. Aus meiner Sicht stellen gerade die fehlende Belastung als Mutter, die finanzielle Sicherheit sowie die Bildung Siegemundins optimale Voraussetzungen dar, streßfrei zu lernen und sich ganz der Hebammtätigkeit widmen zu können. Ihr Sonderstatus bestimmte sie geradezu zu einer fortschrittlichen Denkweise und zu außerordentlichen geburtshilflichen Leistungen.

[6] Mühlenbeck, S. 17

[7] Hebammengesetz, S. 6

Bis ins hohe Alter

Die traditionelle Hebamme war meist eine ältere Frau, oftmals verwitwet, die sich durch finanziellen Druck zu dieser Tätigkeit gezwungen sah. Sie arbeitete, solange sie arbeiten konnte. Und aus dieser
Tradition heraus war es selbstverständlich, daß eine Hebamme bis an
ihr Lebensende bzw. bis zur Arbeitsuntauglichkeit immer dienstbereit
war.

Mit dem Reichshebammengesetz von 1938 wurde vorübergehend
eine Altersgrenze zur Ausübung des Hebammenberufs festgesetzt. Mit
der 4. Verordnung zur Durchführung des Reichshebammengesetzes
von 1939 hatte eine Hebamme mit Vollendung des 70. Lebensjahres
die Altersgrenze erreicht, d.h. ihr wurden die Anerkennung als Hebamme und die Niederlassungserlaubnis entzogen, und sie durfte sich
als „Hebamme im Ruhestand" bezeichnen. 1948 wurde die Altersgrenze auf das vollendete 65. Lebensjahr herabgesetzt. 1954 erging
eine Bestimmung, daß eine Hebamme nach dem vollendeten 70.
Lebensjahr die Bezeichnung „Hebamme außer Dienst" trägt.[8]

Heute ist es wieder üblich, daß eine freiberufliche Hebamme bis
ins hohe Alter arbeitet.[9]

Das Äußere: Sauberkeit und lange Finger

Neben der Gebärerfahrung wurde großer Wert auf Äußerlichkeiten
wie Sauberkeit und geschickte Hände gelegt. In der Hebammenordnung von Zweibrücken aus dem Jahr 1790 beispielsweise wurden

---

[8] Mühlenbeck, S. 19

[9] Die Rente fällt oft so gering aus, daß ihr allein aus wirtschaftlichen Gründen nichts
anderes übrigbleibt. Wenn sie körperlich dazu in der Lage ist, legt sie für ihre guten
Kundinnen auch nachts noch weite Wege zurück, wenn sich andere längst zur Ruhe
gesetzt haben. Hedwig Salenbacher, eine mir bekannte Hebamme, arbeitete 45 Jahre
lang in dem kleinen Schwarzwalddorf Hofsgrund, in dem wir früher wohnten. Für sie
gab es keine Altersgrenze. Sie war im weiten Umkreis bekannt und wurde auch zu
Hausgeburten in die 20 km entfernte Stadt Freiburg gerufen. Ein überraschender Tod
ereilte sie im Alter von 74 Jahren und setzte ihrem unermüdlichen Wirken ein plötz-
liches Ende.

lange Finger als berufliche Voraussetzung ausdrücklich vorgeschrieben.[10] Die Fingernägel hatten kurz zu sein, um bei der körperlichen Untersuchung keine Verletzungen zu verursachen, und auf Ringe mußte verzichtet werden. In Freiberg (1785) wurden die Hebammen angewiesen, die Kleider öfters zu wechseln, nur leicht waschbare Kleidung zu tragen und niemals mit Öl- oder Blutflecken auf ihren Kleidern zu erscheinen.[11] In Zittau (1792) mußte die Hebamme sauber gekleidet sein, grobe Arbeiten vermeiden, die Nägel kurz schneiden und ihre Ringe ablegen.[12] Auch in Lippstadt (1797) sollte sie keine schweren Handarbeiten verrichten, kurz geschnittene Fingernägel haben und weiche, geschmeidige Hände.[13]

Der Geburtshelfer D. Moriz Gerhard Thilenius beschreibt in seiner Hebammenanleitung (1810), wie eine Hebamme ihre Hände für eine innere Untersuchung vorzubereiten habe. Die exakte Schilderung läßt vermuten, wieviel Bedeutung er der richtigen Vorbereitung der Hände — dem wichtigsten Werkzeug einer Hebamme — beimißt:

> „Das Eingreifen in die Geburtstheile muß jederzeit mit aller Behutsamkeit geschehen, damit man nichts verletze. Deswegen muß eine Hebamme die Nägel an beiden Händen beschneiden, und die durch den Abschnitt entstandenen scharfen Ränder rund schaben; sie muß vorher die Hände wärmen, und die Finger, welche sie gebrauchen will, mit Oehl, ungesalzener Butter, oder nur mit dem aus den Geburtstheilen fließenden Schleim bestreichen."[14]

Das Innere: Religion und Tugend

Im christlichen Abendland wurde von einer guten Hebamme auch eine christliche Gesinnung erwartet. Die Kirche forderte unbedingten Gehorsam. Nur im Einklang mit der Kirche konnte die Hebamme

---

[10] Nöth, S. 167

[11] Nöth, S. 164

[12] Nöth, S. 168

[13] Nöth, S. 172

[14] Thilenius, S. 32

ihren vielfältigen Aufgaben gerecht werden: Während der Wehen
tröstete sie die gebärende Frau im Gebet. Sie wies auf die Schöpfungsgeschichte des Alten Testaments hin, wo Gott zu Eva spricht: „Unter
Schmerzen sollst Du gebären" und erinnerte so die gebärende Frau an
die Gottgewolltheit der Geburtsschmerzen. War das Neugeborene
schwächlich, spendete sie sofort die Nottaufe. Sie trug das Kind auch
zur Taufe in die Kirche.

In ihrem christlichen Glauben sollte die Hebamme jedoch auch
gegen alle Versuchungen, mit denen sie konfrontiert wurde, (z.B.
heimliche Entbindungen, Abtreibungen) gewappnet sein.[15] Sie
unterstand bis in die Neuzeit der Aufsicht Geistlicher. Die Hebamme
unterstützte die Interessen der Kirche und wirkte als ihr verlängerter
Arm.

Thilenius nennt weiter in seiner Hebammenanleitung wesentliche Charaktereigenschaften einer guten Hebamme:

> „Eine gesetzte Religion und Tugend sind die wahren Quellen
> des Gewissens eines Christen, welches sie (die Hebamme) zur Ge-
> nugthuung ihrer Pflicht antreibet. ... sie muß Gegenwart des Geistes,
> Geduld, Mitleiden, Verschwiegenheit besitzen; nicht frech, nicht
> eigensinnig, nicht zänkisch seyn."[16]

Kollegialität war unter Hebammen, später auch zwischen Geburtshelfern und Hebammen, keine Selbstverständlichkeit. Nur
wenige Hebammen hatten ein festes Grundgehalt, und die meisten
lebten von den Gebühren, die sie pro Geburt erhielten. Brotneid war
ein leidiges Thema, es kam mitunter auch zu Preisunterbietung oder
gegenseitigen Verleumdungen. In den Hebammenordnungen wurden
Hebammen und Geburtshelfer zu einem freundlichen und friedlichen
Miteinander aufgefordert:

> „Allen und jeden bestellten Accoucheurs (= Geburtshelfer, Er-
> läuterung durch d.Verf.) und Hebammen aber wird hiermit befoh-
> len, mit einander in Friede, Ruhe und Einigkeit zu leben, eine un-
> verbrüchliche Verschwiegenheit zu beobachten und sich keinen

---

[15] Nöth, S. 16. Siehe auch J. Siegemundins Hebammenlehrbuch, wo die Eigenschaften einer Hebamme im Vorwort erörtert werden.

[16] Thilenius, S. IX

Neid oder Mißgunst, Zudringlichkeit, Afterrede und Verläumdung
zu Schulden kommen zu lassen."[17]

Das Gebot der Schweigepflicht war verständlicherweise eine wesentliche Grundvoraussetzung, da eine Hebamme wie kaum eine
andere Einblick in die intimsten Familienverhältnisse gewinnen
konnte:

> „Eine Hebamme soll verschwiegen sein und nicht, wie es sonst
> oft ihre Gewohnheit ist, auf Gassen und Märkten alles ausplau-
> dern."[18]

Immer wieder wurde die Hebamme zur Zurückhaltung bezüglich
Alkohol ermahnt. In der Kirchenordnung des Herzogtums Preußen
aus dem Jahre 1568 wurden Hebammen als „greuliche Vollsäuferin-
nen und abergläubische Leute" bezeichnet, die manche Frau
„jämmerlich um ihr junges Leben gebracht" hätten. Die Pfarrer sollten sie „zuweilen vornehmen und vermahnen". In der Schmalkalde-
ner Kirchenordnung wurde den Hebammen nahegelegt, „daß sie sich
nicht der Trunkenheit ergeben, sondern stets nüchtern, mäßig und
gottesfürchtig leben" sollten.[19] Vermutlich kam es ab und zu vor, daß
eine Hebamme in betrunkenem Zustand ihrer Arbeit nachging.[20] Das
ist auch keineswegs verwunderlich, da sie auch bei Wind und Wetter
weite Wege zurückzulegen hatte und ihr dann alkoholhaltige
Getränke zum Aufwärmen angeboten wurden. Außerdem erhielt sie
manchmal — zusätzlich zu dem geringen Entgeld für ihre Tätigkeit —
ein Glas Schnaps als besondere Beigabe. Und lehnte eine Hebamme
dankend ab, eckte sie damit bei ihren Kunden an.[21]

---

[17] Kurfürstlich-hessische Hebammenordnung von 1805, § 10. Siehe Busch, S. 9 im
Anhang. Siehe auch Nöth, S. 139, Hebammenordnung von Schwerin 1763

[18] Hebammenordnung von Castell 1724, Nöth, S. 87. Siehe auch Hebammenordnung
von Lippstadt 1795, Nöth, S. 171

[19] Burckhard, S. 17 und 89f, zit. nach Mühlenbeck, S. 8

[20] Leipzig 1733, Nöth, S. 112. Loebau 1748, Nöth, S. 132. Oldenburg 1753, Nöth, S.
134. Schwarzburg-Rudolstadt 1754, Nöth, S. 134. Holstein 1765, Nöth, S. 140. Lippstadt 1797, Nöth, S. 171. Birkenfeld 1775, Nöth, S. 156.

[21] Favre, S. 178

Die Ausrüstung

Die Ausrüstung einer Hebamme bestand in einem Gebärstuhl (siehe Kapitel 6), einer Schere, einer Klistierspritze (Abbildung 2.1), einem Faden zum Abbinden der Nabelschnur sowie in zwei Hilfsmitteln ganz besonderer Art: dem sogenannten Blutstein und dem Bernstein.

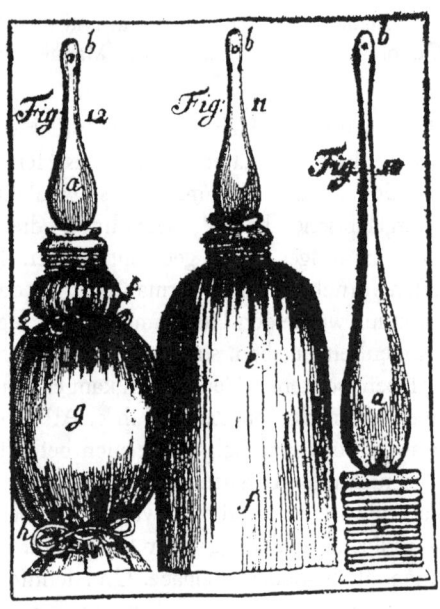

Abb. 2.1: Klistierspritzen, verschiedene Modelle. Aus: Deventer, Neues Hebammenlicht, 1761

In einer Hebammenordnung aus dem Jahre 1743 werden diese notwendigen Utensilien genannt:

> „Was soll eine Hebamme zur Hand haben, wenn sie bey einer Kreisterin ist? Sie solle 1. einige Fettigkeiten, als Schmalz, Butter, Ganß-Fett, weiß Lilgen- oder andere Oehl und erweichende Salben, ihre Hände und der Frauen Leib zu schmieren, 2. ein Scheerlein, das Kind abzulösen, 3. einen vierfachen Faden, die Nabelschnur zu verbinden, 4. einen Blutstein, einen Agtstein (= Bernstein, Anm. d.

Verf.) zum anzünden und dergleichen, wenn Mutter oder Kind schwach würde, 5. auch andere Stücke zur Labung, nicht minder 6. Wein, Wasser, Tücher etc. zur Hand bringen lassen, daß man sich deren im Nothfall bedienen könne."[22]

Abgesehen von Schere und Klistierspritze waren der Hebamme keine chirurgischen Instrumente erlaubt. Diese blieben Ärzten oder Chirurgen vorbehalten. Nur selten wurde von dieser Regelung eine Ausnahme gemacht, z.B. in der Kurfürstlich-Hessischen Hebammenordnung von 1805. Die Hebamme durfte dort die Geburtszange einsetzen, wenn sie in ausreichendem Maße mit dem Umgang vertraut war und dies ausdrücklich in ihrem Prüfungsschein vermerkt war.[23]

Um das Kind im Mutterleib zu wenden, wenn es sich in einer geburtsunmöglichen Lage befand, benötigte die Hebamme ein Wendungsstäbchen aus Fischbein[24] oder eine Schlinge.

Blut- und Bernstein waren beliebte abergläubische Hilfsmittel der Hebammen, und auf ihre Wirkung setzte man große Hoffnung. Dem Blutstein[25] wurde eine blutstillende Wirkung zugeschrieben, wenn ihn die blutende Person in der Hand hielt. Der Geburtshelfer Friedrich Benjamin Osiander (1759-1822; siehe auch Kapitel 8) schildert die Verwendung dieser abergläubischen Mittel, und es läßt sich leicht denken, daß er als aufgeschlossener und forscher Mediziner auf wenig Verständnis und Entgegenkommen bei den Landhebammen stieß:

> „Ein drittes Hauptstük, ohne welches eine Hebamme zu keiner
> Gebärenden sich nahet, ... ist ein Blutstein, und der ihm an Wichtigkeit gleichkommende Bernstein ... Der Blutstein ist ihnen das
> sicherste Mittel bey einer vorfallenden Verblutung. Die Gebärende
> oder Entbundene muß ihn in die Hand nehmen, und in der Erwartung seiner Hülfe lassen sie dem Geblüt ruhig seinen Lauf, ohne
> einen Arzt zu holen, oder ein wirksameres Mittel zu gebrauchen, bis

---

[22] Krauss, S. 70

[23] Kurfürstlich-hessische Hebammenordnung von 1805, § 15. Siehe Busch, S. 16 im Anhang

[24] Nolde, S. 38

[25] Roteisenstein, siehe Hintereicher, S. 78

die Sache aufs höchste gekommen ist, und die Entbundene ein
Opfer des tollen Zutrauens zum Blutstein werden muß."[26]

Das Vertrauen in die blutstillende Wirkung des Blutsteins war so
groß, daß nicht selten dem herbeieilenden Arzt jegliche Hilfe beim
Herstellen eines kalten Umschlags verweigert wurde:

> „Hingegen mußte ich vor einigen Jahren eine Bäurin an einer
> Verblutung nach der Entbindung sterben sehen, weil ich es von den
> Umstehenden nicht zuwege bringen konnte, daß man mir kaltes
> Wasser gegeben hätte. Denn ich hatte die Unvorsichtigkeit began-
> gen, daß ich gleich hinzusezte, zu was ich solches gebrauchen wollte.
> Statt dessen wurde ihr der Blutstein in die Hand gestekt, und man
> wollte sie durchaus nöthigen, heiße Brühe zu trinken; das Leztere
> verhütete ich eine Zeitlang, allein das Weibergeschrey nahm über-
> hand; man goß der Entbundenen ein, und sie verschied. Jeder wird
> nun glauben, daß ich recht gehabt hätte, die Hebamme zu belangen,
> und sie und diese wahnsinnige Weiber dieses Todes zu beschuldi-
> gen. — Umgekehrt! — ‚Hätten Sie, sagte mir die Hebamme dreist,
> dem Weibe bey Zeiten warme Brühe geben lassen, so wäre sie nicht
> gestorben.'"[27]

Der Bernstein diente der Behandlung von Ohnmacht und
Schwäche. Er mußte entweder brennend der ohnmächtigen Person
unter die Nase gehalten werden oder sollte durch Hautkontakt wirken.

> „Wenn eine Frau aus irgend einer Ursache ohnmächtig wird,
> halten sie ihr solchen brennend unter die Nase. Ist die Ursache der
> Ohnmacht von keiner großen Bedeutung, so ist das Mittel so un-
> schädlich als unwirksam. Ist aber die Ohnmacht von Bedeutung, so
> werden bessere Mittel darüber versäumt, und das Leben kann verlo-
> ren gehen. Kommt ein Kind schwach oder todtscheinend auf die
> Welt, so ist der Hebamme erstes Mittel ihr Bernstein. Vor einigen
> Jahren empfieng ich ein Kind, und übergab es etwas schwach der
> Hebamme zur Besorgung, bis ich mit der Nachgeburt fertig war; als
> ich mich wieder nach dem Neugebornen umsah, schrie und zappelte
> es erbärmlich mit den Füßen, und hatte Blattern daran. Ich fragte,

---

[26] F.B. Osiander, S. 172f

[27] F.B. Osiander, S. 174f

was das wäre? und die Hebamme gestund mir frech, daß sie das Kind
mit dem Bernstein gebrannt habe, weil es so schwach gewesen."[28]

Viel Arbeit für wenig Geld

Wichtig war die Bereitschaft einer Hebamme, vor allem der Landhebamme, gegen geringen Lohn harte Arbeit zu leisten. Meist waren
es Witwen oder ältere Frauen, die sich aus einer finanziellen Notlage
heraus zu dieser Tätigkeit entschlossen. Sie leisteten nicht nur Geburtshilfe, sondern pflegten während des Wochenbetts Mutter und
Kind, wozu auch Kindbaden und Windelwaschen gehörten. Diese
Leistungen wurden in der Regel kaum vergütet, und mitunter blieb
der Lohn ganz aus, wenn die Eltern zu arm waren und die Gemeinde
nicht aushelfen konnte. Die Hebamme hatte dies ohne weiteres zu
akzeptieren, da sie Arm und Reich in gleicher Weise verpflichtet war.
Vom Fürstentum Ansbach (bei Nürnberg) wird im Jahre 1739 berichtet, daß „die wenigsten Hebammen einen Sold bekommen, und
der Lohn in denen mehristen Orten so schlecht, daß sich selten eine
Frau, die ihren Gliedmassen und Verstand nach schon eine Geschicklichkeit zu dergleichen Amt sich acquiriren könnte, mag darzu
gebrauchen lassen".[29] So verwundert es nicht, daß gut ausgebildete
Hebammen sich weigerten, in einer armen Dorfgemeinde zu arbeiten.
Günstigstenfalls stimmten sie unter dem Versprechen zu, nach ein
paar Jahren Tätigkeit auf dem Land in die Stadt überwechseln zu
können.
    Die finanzielle Lage einer Hebamme hing von der Anzahl der
von ihr betreuten Geburten und vom Wohlstand der gebärenden
Frauen ab. Pro Geburt wurde eine bestimmte Gebühr, die sogenannte
Hebammentaxe, festgesetzt. Die Hebammentaxe richtete sich nach
dem Aufwand: Eine leichte natürliche Entbindung kostete am wenigsten, ein Kaiserschnitt rangierte oben auf der Gebührenordnung.
Nach der Koblenzer Gebührenordnung von 1820 konnte die Hebamme von verschiedenen Vermögensklassen unterschiedliche Taxen

---

[28] F.B. Osiander, S. 175f

[29] Krauss, S. 63

erheben, wobei auf dem Land und in der Stadt unterschiedliche Bestimmungen galten.[30] Männliche Geburtshelfer konnten übrigens für die gleiche Tätigkeit eine drei- bis vierfach höhere Taxe erheben.[31]

Genauere Daten für die Anzahl der betreuten Entbindungen pro Hebamme liegen erst für die letzten hundert Jahre vor. Für die Zeit davor existieren lediglich vereinzelte Berichte. Die Hebamme Margarete Hertering aus Nürnberg leistete beispielsweise zwischen den Jahren 1587 und 1608 bei 3433 Geburten Beistand, d.h. etwa jeden 2. Tag, wobei vermutlich nur die glücklich endenden Geburten gezählt wurden.[32] J. Siegemundin entband schätzungsweise über 7000 Frauen.

Zwischen 1878 und 1939 entfielen im Deutschen Reich auf eine Hebamme zwischen 42 und 59 Lebendgeburten jährlich. Bei der Erteilung von Niederlassungsgenehmigungen an Hebammen ging man 1939 (Runderlaß des Reichsministers des Inneren) von einem Jahresdurchschnitt von 50 Geburten pro Hebamme aus. In weniger besiedelten Gebieten legte man eine etwas geringere Rate zugrunde als in den Städten.[33] Die Anzahl der Geburten, die heutzutage eine freiberufliche Hebamme betreut, ist sehr unterschiedlich. Als grober Anhaltswert gilt immer noch etwa eine Geburt pro Woche. Im Krankenhaus werden laut Stellenplan von 1993 für eine Hebamme 118 Geburten pro Jahr zugrundegelegt.[34]

Zurück zur finanziellen Sitation der traditionellen Hebamme auf dem Land und der Stadthebamme. Eine geschickte und gefragte Hebamme hatte immer Arbeit. Wenn sie in der gehobenen Gesellschaft oder gar bei Hof engagiert wurde, konnte sie es im Laufe ihres Lebens sogar zu einem gewissen Wohlstand bringen. J. Siegemundin war als Hofhebamme auch über die Landesgrenzen hinaus berühmt

---

[30] Bei Mühlenbeck sind einige Gebührenordnungen des 19. und 20. Jahrhunderts wiedergegeben. Siehe Mühlenbeck, S. 38-45

[31] Mühlenbeck, S. 37

[32] Haberling, S. 51

[33] Mühlenbeck, S. 36

[34] Edelmann, S. 8-9

und gefragt. Sie erwarb in Berlin ein eigenes Haus — ein ungewöhnlicher Schritt für eine einfache Frau des 17. Jahrhunderts.[35]

Aber auch außerhalb fürstlicher Kreise konnte eine Hebamme in der Stadt ein finanziell abgesichertes Leben führen. Die städtischen Hebammen waren meist angesehene Bürgerinnen, d.h. sie besaßen ein Haus, und erhielten von der Stadt ein festes Jahresgehalt. Darüber hinaus konnten sie für jede Geburt eine Taxe erheben. In Preußen (1785) hatten sie freien Stand in der Kirche, freies Begräbnis und freie Kirchenzeremonien. In Göttingen (1764) wurden die Hebammen nicht ihrem Alter entsprechend, sondern nach Qualifikation („Geschicklichkeit") vergütet.[36]

Die überwiegende Mehrheit der Hebammen blieb jedoch arm, auch wenn sie Tag und Nacht dienstbereit waren und vermutlich zu mehr Geburten gerufen wurden als eine Hebamme in heutiger Zeit. Berichte über Hebammen, die im Alter in Armut starben, sind keine Seltenheit. Wurde eine Hebamme arbeitsuntauglich, war sie oft auf Unterstützung durch die Gemeinde angewiesen.[37]

Lisbeth Burger, die von 1888 bis 1928 als Hebamme wirkte, äußert sich in ihrem Tagebuch zu ihrer finanziellen Lage um die Jahrhundertwende: „Die Finanzen der Hebamme sind meist nicht rosig. Es gibt nicht wenig Eltern, welche die Taxe von vierzehn Mark kaum oder nicht ganz aufbringen."[38]

Die moderne freiberufliche Hebamme steht finanziell etwas besser da als ihre Vorgängerinnen, da sie mit der Krankenkasse abrechnet. Die Vergütung fällt jedoch verglichen mit dem hohen Verantwortungsgrad des Hebammenberufs und den Kosten einer Klinikentbindung immer noch gering aus. Eine Hebamme erhält beispielsweise für

---

[35] Pulz 1994, S. 46

[36] Pfeil, S. 254

[37] Als eines zahlreicher Beispiele steht folgendes. Im Jahr 1848 wird von dem bereits erwähnten Schwarzwalddorf Hofsgrund berichtet, daß die arbeitsuntaugliche und vermögenslose Hebamme und ihr Ehemann die Gemeinde um Unterstützung baten. Ab sofort wurden ihr und ihrem Mann wöchentlich zwei Laib Brot gewährt. Darüber hinaus erhielt die Hebamme eine einmalige Zuwendung von 30 Gulden aus der Gemeindekasse. Hilger, S. 41

[38] Burger, S. 71f

ihre Hilfe bei einer Hausgeburt „für die Dauer bis zu zehn Stunden
vor der Geburt des Kindes ... und die Hilfe für die Dauer bis zu drei
Stunden danach einschließlich aller damit verbundenen Leistungen
und Dokumentationen"[39] eine Gebühr von DM 750,-.[40] Darüber
hinaus erbringt sie einen erheblichen Anteil an unvergüteten Leistungen, z.B. wenn diese die in der Gebührenordnung vorgesehene
Anzahl übertreffen. In dem Hebammenprojekt Emsland, in dem die
Versorgung von Schwangeren und Müttern mit Säuglingen in einer
strukturschwachen ländlichen Region erfaßt wurde, wurde das Verhältnis von vergüteter zu unvergüteter Arbeitszeit 1991/1992 mit 71%
zu 29% ermittelt. [41]

In den letzten zehn Jahren schließen sich immer mehr freiberufliche Hebammen zu Hebammenteams in Praxisgemeinschaften zusammen. So können die fixen Kosten geringer gehalten werden, und
geregelte Arbeitszeiten lassen sich eher realisieren.

Hebammenwahl

Ebenso wichtig wie die Eignung zum Hebammenberuf war — insbesondere in ländlichen Gegenden — das Vertrauen, das die Frauen
einer Dorfgemeinschaft ihrer Hebamme entgegenbrachten. Bereits im
Mittelalter bestimmten sie eine Frau aus ihrer Mitte zur Hebamme.
Den äußeren Rahmen einer Hebammenwahl bildete dabei das sogenannte Sendgericht. Hierbei handelte es sich um Wandergerichte, die
in bestimmten Zeitabständen in die Gemeinden geschickt wurden,
um die christliche Lebensführung der Gemeindemitglieder zu
überprüfen. Der Bischof oder sein Stellvertreter versammelte die Gemeinde in der Kirche. Stand eine Hebammenwahl auf dem Programm, konnten die anwesenden Frauen einen Vorschlag vorbringen.
Konnte keine Einigung erzielt werden, so schlugen die Sendherren
eine Frau vor, die jedoch der Zustimmung aller Dorffrauen bedurfte.[42]

---

[39] Hebammengesetz, S. 214

[40] Hebammen-Gebührenverordnung in der Fassung vom 7.10.1997

[41] Hebammenprojekt Emsland, S. VIff

[42] Haberling, S. 19f

Hebammenwahlen wurden bis ins 18. Jahrhundert von der Kirche vorgeschrieben. Die Kölner Kirchenordnung aus dem Jahr 1720 bestimmte beispielsweise, daß die Frauen des Ortes die Hebammen wählen und sie in Anwesenheit der weltlichen Behörde dem Pfarrer nennen.

Mit dem Machtverlust der Kirche wechselte auch der Schauplatz einer Hebammenwahl. Was blieb, war das Entscheidungsrecht der Dorffrauen: Bis Ende des 19. Jahrhunderts war es üblich, daß sie eine Frau aus ihrer Dorfgemeinschaft zur Hebamme bestimmten. (In manchen Orten entschieden der Ortsvorsteher oder der Dorfgeistliche.) Und so ging eine Hebammenwahl vonstatten: Sämtliche Frauen eines Dorfes versammelten sich. Zunächst wurden ihnen die erwünschten Eigenschaften einer Hebamme vorgelesen; anschließend wurde in offener Wahl abgestimmt.[43]

Eine erfolgreiche Wahl bot einen willkommenen Anlaß zu einer fröhlichen Feier. Männer hatten bei diesem Fest nichts zu suchen. Ein Pfarrer, der 1896 in Großmannsdorf am Fuß des Haßbergs amtierte, erlebte eine Hebammenwahl und berichtet anschaulich darüber. Schon während der Wahl wurde ein Fäßchen Bier geleert; nach der Wahl spendierte die Hebamme Wein in einem Wirtshaus:

> „Der Wein wurde in Kannen und Gießern aus dem Keller geholt... Da aber nur ein männlicher Wirtshausgast gerade anwesend war, ein ehrsamer Bauersmann aus dem Nachbardorf, so sah sich dieser plötzlich wie im Sturm gepackt und wurde im Saale herumgewirbelt, daß ihm Hören und Sehen verging. Aber die Rache der Götter ereilte sie schnell. Ein fahlgewordenes Gesicht nach dem andern sah man sich absentieren; eine ehrwürdige Matrone, die noch dazu Mitglied des christlichen Müttervereins war, wurde auf dem Schubkarren heimgefahren wie eine arme Sünderin ...“

Die zur Hebamme bestimmte Person wurde für einige Monate auf Gemeindekosten auf eine Hebammenschule geschickt. Manchmal zeigte es sich erst hier, ob die Wahl auch auf die richtige gefallen war. In dem eben geschilderten Fall beispielsweise sollte die neugewählte Hebamme die Würzburger Hebammenschule besuchen, konnte je-

---

[43] So wird die Hebammenwahl in Hofsgrund im Schwarzwald am 14.6.1871 geschildert. Hilger, S. 41

doch „zum ungeheuren Ärger ihrer Wählerinnen" ihren Beruf nicht
ausüben, weil „ihr die Geschichte so gruselig" wurde.[44] Es kam auch
vor, daß ältere Frauen, die bereits lange Jahre als Hebammen gearbeitet
hatten, gewählt und für kurze Zeit auf Hebammenschulen geschickt
wurden. Dieser Unterricht kam für sie unter Umständen zu spät, da
das in diesen Schulen vermittelte Wissen für sie schwer zugänglich
war und sie an ihren eigenen Ansichten festhielten.[45]

Insbesondere fortschrittliche Geburtshelfer wie F.B. Osiander betrachteten die traditionelle Hebammenwahl mit großem Argwohn
und hatten ihre Zweifel bezüglich des Wahlergebnisses: „Ob die
Wahl ein Weib betrift, das in der rechten Hand einen krumgewach-
senen steiffen Mittelfinger und davon eine beynahe ganz unbrauch-
bare Hand hat, das ist ihnen etwas ganz unbedeutendes."[46] F.B.
Osiander vermutete, daß weniger die körperlichen und geistigen Fähigkeiten, sondern vielmehr in der Bereitschaft, sich als billige Ar-
beitskraft zu verdingen, das Wahlergebnis beeinflußte:

> „Es ist allzubekannt, wie oft bey solcher Wahl gerade das al-
> leruntüchtigste Weib des ganzen Orts zu einer Hebamme auserlesen
> wird... aber wenn doch ein Bauer ein lastbares Thier sich anschaffet,
> so siehet er auf junge, gesunde und gerade Glieder und gute Sinn-
> werkzeuge; bey der Wahl einer Hebamme hingegen scheinen Leibs-
> und Seelenfähigkeiten wegfallen zu dörfen, wenn sie nur unter den
> Weibern ihres Dorfes den Ruf einer guten, dienstfertigen Person hat,
> das ist, wenn sich die Weiber von ihr die gewiße Hoffnung machen
> dörfen, daß sie bey ihrem künftigen Amt sich 14 Tage und noch
> länger zum Dienst einer Wäscherin und Kindbettwärterin willig
> finden lassen werde, ohne außer dem gewöhnlichen Lohn etwas
> mehr, als zuweilen einen Schluk Wein oder Brantenwein zu erwar-
> ten."[47]

F.B. Osianders Bemerkungen sind immer aus der Sicht des modernen, leider auch operationswütigen Geburtshelfers zu sehen und

---

[44] Ludwig: Die Hebammenwahl zu Großmannsdorf im Haßgau anno 1896. In: Deutsche Gaue, Band VIII, Meile, Kaufbeuren 1907, S. 80f. Zit. nach Worschech, S. 121

[45] Osiander, F.B., S. 181-182

[46] Osiander, F.B., S. 183

[47] Osiander, F.B., S. 167f

daher mit Vorsicht aufzufassen. Es ist nicht anzunehmen, daß die Wahl auf eine Invalide traf, denn die Wählerinnen hatten selbstverständlich auch ein Eigeninteresse, daß dieser wichtige Posten an eine tüchtige Frau vergeben wurde. Daß allerdings die Bereitschaft einer zukünftigen Hebamme, für einen Hungerlohn Tag und Nacht zu schuften, den Ausschlag bei der Wahl geben konnte, ist durchaus denkbar.

Die Gemeinden, die die Kosten für die Hebammenschulen aufbringen sollten, hatten mitunter kein Verständnis dafür, daß Geburtshilfe gelernt sein will.[48] In den Augen mancher Ortsvorsteher war Schulbildung auf diesem Gebiet neumodischer Unsinn und daher völlig überflüssig:

> „Wer hat denn vor 50 und 60 Jahren die Hebammen unterrichtet?' (sagte ein sehr ökonomischer Ortsvorsteher bey der Wahl einer Hebamme zu seinen anwesenden Richtern.) ‚Niemand: und wir sind doch alle glüklich auf die Welt gekommen. Das Kinder-Empfangen lernt sich von selbsten.'"[49]

Wer ist kompetent?

Zu den Inkompetenzvorwürfen von Ärzten über Hebammen

Gehäuft finden sich in der Literatur Klagen über den geringen Wissensstand der traditionellen Hebammen auf dem Land. Sie gingen meist von Ärzten und Chirurgen aus, die in ihren Lehrbüchern alle Hebammen über einen Kamm scherten und in gleicher Weise für dumm erklärten. Mit blutrünstigen Geschichten gedachte man diesen pauschalen Vorwurf zu bekräftigen und die Inkompetenz der Hebammen zu beweisen.

Der bereits erwähnte Arzt Eucharius Rösslin beklagt beispielsweise in seinem Geburtshilfelehrbuch „Rosengarten" (1513) die Ignoranz der Hebammen und den Mißstand, daß eine Mutter für Kindstötung

---

[48] Krauss, S. 65

[49] Osiander, F.B., S. 182f

der Todesstrafe anheimfällt, eine Hebamme jedoch auf Erden ungestraft davonkommt:

> „Ich meyn die hebammen alle sampt
> Die also gar kein wissen handt
> Darzu durch ir hynlessigkeit
> Kind verderben weit und breit
> Und handt so schlechte fleiß gethon
> Das sie mit ampt ein mort begon
> Und gibt man yn darzu den lon
> Wen es die muter selber dett
> Gar bald man sie vergraben hett
> Lebendig/und ein solichen schad
> Strafft der Keyser mit dem rad
> So laßt man die ungestrafft hyngon
> Doch wart sie dort von got den lon"[50]

> „Ich spreche von allen Hebammen,
> die keinerlei Wissen besitzen
> und zudem durch ihr unvorsichtiges Verhalten
> überall Kinder umkommen lassen.
> Sie haben sich so wenig bemüht,
> daß sie vorsätzlich einen Mord begangen haben,
> und sie werden obendrein noch dafür belohnt.
> Die Mutter würde man für eine solche Tat
> bei lebendigem Leib begraben,
> der Kaiser ließe sie aufs Rad spannen.
> Auf Erden bleiben sie ungestraft,
> es erwartet sie jedoch Gottes Lohn im Jenseits."

Die folgende Beschreibung der Hebamme auf dem Land stammt
von F.B. Osiander. Es sind kaum gegensätzlichere Charaktere denkbar
als dieser operationswütige und fortschrittsgläubige Geburtshelfer, der
allzuoft eine Geburt mit der Zange beendete (Details in Kapitel 4),
und die ländliche Hebamme, die sich ganz auf ihre Erfahrung verließ
und von dem technischen Fortschritt ausgeschlossen war. Osianders
Hebammenbild ist äußerst negativ und mit Sicherheit überzeichnet.
Diese Karikatur vermittelt weniger einen Eindruck der Hebamme auf

---

[50] Rösslin, "Rosengarten", S. 8

dem Land; sie ist vielmehr ein Spiegel der extremen Spannungen zwischen Ärzten und Hebammen:

„Mit Betrübniß sehe ich die mir gesammelte Liste von Hebammen durch, und nie habe ich sie mit etwas besserm, als mit dem aufrichtigen Wunsch für jede Hebamme derselben schließen können: Ut fit mens sana in corpore sano!!![51] — Bey vielen verhielt sich Eigensinn und Dummheit zu Folgsamkeit und Verstand wie 100 zu 1. Und meist war ihre Lese- und Schreib-Kenntniß, so wie ihre Hebammenkenntniß so wenig als möglich. Was Wunder? Die meiste kamen erst zwischen 40 und 50 Jahren, oft noch später im Unterricht, und zwischen 50 und 60 traten sie ihr Amt an: war nun ein Zeitraum von 5 bis 10 Jahren zwischen dem Unterricht und Amtsantritt, so mußten sie natürlich ihr bißchen Wissen vollends vergessen; einige aber hatten auch gar nichts vergessen können. Diejenige, welche für die geschicktesten gehalten wurden, waren gemeiniglich zwischen 70 und 80 Jahre alt, und ihr ganzes Verdienst, worauf sie sich beriefen, bestund in einer Anzahl von mehr als 1000 Kindern, welche die hilfreiche Natur in den Schooß dieser einfältigen Mütterchen ausgeschüttet hatte. Unter diesen geschikten war die eine blödsinnig, die andere hörte übel; die dritte zitterte an allen Gliedern; die vierte hinkte; die fünfte war buklicht; die sechste hatte Hände wie Bärentatzen und voller Schwülen; die siebente war zum Abscheu häßlich und schmuzig; die achte konnte sich vor ihrem fetten Wanst kaum von der Stelle bewegen... Bey der schlechten körperlichen Beschaffenheit sind noch überdies ihre Kenntnisse in der Hebammenkunst äußerst gering."[52]

Mit Geburtsberichten wie den beiden folgenden sollte die Unfähigkeit der Hebammen bewiesen werden. In einem Schreiben aus dem Fürstentum Ansbach wird eine Entbindung im Jahre 1744 geschildert, bei der eine erfahrene Frau zugegen war, die immerhin schon bei über 300 Geburten ihre Hebammendienste angeboten hatte. In diesem Fall kam es zu einem Geburtsstillstand, und das Kind wurde mittels eines in Eile gefertigten Hakens „in Stücken aus dem Leibe gerissen". Die Mutter starb fünf Tage später. Über die Todesursache waren die Helferin und die darüber urteilenden Ärzte

---

[51] Wäre doch in einem gesunden Körper auch ein gesunder Verstand!

[52] F.B. Osiander, S. 168f

unterschiedlicher Meinung: Die Helferin gab dem angeblich im Mutterleib verstorbenen Kind die Schuld.[53] Für das Kind hatte sicher keine Aussicht auf Rettung bestanden, aber die Mutter hätte möglicherweise durch eine schonendere Vorgehensweise gerettet werden können. Es ist anzunehmen, daß sie an inneren Verblutungen starb.

Der Geburtshelfer F.B. Osiander schildert eine Entbindung, zu der er gerufen wurde: Es bot sich ihm

> „das schröcklichste Schauspiel. Eine Frau lag ausgestreckt und bis an den Nabel entblößt auf der Erde und aus ihren Geburtsteilen war ein Kind bis an den Hals herausgezogen. Den einen Fuß des Kindes hielt die Hebamme, den anderen der Dorfbabier in den Händen, und sie zogen beide mit allen Leibeskräften so stark, daß sie, wie ich nachher erfuhr, schon seit einer Stunde die arme Kreißende an dem Kinde in der ganzen Stube herumgeschleppt hatten. Die Kreißende war, wie leicht zu verstehen, halb leblos, und an den Füßen des Kindes konnte man jeden Eindruck der Finger derer sehen, welche auf so entsetzlich rohe Weise Hilfe leisten wollten. Ich legte die Frau auf das Bett, griff in den Mund des Kindes, und brachte den Kopf so ohne viel Schwierigkeiten zur Welt. Die Frau wurde gerettet, das mißhandelte Kind aber war natürlich todt.“ [54]

Gewiß haben sich derartige Geburtsszenen ereignet, was bei den damals begrenzten Möglichkeit nicht verwundert. Und gewiß gab es Hebammen, die ihr Handwerk nicht verstanden. Dennoch darf von solchen Einzelfällen nicht auf einen ganzen Berufsstand geschlossen werden. Denn es gab auch äußerst geschickte und tüchtige Hebammen. Und schwarze Schafe waren auch unter den Ärzten zu finden, wie entsprechende Berichte über inkompetente männliche Geburtshelfer zeigen (siehe Kapitel 4). Nachteilige Berichte über Hebammen dienten nicht zuletzt standespolitischen Interessen von Ärzten und Chirurgen und wurden als geeignetes Mittel eingesetzt, um lästige Konkurrenz auszuschalten.

---

[53] Krauss, S. 67

[54] Zit. nach Pfeil, S. 245

Gelehrtenwissen — Buchwissen

Daß die Verunglimpfung eines ganzen Berufsstandes unseriös ist und nicht ernst genommen werden kann, versteht sich von selbst. Es ist jedoch interessant, nach dem Hintergrund dieser Klagen zu fragen. Hatten denn die ärztlichen Kollegen tatsächlich den Hebammen Wissen voraus?

Ärzte und Chirurgen hatten sich antikes und mittelalterliches Gelehrtenwissen angeeignet, das nicht immer den tatsächlichen anatomischen Gegebenheiten entsprach. Im Rahmen ihres Medizinstudiums hatten angehende Ärzte bereits im Mittelalter Gelegenheit, der Sektion menschlicher Leichen beizuwohnen, und im Grunde hätten sie die Möglichkeit gehabt, sich ein Bild vom Bau des menschlichen Körpers zu verschaffen.[55] Im Hochschulalltag sah es jedoch so aus, daß der Hochschullehrer während der Sektion den Studenten aus Schriften vorlas, die auf die Antike zurückgingen, und die Studenten dabei sehen mußten, was bereits seit über 1000 Jahre gelehrt wurde. Sinn und Zweck der Übung war, an der Leiche antike Lehren nachzuvollziehen. Diese anzuzweifeln und durch genaues Hinsehen neue Erkenntnisse zu gewinnen, wäre im Mittelalter sehr verwegen gewesen.

Der anatomische Kenntnisstand änderte sich grundlegend mit Andreas Vesalius (1514-1564), dem großen Anatomen des 16. Jahrhunderts. Durch sorgfältige Sektion und mit einem kritischen Auge deckte er viele Irrtümer auf — z.B. die fünflappige Leber, die gehörnte Gebärmutter — und gewann neue anatomische Erkenntnisse über den menschlichen Körper. Vesal hatte jedoch hartnäckige Gegner, die ihm Vermessenheit vorwarfen, da er die antiken Autoritäten in Frage stellte. Sein eigener Lehrer Jacobus Sylvius (1478-1555) gab ihm den Beinamen „Vesanus“, Verrückter.[56] Die allgemeine Anerkennung und Verbreitung Vesals anatomischer Erkenntnisse — wie auch die anderer Anatomen — ließ noch lange auf sich warten. Insbesondere was den Bau des weiblichen Körpers anbelangt, dauerte

---

[55] Im Jahr 1302 n.Chr. wurde in Bologna die erste menschliche Leiche seit der Antike seziert wegen Verdachts auf Giftmord. Fischer-Homberger 1977, S. 44

[56] Ackerknecht, S. 71f

es bis ins 18. Jahrhundert, bis antikes Wissen aufgegeben und anatomische Neuentdeckungen in breiten Kreisen akzeptiert wurden, z.B.
daß es keine Verbindung zwischen Mund und Gebärmutter gibt oder
daß der knöcherne Beckenring während der Geburt nicht auseinan-
dertritt (siehe Kapitel 4 und 8).

Aber auch in der praktischen Geburtshilfe waren Ärzte und Chirurgen lange Zeit rückständig und den Hebammen unterlegen. Sie
hatten bis Mitte des 18. Jahrhunderts kaum Gelegenheit, eine gebärende Frau zu untersuchen oder bei einer normalen Geburt anwesend
zu sein.

Hebammenwissen — Erfahrungswissen

Die Hebammen besaßen Wissen, das mündlich von Generation zu
Generation weitergegeben, jedoch nicht schriftlich festgehalten wurde. Die nötigen Handgriffe wurden abgeschaut und angelernt.[57] Eine
Frau, die sich zur Hebammentätigkeit entschloß, lernte bei einer
erfahrenen Hebamme.

J. Siegemundin, eine der wenigen Hebammen, die ein Geburtshilfelehrbuch schrieben, legte besonders großen Wert auf den inneren
Tastbefund, den die Hebamme bei der Gebärenden erheben sollte. Zu
Siegemundins Zeit war der Tastbefund für eine Hebamme der einzige
Weg, sich ein Bild über den Zustand des Kindes und den
Geburtsfortschritt zu verschaffen. Diese innere Untersuchung wurde
jedoch keineswegs von jeder Gebärenden zugelassen, auch nicht,
wenn sie von einer Frau durchgeführt wurde. Viele Schwangere lehnten aus Schamgefühl ab. Siegemundin weist jedoch in ihrem Buch
darauf hin, wie wichtig es ist, diese Untersuchung bei einer gebärenden Frau — auch wenn sie nicht einsichtig ist — durchzusetzen.

Es ist heute kaum möglich auszumachen, wieviel Kenntnisse und
Können Hebammen tatsächlich besaßen, da nur wenige von ihnen
darüber schrieben. Sicher ist, daß sie sich ein umfangreiches Erfahrungswissen aneigneten, das Ärzten und Chirurgen jahrhundertelang

---

[57] Zu dem von Ärzten und Chirurgen vorgebrachten Ignoranzvorwurf gegen Hebammen in der frühen Neuzeit und der unterschiedlichen Art von Wissen siehe Pulz
1994 und 1995.

unerreichbar blieb. Und weiterhin kann man davon ausgehen, daß mancher Handgriff, den ein Arzt von einer Hebamme erlernte, eher unter seinem als unter ihrem Namen in die Geschichte einging. So wurde der französische Chirurg und Geburtshelfer Ambroise Paré (1510-1590) mit der Wiederentdeckung eines geburtshilflichen Handgriffes (siehe Kapitel 8), der „Wendung auf den Fuß", weltberühmt, und nur selten wird dabei die Hebamme erwähnt, von der er dieses lebensrettende Verfahren erlernt hatte.

Aufwertung durch Ausbildung

Als Geburtshilfe zunehmend auch von Männern geleistet wurde, hätten manche unter ihnen am liebsten das Hebammenwesen abgeschafft. Die Gemäßigteren klagten jedoch nicht nur die bestehenden Mißstände an, sondern forderten eine bessere Hebammenausbildung — allerdings unter der Aufsicht von Ärzten. Der Mediziner Caspar Bose (1729) in Leipzig forderte die Ärzte auf, von ihrer althergebrachten Scheu gegenüber der Geburtshilfe abzulassen und sich zum Wohle der Gebärenden und ihrer Kinder mehr diesem Gebiet zu widmen. Er brachte den Vorschlag vor, Hebammen sollten sich Ärzten unterordnen und von ihnen unterrichtet werden.[58]

F.B. Osiander machte sich ebenfalls Gedanken zur Verbesserung der Ausbildungssituation der Hebamme und zur Aufwertung dieses Berufes. Er erkannte ganz klar die Ursachen eventueller Mißstände und brachte wertvolle und modern anmutende Vorschläge zur Rehabilitation des Hebammenberufs vor:
• Auswahl der Hebammen durch Experten,
• jüngeres Ausbildungsalter,
• Aufgeben althergebrachter Moralvorstellungen,
• höheres Prestige des Berufs und — nicht zuletzt —
• ein höheres Gehalt:

> „So lange nun die Wahl der Weiber zu Hebammen nicht dem Lehrer überlassen, und so lange der Unterricht nicht Weibern von 30 Jahren ertheilt wird, so lange bleibt eine wahrhaftig gute Heb-

---

[58] Fischer-Homberger 1983, S. 63f

amme ein bloßes Ungefähr; und so lange freilich noch die thörichte
Begriffe von Schande, und der armselige Gehalt mit unsern Heb-
ammendiensten verknüpft sind, so lange werden sich keine Weiber
von guter Erziehung ... dieses sonst so ehrbaren und wichtigen Ge-
schäfts unterziehen, sondern es wird immer denen von der niedrig-
sten Volksklasse ... überlassen werden müssen."[59]

Außerdem sollten die notwendigen Instrumente und Bücher unentgeltlich zur Verfügung gestellt werden:

> „Man muß von Seiten des Orts auch dafür sorgen, daß sie die
> nöthige Geräthschaft und Bücher sowohl unentgeltlich, als von der
> besten Art bekomme."[60]

Diese Verbesserungvorschläge wurden teilweise verwirklicht, besonders was die berufliche Qualifikation anbelangt. Die Ausbildung
zur Hebamme wurde entscheidend verbessert. Doch es sollte noch
lange dauern, bis der Beruf die ihm zustehende Wertschätzung erfuhr.

Das Fortleben einer Tradition

Die Ansichten darüber, welche Fähigkeiten von einer angehenden
Hebamme ursprünglich erwartet wurden, wirken auf den heutigen
Leser befremdend. Frauen, die einen christlichen Lebenswandel
führten, über die Nottaufe Bescheid wußten und geschickte Hände
hatten, konnten sich von einer erfahrenen Hebamme anlernen lassen. Mitunter wurden Töchter von Hebammen, wie in Hamburg im
17. Jahrhundert, bevorzugt als „Lehrmagd" angenommen.[61] Eine
angehende Hebamme sammelte viel praktische Erfahrung während
ihrer Ausbildung, wesentlich mehr jedoch in den vielen Jahren ihrer
Tätigkeit. Sie hatte kaum die Möglichkeit, theoretisches Grundla-
genwissen zu erwerben. Selbst wenn sie lesen konnte, war ein Buch
für sie meist unerschwinglich.

---

[59] Osiander, F.B., S. 170

[60] Osiander, F.B., S. 183

[61] Nöth, S. 31

Ab dem 17. Jahrhundert wurde die Hebammenausbildung professioneller und verschulter. Bevor eine Hebammme ihre Tätigkeit aufnahm, mußte sie sich einer Prüfung durch einen Arzt unterziehen. Mit der Einrichtung von Hebammenschulen ab der zweiten Hälfte des 18. Jahrhunderts wurde dieser Verschulungsprozeß fortgesetzt (siehe Kapitel 3). Die Hebammenschülerin erhielt hier nicht nur eine gründliche praktische, sondern auch eine theoretische Ausbildung. Nach dem Besuch der Hebammenschule legte sie ein Examen ab.

Neben dieser gut ausgebildeten geprüften Hebamme gab es noch über 100 Jahre lang die traditionelle Hebamme, die niemals eine Hebammenschule besucht hatte. Examinierte Hebammen arbeiteten meist in der Stadt, während ihre nicht-examinierten Kolleginnen auf dem Land und in kleineren Städten tätig waren. In der bereits mehrfach erwähnten Erhebung des Fürstentums Ansbach aus dem Jahre 1739 wird berichtet, daß sich unter den über 200 tätigen Hebammen „kaum dreißig gelernte und examinirte" befänden.[62] In der Hebammenordnung des Fürstentums Zweibrücken (bei Saarbrücken) aus dem Jahre 1790 wird erwähnt, daß in einigen Ortschaften nicht-examinierte Frauen als Hebamme tätig sind, zu denen die Schwangeren allerdings großes Vertrauen besäßen. Die Amtsvorsteher berichteten, sie verstünden ihre Sache gut.[63] In Mecklenburg-Schwerin wird 1796 immer noch darüber geklagt, daß es auf dem Land an ausgebildeten Hebammen mangele, während es in der Hauptstadt zu viele gebe.[64] Noch um 1900 wurde in der Gegend um Königsberg mehr als die Hälfte aller Geburten von älteren Frauen und nicht von Hebammen geleitet.[65]

---

[62] Krauss, S. 64-71

[63] Nöth, S. 167

[64] Nöth, S. 133

[65] Dohrn, R., zit. nach Shorter, S. 46. Dohrn war von 1863 bis 1883 Ordinarius in Marburg und erhielt im Jahre 1883 eine Professur in Königsberg. Im Jahr 1887 trat er in den Ruhestand. In dem abgeschlossenen Schweizer Lötschental war noch bis in die 1920er Jahre die traditionelle Hebamme Marjosa Tannast von Wiler (1861-1937) tätig, die eine ausgezeichnete Geburtshilfe leistete und bei den Talbewohnerinnen in hohem Ansehen stand. Kuntner 1994, S. 28-38

Wie die Beispiele zeigen, war die traditionelle Hebamme bis ins
19. Jahrhundert hinein auf dem Land anzutreffen. Sie verkörperte die
im Volke lebendigen Vorstellungen einer gebär- und geburtserfahre-
nen Frau und genoß das Vertrauen der Dorfgemeinschaft.

Aberglaube und Hexerei

Aberglauben

Im Mittelalter, als die Kirche im christlichen Europa eine mächtige
Position einnahm und das Alltagsleben stark beeinflußte, glaubten
die Menschen zwar an einen christlichen Gott; zugleich bestimmte
jedoch der Glaube an höhere Mächte ihr Denken und Handeln.
Zauberei war weit verbreitet. Mit Zaubersprüchen versuchten Zauberer
z.B. Einfluß auf das Wetter oder schlimme Krankheiten zu nehmen.
Die Kirche verurteilte Zauberei als Aberglauben, der sich gegen den
christlichen Glauben richte, und stellte sie der Ketzerei gleich.

Eine Hebamme konnte leicht in den Verdacht der Zauberei geraten. Sie besaß Kräuterwissen, Kenntnisse über empfängnisverhütende
und abtreibende Mittel, gleichsam Macht über Leben und Tod.
Einerseits waren manche ihrer Überzeugungen und Handlungen vom
Aberglauben geprägt, wie z.B. die Vorsichtsmaßnahmen während der
Schwangerschaft (siehe Kapitel 5), das Mittaufen von Mutterkuchen
und Glückshaut (siehe Kapitel 7) oder die bereits erwähnte Verwendung des Blut- und Bernsteins.[66] Andererseits blieben auch — aus
heutiger Sicht — vernünftige Maßnahmen für ihre Mitmenschen
rätselhaft, z.B. das Auslösen der Wehen durch bestimmte Mittel
(siehe Kapitel 7). Da die Kirche auf sie als Handlanger und enge
Vertrauensperson angewiesen war, konnte eine Hebamme gerade in
einer frauenfeindlichen Zeit leicht in den Verdacht des Vertrauens-
mißbrauchs geraten.

---

[66] Pulz (1994, S. 92f) weist allerdings darauf hin, daß Geburtspraktiken, die aus
heutiger Sicht als abergläubisch bezeichnet werden, zur Zeit ihrer Verbreitung als
durchaus vernünftig erachtet und auch von akademisch gebildeten Ärzten befürwor-
tet wurden.

Die Kirche ermahnte die Hebamme, abergläubische Handlungen zu unterlassen. Nach der Trierer Agende, einer Gottesdienstordnung aus dem Jahr 1574, mußte sie vor dem Pfarrer Loyalität gegenüber der Kirche schwören und sich von jeglicher Zauberei lossagen. Sie gelobte, „daß ich keinerlei Zaubermittel oder Aberglauben brauchen will, sondern mit dem Tauf und in allen Stücken mich der christlichen Kirchen und Weisen und Unterrichtung meines Pastors gemäß halten."[67] In der Augsburger Hebammenordnung wurde die Hebamme ausdrücklich vor dem Teufel gewarnt, der sie zu abergläubischem Segensprechen und anderen Gaukeleien verführe.[68] Das abergläubische Segensprechen war besonders gegen Ende des 16. Jahrhunderts in Deutschland weit verbreitet. Es bestand in sinnlosen Reimen, in denen religiöse Begriffe oder der Name Gottes auftauchten, mit denen Krankheiten geheilt werden sollte. Die Hebamme versuchte, durch abergläubisches Segensprechen eine leichtere Geburt herbeizuführen.[69]

Auch J. Siegemundin wußte, daß sie gerade wegen ihres Erfolgs leicht in den Verdacht geraten konnte, abergläubische Mittel anzuwenden, wovon der Schritt zur Anklage als Hexe zu ihrer Zeit nicht weit war. Sie wußte, daß ihre Neider sie gern aufgrund ihres Erfolges, den sie selbst rational und religiös begründete, des Aberglaubens bezichtigt hätten. Daher ihre häufige Berufung auf Gott, der auf kaum einer Seite ihres Lehrbuches unerwähnt blieb und dessen Güte sie ihre Geschicklichkeit zuschrieb. Daher die Genehmigung ihres Lehrbuches von kirchlicher Seite, die es am 5.4.1689 zum Druck freigab: „Wir nichtes befunden, was wider Gott und sein H(eiliges) Wort streite, oder dem Christlichen Glauben im geringsten nachtheilig, sondern vielmehr alles, ohne Superstition, der Erbarkeit gemäß eingerichtet sey." Siegemundin verurteilt abergläubische Handlungen in

---

[67] Handwörterbuch des Deutschen Aberglaubens, Bd. 3, S. 1589

[68] Handwörterbuch des Deutschen Aberglaubens, Bd. 3, S. 1589. Es wird hier nicht erwähnt, um welche Hebammenordnung es sich dabei handelt. Allein im 16. Jahrhundert wurden in Augsburg sieben Hebammenordnungen herausgegeben: eine im Jahr 1564, zwei 1575 und eine 1590. Das Erscheinungsjahr der übrigen drei ist unbekannt. Nöth, S. 9

[69] Wächter, S. 219

ihrem Hebammenlehrbuch und warnt z.B. vor dem Mißbrauch des
Taufsakraments.[70]

Hexenammen

Im „Hexenhammer", dem berühmtesten Hexenbuch (siehe unten),
wurde die Hebamme als schlimmste unter den Hexen, als Hexen-
amme bezeichnet.[71] Der Gerichtsmediziner P. Zacchias (1584-1659)
stempelte die Hebamme gleichsam als Hexe ab, indem er ihr eine
ganze Reihe unsittlicher und krimineller Handlungen vorwarf: Verabreichung von Liebesmitteln und empfängnisverhütenden Mitteln,
Abtreibung, Kindsmord, Anrufen von Dämonen und Gebrauch
abergläubischer Mittel.[72]

Gegen Hebammen wurde während der Hexenverfolgungen besonders brutal vorgegangen. Stellvertretend sei die Hebamme Marga-
rethe Bauerbacher aus Bilfingen (Markgrafschaft Baden-Baden) genannt, die am 1.12.1576 vierzehn Tage nach ihrer Verhaftung in
Ettlingen verbrannt wurde. Dorfbewohner hatten geklagt, „daß ihnen
täglich viel Viehes angegriffen, gelämt und getödt werde, und durch
niemanden anders, dann durch sie die Hebamm beschehe, dann was
sie an ihren Weib und Kindern nit zu wegen bringen könte, müßte
das arme Viehe herhalten."[73] Als weiteres Beispiel seien die Hexen-
verbrennungen in der Stadt Bad Waldsee (in Oberschwaben) erwähnt, wo alle 52 Frauen, die zwischen den Jahren 1515 und 1645
verbrannt wurden, sich mit Heilkräutern beschäftigten oder Hebammen waren oder beides.[74]

Mit dem Tod der Hebammen ging ein ungeheurer Schatz geburtshilflichen Wissens, aber auch Verhütungswissens jener Zeit verloren.
Moderne Forscher sehen einen Zusammenhang zwischen der Bevöl-

---

[70] Siegemundin, S. 250

[71] Pfeil, S. 247

[72] Fischer-Homberger 1983, S. 59

[73] Zit. nach Schneider, C., S. 191

[74] Barcyk, S. 253-256

kerungsexplosion in den Jahrhunderten nach den Hexenverfolgungen
und der Vernichtung des Verhütungswissens.

Exkurs: Der Teufelskreis der Hexenprozesse

Jeder, auch der geschichtlich weniger Interessierte, hat schon einmal
von den brutalen Hexenverfolgungen in Mitteleuropa gehört. Viele
verlegen den Hexenwahn ins finstere Mittelalter und lasten ihn
allein der katholischen Kirche an. Beides sind weitverbreitete Irrtümer, denn die heftigsten Hexenverfolgungen in Europa fanden nicht
im Mittelalter, sondern danach statt: im 16. und 17. Jahrhundert.
Um 1590, 1630 und 1660 gab es drei große Wellen. Die Verfolgun-
gen wüteten in katholischen und reformierten Gegenden.[75] Und
zudem wurden die meisten Hexereien vor weltlichen Gerichten ver-
handelt.[76]

Den Hexenverfolgungen fielen Frauen aller Gesellschaftsschichten
zum Opfer, Frauen, denen vorgeworfen wurde, daß sie sich mit dem
Teufel verbündeten, um Macht zu gewinnen, daß sie sich von der
Kirche lossagten oder sogar die Kirche mißbrauchten.[77] Diese
Abtrünnigen wurden als Unholdinnen, Teufelshuren und später als
Hexen bezeichnet.[78]

Es ist nicht einfach, die Frage nach den Gründen für den Hexenwahn zu beantworten. Mit verschiedenen Erklärungsmodellen
versuchte man diesem Phänomen näher zu kommen, und wahrscheinlich spielen mehrere Ursachen eine Rolle. Auf die verschiedenen Erklärungsmuster näher einzugehen, würde den Rahmen sprengen. Ich werde daher nur einige wenige anreißen. Zeitgenössische
Bemerkungen über die Frau spiegeln ein auffallend frauenfeindliches
Bild wider.[79] Die Frau galt als das Böse schlechthin, die der Mann in

---

[75] Ahrendt-Schulte, S. 10

[76] Midelfort, S. 49-58

[77] Ein häufiger Vorwurf, der Hexen gemacht wurde, war beispielsweise der sogenannte Hostienfrevel: Die Hexe verschaffe dem Teufel eine Hostie.

[78] Ahrendt-Schulte, S. 18

[79] Einschränkend ist hier allerdings zu bemerken, daß der Männeranteil bei den

Kauf nahm, um Kinder zu zeugen — ein Frauenbild, in dem die
aristotelische Tradition fortwirkte (siehe Kapitel 1). Des weiteren
erfüllten die Hexen eine Sündenbockfunktion, wenn Leid jeglicher
Art wie beispielsweise Naturkatastrophen[80] nach einer Erklärung
verlangte. Die Hexenprozesse können auch als verdeckter Religions-
krieg aufgefaßt werden, der zur Vernichtung von Andersgläubigen
diente. Nicht zuletzt ermöglichten sie Juristen und Scharfrichtern,
sich unverhältnismäßig zu bereichern.[81]

Der Hexenhammer — ein Bestseller der frühen Neuzeit

Wer setzte nun die Hexenverfolgungen in Gang? Papst Innozenz III.
forderte 1484 in der sogenannten „Hexenbulle" die deutschen Bi-
schöfe auf, die von ihm beauftragten Dominikaner Institoris und
Sprenger bei der Bekämpfung des Hexenwesens zu unterstützen. Institoris und Sprenger zogen von Gemeinde zu Gemeinde und riefen in
ihren Hexenpredigten dazu auf, der Hexerei verdächtigte Personen zu
melden. Sie hatten jedoch mit einem unerwarteten Widerstand zu
kämpfen: es kam zu keinen Bezichtigungen. Daraufhin verfaßten sie
den „Hexenhammer" (Malleus maleficarum; Abbildung 2.2), in dem
sie ihr Vorgehen gegen Hexen rechtfertigten.

Der „Hexenhammer" war das bedeutendste Hexenbuch und eines
der meistgelesensten Bücher der frühen Neuzeit. Die Erfindung des
Buchdrucks ermöglichte seine massenhafte Verbreitung, und er wurde

---

ersten Hexenprozessen ausgesprochen hoch war. Vgl. Midelfort

[80] Ein schwerer Hagel, der im Sommer des Jahres 1563 die Ernte in Wiesensteig (bei
Stuttgart) vernichtete, hatte einen großen Hexenprozeß zur Folge, bei dem 63
Frauen verhaftet und verbrannt wurden. N.N., „Zu Wiesensteig mit dem Brand
gerichtet", 1960. Dieses Unwetter wird in der Geschichtsforschung als Beginn der
Hexenverfolgungen im deutschen Südwesten gesehen.

[81] Eine übersichtliche Zuammenfassung verschiedener Erklärungsmodelle gibt Steidinger, S. 143. Das Verdienst eines Scharfrichters hing maßgeblich vom Ausgang
eines Prozesses ab, und die Durchführung einer Hinrichtung bedeutete für ihn eine
enorme Verbesserung seines Einkommens. Zur Tätigkeit der Biberacher Scharfrichter siehe Schmid, S. 411-414

bis ins 17. Jahrhundert immer wieder neu aufgelegt. Er erreichte
nahezu dreißig Auflagen!

Diese Schrift bildete die theoretische Grundlage für die Hexenverfolgungen. Sie besteht aus drei Teilen. Die beiden ersten handeln
von Hexen und Hexerei; der dritte gibt genaue Anweisung zur Pro-
zeßführung. Der Vorwurf der Hexerei richtete sich in diesem Werk
vor allem gegen Frauen. Das Weib sei dümmer, fleischlicher gesinnt
und glaubensschwächer als der Mann, kurzum, es sei von Natur aus
schlecht, und die Männer würden, wenn es keine Frauen gäbe, „mit
den Göttern verkehren". Die Hebamme galt durch das Zusammensein
mit ungetauften Kindern als besonders gefährdet. Darüber hinaus
wurde behauptet, sie töte oft das geborene oder ungeborene Kind und
schenke seine Seele dem Teufel.[82]

Im Jahre 1631 erschien eine anonyme Gegenschrift zum Hexenhammer, in der vor der Willkür der Hexenprozesse gewarnt wurde.
Der Verfasser dieser Schrift, der Jesuit Friedrich von Spee (1591-
1635), hatte als Beichtvater über 200 der Hexerei bezichtigte Frauen
im Gefängnis besucht und auf den Tod vorbereitet. Er war von der
Unschuld dieser Frauen fest überzeugt. Spees „Warnungsschrift" war
im Nu vergriffen und erlebte bereits ein Jahr später eine Neuauflage.
Dem Jesuitenpater ist es zu verdanken, daß es in Würzburg, wo sein
Freund Philipp von Schönborn Bischof wurde, zu keinen weiteren
Hexenprozessen mehr kam. Leider konnte Spees Schrift eine neue
Welle von Hexenverfolgungen Mitte des 17. Jahrhunderts nicht ver-
hindern.[83]

---

[82] Steidinger, S. 139, Donnison, S. 4

[83] Sauter, S. 38-48. Zur Biographie Friedrich Spees siehe Miesen

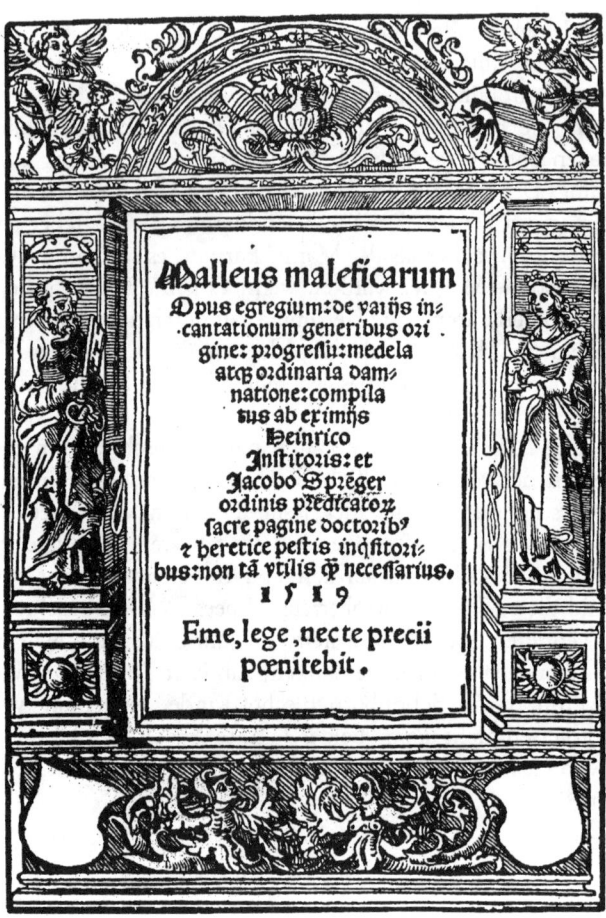

Abb. 2.2: Titelblatt des Hexenhammers

Hexe und Teufel

Im Laufe der Jahrhunderte hatte sich ein festes Hexenklischee herauskristallisiert: Man dachte, durch den Geschlechtsverkehr zwischen Teufel und Mensch werde ein Pakt, die Teufelsbuhlschaft, geschlossen.

Abb. 2.3: Der Teufel und seine Geliebte. Aus: Molitor, U.: Tractatus von bösen Weibern, die man nennet die Hexen. 1490/91

Eine vieldiskutierte Frage unter Gelehrten war die, ob Dämonen Samen besitzen. Als äußeres Zeichen des Teufelspaktes galt das sogenannte Hexenmal, das wie ein Leberfleck aussah, aber beim Hineinstechen nicht blutete. Man glaubte, aus dem Beischlaf von Teufel und Mensch erwachse eine ganze Hexengemeinde, die es mit allen Mitteln zu bekämpfen gelte. Mißgeburten hielt man für Abkömmlinge des Teufels, und gebar eine Frau ein mißgebildetes Kind, mußte sie mit einer Anklage als Hexe rechnen.[84]

Des weiteren glaubte man, die Hexen träfen sich mit dem Teufel auf dem Hexensabbat, zu dem sie auf Besen und Tieren flögen. Sie brächten Kräuter und Körperteile eines neugeborenen Kindes mit. Sie rieben sich zuvor mit Hexensalbe ein, die mehreren Zwecken diene. Die Salbe, so glaubte man, schläfere die Ehemänner ein, damit die Hexen sich unbemerkt davonstehlen konnten, befähige sie zum Fliegen und mache sie gegen Folter unempfindlich. Als Gegenleistung für die Gefolgschaft gegenüber dem Teufel verleihe dieser ihnen übernatürliche Kräfte gegenüber Mensch und Natur.[85]

Hexenprozeß — Scheinverfahren

Die Hexenprozesse waren so angelegt, daß sie, nachdem sie einmal ins Rollen geraten waren, sich rasch ausdehnen mußten und massenweise weitere Prozesse nach sich zogen. Oft wurden sie durch das Geständnis einer geistig verwirrten Person ausgelöst, die sich meldete und vorgab, sich mit dem Teufel eingelassen zu haben. Dieses freiwillige Geständnis legte sie ab, um sich von ihren Gewissensqualen zu befreien. Unter Folter wurden ihr noch weitere Aussagen abgepreßt, zu denen sie schließlich zustimmte, um ein Fortsetzen der Folter zu vermeiden. Unter Folter wurde sie auch gefragt, ob sie denn nicht noch die eine oder andere Person bei den nächtlichen Hexenzusammenkünften gesehen habe, was die meisten schließlich bejahten: die sogenannte „Besagung" oder Denunziation. So konnte die anfängliche Aussage einer Geisteskranken ganze Wellen weiterer Hexenprozesse auslösen, wovon kein gesellschaftlicher Kreis verschont blieb.

---

[84] Haberling, S. 55

[85] Steidinger, S. 91-151. Diese Versatzstücke eines festen Hexenklischees – Hexenflug, Hexensabbat, Teufelsbuhlschaft, Hexensalbe – waren freiwillige oder unter Folter erpreßte Geständnisse, die noch heute in alten Prozeßakten nachzulesen sind. Vgl. Sauter

Ein Verteidiger war meist nicht vorhanden; er hätte leicht selbst in den Verdacht der Hexerei geraten können.

Durch Hexenproben sollten Beweise erbracht und somit der Verdacht erhärtet werden. Dabei gab es verschiedene „Verfahren" — doppelbödige Tricks, die der Angeklagten keinen Ausweg boten. Bei der „Nadelprobe" stach ein professioneller Hexenstecher mit einem Messer mit einziehbarer Klinge in ein Muttermal oder eine Warze. Blieb dieses Teufelsmal blutleer, so galt der Beweis als erbracht. Bei der Wasserprobe wurde die Angeklagte gefesselt ins Wasser geworfen. Ging sie unter und ertrank sie, war ihre Unschuld bewiesen, blieb sie oben, war sie als Hexe überführt. Bei der Wiegeprobe wurde sie gewogen: Da man von einer Hexe ein geringes Gewicht erwartete, galt die Angeklagte, wenn sie wenig wog, als Hexe, wenn sie viel wog, erst recht als Hexe, da man behauptete, sie habe die Waage verhext.

An die Hexenproben schloß sich die Folter an, die der Angeklagten ebensowenig Möglichkeit bot, ihre Unschuld zu beweisen, wie die Hexenproben. Weigerte sie sich, unter Folterqualen zu gestehen, konnte man dies der Wirkung der Hexensalbe zuschreiben, „gestand" sie, war sie überführt. Fast alle Angeklagten gestanden[86] und nannten weitere Mitschuldige, so daß die Hexenprozesse sich rasch ausweiteten.[87]

Stand eine Frau in dem Verdacht der Hexerei, konnte sie tun und lassen, was sie wollte, die „Beweislast" richtete sich immer gegen sie. Der Tod war ihr gewiß. Bei einem Hexenprozeß ging es nicht um Wahrheitsfindung, sondern um die Erpressung einer erwünschten Aussage. Die Hexenproben und die unter Folter erpreßten Aussagen konnten nicht Schuld oder Unschuld der Angeklagten beweisen, sondern nur als selbstverstärkendes Moment des Hexenprozesses wirken. Einem derart geschlossenen irrationalen System wie dem eines Hexenprozesses war mit vernünftigen Erklärungen nicht beizukommen. Man spricht daher auch von Hexenwahn, der „kollektiven Geisteskrankheit der frühen Neuzeit".[88]

---

[86] So weiß auch Sprenger, einer der beiden Autoren des Hexenhammers, von unzähligen Angeklagten zu berichten, die gestanden, sie seien von Dämonen geschwängert worden. Siehe Fossel, S. 64

[87] Steidinger, S. 91-151

[88] Steidinger, S. 142

Eine der ganz wenigen Frauen, die als Hexen festgenommen und
schließlich freigelassen wurden, war Maria Holl (1549-1634) aus
Nördlingen. Im Jahre 1593 wurde sie von drei Frauen und einem
Mann besagt und daraufhin am 1.11.1593 inhaftiert. Sie wurde
20mal verhört und 53mal gefoltert, ohne ein Geständnis abzulegen.
Im Herbst 1594 mußte sie aus dem Gefängnis entlassen werden,
nachdem sich auf Bitten ihrer Ulmer Verwandten der Ulmer Rat an
den Nördlinger Rat gewandt hatte, der es sich wiederum mit den
Ulmern nicht verderben wollte. Ihr Leben hatte sie ihrer eigenen
Standhaftigkeit, aber auch der Fürsprache einflußreicher Politiker zu
verdanken. Ihre Freilassung war jedoch nicht nur für diese Frau per-
sönlich bedeutsam; sie rettete damit auch das Leben zahlreicher Mit-
bewohnerinnen Nördlingens. Denn durch ihren Fall waren in dieser
Stadt Zweifel an der Richtigkeit der Hexenprozesse aufgekommen,
und die Hexenverfolgung hatte hier weitgehend ein Ende, während
sie andernorts noch jahrelang andauerte.[89]

Eine weitere Frau, die im schwäbischen Leonberg als Hexe
angeklagt, verhaftet und schließlich freigelassen wurde, war Katharina
Kepler (gest. 1622), die Mutter des berühmten Astronomen Johannes
Kepler. Der Sohn bemühte sich jahrelang vergeblich um seine Mut-
ter. Seine Argumente, mit denen der dreifach promovierte Wissen-
schaftler die Mutter von dem Verdacht der Teufelsbuhlschaft zu be-
freien suchte, wurden von einem spitzfindigen Juristen widerlegt.
Schließlich schaltete er die Universität Tübingen ein und bat um ein
Gutachten. Katharina Kepler kam frei, starb jedoch ein halbes Jahr
nach ihrer Entlassung, „die durch Dummheit und Bösartigkeit ihrer
Mitmenschen arg gepeinigte Mutter eines der klügsten Männer der
Weltgeschichte".[90]

Den Hexenverfolgungen fielen vermutlich zwischen 100.000 ak-
tenkundigen und 1 Million geschätzten Personen zum Opfer. In über
80% der Fälle handelte es sich um Frauen. Männer standen besonders
dann im Verdacht der Hexerei, wenn sie als Ehemann, Sohn oder
Anwalt einer verdächtigten Frau beistanden. In manchen Ortschaften

---

[89] Siehe dazu Sporhan-Krempel, die das Schicksal von Maria Holl in einem Roman
schildert. Im Jahre 1598 wurden noch zwei Frauen als Hexen verbrannt.

[90] Baresel, S. 434

wüteten die Hexenverfolgungen derart, daß kaum noch Frauen übrigblieben.[91]

Fazit: Die traditionelle Hebamme erlernte ihr Handwerk bei einer erfahrenen Hebamme. Sie eignete sich Wissen an, das von Generation zu Generation weitergegeben wurde. Wichtigste Voraussetzung zum Beruf war die eigene Gebärerfahrung. Daneben wurde auf Äußerlichkeiten wie eine gepflegte Erscheinung, vor allem saubere Hände und lange Finger, aber auch auf einen christlichen Lebenswandel geachtet. Da der Lohn für diese verantwortungsvolle Tätigkeit insbesondere auf dem Land meist sehr gering ausfiel, zog der Beruf vor allem Frauen in einer finanziellen Notsituation an. Verständlicherweise handelte es sich nicht immer um die geeignetsten Frauen, was dem Ansehen des Hebammenberufs insgesamt schadete. Daher wurden im 18. Jahrhundert Stimmen laut, die eine Verbesserung der Hebammenausbildung forderten, was schließlich zur Einrichtung von Hebammenschulen führte. Noch lange Zeit gab es jedoch neben der gut ausgebildeten und geschulten Hebamme nicht-examinierte Hebammen ohne Schulausbildung. Die traditionelle Hebamme überlebte noch für Jahrzehnte die bestehenden Ausbildungssysteme und war noch weit bis ins 19. Jahrhundert hinein auf dem Land anzutreffen.

Da die Ansichten und Handlungen der traditionellen Hebamme teilweise vom Aberglauben geprägt waren, aber auch vernünftige Praktiken für ihre Mitmenschen unverständlich blieben, konnte sie leicht in den Verdacht der Zauberei und Hexerei geraten. Zur Zeit der großen Hexenprozesse in der frühen Neuzeit wurden viele Hebammen Opfer der brutalen Hexenverfolgungen.

---

[91] Steidinger, S. 138

3. Von der Berufung zum Beruf: Ordnung durch Organisation

Die traditionelle Hebamme eignete sich ihr geburtshilfliches Können durch Erfahrung am eigenen Leibe, Abschauen bestimmter Handgriffe und mündliche Weitergabe besonderer Kenntnisse bei einer erfahrenen Hebamme an. Die ersten Hebammenschulen wurden erst im 18. Jahrhundert eingerichtet. Anweisungen und Bestimmungen, mehr oder weniger bindend, erfolgten jedoch schon lange Zeit vorher. Die Reglementierung und Organisation der Hebammen entwickelte sich langsam über Jahrhunderte.

Vorschriften durch die Kirche

Die ersten Anweisungen für Hebammen gingen von der Kirche aus. Der Kirche ging es dabei weniger darum, den Standard der Geburtshilfe zu heben, d.h. die Mütter- und Säuglingssterblichkeit zu senken. Hauptanliegen war das Seelenheil schwacher Säuglinge. Säuglingen mit geringer Überlebenschance sollte durch die Taufe zumindest ein ewiges Leben im Jenseits ermöglicht werden. Auf der Synode von Trier (1277) sowie in den Provinzialstatuten des Erzbistums Mainz (1233) und des Bistums Regensburg (1377) wurde angeordnet, Priester sollten weibliche Laien in die Nottaufe einweisen. Obwohl man die Nottaufe lieber Männern überlassen hätte, sah man doch ein, daß es sicherer war, auch Frauen darin zu unterrichten. Sie waren es schließlich, die bei der Geburt anwesend waren. Auf dem Reformkonzil zu Trier im Jahre 1310 ordnete der federführende Bischof Balduin an, Hebammen die nötigen Anweisungen zur Nottaufe zu erteilen. Sie sollten bei einem Geburtsstillstand den Kopf des Kindes oder einen anderen großen Körperteil mit Wasser begießen und die Taufformel sprechen (siehe Kapitel 9). Erstmals wurden die Hebammen durch diese Anordnung aus dem Laienstand herausgenommen und zu kirchlichen Vertrauenspersonen.[1]

---

[1] Haberling, S. 14-21

Spezielle Anweisungen für Hebammen waren auch in den Kirchenordnungen enthalten. Die Kirchenordnungen gelten als Vorläufer der späteren Hebammenordnungen. Sie enthielten Vorschriften über die Taufe, insbesondere die Nottaufe. Die älteste Kirchenordnung stammt aus dem Jahre 1528 aus Braunschweig. Aus dem 16. Jahrhundert sind Kirchenordnungen aus Hamburg, Lübeck, Bremen, Pommern, Württemberg, Dresden, Salza, Schleswig-Holstein, Braunschweig-Wolfenbüttel, Hildesheim, Schmalkalden, dem Herzogtum Preußen, Braunschweig-Lüneburg und Würzburg überliefert (in der Reihenfolge ihres Erscheinens geordnet). Im 17. und 18. Jahrhundert ergingen immer weniger Kirchenvorschriften speziell für Hebammen.[2]

Neben Vorschriften zur Taufe enthielten die Kirchenordnungen Ermahnungen an die Gebärende und Gebete vor und während der Geburt. Abergläubische Mittel zur Geburtserleichterung wurden der Hebamme untersagt. Die Geburt unehelicher Kinder durfte nicht verheimlicht werden.[3]

Der Einfluß der Kirche war auch noch deutlich spürbar, als die Hebammen mehr und mehr einer weltlichen Kontrolle unterlagen. Im 18. Jahrhundert schrieben viele Hebammenordnungen vor, der Beichtvater solle einer angehenden Hebamme Kenntnisse in der Nottaufe und einen christlichen Lebenswandel bescheinigen.[4]

Im 19. Jahrhundert hatte die Kirche längst nicht mehr den Einfluß und schon gar nicht mehr die Macht, die sie im Mittelalter und in der frühen Neuzeit ausübte. Manche Geburtshelfer sehnten sich nach einer stärkeren Position der Kirche, um mit ihrer Hilfe abergläubische Praktiken abschaffen und dem medizinischen Fortschritt den Weg ebnen zu können. Thilenius (1810) betrachtete es als Aufgabe der Kirche, „die eingerissenen Vorurtheile, die bösen Gewohnheiten, den Aberglauben, den Hang des Volkes zum Wunderbaren, zu den Winkelärzten, seinen Mördern aus[zu]reuten, bessere Hülfe zu suchen [zu] lehren".[5] An der kirchlichen Feier der Aussegnung, mit

---

[2] Nöth, S. 7

[3] Würzburg-Mainz-Wormser Kirchenordnung von 1670. Nöth, S. 7

[4] So in Augsburg (Hebammenordnung von 1728), Hessen (Hebammenordnung von 1767) und Regensburg (Hebammenordnung von 1779). Nöth, S. 31

[5] Thilenius, S. VIII

der eine Wöchnerin etwa sechs Wochen nach der Geburt wieder in die Kirchengemeinde aufgenommen wurde (siehe Kapitel 9), wollten Geburtshelfer weniger aus religiösen als vielmehr aus medizinischen Gründen festhalten. Der Arzt und Geburtshelfer Christian Pfeufer (1810) plädierte für eine Aussegnung erst nach Ablauf von sechs Wochen, da so das gesundheitlich sinnvolle Wochenbett auch religiös begründet sei und eher eingehalten werde. Die Kirche war nunmehr als Verbündete bei der Durchsetzung medizinischer Vorschriften gefragt.

Diensteid

Lange Zeit bevor die einzelnen Städte und Länder Hebammenordnungen erließen, stellten größere Städte Hebammen ein. Die erste Eintragung einer Hebamme findet sich im Koblenzer Bürgerverzeichnis aus dem Jahre 1298. Die städtischen Hebammen waren meist angesehene Bürgerinnen (siehe Kap. 2). Sie erhielten ein festes Jahresgehalt, damit sie armen Gebärenden unentgeltlich beistehen konnten.

In manchen Städten war die Anzahl der angestellten Stadthebammen wie in einer Handwerkszunft begrenzt. Im Jahr 1755 wurde beispielsweise in der Nürnberger Hebammenordnung festgesetzt, keine neuen Hebammen mehr einzustellen, bis sich die Zahl der angestellten Hebammen auf 16 reduziert habe.[6] Eine ausgebildete Hebamme konnte zwar eine Niederlassungserlaubnis einholen, mußte jedoch manchmal jahrelang auf eine freiwerdende Stelle als angestellte Stadthebamme warten.

Vor ihrer Einstellung mußte eine städtische Hebamme einen Diensteid leisten. Der älteste erhaltene Eid stammt aus Koblenz vom Beginn des 14. Jahrhunderts. Wie in den späteren Hebammenordnungen auch wurde die Hebamme darin ermahnt, Arm und Reich ohne Unterschied beizustehen:

> „Du sollst geloben dasjenige, das dir nach Ammenweise zu tun gebührt, treulich zu handhaben um deinen gewöhnlichen Lohn. Die

---

[6] Nöth, S. 136

Kinder zu versorgen, damit sie zur Taufe kommen und in den Häusern getreu zu sein. Auch bei der Taufe Dasjenige, das dem Kinde gegeben wird, der Kindbetterin getreulich auszuliefern und nichts davon wegzunehmen noch zurückzuhalten. Das sollst du vollführen und handhaben, bei deiner fraulichen Ehre. Nach deinem besten Vermögen und niemanden vernachlässigen, er sei arm oder reich — in keiner Weise."[7]

Der in dem Eid auftauchende Vorwurf, einen Teil des Patengeldes, das die Paten in die Windel des Kindes steckten, veruntreut zu haben, taucht in anderen Diensteiden nicht mehr auf. Vermutlich wird hier auf ein einmaliges Vorkommnis angespielt, von dem sich die Hebammen bei ihrer „fraulichen Ehre" weit distanzierten.

Mit dem Diensteid war eine Hebamme keineswegs auf Lebenszeit angestellt. Der Eid mußte jedes Jahr erneuert werden; das Dienstverhältnis konnte auch seitens der Hebamme gelöst werden, allerdings mit vierteljähriger Kündigungsfrist.[8]

Hebammenordnungen

Insbesondere in den großen Städten mit einer hohen Geburtenrate,[9] in denen viele Hebammen praktizierten, wurde ab dem 15. Jahrhundert seitens der Stadträte, aber auch der Hebammen die Forderung nach einer besseren Organisation der Hebammen laut. Die Augsburger Hebammen wandten sich beispielsweise zwischen 1524 und 1565 wiederholt an den Stadtrat mit der Bitte um eine Hebammenordnung, um Mißständen, z.B. Geburtshilfe durch ungelernte Frauen, vorzubeugen.

Die Hebammenordnungen wurden meist von Stadtärzten verfaßt und waren entweder selbständige Erlasse oder in andere Ordnungen

---

[7] Zit. nach Haberling, S. 31

[8] Haberling, S. 33f

[9] Im Ulmer Münster wurden im 15. Jahrhundert täglich mindestens fünf Kinder getauft, was einer jährlichen Geburtenzahl von 1800 entspricht. Die Einwohnerzahl betrug damals 15.000. Zum Vergleich: Im Jahr 1977 zählte Ulm 100.000 Einwohner, die Geburtenzahl lag — wie vor 500 Jahren — bei 1800. Scultetus-Gesellschaft e.V. Ulm-Donau, S. 2

wie Medizinalordnungen, Stadtordnungen oder Polizeiordnungen
eingebettet. Städte und Länder hatten ihre eigenen speziellen Vorschriften für Hebammen. Eine Vereinheitlichung gelang in Deutschland erst 1938!

Lehre und Prüfung: von Lehrtöchtern und ehrbaren Frauen

Die Hebammenordnungen unterschieden sich wesentlich von den in
den Kirchenordnungen enthaltenen Bestimmungen für Hebammen:
Sie regelten die Ausbildung zur Hebamme und enthielten medizini-
sche Anweisungen über ihre Tätigkeit während Schwangerschaft,
Geburt und Wochenbett, d.h. der Schwerpunkt war die berufliche
Kompetenz.

Die ersten überlieferten Hebammenordnungen stammen aus dem
15. Jahrhundert. In Regensburg wurde im Jahr 1452 die erste geschichtlich nachweisbare Hebammenordnung erlassen.[10] Darin wurden die Hebammen — wie andernorts auch — „ehrbaren" Frauen,
auch oberste Frauen oder Obfrauen genannt, unterstellt. Dies waren
oftmals verwitwete Frauen aus vornehmen Familien, die selbst einige
Kinder geboren hatten. Sie arbeiteten ehrenamtlich und nahmen
eine Vermittlerrolle zwischen dem Stadtrat und den Hebammen ein.
Als Vorgesetzte der Hebammen mußten sie diese überwachen, aber
ihnen auch jederzeit mit Rat und Tat zur Seite stehen, z.B. wenn
ihre Hilfe bei einer schwierigen Geburt gefragt war.

Eine im Jahre 1555 in Regensburg herausgegebene Ordnung verwies die Hebammen in schwierigen Fällen bereits an Ärzte, „doctores
der artzney" — einer der ersten Schritte zu einer Geburtshilfe unter
männlicher Kontrolle (siehe Kapitel 4).[11]

Bevor eine Frau zur Ausbildung als Hebamme zugelassen wurde,
wurde sie auf ihre Fähigkeiten geprüft. Diese Eignungsprüfung wurde

---

[10] Vergleichbare Bestimmungen wurden in anderen Städten erst später erlassen.
Fasbender 1906, S. 80

[11] Fasbender 1906, S. 80-81; Birkelbach et al., S. 83-98

entweder von den ehrbaren Frauen durchgeführt oder, insbesondere ab dem 18. Jahrhundert, von einem Hebammenmeister.[12]

Die meisten Hebammenordnungen verlangten, daß eine auszubildende Hebamme, auch Lehrtochter oder Lehrmagd genannt, nicht zu jung und nicht zu alt war: alt genug, um selbst Kinder geboren zu haben, jung genug, um lernfähig zu sein, am besten zwischen 25 und 45 Jahren.[13]

Die einzelnen Hebammenordnungen schrieben ganz unterschiedliche Ausbildungszeiten vor. Die Dauer der Lehrzeit schwankte zwischen zwei und fünf Jahren. Wie in früheren Zeiten wurde das nötige Wissen mündlich weitergegeben. Die frühen Hebammenordnungen legten daher noch keinen Wert auf Lese- und Schreibkenntnisse. Nur in der Württemberger Landesordnung aus dem Jahre 1552 wurde auf Eucharius Rösslins „Rosengarten" verwiesen. Und in der Passauer Ordnung aus dem Jahr 1595 wurde von der Hebamme erwartet, daß sie lesen und schreiben konnte.[14] In vielen Hebammenordnungen des 17. und 18. Jahrhunderts wurde schließlich vorausgesetzt, daß eine Hebamme schreiben oder zumindest lesen konnte, und es wurde Fachliteratur zur Weiterbildung empfohlen.[15] Neben Rösslins „Rosengarten" fanden auch ausländische Schriften in deutscher Übersetzung zunehmend Verbreitung.

Beispielhaft sei der in der Kaufbeurer Hebammenordnung von 1737 den Hebammen zur Lektüre empfohlene Katalog angeführt:

> „Johann von Hoorn die zwo um ihrer Gottesfurcht und Treue willen on Gott wohl belohnte Wehe-Mütter Siphra und Pua.[16]
> Henr. à Deventer Hebammen-Licht, 1. und 2. Theil.[17]

---

[12] Wie z.B. in Straßburg (laut Hebammenordnung von 1728); Nöth, S. 31

[13] Nöth, S. 30f

[14] Nöth, S. 9

[15] Osnabrück 1774 (Nöth, S. 149); Lippe-Detmold 1776 (Nöth, S. 157); Zweibrücken 1790 (Nöth, S. 167)

[16] Van Hoorn war ein schwedischer Geburtshelfer, dessen Lehrbuch 1726 in Schweden und in Leipzig (in einer von ihm übersetzten deutschen Fassung) erschien und bis zum Jahr 1771 fünfmal neuaufgelegt wurde. Siehe Fasbender 1906, S. 143

[17] Deventer war ein holländischer Geburtshelfer; der Originaltitel seines Werks lautete „Novum lumen" (= „Neues Licht"). Fasbender 1906, S. 144

Franzisci Mauriceau von Kranckheiten der Schwangern und Kindbetterinnen. Eben desselben 700 Observationes[18]

Justina Siegemundin Brandenburgische Hof-Wehe-Mutter xc.xc.[19]

In den Abbildungen 3.1 bis 3.3 sind die Titelblätter einiger Hebammenlehrbücher wiedergegeben.

In Wernigerode (1798) erhielt jede Hebammme ein Exemplar „Struvens Hebammen Tafel oder allgemeine Uebersicht des Verhaltens der Hebammen und Mütter". Die Tafel mußten sie zur Entbindung mitnehmen.[20]

Während der Lehre begleitete die Hebammenschülerin eine erfahrene Hebamme bei allen Geburten, genauer: bei allen unehelichen Geburten; bei den ehelichen brauchte sie das Einverständnis der gebärenden Frau. Eine Hebamme in der Ausbildung durfte während einer Geburt nicht allein gelassen werden. Ausnahmen wurden nur gemacht, wenn die Hebamme nicht verfügbar war und ein unkomplizierter Geburtsverlauf zu erwarten war. Eine wichtige Aufgabe der Hebammenschülerin war die Pflege von Mutter und Kind im Wochenbett. Sie wickelte und badete das Neugeborene.[21]

---

[18] Der französische Chirurg und Geburtshelfer Francois Mauriceau (1637-1709), der am Hotel Dieu in Paris tätig war, veröffentlichte 1668 in Paris sein Werk: „Des maladies des femmes grosses et accouchées, avec la bonne et veritable methode de les bien aider ..." Bis 1740 erschien es in 7 Auflagen und wurde ins Lateinische, Deutsche, Italienische, Holländische und Englische übersetzt. 1695 erschien als Ergänzung „Observations sur la grossesse et l'accouchement des femmes et sur leurs maladies et celle(s) des enfans neuveau-nés ...", in der Mauriceau aus den 3000 Geburtsfällen, die er in 25 Jahren beobachtete, 700 auswählt und beschreibt. M. Schurig nahm eine 1709 in Dresden erschienene deutsche Übersetzung vor. Fasbender 1906, S. 159f

[19] Auf Justine Siegemundins 1690 erstmals erschienene Schrift wird in Kapitel 8 näher eingegangen.

[20] Nöth, S. 182

[21] Nöth, S. 32

Abb. 3.1: Titelblatt des Hebammenlehrbuchs von J. Siegemundin

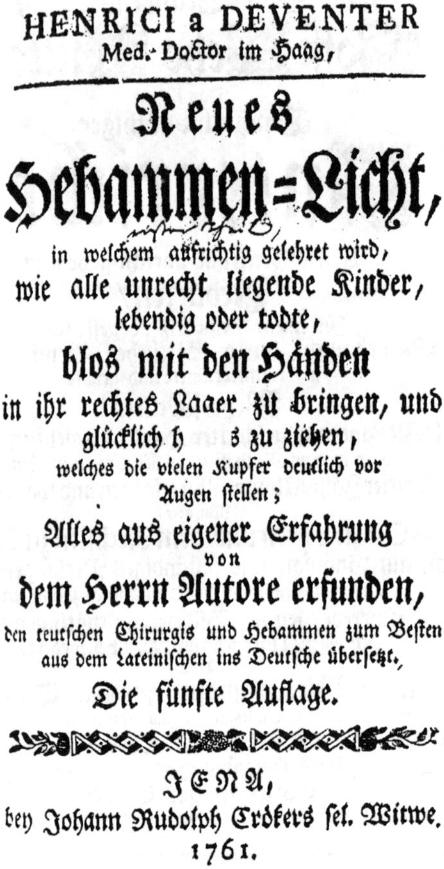

HENRICI a DEVENTER
Med.-Doctor im Haag,

Neues
Hebammen=Licht,

in welchem aufrichtig gelehret wird,
wie alle unrecht liegende Kinder,
lebendig oder todte,

blos mit den Händen
in ihr rechtes Laager zu bringen, und
glücklich h   s zu ziehen,
welches die vielen Kupfer deutlich vor
Augen stellen;

Alles aus eigener Erfahrung
von
dem Herrn Autore erfunden,
den teutschen Chirurgis und Hebammen zum Besten
aus dem Lateinischen ins Deutsche übersetzt.

Die fünfte Auflage.

JENA,
bey Johann Rudolph Crökers sel. Witwe.
1761.

Abb. 3.2: Titelblatt des Hebammenlehrbuchs von H. Deventer

Herrn DE LA MOTTE,
Chirurgi Jurati und Hebammen-Meisters zu Vallognes
Vollkommener

TRACTAT

von

Kranckheiten

Schwangerer und Gebährender
Weibs = Persohnen/

In welchem gehandelt wird/
Wie denenselben so wohl bey natürlicher als nicht
natürlicher Gebährung beyzuspringen / auch der üblen
Disposition und Beschaffenheit neugebohrner Kinder zu helffen seye/
durch viele Observationen und Reflexionen erkläret.

Anjetzo aber

Zum Erstenmahl
Auß dem Frantzösischen in das Teutsche übersetzt/
und mit einigen Anmerckungen vermehrt
Durch

Johann Gottfried Scheid
Medicinæ Doct. & Obstetric. Jurat.

STRASBURG /

Verlegt Johannes Beck/
M DCC XXXII.

Abb. 3.3: Titelblatt aus G. de la Mottes Lehrbuch

Der praktische Unterricht bei einer erfahrenen Hebamme wurde ab dem 17. Jahrhundert durch theoretische Unterrichtsstunden ergänzt, die von einem Arzt erteilt wurden. In manchen Städten wurden monatlich regelmäßige Lektionen abgehalten; in Regensburg beispielsweise erhielt die Lehrtochter von einem Arzt ihrer Wahl Unterricht, wobei sie selbst für die Kosten aufkam.[22]

---

[22] Nöth, S. 32

Die Lehrzeit wurde durch eine Prüfung abgeschlossen. Die Prüfer
waren laut den frühesten Hebammenordnungen ehrbare Frauen. In
Leipzig beispielsweise wählte noch im Jahr 1653 die Frau des Bürger-
meisters die Hebammen aus und prüfte sie.[23] Mit dem wachsenden
Einfluß der Ärzte auf das Hebammenwesen im 17. Jahrhundert wurde
die Bedeutung der ehrbaren Frauen immer geringer. In Nürnberg
wurden sie beispielsweise 1755 als das fünfte Rad am Wagen bezeichnet.[24] In zunehmendem Maße wurden Prüfungen nur noch von Ärzten abgehalten. In Sachsen wurde im Jahr 1682 „den ordentlichen
Medicis anbefohlen, dass sie die Hebammen ihres Lebens, Leibes-
beschaffenheit, Wissenschaft und Erfahrung halben fragen sollen und
erforschen, ob sie zu solchem Amt und Verrichtung tüchtig und
genugsam geschickt seien, auch was ihnen noch mehr vonnöten,
unterrichten".[25]

Die Hebammenordnungen endeten mit einem Eid, den eine
Hebamme vor Aufnahme ihrer Tätigkeit ablegte. Beispielhaft sei hier
die „Eidesformel der Hebammen-Lehrer, Gebuhrtshelfer und Hebammen" der Kurfürstlich-Hessischen Hebammenordnung von 1805
wiedergegeben:

> „Ich N.N. schwöre einen leiblichen Eid zu Gott den Allmächti-
> gen, daß ich der Fürstlich-Hessischen Hebammen-Ordnung nach be-
> stem Wissen und Gewissen nachleben, und alles und jedes, was sie
> mir, als (Hebammen-Lehrer), (Gebuhrtshelfer), (Hebamme) vor-
> schreibt, zu thun und zu beobachten mich bestreben, hingegen alles,
> was darin verboten ist, meiden und unterlassen, auch überhaupt bey
> Ausübung meiner Kunst mich so verhalten wolle, wie ich es gegen
> Gott, die Obrigkeit und Jedermann mit gutem Gewissen zu verant-
> worten gedenke. So wahr mir Gott helfe."[26]

Dann durfte sie vor ihrem Haus eine Tafel anbringen, auf der beispielsweise in Passau ein Kind abgebildet war.

---

[23] Fasbender 1906, S. 81

[24] Nöth, S. 16

[25] Fasbender 1906, S. 145

[26] Busch, S. 20 im Anhang

Fortbildung

Auch nach der Ausbildung und dem Examen wurde der Wissensstand der Hebammen in regelmäßigen Abständen, meist halbjährlich, überprüft, wie es in den verschiedenen Hebammenordnungen vorgeschrieben war. So wurde es beispielsweise in Oettingen-Wallerstein[27], in Speyer[28] oder in Baden[29] gehandhabt. In Lippe (laut Hebammenordnung von 1789) wurden Hebammen jenseits des sechzigsten Lebensjahres alle drei Jahre vom Landphysikus geprüft.[30]

Viele Hebammenordnungen schrieben regelmäßige Hebammentreffen in vierteljährlichem Rhythmus vor, die sogenannten Quartalsversammlungen. Auf diesen Versammlungen wurden Anfragen behandelt und Warnungen erteilt. Darüber hinaus dienten sie der Fortbildung.[31]

Wie wichtig für eine Hebamme genaue Kenntnisse über den Bau des weiblichen Körpers sind, wurde bereits im 16. Jahrhundert erkannt, als große Anatomen wie Vesal menschliche Leichen sezierten und wissenschaftlich untersuchten. Im Jahr 1573 erging ein Erlaß des Grafen Julius von Braunschweig-Wolfenbüttel, daß verstorbene Schwangere in Anwesenheit von Hebammen seziert werden sollten. Er stellte sogar in der fürstlichen Apotheke einen Raum zur Verfügung, in dem der Leibarzt und der Chirurg des Herzogs vor allen Hebammen jede bei einer Geburt Verstorbene öffnen mußten,

> damit „alle Kindesnötterin, und andere Weibliche Personen, Jung oder alt, so In d. geburtt unnd sunsten mit tode abgehenn, mit eröffenung des leibes deren Interioria, durch physicos Leibartzt, unnd chyrurgen, Inn bey sein der weisen frauen oder hebe Ammen besichtigen; damit kunftiglich annderen (in weibes und mannes personen) weibes Personen, so mit dergleichen gefehrlichen unnd schmerzlichen burden, Kranckheitt unnd mangeln, behafftet, khennte gehulffen, unnd denselben vormittelst göttlicher vorlei-

---

27 Hebammenordnung von 1775, Nöth, S. 149

28 Hebammenordnung von 1775, Nöth, S. 156

29 Hebammenordnung von 1795, Nöth, S. 130

30 Nöth, S. 157

31 Nöth, S. 182

hung vorkhomen werden..." Und auf der Rückseite dieses Dokuments wurde angeordnet „Die Doctores Medicine und Wundarzten sollen die verstorbene Schwangere Weiber geburlich eröffnen."[32]

In Rechberg (1782)[33] und Osnabrück (1774)[34] sollten die Hebammen an allen Sektionen verstorbener Schwangerer teilnehmen. Daß Erlässe und Vorschriften jedoch nicht immer befolgt wurden, geht aus der Klage eines Augsburger Arztes hervor: Im Jahre 1764 bemängelte er, es sei schon lange keine Sektion mehr vor Hebammen durchgeführt worden. Lange Jahre vorher (in der Augsburger Hebammenordnung von 1728) war jedoch die Sektion jeder Schwangeren, die nach dem vierten Schwangerschaftsmonat verstarb, gefordert worden.[35]

Zum einen wurde ganz offensichtlich zu wenig seziert, zum anderen ist denkbar, daß Hebammen durch die griechische und lateinische Fachsprache ausgegrenzt wurden. Tatsache ist, daß neue anatomische Erkenntnisse, die insbesondere seit dem 16. Jahrhundert publiziert wurden, sowohl in Hebammen- als auch in Medizinerkreisen nur langsam Verbreitung fanden und sich anatomisch falsche Begriffe aus antiken Zeiten noch eine ganze Weile hielten (siehe Kapitel 1).

Kompetenzverlust

Ursprünglich stand eine Hebamme eigenverantwortlich einer gebärenden Frau bei und gebrauchte auch im Notfall die nötigen geburtshilflichen Instrumente. Eucharius Rösslin äußert sich in seinem „Rosengarten" (1513) zwar in sehr abfälliger Weise über die Art und Weise, wie Hebammen mit geburtshilflichen Instrumenten umgehen:

> „Was instrument sie sollen han
> Damit dem kind man helffen kan
> Dar von kein hebam mir yetzund

---

[32] Haberling, S. 56

[33] Nöth, S. 162

[34] Nöth, S. 149

[35] Nöth, S. 111

Gantz vnd gar nichts sagen kund"

„Welche Instrumente sie besitzen sollen,
um dem Kind (bei der Geburt) zu helfen,
davon konnte mir bislang keine Hebamme
irgendetwas sagen."

Immerhin war es zu Rösslins Zeit jedoch noch selbstverständlich,
daß eine Hebamme einen Haken einsetzte. Bereits knappe hundert
Jahre später (im Jahr 1605) wurde der Hebamme in Straßburg mit der
Todesstrafe gedroht, wenn sie Haken oder andere scharfe Instrumente
gebrauchte.[36]
Die Hebammenordnungen untersagten schließlich einer Hebamme den Gebrauch geburtshilflicher Instrumente (z.B. in Kaufbeuren 1737, Augsburg 1750, Schwerin 1763, Baden 1795, Nürnberg
1755).[37] Instrumente sollten einzig und allein dem Arzt vorbehalten
bleiben. Die Hebamme sollte ihrerseits Geburtshilfe so geschickt
betreiben, daß sie auch ohne Instrumente auskommen konnte — ein
Rat, der nicht von einem Experten stammen konnte.

„Dass die Hebammen keine Instrumenten weder selber gebrauchen, noch voreilig darzu anrathen, sondern die Sachen so angehen
sollen, dass man der Instrumenten niemals nöthig haben möge",
hieß es in der Augsburger Hebammenordnung von 1750.[38]

Eine weitere Einschränkung des Handlungsspielraums der Hebamme bedeutete das Verbot der Arzneimittelgabe. Die Hebamme besaß
ursprünglich nicht nur geburtshilfliches Erfahrungswissen, sondern
auch ein bedeutendes Heilwissen, das ihr beispielsweise bei den Römern die Bezeichnung Ärztin eintrug. In den Hebammenordnungen
wurde ihr die Gabe von Arzneimitteln verboten, sie durfte nur noch
Hausmittel einsetzen.[39] Sie sollte weder Rezepte schreiben, noch

---

[36] Fasbender, S. 82

[37] Nöth, S. 121

[38] Nöth, S. 106. Siehe auch Nöth, S. 128, 136, 139

[39] In der Kurfürstlich-Hessischen Hebammenordnung von 1805 wird der Hebamme
sogar geraten, sich des „Anrathens von Hausmitteln, besonders von erhitzender Art,
gänzlich zu enthalten". Busch, S. 17 im Anhang

abführende Mittel verabreichen, zur Ader lassen oder Bäder verordnen. Auch geburtsbeschleunigende Maßnahmen wurden ihr untersagt.

Schließlich war es ratsam für eine Hebamme, auf Arzneimittel zu verzichten, da ihr daraus leicht ein Strick gedreht werden konnte. In dem brandenburgischen Edikt von 1685, das möglicherweise auch Siegemundin bekannt war, wurde angeordnet, daß eine Hebamme ohne Wissen eines Arztes keine Medikamente ausgeben dürfe.[40] Siegemundin erzählt in ihrem Hebammenlehrbuch das warnende Beispiel der Hebamme Titia.[41] Deren Freund, der Chirurg Sempronius, lehrte sie den Gebrauch einiger Arzneimittel. Nach dem Bruch ihrer Freundschaft verleumdete er sie wegen des Einsatzes von Arzneimitteln, und Titia verließ die Stadt. Er ging sogar so weit, Aussagen bestochener Zeuginnen, peinlicherweise auch unverheirateter Frauen und von Frauen, die gar nicht von Titia entbunden worden waren, einzuholen. Bei einem eingehenden Verhör sagten jedoch letztlich alle Zeuginnen zugunsten Titias aus. Bei diesem Gerichtsverfahren wurden die Vorwürfe des Klägers sowie die Stellungnahmen der Angeklagten verschiedenen medizinischen Fakultäten zur Begutachtung vorgelegt. Aus den Aussagen Titias spricht sehr viel fundiertes Wissen, wohingegen die Aussagen des Chirurgen als pure Verleumdungen demaskiert werden, da sie gegenstandslos sind. So beispielsweise der Vorwurf, die Hebamme greife noch vor Einsetzen der Geburtswehen in die Gebärmutter und schäle die Nachgeburt ab, um die Geburt zu beschleunigen — bei geschlossenem Muttermund, stehender Fruchtblase und normalem Sitz des Mutterkuchens ein nicht praktikables Vorgehen. Es wird deutlich, daß der Chirurg keine Ahnung von der praktischen Geburtshilfe hat, während die Hebamme ihr Geschäft sehr gut versteht.

Der Aufgabenbereich der Hebamme wurde durch die Hebammenordnungen auf den Beistand bei einer Spontangeburt sowie die Pflege der Wöchnerin und des Neugeborenen begrenzt, d.h. auf harte körperliche Arbeit. Nach der Entbindung betreute sie bis zu sechs

---

[40] Pulz 1994, S. 50ff

[41] Siegemundin, S. 162ff. Es spricht einiges dafür, daß Titia und Justine Siegemundin identisch sind. Vgl. Pulz 1994, S. 87f

Wochen Mutter und Kind. Ihr Berufsfeld war somit durch die Hebammenordnungen auf mehr oder weniger pflegerische Tätigkeit zusammengeschrumpft. Eigenverantwortliche medizinische Handlungsweise wurde ihr abgesprochen.

Kontrollen und Strafen

Bis ins 17. Jahrhundert hinein wurde eine Hebamme in der Stadt von den ehrbaren Frauen beaufsichtigt und für verschiedene Vergehen bestraft. Die ehrbaren Frauen konnten beispielsweise einen Teil des Hebammengehalts sperren oder verfügen, daß sie für einige Zeit ihre Tafel abhängen mußte. Sie hatten jedoch auch die Möglichkeit, eine besonders verdienstvolle Hebamme zu belohnen, z.B. mit einer Sondervergütung.[42]

Als mit dem zunehmenden ärztlichen Einfluß die Bedeutung der ehrbaren Frauen abnahm, unterstanden Hebammen vielerorts sogenannten Collegia medica, Ärztegremien, die auch für das Verhängen von Strafen zuständig waren. Beispielhaft seien hier die vom Collegium medicum in Nürnberg verhängten Strafen angeführt, die in die Hebammenordnung von 1755 aufgenommen sind. Der ganze Strafenkatalog wird hier in aller Ausführlichkeit wiedergegeben, da er — neben den Strafen — einen lebhaften Eindruck von der damals praktizierten Geburtshilfe vermittelt. Die genannten Straftaten wiederum lassen erahnen, in welchem Umfang abergläubische Praktiken betrieben wurden und wie wichtig dem Gesetzgeber die Anzeige aller Neugeborenen war:

> „... das frühzeitig Anstrengen bey erstgebährenden Frauen mit einem Gulden,
> die verzögerte und verabsaumte Beruffung der Medicorum und Accoucheurs bey schweren Geburten, und andern gefährlichen Zufällen mit 1 fl.[43] 30 kr.
> das Gewissenlose Verlassen der gebährenden, wann sie um diese Zeit weiter gefordert werden mit 1 fl. 15 kr.

---

[42] Haberling, S. 44ff

[43] fl.=Gulden

das übereilte Ablösen, oder gewaltsame Abreissen der Nachgeburt mit vier Gulden, nebst Abnehmung des Täffeleins,

das unvernünfttige Anrathen allerley Arzneyen, besonders der so
genannten Kindbetter Mixtur, welche nicht überall sicher zu gebrauchen mit 1 fl. 30 kr.,

das ungeschickte Zungenlösen bey neugebohrnen Kindern, und
verwegene Verlezung der Vorhaut bey Knäblein mit 2 fl.

Ferner haben diejenigen, so sich versezlich, muthwillig, ohne
erhebliche, erweisliche gerechte Ursache der Anatomischen Anweisung in ihren bestimmten Stunden entziehen, oder gar widersetzen,
zu erlegen 30 kr.,

wegen unterlassener Anzeige jachgetauffter, und bald darauf verstorbener Kinder in den Pfarrhöfen 20 kr.

Was mit der Nabel-Schnur / Nachgeburt und Häutlein neugebohrner Kinder ... verbotten, kan begangen werden, ist mit einem
Gulden zu bestraffen,

das schädliche Anrathen des so genannten Wester Bades mit 45
kr.,

die versaumte Anzeige unzeitig, oder todt gebohrner Kinder,
und Misgeburten, auch schwangerer Frauen, welche nahe an der Zeit
gegangen, Todes-Fälle mit einen Gulden,

die Uebertrettung des 16ten §. wegen unehlich gebährender mit
48 kr.

Wann zwey geschworne Hebammen an einen Ort beruffen werden, und sich gegen einander wiederwillig mit zancksüchtigen Worten auflehnen, ist diese Ungebühr mit 1 fl. 15 kr. zu belegen."[44]

Für eine Hebamme bestand Aufenthaltspflicht. Sie mußte immer
verfügbar sein und durfte ihren Wohnort nicht ohne Genehmigung
verlassen. In der Holsteiner Hebammenordnung von 1765 wurde
beispielsweise ein unerlaubtes Verlassen des Wohnorts mit drei Tagen
Gefängnis bei Wasser und Brot bestraft.[45]

Eine der wichtigsten Bestimmungen war die Vorschrift, Arm und
Reich in gleicher Weise beizustehen. Diese Regel ist beispielsweise
auch in die Regensburger Hebammenordnung von 1452 eingegangen.
In Augsburg (1750) wurde einer Hebamme, die eine arme Frau während der Geburt zugunsten einer wohlhabenderen im Stich ließ, der

[44] Nöth, S. 137

[45] Nöth, S. 140f

Verdienst bei der reichen abgenommen.[46] Für dieses Vergehen hatte sie in Isenburg (1782) mit Gefängnisstrafe und bei Wiederholung mit Entlassung zu rechnen. Hatte sie dadurch jedoch den Tod von Mutter oder Kind verursacht, so drohte ihr unter Umständen die Todesstrafe.[47]

Insgesamt sollten die Hebammenordnungen bewirken, daß nur noch ausgebildete Hebammen Geburtshilfe leisteten. Einige enthielten daher auch Strafbestimmungen für Frauen, die ohne entsprechenden Qualifikationsnachweis, d.h. ohne Examen, Geburtshilfe leisteten. In der Holsteiner Hebammenordnung von 1765 wurde eine nicht angestellte Hebamme bei Durchführung einer Geburt mit einer Geldbuße bestraft, eine nicht ausgebildete Hebamme mit zwei Monaten Zuchthaus.[48] In Bayern (1747) kamen nicht angestellte und nicht examinierte Hebammen ungestraft davon, wenn sie im Notfall aushalfen; leisteten sie jedoch ohne äußere Not Geburtshilfe, drohte ihnen eine Geldstrafe von 10 Reichstalern.[49]

Die Schwachstelle all dieser Vorschriften war allerdings ihre Durchsetzung, die teilweise nur wenig kontrolliert wurde. Bis zur Realisierung einer Hebammenordnung vergingen oft Jahrzehnte, und die Mißstände blieben unverändert, wie Nöth in seiner Schrift über „Die Hebammenordnungen des 18. Jahrhunderts" (1931) beklagt:

> „Bei manchen Staaten und Städten hat man nämlich den Eindruck, daß zwar glücklich eine gute Ordnung verfaßt worden war, aber niemand für ihre gewissenhafte Einhaltung sorgte. Die Hebammen blieben nach wie vor bei ihren alten Gewohnheiten und Fehlern und die Klagen über Unwissenheit und dadurch bedingte häufige unglückliche Ausgänge bei Geburt und Wochenbett, welche die Herausgabe einer Ordnung veranlaßten, wiederholten sich noch, nachdem die Ordnung schon Jahrzehnte in Kraft war."[50]

---

[46] Nöth, S. 109

[47] Nöth, S. 161

[48] Nöth, S. 140f

[49] Nöth, S. 137

[50] Nöth, S. 13

Hebammenschulen

Mit der Gründung von Hebammenschulen nahm die Ausbildung zur
Hebamme einen entscheidenden Fortschritt. Bereits im Jahre 1589
wurden in München Hebammen an der Münchener Gebäranstalt
unterrichtet. Diese Einrichtung war jedoch zu jener Zeit einzigartig
und stellte eine glückliche Ausnahme dar.

In weiteren deutschen Städten wurden erst ab Mitte des 18. Jahrhunderts Hebammenschulen gegründet. Als Vorbild diente dabei die
1728 in Straßburg gegründete geburtshilfliche Abteilung, in der ab
1738 Hebammenschülerinnen und Medizinstudenten ausgebildet
wurden.[51] Straßburg sollte eine wichtige Vermittlerrolle zwischen
deutscher und französischer Geburtshilfe spielen.[52]

Im Jahr 1751 wurde in Berlin eine Hebammenschule nach Straßburger Vorbild gegründet und Ende des Jahres 1751 eine in Göttingen.[53] In rascher Folge kam es überall zu Neugründungen: 1761 in
Kassel (Gebär- nebst Findelhaus), 1765 in Altona (Holstein; Hebammenschule), 1770 in Sachsen-Altenburg (Hebammenschule),
1771 in Braunschweig (Gebärhaus), 1772 in Lippe-Detmold (Hebammenschule), 1775 in Fulda (Hebammenschule), 1778 in Dillin-
gen (Hebammenschule), 1783 in Neuburg (Hebammenschule), 1784
in Mainz (Hebammenschule), 1784 in Celle (Hebammen-Institut)
und 1791 in Schlesien zusätzlich zu einer bereits in Breslau bestehenden Hebammenschule in Glogau und Oppeln.[54]

An den Hebammenschulen erhielten die Hebammenschülerinnen theoretischen Unterricht, der von einem Hebammenmeister
(siehe Kapitel 4) erteilt wurde. Das theoretisch vermittelte Wissen

---

[51] Murken 1993, S. 37

[52] Fasbender 1906, S. 251

[53] In der Berliner Charité wurde gleich nach der Gründung (1727) eine geburtshilfliche Abteilung für „liederliche Weibsstücke" eingerichtet, in der bereits vor Bestehen der Hebammenschule Hebammen und Wickelfrauen angeleitet wurden. Fasbender 1906, S. 251

[54] Nöth, S. 33

veranschaulichte er vielerorts durch praktische Handgriffe an einem Modell, einem „nachgemachten uterus und Embryo artificialis".[55]

Die Anatomievorlesungen wurden durch Demonstrationen an weiblichen Leichen ergänzt, wie es z.B. in der Berliner Charité geschah.

Der praktische Unterricht wurde teilweise von erfahrenen Hebammen übernommen und in den Entbindungsanstalten erteilt, die vielen Hebammenschulen angeschlossen waren. In diesen Gebärhäusern wurden vor allem unverheiratete Frauen entbunden. Sie wurden bereits einige Wochen vor der Geburt aufgenommen und verbrachten das Wochenbett dort — beides unentgeltlich. Als Gegenleistung mußten sie sich zu Ausbildungszwecken körperlichen Untersuchungen zur Verfügung stellen und bei häuslichen Arbeiten mithelfen (siehe Kapitel 12). War der Hebammenschule kein Gebärhaus angegliedert, so erhielt die Hebammenschülerin ihre praktische Ausbildung außerhalb der Entbindungsanstalt bei Hausgeburten. Die Kurse dauerten je nach Schule zwischen sechs Wochen und sechs Monaten.

Am Ende der Ausbildung legte die Hebammenschülerin ein Examen ab. Bei Nicht-Bestehen wurde sie für einige Zeit zurückgestellt oder mußte den Kurs wiederholen. Diesen hatte sie in den schlesischen Hebammenschulen dann zur Hälfte selbst zu bezahlen.[56]

Im deutschen Sprachraum mußte eine Hebammenschülerin in der Regel nicht selbst für die Kosten ihrer Ausbildung aufkommen. Der Unterricht war entweder unentgeltlich, oder die Gemeinde, die die Hebammenschülerin auf die Schule schickte, trug die entstehenden Kosten. Diese Regelung sollte sich für das Hebammenwesen in Deutschland als sehr segensreich erweisen. So bestand die Möglichkeit, auch Frauen, die bereit waren, gegen geringen Lohn auf dem Land zu arbeiten, einer gründlichen Ausbildung zuzuführen. Welche weitreichenden Folgen diese Regelung für den Standard der Hebammenkunst haben sollte, wird besonders im Vergleich zu England deutlich. Eine Hebamme hatte dort für ihre Ausbildung selbst aufzukommen, eine unüberwindliche Hürde für mittellose Frauen.[57]

---

[55] Z.B. in Memmingen 1740, Nöth, S. 186

[56] Nöth, S. 33ff

[57] Donnison, S. 110

Sicherung von Qualität und Stand

Man sollte meinen, der Hebammenberuf habe sich durch den skizzier-
ten Ausbildungsgang — eine gründliche Lehre auf dem Boden eines
qualifizierten theoretischen Unterrichts an einer Fachschule — zu
einem attraktiven und angesehenen Frauenberuf entwickelt, was er im
Mittelalter und früher bereits war. Nach wie vor mußten jedoch viele
Hebammen von einem viel zu geringen Einkommen leben und
starben oft in Armut. Zudem wurden sie im 19. Jahrhundert immer
stärker von anderen Berufsgruppen in die Enge getrieben. Es gab
Ärzte, die den Hebammenberuf am liebsten abgeschafft hätten. Aber
auch andere neuaufkommende Frauenberufe wie Krankenschwestern
und Wärterinnen bedeuteten eine Konkurrenz für den Berufsstand der
Hebamme.

Gegen diese Widerstände und zur Wahrung der eigenen Interessen
fingen Hebammen an — wie andere Berufsgruppen auch —, sich zu
organisieren.[58]

Die Berliner Hebamme Olga Gebauer initiierte 1885 die Gründung des Berliner Hebammenvereins, des ersten Hebammenvereins
überhaupt. Äußerer Anlaß dieser Gründung war, die Kosten für die
Beerdigung einer Kollegin aufzubringen. So standen zunächst materi-
elle Fragen bei der Vereinsgründung im Vordergrund. Der Verein
zielte auf eine Besserung der finanziellen Situation der Hebammen
wie beispielsweise durch eine Anhebung der Gebühren und höhere
Bezahlung bei Armengeburten. Es wurde auch eine Minimaltaxe für
Geburten von sechs Mark festgelegt; denn im Zuge wachsender Heb-
ammenzahlen fanden sich auch einige bereit, zu Niedriglöhnen von
drei Mark bei einer Geburt ihre Dienste anzubieten und somit die
Konkurrenz zu unterbieten. Noch 1886 wurden eine Kranken-, eine
Sterbe- und eine Hilfskasse eingerichtet.[59] Die Bereitschaft der Hebammen, sich zu versichern, war allerdings äußerst gering. Im Jahr
1908 waren nur etwa 7,5% der in Deutschland praktizierenden Heb-

---

[58] Fischer-Homberger 1983, S. 54; Kerchner, S. 85-89

[59] Einzigartig war die Altersversorgung der Regensburger Stadthebammen. In der
Regensburger Hebammenordnung von 1555 wurde eine „Alters- und Invaliditäts-
Versorgung für brave Hebammen" beschlossen — zu jener Zeit eine sehr fortschritt-
liche soziale Einrichtung. Fasbender 1906, S. 80-81; Birkelbach et al., S. 83-98

ammen versichert. Noch wichtiger wurde für eine Hebamme bereits um die Jahrhundertwende der Beitritt zu einer Haftpflichtversicherung. In zunehmendem Maße wurden Schadensersatzansprüche erhoben, und kaum einer Hebamme blieb im Laufe ihres Berufslebens der Kontakt mit der Polizei erspart. Ab 1903 wurden daher Vereinshebammen systematisch haftpflichtversichert.[60]

Des weiteren setzte sich der Verein zum Ziel, für eine Weiterbildung der Hebammen zu sorgen. Ein besonderer Schwerpunkt wurde dabei auf Desinfektionsregeln gelegt. Seit Semmelweis die Ursachen des Kindbettfiebers entdeckt hatte (siehe Kapitel 10), wurde den Hebammen immer wieder Unwissenheit bezüglich Antisepsis und Asepsis vorgeworfen, und man machte sie für die hohe Mütter- und Säuglingssterblichkeit verantwortlich. Die Hebammen traten an die Ärzte mit der Bitte um Weiterbildungsvorträge heran und erhofften sich dadurch ein besseres Ansehen ihres Berufs.

Noch im Jahr der Gründung des Berliner Hebammenvereins und in den darauffolgenden Jahren bereiste Olga Gebauer zahlreiche deutsche Städte und löste eine Welle von Vereinsgründungen aus. Sie stieß teilweise auf hartnäckigen Widerstand sowohl unter Ärzten, die die Emanzipationsbestrebungen der Hebammen mit Argwohn betrachteten, als auch unter Kolleginnen, die nicht wagten, den neugegründeten Vereinen beizutreten, oder die sich nicht an die vereinbarte Preisbindung hielten.

Doch trotz der vielen Hürden erreichte Olga Gebauer in kurzer Zeit Erstaunliches: 1890 gab es im Deutschen Reich 60 Hebammenvereine, und 1890 wurde ein reichsweiter Dachverband gegründet, die Vereinigung Deutscher Hebammen (VDH).[61] Zu Beginn des Jahres 1894 gab es in Deutschland 120 gemeldete Hebammenvereine. Deutschland nahm in der Gründung der Hebammenvereine eine Vorreiterposition ein.[62]

Olga Gebauer wurde zur Geschäftsführerin des VDH ernannt. Ein erklärtes Ziel war — wie bereits zuvor bei den Lokalvereinen — die Besserung der finanziellen Situation der Hebamme. Die landesweite

---

[60] Kerchner, S. 190f

[61] Kerchner, S. 85-91

[62] Fasbender 1906, S. 263

Durchsetzung einer Mindesttaxe scheiterte zum einen daran, daß nicht
alle Hebammen dem Verein angehörten, und zum zweiten an der
Unkollegialität selbst unter organisierten Hebammen, die weiterhin
für Billigpreise arbeiteten. Ein weiteres Problem stellte die Kosten-
übernahme für Armengeburten dar. In manchen Fällen kamen weiterhin die Gemeinden für die Kosten auf.

Die ersten Jahre der VDH waren geprägt von dem Bemühen, sich
selbst gegenüber anderen Berufsgruppen zu behaupten, die in das Gebiet der Geburtshilfe drängten. Ärzte wurden in zunehmendem Maße
auch bei normalem Geburtsverlauf von bürgerlichen Frauen in Anspruch genommen (wie in Frankreich und England bereits seit dem
18. Jahrhundert). Die stärkste Konkurrenz drohte jedoch seitens anderer Frauenberufsgruppen: Krankenschwestern, Wochenpflegerinnen
und Wärterinnen. Stimmen wurden auch laut, die vorschlugen,
durch eine Ausbildung von mehr Frauenärztinnen den Hebammenberuf ersatzlos zu streichen.[63] So mußte der Hebammenverband in
erster Linie die Qualität der Ausbildung seiner Mitglieder sicherstel-
len. Strenge Aufnahmekriterien der Mitglieder spielten dabei eine
große Rolle. Nicht zuletzt wurde dabei auf den Lebenswandel geachtet, so daß beispielsweise ledige Mütter keine Chance hatten, aufgenommen zu werden. Hebammen, die Verhütungsmittel verteilten
oder Abtreibungen durchführten, wurden aus dem Verband ausgeschlossen. Allerdings wurden Ausschlußverfahren nicht immer mit
letzter Konsequenz durchgeführt. Ein weiterer Schritt auf dem Weg
der Qualitätssicherung waren die Bemühungen Olga Gebauers um
verlängerte Ausbildungszeiten. Bereits 1903 forderte sie eine Ausbil-
dungszeit von ein bis zwei Jahren: „... es ist ein egoistischer, persönli-
cher Wunsch unserer Vereinigung, daß wir länger ausgebildet werden,
um die Konkurrenz einzudämmen."[64]

1938 wurden durch das Reichshebammengesetz alle Hebammen
Zwangsmitglieder in der Reichshebammenschaft. Sie blieb die einzige
Berufsvertretung für Hebammen, während alle anderen Vereine aufge-

---

[63] Fasbender 1906, S. 259

[64] Gebauer, zit. nach Kerchner, S. 192

löst wurden. Die Reichshebammenschaft wurde 1945 durch freiwillige Berufsvereinigungen abgelöst.[65]

Vereinheitlichtes Hebammenwesen

Die ersten Jahre der Hebammenvereine waren gefolgt von landesweiten Bemühungen, das Hebammenwesen in Deutschland zu vereinheitlichen. Zunächst war das Hebammenwesen in Deutschland regional unterschiedlich geregelt. In jeder Stadt, in jedem kleinen Land gab es eine eigene Hebammenordnung und eigene Hebammenlehrbücher. Aus- und Weiterbildung, Verteilung der Hebammen und Gebührenordnungen wurden von den Landesbehörden unterschiedlich geregelt. Die Ausbildungszeiten schwankten beispielsweise zwischen neun und achtzehn Monaten. Ein Prüfungszeugnis besaß nur in dem Land Gültigkeit, in dem es ausgestellt worden war.[66]

Im Jahr 1917 gab die Reichsregierung Richtlinien für eine Hebammengesetzgebung heraus, die den einzelnen Ländern als Grundlage ihrer Landesgesetzgebung diente. Mit dem 1938 erlassenen Reichshebammengesetz war in Deutschland erstmals das Hebammenwesen einheitlich rechtlich geregelt.[67] Jede Frau hatte Anspruch auf Hebammenhilfe. Sie war sogar verpflichtet, sich rechtzeitig an eine Hebamme zur Entbindung zu wenden, spätestens jedoch direkt nach der Geburt. Geburtshilfe durfte außer von Ärzten nur noch von behördlich anerkannten Hebammen geleistet werden. Freiberufliche Hebammen benötigten eine Niederlassungserlaubnis. Diesen wurde auch ein jährliches Mindesteinkommen zugesichert. Blieben die jährlichen Einkünfte der Hebamme unter dem Mindesteinkommen, wurde ihr der Differenzbetrag vom Land gezahlt. Die Hebamme erhielt für ihre Leistungen jeweils eine bestimmte Gebühr gemäß einer Gebührenordnung.

Im Jahr 1943 erging eine vom Reichsinnenminister erlassene Dienstordnung, die die Berufspflichten der Hebamme regelte. Diese

---

[65] Mühlenbeck, S. 33f

[66] Fasbender 1906, S. 263

[67] Hebammengesetz, S. 3

Dienstordnung und das Reichshebammengesetz von 1938 wurden bei der Gesetzgebung der Bundesrepublik Deutschland im wesentlichen übernommen. Ausgeklammert blieben selbstverständlich die Bestimmungen, die der nationalsozialistischen Ideologie entstammten, wie die Nicht-Anerkennung jüdischer Hebammen.[68]

Eine wesentliche Neuerung brachte das Hebammengesetz von 1985. Erstmals wurden in Deutschland nach dem Grundsatz der Berufsfreiheit und Gleichberechtigung auch Männer zum Hebammenberuf zugelassen: als Entbindungspfleger. Eine weitere Neuregelung bestand darin, daß es für eine freiberufliche Tätigkeit keiner Niederlassungserlaubnis bedurfte. Gleichzeitig entfiel jedoch auch das daran geknüpfte, von den Ländern gewährte Mindesteinkommen.[69]

Exkurs: Rettung des englischen Hebammenwesens

Ein Blick ins Ausland läßt die Situation im eigenen Land mitunter in einem ganz neuen Licht erscheinen. Während in Deutschland wie in den Nachbarländern sich die Hebammentätigkeit über Jahrhunderte hinweg zu einem Beruf mit Examensabschluß entwickelte, gab es in England für die meisten Hebammen kaum eine geregelte Ausbildungsmöglichkeit. Die Professionalisierung des Hebammenwesens erfolgte in England wesentlich später als auf dem europäischen Kontinent.

Zu Beginn der Neuzeit war — wie im übrigen Europa auch — insbesondere die Kirche an einer gewissen Aufsicht über die Hebammen interessiert. Unter Heinrich VIII. erging im Jahre 1512 ein Erlaß, nach dem Ärzte und Chirurgen ohne Universitätsabschluß sowie Hebammen zur Ausübung ihres Berufs einer Lizenz des Bischofs bedurften. Die Hebamme mußte einen Eid leisten, in dem sie nicht nur Pflichterfüllung in ihrer Funktion als Geburtshelferin schwor, sondern in dem sie sich auch von Zauberei, Hexerei, Abtreibung und Betrug — kurz von allem Mißbrauch — lossagte. Das Interesse der

---

[68] Mühlenbeck, S. 7-16

[69] Hebammengesetz, S. 8

Kirche galt weniger einer guten geburtshilflichen Betreuung als vielmehr der Eindämmung von verbotenen Praktiken.[70] Allerdings praktizierten nach wie vor, insbesondere auf dem Land, viele Hebammen ohne besondere Erlaubnis, und mit dem Machtverlust der katholischen Kirche verlor auch die Lizenzvergabe an Bedeutung und verschwand zu Beginn des 18. Jahrhunderts.[71]

Während auf dem Kontinent Hebammenordnungen verfaßt und Hebammenschulen gegründet wurden, geschah in England nichts dergleichen. Ärzte und Chirurgen drängten zunehmend in die Geburtshilfe, und die Hebammen bekamen die Konkurrenz vor allem in der Stadt zu spüren. Eine wichtige Rolle spielte dabei die Erfindung der Geburtszange. Als in den 1720er Jahren das Geheimnis der Geburtszange preisgegeben wurde, ging in England die Geburtshilfe insbesondere in vornehmen Kreisen zunehmend in männliche Hände über (siehe Kapitel 4). Männliche Geburtshelfer wurden gerade in aristokratischen Kreisen nicht nur zu schwierigen Geburten gerufen; ihre Dienste waren auch bei Normalgeburten gefragt. Sie waren höher angesehen als Hebammen und konnten daher mehr für ihre Hilfeleistung in Rechnung stellen. Zugleich brachte eine Entbindung durch einen männlichen Geburtshelfer einen erheblichen Prestigegewinn.[72]

Mit der Organisation der Geburtshelfer (1852) wurden die Hebammen in England immer mehr verdrängt. „All midwives are a mistake" — alle Hebammen sind ein Fehler — lehrte der federführende Gründer der Organisation, Tyler Smith, seine Studenten. Er ging sogar so weit, selbst die Beschäftigung ausgebildeter Hebammen als inhuman zu bezeichnen.[73]

Abgesehen von einigen wenigen Ausbildungsplätzen an Londoner Kranken- oder Gebärhäusern gab es vor 1902 für eine angehende englische Hebamme keine Möglichkeit einer geregelten Ausbil-

---

[70] Donnison, S. 5

[71] Donnison, S. 159ff

[72] Siehe dazu A. Wilson, der die männliche Geburtshilfe in England von 1660-1770 sehr anschaulich und detailliert darstellt.

[73] Donnison, S. 57f

dung.[74] Die überwiegende Mehrheit waren ungeschulte Hebammen.
Florence Nightingale, die vor allem wegen ihrer Bemühungen um die
Ausbildung von Krankenschwestern bekannt wurde, gründete 1861
eine Hebammenschule. Die Hebammen sollten nach einer sechs-
monatigen Ausbildung aufs Land geschickt werden. Wegen des Aus-
bruchs von Kindbettfieber mußte die Schule allerdings nach kurzem
Bestehen 1867 wieder geschlossen werden.[75]

Nach jahrzehntelangen ergebnislosen Bemühungen und vielen
Anläufen erging endlich im Jahr 1902 der erste Hebammenerlaß: der
Midwives Act. England war bis dahin das einzige westeuropäische
Land ohne Hebammenordnung und ohne Registrierung der Hebammen.[76] Der längst überfällige Erlaß kam so spät, weil die Initiative
dazu nicht vom Staat, sondern von den Hebammen und Medizinern
ausging, sehr ungleiche Gruppen mit unterschiedlichen Interessen.
Nur wenige Hebammen verfügten über die nötigen Voraussetzungen,
um politisch aktiv zu werden. Und sie wurden in ihren Bemühungen
vor allem von Medizinern unterstützt, die eher ihre Eigeninteressen
als die Qualitätssicherung des Hebammenberufs im Sinn hatten. Ein
wesentliches Ziel der Hebammen war eine größere Attraktivität und
Aufwertung ihres Berufes. Da in dem Gremium, das eine Hebammenordnung erarbeitete, kaum Hebammen vertreten waren, wurde der
Aufgabenbereich der Hebamme stark eingegrenzt und minutiös festgelegt.[77] Es wurde ein zentrales Gremium, das „Central Midwives
Board", gegründet, das Hebammenschulen beaufsichtigte, Prüfer bestimmte, Prüfungskriterien festlegte und die Erlaubnis zur Berufsaus-
übung erteilte. Innerhalb von drei Jahren waren 22.000 Hebammen
in England registriert. Im Jahr 1905 hielt das zentrale Hebammengre-
mium die ersten Hebammenprüfungen ab. Der Hebammenberuf
wurde sozusagen in letzter Minute vor dem Aussterben gerettet.

---

[74] Donnison, S. 6, S. 159ff

[75] Donnison, S. 68f

[76] Fasbender 1906, S. 257

[77] Donnison, S. 176ff

Fazit: Die Hebammenordnungen brachten eine genaue Definition der Hebammentätigkeit, steckten das Berufsfeld jedoch eng ab: Der Hebamme blieb im wesentlichen die Hilfestellung bei einem komplikationslosen Geburtsverlauf; von ärztlichen Tätigkeiten wie Instrumentalhilfe und Verabreichung von Medikamenten wurde sie ausgeschlossen. Gleichzeitig wurde die Hebammenausbildung zunehmend von Ärzten kontrolliert. Gewiß können die Hebammenordnungen im Lichte zunehmender ärztlicher, d.h. zu damaliger Zeit männlicher Einflußnahme gesehen werden. Der Vorwurf einer Dominanz der Experten und der Degradierung der Hebammen zu Handlangern liegt nahe.[78] Gleichzeitig ermöglichten die Hebammenordnungen jedoch — beispielsweise in Deutschland — ein Überleben dieses Frauenberufs. Mit den Hebammenordnungen begann ein Prozeß der Professionalisierung, der durch die Errichtung von Hebammenschulen fortgesetzt wurde. Fehlende Hebammenordnungen in Großbritannien wirkten sich fatal aus — nur in letzter Minute konnte der Beruf dort zu Beginn dieses Jahrhunderts gerettet werden.

---

[78] Frevert, S. 177-210

4. Die „männliche Hebamme": Männer entdecken die Geburtshilfe

Kommt eine Frau zur Entbindung ins Krankenhaus, wie es in Deutschland heutzutage üblich ist, wird sie zunächst einmal von einer Hebamme empfangen und untersucht. Ein Arzt (in den letzten Jahren zunehmend Ärztinnen) tritt nur kurz in Erscheinung. Während der gesamten Anfangsphase der Geburt ist für die gebärende Frau die Hebamme Hauptansprechpartnerin, besonders, wenn sie ohne Begleitung kommt. Die Hebamme gibt ihr seelische und körperliche Unterstützung — in Form von Rückenmassagen und Tips zum Beatmen der Wehen. Im Idealfall begleitet die Hebamme die Gebärende für die Gesamtdauer der Geburt, was allerdings bei der heute meist üblichen Schichtarbeit im Krankenhausbetrieb nicht immer realisiert werden kann. Ist der Gebärmuttermund vollständig eröffnet, das Köpfchen tief genug getreten und beginnt nun die Austreibungsperiode, so tritt die Geburtshelferin oder der Geburtshelfer in Aktion.

Wer ist nun für die gebärende Frau wichtiger, Hebamme oder Arzt? Bereits während der Schwangerschaft hat sie sich meist an die Gynäkologin oder den Gynäkologen ihres Vertrauens gewandt, und es ist ihr oft wichtig, daß sie auch von ihr oder ihm entbunden wird. Andererseits entwickelt sich gerade bei langwierigen Geburten oftmals ein enges Vertrauensverhältnis zur Hebamme, das ebenfalls einen hohen Stellenwert einnimmt. Für eine positive Gebärerfahrung sind Kompetenz und Mitgefühl seitens Hebamme und Geburtshelferin bzw. Geburtshelfer in gleicher Weise wichtig.

Geburtshilfe — nichts für Männer!

Seit Menschengedenken waren es Frauen, die anderen Frauen während der Geburt beistanden. Nur bei komplizierten Geburten fanden Männer — meist Ärzte, mitunter auch Hirten — Zutritt zu einer gebärenden Frau.[1]

---

[1] Allerdings erging 1580 ein Erlaß des Herzogs Ludwig von Württemberg, der Hirten Geburtshilfe verbot und diese Tätigkeit ausschließlich Hebammen zuwies. Nur ge-

Im Mittelalter war Geburtshilfe, ganz gleich ob es zu Komplikationen kam oder nicht, für einen Arzt tabu. Um die Hintergründe zu verstehen, muß ich hier etwas weiter ausholen. Nach dem Untergang des Römischen Reiches im 5. Jahrhundert n.Chr. wurde das Heilwissen in den Klöstern bewahrt und vermittelt. Wer zu Beginn des Mittelalters Arzt werden wollte, ging ins Kloster und wurde Geistlicher. So waren zunächst im Mittelalter alle gelehrten Ärzte zugleich Geistliche und unterstanden der Kirche. Sie durften nicht heiraten und mußten ein Keuschheitsgelübde ablegen, d.h. auch den Anblick eines Frauenkörpers vermeiden — eine Tatsache, die ihnen Geburtshilfe unmöglich machte.

Im Jahre 1162 n.Chr. wurden auf dem Konzil zu Tours blutige Operationen für Ärzte verboten, d.h. sie wurden aus dem Bereich der Wundversorgung und der Chirurgie ausgeschlossen. Da eine Geburt immer blutig abgeht, war durch diesen Erlaß Ärzten ein weiterer Riegel vor die Geburtshilfe geschoben. Was ihnen blieb, war das Verordnen von Medikamenten, das Auflegen von Umschlägen und weitere äußere Anwendungen. Für alle blutigen Eingriffe waren die in weitaus größerer Zahl vorhandenen Wundärzte, Bader, Barbiere und Chirurgen (aus dem Griech., deutsch: Handwerker) zuständig. Dieser Beschluß leitete eine jahrhundertelange Trennung von Innerer Medizin und Chirurgie ein.

Als im Hochmittelalter in Europa die ersten Universitäten gegründet wurden, z.B. die Universität Padua im Jahr 1222, studierte ein angehender Arzt an einer Universität. Nur reiche Männer konnten sich das teure Medizinstudium leisten, Frauen waren in der Regel ausgeschlossen. Das kostspielige und langwierige Studium verlieh den Ärzten hohes Ansehen. Sie besaßen eine große Literaturkenntnis, aber kaum handwerkliches Können: die Handarbeit überließen sie nach wie vor den medizinischen Handwerkern, den Chirurgen. Es wäre unter der Würde eines Arztes gewesen, Handarbeit, d.h. auch Geburtshilfe, zu leisten.[2]

---

schickte Frauen sollten mit dieser Aufgabe betraut werden. Fasbender 1906, S. 81

[2] Siehe Haberling, S. 106. Der Chirurg befand sich, ähnlich wie die Hebamme, so lange in einer untergeordneten Position gegenüber dem Arzt, wie er sein Handwerk während einer Lehre oder an einer Chirurgenschule und nicht an der Universität lernte. Der Chirurg durfte laut einigen Medizinalordnungen keine Medikamente

Darüber hinaus hinderte ein gesellschaftliches Tabu einen Arzt
daran, sich geburtshilflich zu betätigen. Es wurde von ihm erwartet,
sich aus der Geburtshilfe herauszuhalten. Der Arzt als Geburtshelfer
widersprach derart der gesellschaftlichen Norm, daß es noch im 16.
Jahrhundert zu einer öffentlichen Verbrennung eines Arztes kam,
weil er Geburtshilfe geleistet hatte. Der Geburtshelfer F.B. Osiander
schildert das tragische Schicksal dieses Mannes: „Noch im Jahre 1522
wurde ein Arzt in Hamburg, Doctor Veit, öffentlich verbrannt, weil
er sich ... bei Frauen in Kindzeithen für eine Bademutter hat brauchen lassen."[3] Und Osiander selbst erlernte die Geburtshilfe heimlich
in Straßburg bei einer Hebamme im Jahr 1775.
    Aber wenn die gelehrten Ärzte aus der Geburtshilfe ausgeschlossen
waren, warum machten sich nicht Bader und Chirurgen das geburtshilfliche Feld zueigen? Es war die Achtung vor dem weiblichen
Schamgefühl bzw. die Vorbehalte einer Frau, sich von einem Mann
untersuchen zu lassen, die Männer so lange Zeit aus dem Gebärzimmer fernhielten. Von einem Mann entbunden zu werden, war für
beide Seiten in gleicher Weise entehrend. Eine Ausnahme wurde nur
bei einer Totgeburt oder einem Kaiserschnitt gemacht, wenn keine
Hebamme anwesend war, die sich auf diese Operationen verstand.[4]
Manche gebärende Frau wollte jedoch lieber sterben, als männliche

---

verordnen und nur mit Einwilligung des Arztes Instrumente gebrauchen. In Runkel-
Wied (1778) beispielsweise durfte er die Zange oder den Kopfzieher nur in Anwesenheit eines Arztes einsetzen. Nöth, S. 35. Ein weiteres Beispiel für die untergeordnete
Stellung des Chirurgen sind seine Handlanger-Dienste bei anatomischen Demonstrationen. Wurde beispielsweise an der Universität vor der versammelten Studenten-
schar eine Leiche seziert, so erklärte der Anatomieprofessor den Studenten, was sie
zu sehen hatten, legte aber nicht selbst Hand an. Die Sektion, die Handarbeit, überließ er dem eigens dafür einbestellten Chirurgen. Vesal (1514-1564) erregte großes
Aufsehen, als er diese Norm durchbrach und nicht nur Anatomie lehrte, sondern
auch selbst sezierte. Fischer-Homberger 1977, S. 43ff, 50. Hoffmeister, S. 77-88. Erste
Schritte in Richtung einer Wiedervereinigung von Medizin und Chirurgie wurden erst
im 18. Jahrhundert getan, als besondere Schulen eingerichtet wurden, um die
Ausbildung zum Chirurgen zu verbessern. Eckart, S. 200. Anders lagen die
Verhältnisse beispielsweise in Italien, wo bereits im 16. Jahrhundert Chirurgie an
einer Universität erlernt werden konnte.

[3] Zit. nach Pfeil, S. 248

[4] Haberling, S. 92f

Hilfe in Anspruch zu nehmen, wie noch 1653 in einem Geburtshilfelehrbuch berichtet wird.[5] Der englische Geburtshelfer Percivall Willughby beschreibt 1658 eine Situation, bei der er von einer Hebamme (in diesem Fall seiner Tochter) zu einer Geburt gerufen wurde und auf allen Vieren in den Geburtsraum krabbelte, um von der Gebärenden, der Frau eines Puritaners, unbemerkt zu bleiben.[6]

Typisch für das weibliche Schamgefühl und die vornehme Zurückhaltung des Geburtshelfers ist die in Abbildung 4.1 dargestellte Geburtsszene (aus einer 1681 erschienenen Schrift des Holländers Samuel Janson): Der untere Körperteil der Frau ist von einem Tuch bedeckt, so daß der Geburtshelfer blind hantieren muß.

Diese vielen Barrieren — Tabus und Verbote — machten jahrhundertelang Geburtshilfe zu einer reinen Frauensache, und man muß sich fragen, wie es kam, daß Männer schließlich doch den Weg dorthin fanden.

---

[5] Diese Tatsache wird von Welsch in der Vorrede zu seiner Übersetzung des Scipione Mercurio berichtet. Zit. nach Schroeder, S. 239

[6] Donnison, S. 11. In England änderte sich jedoch zugleich in wohlhabenden Gesellschaftskreisen die Situation drastisch, und selbst in Deutschland wurde ab Mitte des 18. Jahrhunderts in manchen Städten ärztliche Hilfe beansprucht. Fasbender 1906, S. 148, Haberling, S. 92

Abb. 4.1: „Blinde" Entbindung durch einen Geburtshelfer (Titel: A De Chirurgijn sit hier op en stoel om de vrouw B een Kindjen af te halen)

Die Adelung eines Accoucheurs: der Geburtshelfer wird gesellschaftlich akzeptiert

Frankreich nahm in der männlichen Geburtshilfe eine Vorreiterstellung ein. Eine besondere Aufwertung erhielt dort die männliche Geburtshilfe, als 1663 am Hofe Ludwigs XIV. ein Geburtshelfer

eingestellt wurde.[7] Im Jahre 1711 wurde der französische Geburtshelfer
Jules Clement (1649-1729) von Ludwig XIV. geadelt und mit dem
Titel accoucheur — Geburtshelfer — (franz. accoucher: nieder-
kommen) ausgezeichnet. In der Folge nannten sich dort auch einige
Hebammen „accoucheuse".

In Frankreich fanden etwa 100 Jahre früher als in Deutschland die
ersten Männer Zugang zu Gebärhäusern. Über die Gründe wurde
bereits in der Vergangenheit verschiedentlich spekuliert. Als Erklärung wurden „die Sittenlosigkeit des französischen Hofes im 17. und
18. Jahrhundert mit ihrer Maitressenwirtschaft, welche das weibliche
Schamgefühl tief untergrub", unglückliche Entbindungen durch
Hebammen oder Kindsmord- und Abtreibungsprozesse gegen Hebammen genannt. Der Medizinhistoriker Fasbender sieht die Offenheit
gegenüber männlichen Geburtshelfern in Frankreich vor allem in der
freieren Geisteshaltung begründet.[8]

Die praktische Ausbildung zum Geburtshelfer nahm einen erheblichen Aufschwung, als in dem Krankenhaus Hotel Dieu in Paris, in
dem seit 1630 Hebammenschülerinnen ausgebildet wurden, im Jahr
1648 erstmals ein Chirurg Geburtshilfe leisten durfte.[9] Zum ersten
Mal hatte somit ein medizinisch vorgebildeter Mann die Möglichkeit,
viele Geburten, vor allem Normalgeburten, zu beobachten.

Als weiterer Meilenstein in der praktischen Ausbildung zum Geburtshelfer wird die Gründung der Straßburger Gebäranstalt gewertet.
Diese Anstalt hatte später Vorbildfunktion für entsprechende deutsche
Einrichtungen. Sie wurde im Jahre 1728 gegründet und 1737 zu
einem klinischen Institut erweitert, in dem auch Medizinstudenten
ausgebildet wurden. Der Leiter der Straßburger Anstalt, Johann Jakob
Fried (1689-1769), lehrte in deutscher Sprache. Dies war für die
damalige Zeit außergewöhnlich, da Studenten bis weit ins 19. Jahrhundert hinein nur in lateinischer Sprache unterrichtet wurden, was

---

[7] Frevert, S. 193; siehe auch Donnison, S. 20

[8] Fasbender 1906, S. 146f

[9] Für die Medizingeschichte typisch ist die Auseinandersetzung zwischen den beiden
französischen Chirurgen Francois Mauriceau und Philippe Peu, wer als erster im
Hotel Dieu gearbeitet habe, und die gegenseitige Übertrumpfung mit der Anzahl der
beobachteten Geburten. Fasbender 1906, S. 146

eine klare Verständigung zwischen Lehrer und Studenten er-
schwerte.[10] Die Studenten erhielten in Straßburg eine gründliche
praktische Ausbildung: Sie übten an Modellen, untersuchten
Schwangere und beobachteten Geburten.[11]

Bereits in der ersten Hälfte des 18. Jahrhunderts ging in Frankreich die Geburtshilfe zunehmend in männliche Hände über.[12] Der
Accoucheur kam in Mode, und in Frankreich und England galt es
seither in vornehmen Kreisen als fortschrittlich, auch bei normalen
Geburten die Dienste eines Accoucheurs bzw. Man-midwife
(Abbildung 4.2), wie der Geburtshelfer in England genannt wurde,[13]
in Anspruch zu nehmen.

Diese Modeerscheinung spielte jedoch in Deutschland in dieser
frühen Zeit noch keine Rolle und kam hier erst hundert Jahre später
auf.[14] Vor allem auf dem Land war die Hebamme in Deutschland
noch bis ins 20. Jahrhundert oft die einzige bei einer Geburt anwesende Expertin. Noch im Jahr 1902 wurden fast alle Entbindungen
von Hebammen und nur sieben Prozent von Ärzten geleitet.[15]

---

[10] Siehe dazu Bonner, S. 83, 87f. Eine Vorlesung an einer Universität um 1800
gestaltete sich so, daß der Dozent einen längeren lateinischen Text vorlas, wovon bei
vielen Studenten nur wenig ankam. Abschlußexamina wurden an vielen Universitäten
bis in die 30er Jahre des 19. Jahrhunderts in Latein abgehalten, die medizinischen
Doktorarbeiten ebenfalls in Latein verfaßt. Latein als Universalsprache hatte gewiß
den Vorteil, einem Studenten den Wechsel an eine ausländische Universität zu
erleichtern, Latein als Gelehrtensprache grenzte jedoch auch die Studenten ohne
fundierte Lateinkenntnisse von vornherein aus. So wurde z.B. ein Student, der sich
1813 um einen Medizinstudienplatz an der Berliner Universität bewarb, nur mit
ausreichenden Lateinkenntnissen zugelassen, andernfalls mußte er auf die medizinische Militärakademie, die Pépinière, ausweichen.

[11] Fasbender 1906, S. 248ff

[12] Fasbender 1906, S. 146f

[13] Im Englischen taucht der Begriff "man-midwife" erstmals 1625 auf, ein eindeutiger
Hinweis für einen zunehmenden Einfluß von männlichen Geburtshelfern in England.
Siehe Donnison, S. 11

[14] Donnison, S. 85

[15] Fasbender 1906, S. 259; Kerchner, S. 204

Abb. 4.2: Karikatur eines männlichen Geburtshelfers, des Man-midwife. Im Untertitel wird der Geburtshelfer auch als „newly discovered animal" (neu entdecktes Tier) und sogar als Monster bezeichnet. Aus: Fores: Man-midwifery exposed, 1793

Die Geburtszange — neue Dimensionen für Geburtshilfe und Geburtshelfer

Englische Zange und Kopfzieher: Die Erfindung der Geburtszange

Für den zunehmenden Einfluß von Ärzten und Chirurgen in der Geburtshilfe wird vor allem die Erfindung der unschädlichen Kopfzange, der *Geburtszange*, verantwortlich gemacht. Sie durfte nur von Geburtshelfern eingesetzt werden; Hebammen war der Gebrauch verboten. Wo eine Hebamme aufgab, konnte ein Geburtshelfer mit einem eleganten Griff die Geburt glücklich für Mutter und Kind beenden.

Die Geschichte der Geburtszange ist undurchsichtig und von vielen Geheimnissen durchzogen. Vermutlich ist sie bereits 400 Jahre alt. Peter Chamberlen (geb. um 1560 in Paris), Sohn einer nach England geflohenen französischen Hugenottenfamilie, entwickelte sie vermutlich um 1600. Die Geburtszange wurde als Familiengeheimnis über mehrere Generationen hinweg streng geheimgehalten (Abbildung 4.3). Die Chamberlens profitierten erheblich von ihrem Zangenmonopol. Sie waren stolz darauf, eine Geburt beizeiten problemlos beenden zu können, wo andere Geburtshelfer nur noch mit scharfen Haken die Mutter von ihrem toten Kind befreien konnten. Ein Mitglied der Familie verkaufte wahrscheinlich 1693 das Zangenmodell in Amsterdam, und von nun an war das Geheimnis durch Geld erwerblich.[16]

Insgesamt muß man feststellen, daß die Geschichte der Chamberlenschen Zange von vielen Mutmaßungen durchzogen ist. Mit letzter Sicherheit läßt sich die Erfindung nicht datieren, es ist unklar, ob das gehütete Familiengeheimnis nur in der Zange oder auch in einem Hebel bestand, ob diese Zange im Laufe der Jahre weiterentwickelt

---

[16] Ein weiteres Beispiel für die Profitgier der Familie Chamberlen schildert Donnison. Peter Chamberlen (1616) und später sein Neffe (1634) bemühten sich intensiv — allerdings ohne Erfolg — um eine Organisation der Londoner Hebammen unter ihrem Vorsitz, was ihnen eine Monopolstellung in der Vergabe von Lizenzen für Hebammen, bei der Hebammenunterweisung sowie bei der Entbindung komplizierter Fälle eingebracht hätte. Donnison, S. 13. Siehe auch Fasbender 1906, S. 222-230

wurde und ob in Amsterdam auch tatsächlich die Chamberlensche
Zange verkauft wurde.

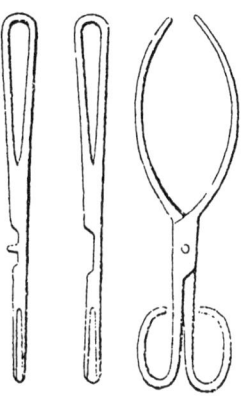 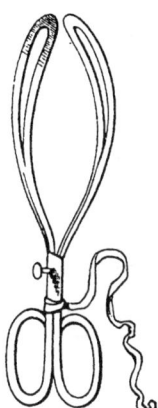

Abb. 4.3: Die Zange von Chamberlen. Aus: Kaltenbach sowie Spiegelberg

Viel klarer läßt sich die Erfindung und Verbreitung der Palfynschen
Zange (Abbildung 4.4) nachzeichnen. Im Jahre 1723 wurde sie von
dem Genter Geburtshelfer Johann Palfyn (1650-1730) der Pariser
Akademie vorgestellt. Sie mußte allerdings an den Griffen mit
Schnüren zusammengebunden werden. Daß Palfyn seine Geburts-
zange selbständig erfunden hat, ohne zuvor auf dunklen Wegen
Kenntnis von der Chamberlenschen Zange erhalten zu haben, dafür
sprechen die Mängel seines Instruments verglichen mit den voll-
kommeneren englischen Modellen.[17] Ein Jahr nach der Demonstra-
tion in Paris war die Palfynsche Zange bereits allgemein bekannt.
Diese unschädliche Kopfzange wurde auch Tire-tete (Kopfzieher) oder
Mains de Palfyn (Palfyn-Hände) genannt.

---

[17] Fasbender 1906, S. 229

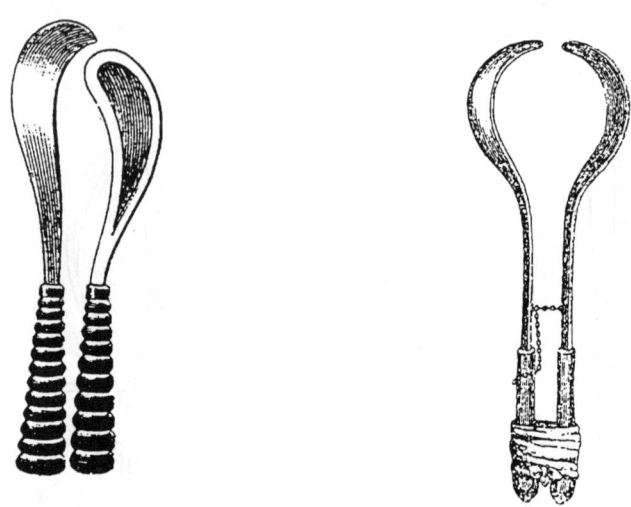

Abb. 4.4: Die Zange von Palfyn. Aus: Kaltenbach sowie Spiegelberg

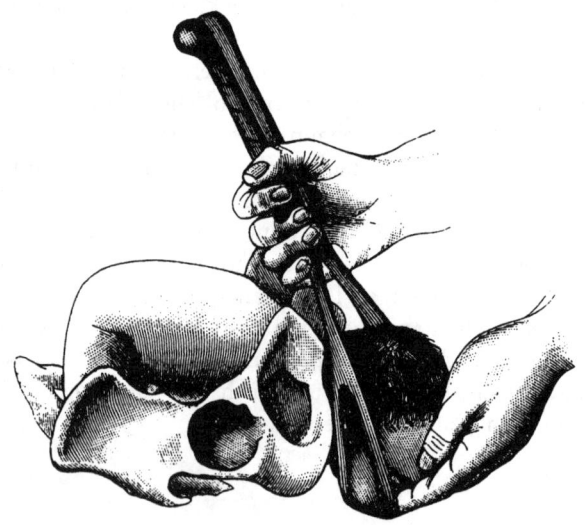

Abb. 4.5: Eine Zangengeburt: Das Anlegen der Zange. Aus: Kaltenbach

Im Laufe der darauffolgenden Jahre und Jahrhunderte wurden zahlreiche Zangenmodelle in leicht abgewandelter Form entwickelt. Die Geburtszange war bei richtigem und schonendem Einsatz (Abbildung 4.5) für die Geburtshilfe ein Segen, zumal in einer Zeit, in der der Kaiserschnitt noch keine Alternative darstellte.

Die Geburtszange als Machtinstrument

Da die Geburtszange Ärzten und Chirurgen vorbehalten blieb, erleichterte sie ihnen den Zugang zur Geburtshilfe. In Hebammenordnungen, z.B. in der Augsburger Hebammenordnung von 1750, wurde ihnen ausdrücklich die englische Zange (gemeint ist die Chamberlensche Zange) und der „zu Paris neu ersonnene und zu Bolognien verbesserte Kopfzieher" (die Palfynsche Zange) empfohlen.[18]

Mit der Erfindung der Geburtszange und ihrem ausschließlichen Gebrauch durch Geburtshelfer schrumpfte der Zuständigkeitsbereich der Hebamme, und übrig blieb die Betreuung der Spontangeburt. Die Geburtszange kann daher auch als Machtinstrument gewertet werden, das die Kluft zwischen Hebammen und Geburtshelfern vergrößerte. Besonders in England setzte in den Jahren nach der Einführung der Geburtszange ein Tauziehen um die Verteilung der Kompetenzen in der Geburtshilfe ein. Der Kampf zwischen Hebammen und Geburtshelfern wurde in England wesentlich härter geführt als auf dem Kontinent.

Monopol und Mißbrauch geburtshilflicher Instrumente

Durch das Monopol des Instrumentengebrauchs war Ärzten ein Mittel an die Hand gegeben, zu dem manche vorschnell griffen. Bei einigen muß die Erfindung der Geburtszange geradezu eine Operationswut ausgelöst haben. Da die Geburtszange — anders als heute — auch zum Einsatz kam, wenn das Kind noch weit oben im Geburtskanal festsaß, barg sie für Mutter und Kind Gefahren (siehe Kapitel 8). Beson-

---

[18] Nöth, S. 96

ders in England wurden zahlreiche Schriften verfaßt, die sich gegen die männliche Geburtshilfe und den übertriebenen Instrumentengebrauch richteten.

- Die englische Hebamme Sarah Stone prangerte in ihrem Hebammenbuch („Complete practice of midwifery", London, 1737) die männlichen Geburtshelfer an, die — unwissender als die dümmste Hebamme — oft Mutter und/oder Kind töteten, allerdings secundum artem: nach allen Regeln der Kunst.[19]
- In der satirischen „Bittschrift Ungeborener" („A Petition of the Unborn Babes", 1751 von dem Arzt Dr. Frank Nicholls verfaßt) klagen die ungeborenen Kinder ihre Mörder an, die durch den Mißbrauch ihrer Instrumente Tod von Kind und/oder Mutter verursacht haben.[20] Die zunächst darin zu Wort kommenden Geburtshelfer betrachten und behandeln die ungeborenen Kinder wie eine Geschwulst. Diese wiederum bitten um Schutz gegen die grausamen Geburtshelfer, die ihnen bei der Geburt mit Instrumenten wie eisernen Haken und Zangen zusetzten und zudem noch Lügenmärchen über Hebammen verbreiteten.[21]
- Die englische Hebamme Elizabeth Nihell verfaßte ein Hebammenlehrbuch, das nicht nur geburtshilfliches Wissen vermitteln sollte, sondern worin sie gleichzeitig scharfe Kritik an Geburtshelfern, besonders an dem berühmten englischen Geburtshelfer William Smellie (1697-1763) übte. In dem ausführlichen Titel der Schrift klingt bereits der polemische Charakter an: „Treatise on the art of midwifery, setting forth various Abuses therein, especially as to the Practice with Instruments. The whole serving to put all national Enquirers in a fair Way of forming their own Judgement upon the Question, which is best to employ in Cases of Pregnancy and Lying-in, a Man-midwife or a Midwife. London 1760. Against all male Practitioners and particularly Smellie."[22]

---

[19] Zit. nach Donnison, S. 31f

[20] Nicholls, F.: A petition of the unborn babes to the censors of the royal college of physicians, London, 1751, S. 8-11. Zit. nach Donnison, S. 32

[21] Fasbender 1906, S. 247

[22] Fasbender 1906, S. 247. „Abhandlung über die Hebammenkunst, insbesondere

Auch in Deutschland wurden Geburtshelfer für ihre unheilvolle
Operationstätigkeit berühmt-berüchtigt. Johann Daniel Mittelhäuser,
der Physikus in Weissenfels in Sachsen war, setzte zwischen den
Jahren 1721 und 1754 90mal scharfe Instrumente wie Kopfbohrer
oder scharfe Haken ein. Er gab an, auf die Geburtshilfe habe er sich
mit der Lektüre einiger Bücher und der Beschaffung von Messern und
Haken vorbereitet. Unter den Händen des Augsburger Geburtshelfers
Johann Andreas Deisch verstarben im Jahre 1753 bei 61 Geburten 43
Kinder und 22 Mütter.[23] Immerhin wurde Deisch einige Jahre später
(1766) in Augsburg Dekan des Collegium medicum.

Geburtshelfer als Vorgesetzte

Der Beginn einer Kontrolle

Vor der zweiten Hälfte des 18. Jahrhunderts hatte ein Arzt oder Chirurg in Deutschland kaum die Möglichkeit, Erfahrungen in der Geburtshilfe zu sammeln. Die nötigen Handgriffe mußte er von einer
Hebamme abschauen, und da er im Laufe seines Berufslebens höchstens einige komplizierte Geburten sah, war in der Regel sein geburtshilfliches Können gering.

Dennoch wurde seit dem 16. Jahrhundert in den Hebammenordnungen bestimmt, daß sich eine Hebamme einem Arzt unterzuordnen
hatte und ihn bei Komplikationen hinzuziehen mußte. Der Beginn
einer Kontrolle der Hebamme durch den Arzt läßt sich deutlich an
den beiden bereits erwähnten Regensburger Hebammenordnungen aus
dem 15. und 16. Jahrhundert verfolgen. Während laut der
Regensburger Hebammenordnung von 1452, der ältesten erhaltenen
Hebammenordnung überhaupt, die Hebamme bei Komplikationen

---

ihres Mißbrauchs wie des Instrumentengebrauchs. Diese Schrift soll allen in diesem
Land zu einem gerechten Urteil verhelfen, die sich mit der Frage befassen, ob besser
Geburtshelfer oder Hebammen bei Schwangerschaft und Geburt eingesetzt werden
sollen. London 1760. Gegen alle männlichen Ärzte und insbesondere Smellie." (Übers.
d.Verf.)

[23] Frevert, S. 196. Fasbender (1906, S. 265) zufolge wurden bei den genannten 61
Geburten in 29 Fällen scharfe Instrumente eingesetzt.

eine weitere Hebamme (selbst gegen den Willen der gebärenden Frau) holen lassen mußte, wurde sie in der späteren Ordnung von 1555 verpflichtet, sich an „doctores der artzney" zu wenden.[24] Ein nahezu unmerklicher Übergang der Kompetenzen an Ärzte, jedoch der konkrete Beginn eines Ausgrenzungsprozesses der Hebamme aus ihrem ursprünglich sehr weiten Berufsfeld.

Situationen, in denen ein Geburtshelfer um Hilfe ersucht werden mußte, wurden genau festgelegt: geburtsunmögliche Lage des Kindes und Komplikationen seitens der Mutter.[25] In einigen Hebammenordnungen wurden die Geburten je nach Schwierigkeitsgrad in natürliche, nicht-natürliche und widernatürliche unterteilt, wobei die ersten beiden Gruppen der Hebamme überlassen wurden, im dritten Fall aber ein Arzt, Chirurg oder Geburtshelfer kommen mußte:

> „Widernatürliche Geburten sind solche, wo das Kind durch die Kraft der Wehen allein nicht zur Welt gebracht werden kann, sondern wo die Kunst zu Hülfe kommen muss. Die widernatürlichen Geburten entstehen theils von der falschen Lage des Kindes, theils von bedenklichen Zufällen, die bey der Gebährenden sich ereignen."[26]

Als weiterer Anhaltspunkt diente die Geburtsdauer: War die Geburt sechs Stunden nach dem Blasensprung noch nicht erfolgt, mußte die Hebamme „nach freywilliger Wahl der Gebährenden, einen Gebuhrtshelfer und sonst niemanden anders"[27] holen lassen.

Zeichneten sich bereits Komplikationen während der Schwangerschaft ab, so war es ebenfalls ratsam, ärztlichen Beistand zu suchen.

---

[24] Birkelbach et al., S. 83-98. Die Regensburger Hebammenordnung von 1452 ist abgedruckt bei Haberling, S. 107f

[25] Derartige Notfälle sind starke Blutungen der Mutter, ein totes oder wahrscheinlich totes Kind, Eklampsie, unrechte Lage der Gebärmutter, unrichtige Lage des Kindes, Zurückbleiben der Nachgeburt (Lindau 1754, Lippstadt 1797, siehe Nöth, S. 125, 180), starke Wehen, Nachwehen, Ohnmacht und Nasenbluten (Baden 1795, siehe Nöth, S. 128).

[26] Hebammeninstruktion von Lippstadt 1797, Nöth, S. 179. Vgl. auch die Hebammenordnung von Oettingen-Wallerstein 1775, Nöth, S. 153

[27] Kurfürstlich-Hessische Hebammenordnung von 1805, § 15. Busch, S. 15 im Anhang

Dabei sollte auf dem Land die Kirche eine vermittelnde Funktion
zwischen der schwangeren Frau und dem Arzt übernehmen, wie die
Hebamme Siegemundin vorschlug:

> „Wann nun ... bald dieser, bald jener Umstand sich ereignet,
> mußt es eine sorgfältige Kinder-Mutter in der Stadt einem Medico,
> auf dem Lande aber dem Prediger melden, daß ers sodann einem
> verständigen Artzte schrifftlich zu verstehen gebe, damit solches bey
> Zeiten gesteuret, und die Geburts-Stunde nach göttlichem Willen
> glücklich erwartet werden möge."[28]

Verpaßte es die Hebamme, rechtzeitig Hilfe zu holen, drohten ihr
Geld- und Gefängnisstrafen. Im Hochstift Osnabrück (1774) wurde
die Hebamme beispielsweise im Versäumnisfall mit einer Geldstrafe
von 50 Reichstalern oder einem Monat Gefängnis bestraft.[29]

Die ersten Geburtshelfer — ratlose Ratgeber

In der tatsächlichen Gebärsituation spielten sich zu Beginn der
männlichen Geburtshilfe mitunter paradoxe Szenen ab. Man stelle
sich vor: Eine erfahrene Hebamme stellt fest, daß das Kind sich nicht
richtig zur Geburt einstellt. Pflichtbewußt läßt sie einen Arzt holen.
Dieser sieht eine solche geburtsunmögliche Lage zum ersten Mal und
fragt die Hebamme, was sie zur Lösung des Problems vorschlägt. Die
Hebamme äußert sich dazu, und der Arzt gibt ihr entsprechende Anweisung, so zu handeln. Inzwischen ist sehr viel Zeit verstrichen. —
Es war tatsächlich so, daß der zu einer Geburt hinzugezogene männliche Helfer meist nur Ratschläge und Anweisungen an die Hebamme
erteilte, welche diese ausführte — bei der anfangs geringen Praxiser-
fahrung von Ärzten und Chirurgen eine weise Entscheidung. In der
Praxis spielte sich dann die eben skizzierte Gebärsituation ab, wie
Siegemundin selbst schildert: „Dannoch schlug ich dieses Mittel dem
Herrn Doctor vor ... Die Herren Doctores beschlossen, ich solte das
thun."[30]

---

[28] Siegemundin, S. 230

[29] Nöth, S. 149

[30] Siegemundin, S. 99

Die Unterordnung der geschickten und erfolgreichen Hebamme
Siegemundin unter Ärzte und Bader ist nur in diesem historischen
Zusammenhang begreiflich: Sie war dazu bei schwierigen Geburten
verpflichtet, und es diente ihrer rechtlichen Absicherung, da sie
immer mit Gerichtsverfahren — den heutigen Kunstfehlerprozessen
vergleichbar — zu rechnen hatte.[31]

Das Hinzuziehen eines Arztes bei auftretenden Schwierigkeiten
sollte dem Wohl der gebärenden Frau dienen. Bei einer unerfahrenen
Hebamme mochte diese Unterordnung Sinn machen — wobei anzunehmen ist, daß unfähige Hebammen ihre Fähigkeiten eher über-
schätzten und zu spät Hilfe holten. Was die Kompetenz der Geburtshelfer anbelangt, so verstanden viele von ihnen zunächst, d.h. bis
etwa Mitte des 18. Jahrhunderts, ebensowenig von der Geburtshilfe
wie die schlechtesten Hebammen.[32] Es verwundert somit nicht, daß
die Literatur von Berichten inkompetenter Geburtshelfer wimmelt,
wobei die Klagen nicht nur von konkurrierenden Hebammen, sondern auch von erfahreneren männlichen Kollegen ausgingen.

Das Bild, das eine von Siegemundins Patientinnen von einem
Mediziner zeichnet, gereicht ihm nicht gerade zur Ehre. Der bei einem Geburtsstillstand hinzugezogene Arzt stürmte in die Gebärstube,
verabreichte ein Pulver, meinte, das Kind werde auch ohne ihn
geboren — „todt oder lebendig" —, und verließ eiligst den Ort des
Geschehens — das Bild des forschen, gefühlskalten Mediziners mit
zwei linken Händen, der nur Pulver (ohne die erwünschte Wirkung!) zu verteilen imstande ist.[33]

In einer anderen schwierigen Situation bat Siegemundin einen
Bader bei einer Totgeburt um Beistand, da sie den Einsatz des Hakens
(der am Kopf des Kindes befestigt wurde, um das Kind damit heraus-
zuziehen) nicht allein verantworten wollte. Unter dem Vorwand, der
Haken sei zu groß für ihn, überließ der Bader der Hebamme die Ent-

---

[31] Der Liegnitzer Stadtphysikus Dr. Kerger, damaliger Vorgesetzter Siegemundins,
warf beispielsweise der Hebamme eine Reihe von Kunstfehlern vor, zu der sie Stellung
nahm und Zeugen um Unterstützung bat.

[32] Donnison, S. 12; Deichert, S. 94

[33] Siegemundin, S. 134f

bindung. Als diese erfolgreich beendet war, heimste er dafür die Lor-
beeren ein.[34]

Siegemundins Beispiele zeigen, wie störend es sich auf den Geburtsverlauf auswirken konnte, wenn eine erfahrene Hebamme einen
unfähigen Vorgesetzten zu Rate ziehen mußte. Gerade in einer Zeit,
als die Ausbildung zum Geburtshelfer noch sehr mangelhaft war,
wirkte seine Hilfestellung als Störmoment, das eine Hebamme in
ihrer Arbeit blockierte.

Die Vorschrift, Ärzte und Chirurgen in schwierigen Fällen zu
Hilfe zu holen, wurde nicht immer streng befolgt, sei es, daß eine
Hebamme ihre Fähigkeiten überschätzte, daß die gebärende Frau und
ihre Angehörigen Angst vor der Operationswut des Geburtshelfers
hatten oder schlichtweg die Kosten scheuten. Daß ein Geburtshelfer
eine Normalgeburt sah, blieb bis zum Jahr 1751 eine seltene Ausnahme.

Der Hebammenmeister

Ab Mitte des 18. Jahrhunderts wurden Hebammenschülerinnen an
den neu eingerichteten Hebammenschulen von Hebammenmeistern
unterrichtet und nach abgelaufener Unterrichtszeit examiniert.[35]
Auch nach dem Schulbesuch wurde eine praktizierende Hebamme in
regelmäßigen Zeitabständen von ihrem Hebammenmeister aufgesucht
und kontrolliert. Eine weitere Aufgabe des Hebammenmeisters bestand in der Hilfestellung bei schwierigen Hausgeburten und in den
Entbindungshäusern, die den Hebammenschulen meist angeschlossen
waren.[36]

Wer konnte Hebammenmeister werden? Ein Arzt wurde ohne
Prüfung zum Hebammenmeister bestimmt („per modum colloquii

---

[34] Siegemundin, S. 74f

[35] Z.B. in Memmingen 1740; Nöth, S. 186

[36] In Baden wurde z.B. 1733 ein Hebammenmeister ernannt, in dessen Aufgabenbereich der Hebammenunterricht und die Hilfestellung bei schwierigen Geburten fiel.
Außerdem bildete er Barbiere und Badergesellen zu Wundärzten aus. Er besuchte
zweimal im Jahr die Hebammen; Nöth, S. 127

tendiret"). Ein Chirurg hingegen, der gegenüber dem akademisch
gebildeten Arzt eine untergeordnete Position einnahm, mußte eine
Prüfung ablegen, um Hebammenmeister zu werden. Er wurde
„ordentlich examiniret".

F.B. Osiander, dessen bissige Bemerkungen über Hebammen
mehrfach wiedergegeben wurden, machte für Mißstände in der Geburtshilfe auch inkompetente Hebammenmeister verantwortlich:

> „Andere Hebammenlehrer haben bey dem seit etlich Jahrzehen-
> den beträchtlichen Fortschritt der Entbindungswissenschaft theils
> aus Trägheit, theils aus Eigensinn und einem unverantwortlichen
> Widerwillen gegen alles Neue keinen Fortschritt in ihrer Wissen-
> schaft getahn, und sehen dabey den Unterricht der Hebammen, als
> eine sehr leichte Sache an; andere unterrichten Hebammen ohne
> selbst eine Erfahrung von der Entbindungskunst bekommen zu ha-
> ben, und mit dem Hebammenwesen praktisch bekannt zu seyn, was
> Wunder nun, wenn bey solchen Lehrern und Hebammen die Erfah-
> rung noch manche leidige Beweise an die Hand giebt, daß es in den
> Zeiten, wo Schäfer und andere Viehhirten die Geburtshülfe ausüb-
> ten, nicht viel schlimmer gewesen seyn müße."[37]

Der geforderte Gehorsam

Viele Hebammenordnungen schrieben einer Hebamme ausdrücklich
die Unterordnung unter Ärzte und Chirurgen vor, wobei sie selbst
wiederum als Kontrollorgan der Chirurgen fungieren sollte: Sie durfte
einem Chirurgen nur in Anwesenheit eines Arztes die Entbindung
von einem lebenden oder toten Kind gestatten.[38] Erwartungsgemäß
war das beiderseitige Einvernehmen zwischen Hebammen und Geburtshelfern jedoch nicht immer so gut, wie es wünschenswert gewesen wäre. Konkurrenzdenken und mögliche Spannungen wurden bereits in den Hebammenordnungen thematisiert. Verschiedene Bestimmungen entsprangen dem Anliegen, das Verhältnis zwischen Hebamme und Geburtshelfer möglichst harmonisch zu gestalten, wie es
für eine glücklich verlaufende Geburt wichtig ist. Sie sollte seinen

---

[37] F.B. Osiander 1787, S. 180f

[38] Augsburg 1750, Nöth, S. 100

Anordnungen Folge leisten, er sollte sich hinter sie stellen und sie, wenn sie einen Fehler gemacht hatte, nicht vor anderen bloßstellen. Von beiden Seiten wurde in den Hebammenordnungen gegenseitiger Respekt gefordert.[39]

Arzt und Hebamme entfernten sich von einem kollegialen Miteinander immer mehr, als der Zuständigkeitsbereich der Hebamme immer weiter eingeschränkt und die Ausbildung zum Geburtshelfer immer perfekter wurde. Zu Beginn des 20. Jahrhunderts trat die ehrerbietige und geradezu unterwürfige Haltung der Hebammen gegenüber den Ärzten selbst auf den Hebammenvereinsversammlungen deutlich zutage: Während Ärzten unbegrenzte Redezeit eingeräumt wurde, durften Hebammen nur drei bis fünf Minuten sprechen. Die Hebammen sahen sich zu diesem Zeitpunkt mehr denn je den Angriffen von Ärzten ausgesetzt und in ihrer Existenz bedroht.[40] Der Schritt zur Wärterin, die die Geburtshilfe ganz aufgegeben hat und zur Pflege der Wöchnerin abgestellt wird, war nicht mehr weit, wie der Medizinhistoriker Fasbender im Jahr 1906 äußert: „Aber auch heute ist für eine tüchtige Hebamme, die ihre Aufgabe in den ihrem Wirkungskreise gezogenen Grenzen voll erfasst hat (Diätetik und Prophylaxis), durchaus noch ein Platz am Kreissbette."[41]

Konkurrenz im Gerichtssaal

Die Hebamme als Expertin

Hebammen gehören wie die Chirurgen zu den frühesten gerichtsmedizinischen Experten (siehe Kapitel 1). In Fragen der Jungfräulichkeit (Virginität), Impotenz, Schwangerschaft, Geburt oder Fehlgeburt, bei Scheidungs- und Ungültigkeitsfragen, Erbschafts- und Legitimitätsstreitigkeiten wurde ihr Urteil eingeholt.

Die Hebamme als Expertin für Jungfräulichkeit trat bereits in mittelalterlichen Marienerzählungen auf. In dem „Marienleben" des

---

[39] Kaufbeuren 1737, Nöth, S. 117

[40] Kerchner, S. 200ff

[41] Fasbender 1906, S. 248

Mönchs Bruder Philipp aus dem 13. Jahrhundert eilen die beiden
Hebammen Zelemi und Salome Maria zur Hilfe. Sie kommen zu
spät; Maria hat bereits mit Hilfe der Engel Jesus geboren. Die Hebammen sind verwundert, einerseits die Zeichen einer Mutterschaft
festzustellen, z.B. sind die Brüste voller Muttermilch, andererseits den
Gebärmuttermund wie bei einer Jungfrau geformt vorzufinden.[42]

In der Peinlichen (von lat. poena = Strafe) Halsgerichtsordnung
Karls V. von 1532,[43] die als „rechtshistorischer Wendepunkt vom
Mittelalter zur Neuzeit" gilt,[44] wird der Hebamme ein fester Platz als
Expertin vor Gericht angewiesen. Im Falle eines Kindsmords ist es
ihre Aufgabe, die Mutter auf Zeichen einer abgelaufenen Geburt zu
untersuchen. In dem bereits erwähnten Bericht des Fürstentums Ansbach wird sehr ausführlich das sachkundige Urteil einer Hebamme
geschildert, die ebenfalls nach einem Kindsmord die Mutter untersucht.[45] Bei Scheidungsprozessen beurteilte die Hebamme beispielsweise, ob die Ehefrau bereits vor der Ehe Geschlechtsverkehr hatte,
wobei ihr als Anhaltspunkte das Jungfernhäutchen und die Enge der
Scheide dienten.

Ärzte als Gerichtsmediziner

Das Fachwissen der Hebamme und ihre gerichtsmedizinische Kompetenz wurden jedoch bereits im 16. Jahrhundert von Medizinern angezweifelt, und sie forderten, die Hebamme als Expertin aus dem Ge-
richtssaal zu verbannen. Ein besonders strittiges Thema war die Beurteilung der Virginität. Die Hebammen gründeten ihr Urteil — mit
Recht — auf ein intaktes oder verletztes Jungfernhäutchen und eine
enge oder weite Scheide. Mediziner hingegen stellten lieber ihre
Diagnose mit Hilfe der Harnschau — die wichtigste diagnostische
Methode des Mittelalters und der frühen Neuzeit. Dieser Auffassung

---

[42] Haberling, S. 11

[43] „Constitutio Criminalis Carolina", auch einfach „Carolina" genannt. Vgl. Schroeder, F.-C.

[44] Leibrock-Plehn, S. 69

[45] Krauss, S. 69

entsprechend gab der Urin, der in einem eigens dafür vorgesehenen Glas[46] aufgefangen wurde, Aufschluß über die Zusammensetzung der Körpersäfte. Aufgrund der Färbung und Trübung des Urins erlaubten sich Ärzte ein Urteil über den Gesundheits- oder Krankheitszustand des Patienten. Der Urin einer Jungfrau wurde für dünner und klarer gehalten als der einer Frau.[47]

Die Mediziner zweifelten an der Existenz des Jungfernhäutchens oder stritten sie schlichtweg ab. An einzelnen deutschen Fakultäten wurde sogar bis ins 18. Jahrhundert die Nicht-Existenz des Jungfernhäutchens gelehrt.[48] Paradoxerweise forderte der Mediziner Bohn im Jahr 1704, die Hebammen aus dem gerichtsmedizinischen Bereich auszuklammern, da sie wegen fehlender anatomischer Kenntnisse die Virginität nicht beurteilen könnten. Nur allmählich setzte sich im 18. Jahrhundert auch unter Medizinern die Überzeugung durch, daß es das Jungfernhäutchen tatsächlich gibt.

Im Falle eines Kindsmords wurde der Hebamme oft Komplottierung mit der Kindsmutter unterstellt, so daß sie auch hier nicht als Gutachterin zugelassen werden sollte.[49]

Die Hebamme trat als Gutachterin im Laufe des 18. Jahrhunderts immer seltener vor Gericht auf. Bei gerichtsmedizinischen Fragestellungen wurden in zunehmendem Maße Mediziner nach ihrem Urteil gefragt. Vereinzelt wurde die Hebamme — inbesondere in Virginitätsfragen — auch noch im 19. Jahrhundert herangezogen.[50]

---

[46] Das Harnglas galt als das Attribut des gelehrten Arztes.

[47] Fischer-Homberger 1983, S. 210

[48] Fossel, S. 66

[49] Fischer-Homberger 1983, S. 55ff

[50] Fischer-Homberger 1983, S. 66f

Vom blinden Hantieren zur handfesten Ausbildung: Geburtshelfer in Deutschland

Vor Mitte des 18. Jahrhunderts gab es in Deutschland weder einen Lehrstuhl für Geburtshilfe noch praktische Ausbildungsmöglichkeiten zum Geburtshelfer: „Vor den fünfziger Jahren dieses Jahrhunderts hatte Deutschland noch nicht einen einzigen besonderen Lehrstuhl, noch eine einzige praktische Lehranstalt zur Bildung wissenschaftlicher Geburtshelfer."[51]

In Anlehnung an das Straßburger Modell wurde im Jahr 1751 an der Berliner Charité eine Hebammenschule eingerichtet; ab dem Jahre 1774 bildete die Schule auch Studenten der medizinisch-chirurgischen Militärakademie aus.

In Göttingen wurde ebenfalls im Jahr 1751 ein Lehrstuhl für Geburtshilfe gegründet und eine Hebammenschule mit Entbindungshaus eingerichtet. Bereits bei der ersten Entbindung am 6. Dezember 1751 waren mehrere Medizinstudenten anwesend.[52] Johann Georg Roederer, der Lehrstuhlinhaber und Gründer der beiden Göttinger Einrichtungen, hatte mit erheblichen Schwierigkeiten zu kämpfen. Es war für die damalige Zeit noch sehr ungewöhnlich, daß sich ein Mann für Geburtshilfe interessierte. Da in dem Entbindungshaus zunächst nur unverheiratete Frauen gebaren, genoß es keinen guten Ruf. In den ersten Jahren ließen sich nur drei Hebammen ausbilden, während die Zahl der Studenten 20 bis 25 pro Semester betrug. Auch seitens der Kirche kam heftige Kritik: wegen der Verletzung des Schamgefühls der Frauen, der Konzentrierung unverheirateter Frauen und der Nachbarschaft des Hauses zu einer Kirche.[53]

Nach Berlin und Göttingen waren auch in anderen deutschen Städten Gebäranstalten bereit, Medizinstudenten auszubilden. Daneben gab es jedoch auch zahlreiche Anstalten, die ausschließlich dem Unterricht von Hebammenschülerinnen vorbehalten blieben.[54] Darüber hinaus wurden die ersten Universitätskliniken für Geburts-

---

[51]   Osiander, zit. nach Fasbender 1906, S. 265

[52]   Schulz, S., S. M36

[53]   Pfeil, S. 250ff

[54]   Fasbender 1906, S. 254

hilfe in Jena (1779), Würzburg (1791), Marburg (1791), Tübingen (1793), Freiburg (1799), Danzig (1804), Kiel (1805), Halle (1806) und Berlin (1817) gegründet.[55]

Die Geburtshilfe wurde bis zu Beginn des 19. Jahrhunderts und an einigen Universitäten bis Mitte des 19. Jahrhunderts als Teilgebiet der Chirurgie gelehrt. (Z.B. in Tübingen bis 1847, in Rostock bis 1848, in Utrecht bis 1866 und in Basel bis 1868.) Nur langsam etablierte sich die Geburtshilfe als eigenständiges Fach.[56]

Es dauerte noch eine ganze Weile, bis Geburtshilfeunterricht an der Universität Pflichtfach wurde. Im Rahmen der akademischen Lernfreiheit konnte ein Medizinstudent seinen Stundenplan selbst zusammenstellen und entscheiden, an welchen Vorlesungen und Kursen er teilnahm. Vorlesungen in Geburtshilfe wurden nur an einigen Universitäten angeboten, und selbst dort waren sie meist nicht Pflicht. Wenn überhaupt erhielten Medizinstudenten zwar theoretische Anweisungen, hatten jedoch kaum die Möglichkeit, an praktischen Übungen teilzunehmen. Ende des 18. und zu Beginn des 19. Jahrhunderts klagten die Medizinstudenten generell über die zu theoretisch gehaltene und zu wenig praxisorientierte Ausbildung.[57]

Im Laufe der ersten Hälfte des 19. Jahrhundert wurde die praktische Ausbildung zum Arzt immer mehr verbessert, besonders was Chirurgie und Geburtshilfe betrifft. In einigen Städten wurden Medizinstudenten gemeinsam mit Hebammenschülerinnen unterrichtet, wovon manche Dozenten nicht gerade begeistert waren. Der Würzburger Geburtshelfer und Hebammenlehrer Elias von Siebold klagte in seinem „Lehrbuch der Hebammenkunst" im Jahr 1808 über die

---

[55] Murken 1994, S. M60; Murken 1993, S. 36

[56] Fasbender 1906, S. 279

[57] Auch Semmelweis klagt über die unzureichende Medizinerausbildung. Er berichtet in seiner Schrift über das Kindbettfieber von einem Landchirurgen, der einen Gebärmutterdurchbruch (Uterusruptur) nicht als solchen erkannte und eine Darmschlinge abband. Er nimmt jedoch seinen Kollegen in Schutz. Bei der mangelhaften Medizinerausbildung sei es unmöglich, sich das nötige Wissen anzueignen, um eine derart komplizierte Situation zu meistern. Semmelweis 1961, S. 94. Zur Medizinerausbildung in Deutschland, England, Frankreich und den Vereinigten Staaten in den vergangenen 200 Jahren siehe die sehr verständlich geschriebene und mit vielen zeitgenössischen Zitaten versehene Monographie von Bonner.

gemeinsame Ausbildung von Ärzten und Hebammen und schlug einen getrennten Unterricht vor:

> „Die Hebammenlehre ist von der Lehre der Entbindungskunst verschieden; diese faßt alle Kenntnisse für die Hilfe bei Schwangeren, Gebärenden und Wöchnerinnen und neugeborenen Kindern in sich, die Hebammenlehre aber enthält nur aus der gesammelten Lehre der Entbindungskunst ausgezogene Lehren und Regeln, welche grade für die Kräfte des Geistes und Körpers eines Weibes und für die von ihm nicht zu erwartende Bildung faßlich, brauchbar und nothwendig sind.“[58]

In den folgenden Äußerungen Adolph Friedrich Noldes, Lehrstuhlinhaber für Geburtshilfe in Braunschweig (1806), zur getrennten und qualitativ unterschiedlichen Ausbildung von Geburtshelfern und Hebammen tritt die Kluft der beiden Berufsgruppen deutlich zutage. Einer auszubildenden Hebamme sollte gezielt Wissen vorenthalten werden, da sie es ohnehin nicht brauche, während der angehende Geburtshelfer umfassend informiert werden sollte:

> „Unmöglich kann nämlich der wissenschaftliche Geburtshelfer mit dem zufrieden seyn, was einer Hebamme zu wissen genügt, und dieser muss wiederum vieles von dem, was jener bedarf, unverständlich bleiben, folglich ganz überflüssig für sie seyn. Die Hebamme darf ihre *Kunst* doch eigentlich nur als Kunst erlernen, der Geburtshelfer muss sie als *Wissenschaft* inne haben. Aus demselben Grunde wird bei dem klinischen Unterricht die Hebamme nur vorzugsweise mit der Exploration, der Behandlung einer normalen Geburt, der Diagnostik von der Regel abweichender Fälle und allenfalls der Wendung, ausserdem aber auch mit dem, was die Wartung und Pflege betrifft, bekannt gemacht werden dürfen, da hingegen dem künftigen Geburtshelfer noch alle physiologische und pathologische Gründe, eine vollständige und detaillirte Übersicht aller beobachteten Geburtsfälle, mit einer kritischen Darstellung der dabei erforderlichen Handlungsweise, eine genaue Kenntniss und Würdigung der in der Geburtshülfe gebräuchlichen Instrumente, nebst der besten Methode ihrer Anwendung, so wie eine zureichende pathologische und therapeutische Kenntniss der Fehler und Krankheiten entbundener Personen zugegeben und überhaupt alles gesagt werden

---

[58] Siebold v., E., zit. nach Murken 1994, S. M60

muss, was die mechanische Hebammenkunst zu einer mehr wissenschaftlichen Form erhebt"[59] (Hervorhebung d.Verf.).

Nolde schlug weiter vor, die angehenden Hebammen in ihrer
Landessprache zu unterrichten, die Geburtshelfer in Latein.[60]

Während die Polarisierung zwischen Geburtshelfern und Hebammen größer wurde, kamen sich Ärzte und Chirurgen näher. Wie
bereits erwähnt wurden während der ersten Hälfte des 19. Jahrhunderts auch an den Universitäten brauchbare Chirurgen und Geburtshelfer ausgebildet. Als gegen Mitte des 19. Jahrhunderts in Preußen
und Österreich die medizinisch-chirurgischen Schulen, die neben
den Universitäten bestanden hatten, geschlossen wurden, wurde die
entstehende Lücke durch die nunmehr auch praxisorientierten Ärzte
gefüllt. Chirurgen und Geburtshelfer wurden jetzt ausschließlich an
der Universität ausgebildet, und das alte Zweiklassensystem — akademisch gebildete Ärzte und handwerklich ausgebildete Chirurgen —
nahm ein Ende.[61]

Bis Mitte des 19. Jahrhunderts war es undenkbar, daß eine Frau
Medizin studierte. Man befürchtete die schlimmsten Reaktionen von
Studentinnen und Studenten, wenn sie beispielsweise gemeinsam
Anatomievorlesungen besuchten. Die Frau als Ärztin widersprach
dem traditionellen Rollenmuster. In den USA durfte im Jahr 1847
erstmals eine Frau, Elizabeth Blackwell, Medizin studieren. In der
Folge wurden in Amerika einige Medizinschulen eigens für Frauen
eingerichtet, die sogenannten women's colleges, und 1859 gab es dort
bereits ca. 300 Ärztinnen.[62] Die geschlechtergetrennte Ausbildung
wurde von den Studentinnen keineswegs als degradierend empfunden. In einer Umfrage im Jahre 1881 zog es die Mehrheit der ameri-

---

[59] Nolde, S. 56

[60] Nolde, S. 56f

[61] Bonner, S. 186ff. Am Rande sei hier nur bemerkt, daß diese Tradition immer noch
in der Anrede des englischen Arztes bzw. Chirurgen fortlebt. Während es üblich ist,
einen Arzt mit „doctor" anzusprechen, besteht ein englischer Chirurg auf der Anrede
mit „mister".

[62] Bonner, S. 210

kanischen Ärztinnen vor, zumindest einen Teil der Ausbildung ohne Männer zu absolvieren.[63]

In Europa wurden bald darauf mehrere Universitäten für Frauen geöffnet, z.B. die Pariser Universität 1863 und die Züricher Universität 1865.[64] Frauen aus ganz Europa schrieben sich an diesen Universitäten ein. In Deutschland hielt sich der Widerstand gegen Medizinstudentinnen besonders lange. Frauen blieben hier bis zum Jahre 1908 vom Medizinstudium ausgeschlossen und mußten im Ausland studieren.[65] Als die deutschen Universitäten auch für Frauen geöffnet wurden, stieg der Anteil der Medizinstudentinnen über die Jahre langsam an. Besonders während des Ersten Weltkrieges wurden Frauen aufgrund akuten Ärztemangels vermehrt zugelassen. An der Universität Marburg waren beispielsweise 1917 30% der Studierenden der Medizin Frauen.

Auch heute noch sind Männer in der Geburtshilfe stark vertreten. Es gibt etwa doppelt so viel Ärzte für Frauenheilkunde und Geburtshilfe wie Ärztinnen in diesem Fachbereich. Und die leitenden Krankenhausstellen sind zu 95% mit Männern besetzt.[66]

Fazit: Für Jahrtausende war Geburtshilfe Frauensache. Ärzte und Chirurgen waren durch Tabus verschiedener Art weitgehend ausgeschlossen. Bereits im 16. Jahrhundert zeichnet sich ein Prozeß ab, in dem die Zuständigkeitsbereiche der Hebamme eingeschränkt werden und an Ärzte und Chirurgen übergehen. Die Erfindung der Geburtszange und ihr ausschließlicher Gebrauch durch männliche Geburtshelfer läßt die Kluft zwischen Hebammen und Geburtshelfern noch größer werden. Mit dem Erlaß von Hebammenordnungen und der Errichtung von Hebammenschulen wird diese Entwicklung institutionalisiert. Die Hebamme — ursprünglich Fachfrau für Geburtshilfe, Expertin vor Gericht und Ärztin für die Landbevölke-

---

[63] Bonner, S. 314

[64] Fischer-Homberger 1977, S. 110

[65] Bonner, S. 313

[66] Statistisches Bundesamt, Mitteilung über Berufstätige Ärzte/Ärztinnen am 31.12.1995 nach Fachgebieten, Art der Tätigkeit und Geschlecht

rung — wird zum medizinischen Handlanger unter ärztlicher Kontrolle degradiert. Gleichzeitig wird die Ausbildung zum Geburtshelfer
verbessert. Die erwähnte französische Sitte, einen Geburtshelfer auch
bei Normalgeburten hinzuzuziehen, spielte in Deutschland erst in der
zweiten Hälfte des 19. Jahrhunderts in wohlhabenden Kreisen eine
Rolle. Vor allem auf dem Land war die Hebamme in Deutschland
noch bis ins 20. Jahrhundert oft die einzige bei einer Geburt anwesende Expertin.

II. Schwangerschaft, Geburt und Wochenbett

5. Begleitung in der Schwangerschaft

Schwangerschaftsvorsorge in der heute üblichen Form gibt es noch nicht lange. Moderne Technik hat das Vorsorgeprogramm stark verändert. Die Untersuchungen zur Schwangerschaftsvorsorge werden vom Gesetzgeber festgelegt und ändern sich ständig entsprechend neuen wissenschaftlichen Erkenntnissen. Für den heutigen Leser ist es kaum nachvollziehbar, daß noch bis in die fünfziger Jahre Röntgenuntersuchungen im großen Stil während der Schwangerschaft durchgeführt wurden.[1] Dagegen ist Schwangerschaftsvorsorge heute ohne Ultraschall undenkbar.[2]

Bestimmungen zur Schwangerschaftsvorsorge ändern sich nicht nur in der Zeit, sondern sind auch je nach Staat unterschiedlich. Untersuchungen, die in den USA bereits seit Jahren routinemäßig durchgeführt werden wie die Blutzuckerbestimmung,[3] sind in Deutschland immer noch nicht Vorschrift.

Im folgenden kommen „Vorsorgemaßnahmen" zur Sprache, die für die schwangere Frau vor der Entwicklung der modernen Schwangerschaftsvorsorge von Bedeutung waren. Sie betreffen Verhaltensregeln, die teilweise vom Aberglauben geprägt waren, und den Aderlaß, von dem man sich so viel versprach.

---

[1] Bereits 1908 wurden Röntgenuntersuchungen ab der 7. Woche der Schwangerschaft durchgeführt. Die Bestimmung des Geburtstermins mittels Röntgenuntersuchung wurde allgemein üblich. Auf Thoms' radiologische Untersuchungen des weiblichen Beckens basiert die Klassifikation der Beckentypen. Bereits Mitte der 20er Jahre wurden Warnungen laut, daß Röntgenstrahlen für Mutter und Kind schädlich sein könnten. Bis 1956, als Stewart et al. über ein gehäuftes Auftreten von Krebs bei Kindern berichteten, die im Mutterleib Röntgenuntersuchungen ausgesetzt waren, waren radiologische Untersuchungen weit verbreitet, und in einigen Zentren wurden über 60% der Schwangeren geröntgt. O'Dowd, Philipp, S. 30

[2] Seit neuestem ist es sogar möglich, dreidimensionale Bilder des Fötus bei einer Ultraschalluntersuchung zu erzeugen.

[3] Der Blutzuckerspiegel wird zur frühzeitigen Diagnose einer schwangerschaftsbedingten Zuckerkrankheit bestimmt.

Schwangerschaftszeichen

Bleibt die Monatsblutung aus, so kann sich eine Frau heutzutage sehr bald Gewißheit über ihren Zustand verschaffen. Bereits ein bis zwei Tage nach Ausbleiben der Monatsblutung wird ein hormoneller Schwangerschaftstest, der in jeder Apotheke erhältlich ist, bei Bestehen einer Schwangerschaft positiv. Nach sechs Wochen — gerechnet seit der letzten Monatsblutung — sind im Ultraschallbild bereits die Herzaktionen des Embryos sichtbar. Diese Tests und auch die Gewißheit über ihre Situation ermöglichen es der schwangeren Frau, von Anfang an das Wachsen ihres Babys mitzuerleben.

Bevor es die Möglichkeit des hormonellen Schwangerschaftstests und des Ultraschalls gab, wußte eine Frau erst dann mit Sicherheit, daß sie schwanger ist, wenn sie Kindsbewegungen verspürte, d.h. etwa zur Schwangerschaftsmitte. Und selbst dieses Zeichen kann anfangs oft irreführend sein, wenn Darmbewegungen mit Kindsbewegungen verwechselt werden.

Wie Geburtshilfe so ist auch Schwangerschaftsbetreuung Aufgabe der Hebammen (auch heute noch, was jedoch viele Schwangere nicht wahrnehmen). Im Zuge des neuaufkommenden männlichen Interesses an der Geburtshilfe beschäftigten sich ab dem 18. Jahrhundert auch Ärzte mit der Frage, wie eine Schwangerschaft zu erkennen sei. Es ging dabei weniger darum, mögliche Gesundheitsrisiken für Mutter und Kind auszuschalten, vielmehr wollte man der Verheimlichung einer Schwangerschaft vorbeugen.

Man unterschied äußere und innere Schwangerschaftszeichen. Als äußere Schwangerschaftszeichen wurden die Zunahme des Bauchumfangs, die Veränderung der Brüste und das Ausbleiben der Regelblutung gewertet, wobei man sich jedoch auch der Unsicherheit dieser Zeichen bewußt war. Die Veränderung der Augen galt als weiteres Schwangerschaftszeichen: „Die Augen werden matt, hohl, es zieht sich ein blauer Ring um sie, die Augenlider werden weich und hangend."[4] Zu den inneren Zeichen gehörten Veränderungen des Muttermundes und Gebärmutterhalses. Diese Untersuchung wurde jedoch bis Ende des 18. Jahrhunderts aus Rücksicht auf das weibliche

---

[4] Plouquet, zit. nach Stukenbrock, S. 103

Schamgefühl nur von Hebammen durchgeführt und erst später auch von Ärzten.[5] Die Harnschau sollte einen weiteren Hinweis auf eine vorliegende Schwangerschaft liefern. Dabei ging es den Medizinern in Wirklichkeit weniger um das Aussehen des Urins — kaum einer glaubte mehr an die Aussagekraft dieser antiken Untersuchungsmethode. Vielmehr spielte hier ein psychologisches Moment eine Rolle. Verweigerte eine Frau diese Untersuchung, so wurde dies als Hinweis auf eine verheimlichte Schwangerschaft oder einen Schwangerschaftsabbruch gewertet.[6]

Tips für die Schwangere: Vorsicht vor dem Versehen

Da Schwangerschaft etwas ganz Normales ist, kann eine schwangere Frau ihr Leben prinzipiell weiterführen wie bisher, sollte sich jedoch vernünftig ernähren sowie allzu große körperliche Anstrengungen und für das Kind schädliche Einflüsse (z.B. Strahlenbelastungen) meiden. Bekanntlich können sich auch starke seelische Belastungen schädlich auf den Verlauf der Schwangerschaft auswirken, die allerdings nicht immer vermeidbar sind.

Daß sich darüber hinaus alles, was die schwangere Frau anblickt, auf die körperliche Entwicklung des Kindes auswirkt, ist eine tief im Volksglauben verwurzelte Überzeugung: das sogenannte Versehen (Vergucken, Abgucken, Abschauen).[7] Eine schwangere Frau mußte Vorsorge treffen, bestimmte Ereignisse und Anblicke zu vermeiden, um ein gesundes und schönes Kind zu gebären.

Der Gedanke des Versehens taucht bereits im Alten Testament auf (Genesis 30: 37-39). Es wird darin geschildert, wie Äste verschiedener Bäume, die in die Tränkrinnen der Schafe gelegt werden, sich auf

---

[5] Fischer-Homberger 1983, S. 227

[6] Stukenbrock, S. 103f

[7] In Grimms Wörterbuch, Band 25, S. 1254, wird das Versehen beispielsweise folgendermaßen beschrieben: „in schlimmer Weise ansehen, durch den Blick schaden zufügen, krank machen durch den Blick".

die Färbung des Fells der Jungtiere auswirken, wenn die Eltern sich vor diesen Rinnen begatten.

Man glaubte, daß ein häßlicher oder erschreckender Anblick der Mutter das Kind verunstalte:

> „Der plötzliche erschreckende Anblick eines weniger angeneh-men oder gefürchteten Gegenstandes oder einer solchen Erschei-nung ... ruft bei dem Kind ein Muttermal oder eine Verunstaltung hervor. Die Muttermale ... bekommt das Kind an der Körperstelle, an welche die Mutter in ihrer Angst gegriffen hat."[8]

Versah die Schwangere sich an einer Maus oder einem Hund, so glaubte man, das Kind bekomme Mäusehaut oder Hundefüße;[9] ein Hase, der nachts einer Schwangeren über den Weg läuft und sie erschreckt, hielt man für die Ursache einer Hasenscharte; der Anblick der rothaarigen Nachbarin oder eines Eichhörnchens konnte das Kind zu einem Rotschopf machen. Die schwangere Frau hatte sich davor zu hüten, den Mond zu betrachten, da man glaubte, das Kind werde mondsüchtig oder Schlafwandler. Ein Muttermal trete auf, wenn eine werdende Mutter durch ein Erdbeerfeld laufe oder darin falle.[10] Große Angst bereiteten mißgebildete Menschen, und ihnen wurde befohlen, schwangeren Frauen aus dem Weg zu gehen:

> „In einem Ratsprotokoll der Reichsstadt Hall von 1622 heißt es; ‚Der kropfend Bettelvogt soll seines Unfleißes, absonderlich aber des abscheulichen Kropfes, der kindenden Weiber wegen, abge-schafft werden.'"[11]

Aus dem gleichen Grund wurden mißgebildete Kinder, die kurz nach der Geburt starben, sofort verscharrt.

Hatte aber nun einmal eine schwangere Frau etwas Häßliches an-geschaut, so gab es zahlreiche Mittel, um die unerwünschten Auswir-kungen zu vermeiden. Z.B. sollte sie die Sache oder Person fest anse-hen oder eine Losung sagen. Im Augenblick des Erschreckens mußte

---

[8] Höhn, S. 256

[9] Höhn, S. 256-279

[10] O'Dowd und Philipp, S. 29

[11] Handwörterbuch des Deutschen Aberglaubens, Bd. 7, S. 1421f

sie die Arme ausstrecken und durfte ihren Körper nicht berühren; auf keinen Fall sollte sie sich ins Gesicht greifen, da sonst das Kind an derselben Stelle ein Muttermal bekomme.[12] Interessanterweise glaubte man, die schlimmen Auswirkungen des Versehens seien nur zu Beginn der Schwangerschaft bzw. in der ersten Schwangerschaftshälfte (bevor die Frau „auf der Hälfte ist") zu befürchten. (Entsprechend weiß man heute, daß das Kind im Mutterleib insbesondere in den ersten drei Schwangerschaftsmonaten, dem sogenannten ersten Trimenon, besonders anfällig für schädigende äußere Einflüsse ist.) Natürlich kannte man auch Mittel, um ein Muttermal zu beseitigen, z.B. durch das Bestreichen mit der Nachgeburt.

Der schwangeren Frau wurde empfohlen, sich mit schönen Dingen und schönen Gestalten zu umgeben, damit sich das Kind entsprechend der inneren Verfassung der Mutter entwickele.[13] Fischer-Dückelmann empfahl im Jahr 1903 in ihrem Gesundheitsratgeber der schwangeren Frau, alles Häßliche zu meiden und sich mit Kunstgegenständen zu umgeben, dabei gute Bücher zu lesen und „das Schöne in der Natur aufzusuchen... Harmonisch und friedlich sei die Umgebung einer Frau, die einem neuen Menschen das Leben geben will!"[14]

Die genannten Sitten und Bräuche spielten noch bis in die zweite Hälfte des 20. Jahrhunderts eine bedeutende Rolle im Alltagsleben der schwangeren Frau. Eine im Jahr 1987 durchgeführte Fragebogenaktion zu „Brauchtum bei Schwangerschaft, Geburt und Wochenbett in Bayern, dargestellt anhand von Aussagen bayerischer Hebammen", bei der 48 Hebammen mit einem Durchschnittsalter von 67 Jahren interviewt wurden, erbrachte eine reiche Fülle an Material. Vorstellungen über die schädlichen Auswirkungen des Versehens waren noch fest im Bewußtsein einiger der Befragten verhaftet.[15]

---

[12] Höhn, S. 256

[13] Handwörterbuch des Deutschen Aberglaubens, Bd. 7, S. 1423

[14] Fischer-Dückelmann, S. 681. Ähnlich beschreibt Roald Dahl in seinen Kindheitserinnerungen „Boy", wie zu Beginn dieses Jahrhunderts sein Vater seine Mutter jedesmal, wenn sie ein Kind erwartete, im letzten Schwangerschaftsdrittel zu ausgedehnten Spaziergängen in landschaftlich reizvoller Umgebung mitnahm, damit ihr Eindruck des Schönen sich positiv auf die Entwicklung des Kindes auswirke.

[15] Hintereicher, S. 40ff

Bereits zu Beginn der Neuzeit wurde die Idee des Versehens von wissenschaftlichen Experten in Frage gestellt. P. Zacchias hielt bereits im 17. Jahrhundert das Versehen der schwangeren Frau für widersinnig und lächerlich. Er sprach sich bereits für die Theorie aus, daß körperliche Verunstaltungen zur Hauptsache im Samen angelegt seien.[16] Thilenius glaubte im Jahr 1810 längst nicht mehr an das Versehen. Er schrieb äußeren mechanischen Faktoren große Bedeutung zu und war der Meinung, daß körperliche Mißbildungen durch Einwirkung von außen — wie z.B. ein Sturz — verursacht werden:

> „Das sogenannte Versehen allein, und daß das Kind daher leicht einen Fehler, ein Maal, oder anderes Zeichen bekomme, war ein Glaubensartikel des finstern Alterthums, jetzt macht es die gesunde Vernunft zum Mährchen. Unordentliches Leben, das lange Nachhangen eben der Leidenschaften haben zwar großen Einfluß auf die Gesundheit des Kindes, aber das starke Einschnüren, Stoßen, Fallen, das sind gemeiniglich die Ursachen der üblen Bildung desselben im Mutterleibe."[17]

Schonung

Die Rechte und Sonderrechte, die einer schwangeren Frau in verschiedenen Kulturkreisen zugestanden werden, hängen entscheidend von ihrer Stellung und Wertschätzung in der Gesellschaft ab. Bei den Germanen wurde die schwangere Frau geehrt und körperlich geschont, da sie die Nachkommenschaft sichert. Befreiung von schwerer körperlicher Arbeit war eine Selbstverständlichkeit.[18] Ebenso wurde eine schwangere Frau in den Weistümern (Urteilssprüche in bäuerlichen Gemeinden, die mündlich oder schriftlich weitergegeben wurden), die germanischem Gedankengut entsprangen, als schutzbedürftig angesehen. Sie sollte insbesondere vor Schlägen geschützt

---

[16] Fossel, S. 61

[17] Thilenius, S. 161

[18] Handwörterbuch des Deutschen Aberglaubens, Bd. 7, S. 1410

werden. Sie wurde einer Kranken gleichgestellt und erhielt die gleichen Sonderrechte.[19]

In Württemberg wurde der schwangeren Frau in einigen Gegenden schwere körperliche Arbeit erlassen, während man andernorts der Ansicht war, schwere Arbeit mache eine leichte Entbindung. Interessanterweise durfte sie hin und wieder zu Unrecht schimpfen, ohne auf das Rathaus befohlen zu werden — ein Zugeständnis an ihr verändertes psychisches Befinden.[20]

Die Hebammenordnungen enthalten Warnungen vor emotionalen und körperlichen Belastungen während der Schwangerschaft. Die Schwangere sollte vor zu heftigen Gemütsbewegungen wie „Betrübnuss, Zorn und Schrecken" bewahrt werden. Sie sollte sich vor körperlichen Anstrengungen, d.h. „vor aller starken Bewegung des Leibes, vor vielen Sitzen, Bücken, Heben, Fallen und Langen" hüten, da diese eine Frühgeburt verursachten.[21]

Es stellt sich die Frage, inwieweit die schwangere Frau in der Lage war, derartige Ratschläge zu beherzigen. Für die Mehrzahl der Frauen, die hart arbeitenden Bäuerinnen, war Schonung ein Fremdwort. Sie arbeiteten bis zur letzten Minute, d.h. bis die Wehen einsetzten oder unerträglich wurden, wovon zahlreiche Berichte zeugen:

> Pfeufer berichtet im Jahr 1810 von der Bäuerin bei Bamberg: „Die Bäuerin verrichtet mit demselben Eifer und Leichtsinne ihre häuslichen Geschäfte im schwangeren Zustande, wie ausserdem. Sie unternimmt ermüdende Reisen, hebt und trägt schwere Lasten, scheut weder Verkühlung, noch den Wechsel der Witterung, noch der Temperatur, und verstehet sich zu Arbeiten, die mit gewaltsamen Bewegungen und Erschöpfung der Körperkräfte verbunden sind. Oft wenige Tage vor ihrer Niederkunft sieht man Bäuerinnen auf dem Felde grasen, und unter der schweren Last des gesammelten

---

[19] Fehr, S. 8

[20] Höhn, S. 258

[21] Hebammenordnung von Nürnberg 1711, Nöth, S. 68. In den Hebammenordnungen von Loebau (1748), Baden (1795) und Schaumburg-Lippe (1795) wurde bestimmt, die Schwangere vor zu starken emotionalen Belastungen (großer Schreck und Kummer) zu bewahren; Nöth, S. 19. Von übermäßigen körperlichen Belastungen wie starkes Schnüren, Tragen, Bücken und Springen wurde ebenfalls abgeraten (Baden 1795, Schaumburg-Lippe 1795; Nöth, S. 129, 170).

Futters daher keuchen. Enge Mieder und harte Schnürbrüste er-
schweren ihren Athem und lassen sie um so früher zu dem Aderlaß-
schnepper ihre Zuflucht nehmen."[22]

„Man kann hier schwangere Weiber in der Erndte schneiden,
Garben aufgeben und aufziehen, mähen, Gras, Holz, Wasser tragen
sehen; und immer dreschen sie im Winter", beschreibt Mezler im
Jahr 1822 die harte Arbeit der Bäuerin in Sigmaringen.[23]

„Von der Härte gegenüber den Frauen zeugen die vielen Berichte, wonach sie bis kurz vor der Geburt schwer arbeiten mußten.
Eine Frau erzählte, daß sie noch während der Wehen Heu abladen
half. Als sie nicht mehr weiterarbeiten konnte, wurde ihr Mann un-
willig und sagte zu ihr: ‚Hättest Du nicht wenigstens warten können,
bis wir fertig waren'" schildert Herrig die Situation der Bäuerin auf
dem Land um die Jahrhundertwende.[24]

Wohlgemuth berichtet im Jahr 1913 über ihre Beobachtungen
in zwei badischen Dörfern: „Die Bäuerin sowohl in Wolfenweiler
wie auch in St. Märgen verrichtet bis zur Niederkunft ihre gewohnten Arbeiten in den Reben, im Feld, in Stall und Haus."[25]

Und wie selbstverständlich kehrten diese Frauen nach der Geburt
so früh wie möglich zur Alltagsroutine zurück.

Fischer-Dückelmann (1903) hält den Gepflogenheiten in unse-
rem Kulturkreis die Situation der schwangeren Frau in fremden Kul-
turen entgegen, in denen ihr der Ehemann mit Achtung und besonderer Zärtlichkeit begegnet:

> „Leider vermögen wir nicht zu berichten, daß es der unbemittel-
> ten europäischen Frau der Gegenwart auch immer so gut geht! Der
> Mann aus dem Volke ist nur zu oft trotz seiner ‚höheren Kulturstufe',
> auch während ihrer Schwangerschaft so roh wie vorher mit ihr, und
> das Kind wird nicht ‚geschätzt', sondern mit Gleichgültigkeit,
> Kummer oder gar Groll erwartet und empfangen. Vermehrung der
> Familie ist ja im alten Europa kein Glück mehr, das man erstrebt,
> sondern eine Belastung, ein Unglück, das man mit allen Mitteln zu

---

[22] Pfeufer, S. 47f

[23] Mezler, S. 154

[24] Herrig, S. 215

[25] Wohlgemuth, S. 124.

verhindern strebt. Darnach fällt sehr oft die Behandlung der Frau
und des Kindes aus!"[26]

Diät

Die Ansichten über die Ernährung während der Schwangerschaft
waren unterschiedlich. Wurde eine Schwangere als schonungs- und
schutzbedürftig angesehen, wurden ihr eher Sonderrationen zugestanden als dort, wo Schwangerschaft als lästig und unerwünscht galt.

Bei den Germanen kam eine schwangere Frau entsprechend ihrem
hohen Ansehen in den Genuß besonderer Lebensmittel, um ihren
erhöhten Nahrungsbedarf zu stillen.[27] In den Weistümern wurde ihr
erlaubt, überall Obst zu pflücken (von drei Trauben zwei für sich
selbst und eine für ihr Kind). Sie durfte strenge Jagdrechte übertreten
und ihren Mann oder Knecht auf die Jagd schicken. Wo normalerweise Fischen verboten war und die Strafe des Augenausstechens
darauf gesetzt wurde, durfte sie mit Erlaubnis des Fischers oder unter
Zeugen fischen. In Zozenheim wurde der Bäcker beauftragt, der
Schwangeren den Teig zu kneten und ihr während der Backzeit des
Brotes einen Sessel mit Kissen hinzustellen.[28] Das Kloster Arnsberg
in Oberhessen war verpflichtet, „den Frauen des benachbarten Städt-
chens Münzberg,[29] welche guter Hoffnung waren, jährlich am St.
Andreastage einen mit Weizen bemästeten Eber zu liefern." Ende des
17. Jahrhunderts erhielten die Frauen statt dessen Geld.[30]

Auch in Württemberg wird von zahlreichen Vorrechten berichtet,
die die schwangere Frau genoß. Sie durfte sich beim Essen zuerst
nehmen; beim Betreten eines fremden Hauses wurde ihr Nahrung
angeboten; sie konnte Obst in einem fremden Garten pflücken,
Mundraub begehen (wenn sie das Essen sofort verzehrte) und das
Fischrecht übertreten. So durfte sie noch zu Beginn des 20. Jahrhun-

---

[26] Fischer-Dückelmann, S. 673

[27] Handwörterbuch des Deutschen Aberglaubens, Bd. 7, S. 1410

[28] Fehr, S. 5

[29] Damit ist wohl das heutige Münzenberg gemeint.

[30] Zit. nach Worschech, S. 183

derts „in der Kinzig auf der Strecke von der Lohmühle bis zum Hängenden Stein Fische ... fangen, jedoch bei einem Fang nicht mehr, als für ein Gericht hinreichend sind".[31]

Die in Hebammenlehrbüchern und -ordnungen enthaltenen Diätvorschriften sollten vor allem dazu dienen, die Schwangere von dem Genuß bestimmter Speisen und Getränke abzuhalten. Rösslin schlägt in seinem „Rosengarten" eine Diät für die Wochen vor der Geburt vor, die den Stuhlgang weich mache und dadurch die Geburt erleichtere:

> „... so soll sie vor der geburt ein monat essen unnd trincken die ding die do linden und weich mache Als gebraten öpffel mit zucker frue gessen/und dar uff getruncken ein truck weins/ oder mit sussem öpffel safft. Sie mag auch wol fygen essen morgens unnd abents. Unnd soll myen die ding die do verstopffen/ als gebaches/gebrates/ryß/hart eyer/hirßen/unn ander der gleichen."[32]

In Nürnberg (1711) sollte sich die schwangere Frau „vor ungesunden / unverdaulichen / blästigen Speisen / hitzigen Getränck / starcken und vielen Gewürtz / vor vielen kühlenden Früchten / Obst und dergleichen / vor allem üblen s.v. stinckenden / auch vor allzuwohlriechenden Sachen / vor Verstoppfung dess Leibes hüten; wenn es im letzten Monat ist / den Leib durch ein gelind Wasser-Bad erweichen / die Lenden und den Leib mit erweichenden Sälblein schmieren / und sich in anderen Stücken moderal halten".[33]

In Loebau (1748) sollten die Hebammen die Schwangeren dazu anhalten, „in Essen und Trinken sich mässig und ordentlich zu verhalten, allzubehende Sachen zu meiden, genügsam zu seyn, und sich nicht zu überschütten".[34] In Loebau (1748), Baden (1795) und Schaumburg-Lippe (1795) wurde bestimmt, die Schwangere zur Vorsicht beim Essen und Trinken anzuhalten.[35] In ähnlicher Weise wird auch in einem „Lehrbuch der Geburtshilfe" von 1893 vor stark gewürzten Speisen gewarnt und auf die Bedeutung eines geregelten

---

[31] Höhn, S. 258

[32] Rösslin, 4. Kap. (Klein, S. 24)

[33] Nöth, S. 68

[34] Nöth, S. 132

[35] Nöth, S. 19

Stuhlgangs aufmerksam gemacht: wie bei Rösslin u.a. durch gekochtes Obst.[36]

Der Volksglauben, eine Frau bekomme schöne Kinder, wenn sie Branntwein trinke, war noch um 1900 weit verbreitet:[37]

> „Es bestand bei unseren Müttern noch die Unsitte, in der Schwangerschaft Schnaps zu trinken. Die einen sagten: die Geburt gehe leichter. Und die anderen: man bekäme schöne Kinder davon."[38]

Wie weit entfernt Diätvorschläge von ihrer Durchsetzung auf dem Land waren, wo die Nahrung meist knapp zum Überleben reichte, davon zeugen zeitgenössische Aussagen. Pfeufer äußert sich zur Ernährung der Schwangeren auf dem Land, „dass oft rohe Hülsenfrüchte, kraftlose Mehlspeisen, und Wasser oder schlechtes Bier die einzigen Nahrungsmittel derselben sind."[39] Von einer schwangeren Frau um 1900 wird berichtet, daß sie gezwungen war, den Schweinen die Kartoffeln zu stehlen:

> „Nichts im Nahrungswesen spricht dafür, daß der Mutter besondere Rechte zukamen. Nicht einmal schwangeren Frauen wurden besondere Wünsche erfüllt. In einem allerdings sehr krassen Fall aß eine junge Frau Kartoffeln aus dem Schweinekessel, um ihren Hunger zu stillen, weil sie keinen Zugang zum Spindchen hatte. Auch für die spätere Zeit gibt es Angaben, wonach es den Frauen während der Schwangerschaft nicht erlaubt wurde, von Eingemachtem zu essen, obwohl es später verdarb. Noch heute (d.h. 1974, Anm. d. Verf.) kauft sich manche Frau in dieser Zeit heimlich Obst. Genauso kochten sich die Frauen früher ein Kännchen Bohnenkaffee, wenn der Mann nicht zuhause war, und riefen die Nachbarin, damit sie auch an diesem seltenen Genuß teilhabe."[40]

Noch eine Bemerkung zu den Schwangerschaftsgelüsten. Bekannt sind die sauren Gurken, die eine schwangere Frau plötzlich in rauhen

---

[36] Kaltenbach, S. 82

[37] Höhn, S. 257

[38] Burger, S. 69

[39] Pfeufer, S. 49

[40] Herrig, S. 215

Mengen zu verspeisen wünscht. Wie eine Frau mit ihren abnormen
Gelüsten umzugehen hat, auch dazu gab es eine Fülle von Tips, die
vom Volksglauben geprägt waren. Konnte sie ihre Gelüste nicht
befriedigen, so warnte man, das Kind bekomme ein Muttermal, das
der ersehnten Speise (z.B. Beeren, Linsen, Leber) ähnelt. Aß sie
zuviel, so glaubte man, das Kind könne diese Speise später nicht
essen.[41] Kaltenbach gibt in seinem „Lehrbuch der Geburtshilfe"
(1893) den gutgemeinten Rat: „Gelüsten gebe man so weit nach, als
sich dieselben auf unschuldige Dinge erstrecken."[42]

Moderne Ernährungsvorschläge für die Schwangerschaft betreffen
Verbote (z.B. Zurückhaltung bei Coffein und Alkohol) und Empfehlungen: die Eiweißzufuhr in Form von Fleisch (kein rohes!), Fisch,
Eiern, Milch und Milchprodukten sollte bewußt gesteigert werden.
Die Einnahme von Eisen- und Vitaminpräparaten (z.B. Folsäure)
sowie Jod in Jodmangelgebieten kann sinnvoll sein. Insgesamt liegt
diesen Empfehlungen die Auffassung zugrunde, daß Schwangerschaft
ein normaler physiologischer Zustand ist, bei dem die schwangere
Frau ihre bisherige Lebensweise im wesentlichen beibehalten kann,
„sofern dieselbe eine naturgemäße und vernünftige"[43] ist.

Vernünftige Kleidung

Heutzutage ist bequeme Kleidung während der Schwangerschaft eine
Selbstverständlichkeit. Bis Ende des 19. Jahrhunderts, in manchen
Gegenden sogar bis vor dem zweiten Weltkrieg, gehörte die Schnürbrust, auch Mieder oder Korsett genannt, zur Alltagskleidung. Manche schwangere Frau, die aus Schamgefühl ihren Zustand zu verbergen
suchte, zwängte sich in dieses beengende Kleidungsstück (Abbildung
5.1).

Ein Korsett ist mit Stäbchen aus Fischknochen oder Eisen versehen und wird am Rücken oder vorne zusammengeschnürt. Es sollte
den optischen Eindruck größerer Brüste und einer Wespentaille ent-

---

[41] Höhn, S. 257

[42] Kaltenbach, S. 83

[43] Kaltenbach, S. 82

sprechend weiblichen Schönheitsidealen vermitteln. Medizinisch betrachtet tat eine Frau damit ihrem Körper nichts Gutes, im Gegenteil: Beim Ablegen des Korsetts konnte zu es gesundheitlichen Beschwerden wie Kreislaufstörungen und letztlich zu Knochenverformungen kommen.

Abb. 5.1: Werbung für ein Warner Bros. Korsett. Lithograpie um 1880

Daher wurde einer schwangeren Frau vom Tragen eines Korsetts dringend abgeraten. Die Hebamme empfahl einer Schwangeren, sich vernünftig, bequem und der Jahreszeit entsprechend zu kleiden und auf die Schönheit zu verzichten:

> „Keine der Frucht schädliche Kleidung, als Schnür-Brüste, scharffes Binden, alzuhohe Schuhe, nach der Jahreszeit allzlufftigen Habit nicht zu gebrauchen, hingegen sich warm zu halten, mässig und nicht zu hoffig".[44]

---

[44] Hebammenordnung von Loebau aus dem Jahr 1748, Nöth, S. 132. In Schaumburg-Lippe (1795) wird ebenfalls vor zu starkem Schnüren gewarnt (Nöth, S. 170)

Zum einen zielten diese Ratschläge auf eine ungehinderte Kindesentwicklung im Mutterleib. Außerdem sollte jedoch verhindert werden, daß eine Frau ihre Schwangerschaft verheimlichte. Fischer-
Dückelmann berichtet beispielsweise im Jahr 1903, wie eine 20jährige
unverheiratete Frau zu ihr kam, die bereits im siebten Monat
schwanger war. Man sah ihr ihren Zustand nicht an, da sie sich in
ein Korsett gezwängt hatte, um ihre Stelle als Verkäuferin nicht zu
verlieren. Ähnlich verhielten sich jedoch auch verheiratete Frauen,
die sich „bis zum fünften Monat aus falscher Scham [einschnürten],
um ihren Zustand zu verbergen."[45] Ebenso ältere Frauen, die es als
ehrenrührig betrachteten, in ihrem Alter noch einmal schwanger zu
werden.

Der Anatom Samuel Thomas Sömmerring (1755-1830) sagte der
Schnürbrust den Kampf an und verfaßte eine wissenschaftliche
Schrift über deren Schädlichkeit. Diese Abhandlung war eine von
zwei Preisschriften mit dem Thema „Der Einfluß der Schnürbrüste
auf den Wuchs des weiblichen Körpers, auf die Bildung, Geburt und
Säugung des Kindes" (erschienen 1788) und „den deutschen Weibern
gewidmet". Sömmerring beginnt seine Ausführungen mit anatomischen Untersuchungen zum Bau des Brustkorbs, den er mit
einem an der Spitze abgeflachten Kegel vergleicht, dessen Grundflä-
che nach unten zeigt. Das Korsett ist ebenfalls kegelförmig geformt,
allerdings wird es so angelegt, daß der Kegel auf dem Kopf steht, um
die weibliche Taille besonders schmal erscheinen zu lassen. Sömmerring hält dem jedoch entgegen, er habe in seinem Leben noch keine
„feine Taille" gesehen. Das Korsett sei daher völlig überflüssig. Da es
zu Verunstaltungen führe und bei Männern regelmäßig einen Buckel
hervorrufe, schade es nur. Bei Schwangeren könne es eine Frühgeburt
auslösen; verliere die Frau jedoch nicht ihr Kind, leide sie während
der gesamten Schwangerschaft an Beschwerden wie Atemnot, Koli-
ken und Ohnmachtsanfällen. Auch das Stillen sei meist nicht möglich, und es komme zu gefährlichen Brustdrüsenentzündungen. Der
Verfasser der zweiten Preisschrift weist darauf hin, daß das Kind im
Mutterleib in seiner Entwicklung gehindert werde und bei der Geburt
meist sehr klein sei.[46]

---

[45] Fischer-Dückelmann, S. 659

[46] Sömmering, anonym, 1788

Schnürbrüste wurden noch aus folgendem Grund für schädlich gehalten. F.B. Osiander riet von ihnen ab, weil sie seiner Ansicht nach von außen das große Netz (Bauchfellfalte, am Magen und oberen Teil des Dickdarms befestigt) reizten. Da Osiander die Entzündung des großen Netzes als eine der Ursachen von Kindbettfieber betrachtete (siehe Kapitel 10), machte er Schnürbrüste mitverantwortlich für die Entstehung des Kindbettfiebers:

> „Jeder Druk verursacht entweder eine allzugroße Anstrengung, oder Erschlaffung der Gefäße und Stockung der Säfte. Hieraus folgt entweder unmittelbar eine merkliche, oder erst bey hinzukommender zweyter Ursache eine mehr oder weniger beträchtliche Entzündung. Ein unmittelbarer Druk von aussen kann ... durch enge Kleider, besonders durch die so schädlichen Schnürbrüste [geschehen]."
> 47

Für wenige Jahre — ob unter dem Einfluß dieser wissenschaftlichen Erkenntnisse oder im Zuge der Französischen Revolution (1789) sei dahingestellt — verlor das Korsett an Popularität, kam jedoch um 1810 wieder in Mode.

Empfohlen wurden dagegen Leibbinden (Abbildung 5.2), die von Zweit- bzw. Mehrgebärenden am Ende der Schwangerschaft getragen werden sollten, um den Bauch zu unterstützen. Sie sollten „die ganze vordere Bauchwand von der Magengrube bis zur Symphyse umschließen und der zunehmenden Ausdehnung des Leibes anpaßbar sein."48

Im 20. Jahrhundert wurden durchgehende Kleider und Trägerröcke zur typischen Schwangerschaftskleidung.

---

47 F.B. Osiander, S. 80

48 Kaltenbach, S. 83; Schroeder, S. 135

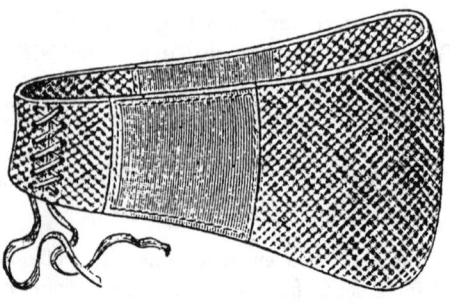

Abb. 5.2: Leibbinde. Aus: Müller, B. 1926

Aderlaß

Eine weitverbreitete Vorsorgemaßnahme während der Schwangerschaft war bis ins 19. Jahrhundert der Aderlaß. Durch den Aderlaß
sollte das Gleichgewicht zwischen den vier Körpersäften (Blut,
Schleim, gelbe und schwarze Galle) wiederhergestellt werden. Viele
Krankheiten wurden bis ins 19. Jahrhundert auf ein Ungleichgewicht
der Körpersäfte zurückgeführt. Man stellte sich vor, daß mit dem Blut
zugleich auch Fäulnis- und Verdauungsstoffe dem Körper entzogen
würden. Hildegard von Bingen (1098-1179), die heiliggesprochene
Äbtissin und wohl berühmteste Frau des 12. Jahrhunderts, beschrieb
sehr detailliert, wann ein Aderlaß vorgenommen werden müsse, bis
zu welchem Lebensalter er empfehlenswert sei und wie er sich positiv
auf den Körper auswirke: „Ein richtig bemessener Aderlaß beseitigt
schädliche Säfte und heilt den Körper."[49] Der Aderlaß galt als das
Allheilmittel.

Man glaubte, daß der Monatsfluß, der während der Schwangerschaft ausbleibt, sich in der Gebärmutter ansammle und das Kind
ernähre. Bei „vollblütigen" Frauen sammle sich allerdings zu viel Blut
an, das sich einen Ausgang suche, sei es durch die Nase als Nasenbluten oder aus der Gebärmutter:

---

[49] Hildegard von Bingen, S. 153

„Ich weiß viele Exempel, daß das Blut nicht nur aus der Nase bey der Schwangerschafft, sondern auch wenig Wochen vor Endigung derselben aus dem Geburts-Orte weggegangen, und die Natur eine Erledigung dadurch gesucht ... Ist demnach kein besser und nöthiger Mittel, wann dergleichen Blutreiche Frauen auf die Helffte kommen sind, als eine Ader im Arme zu öffnen, und ihnen ohngefehr 6 Untzen[50] oder 12 Loth Bluts zu nehmen. Zu Zeiten ist es nöthig, zweymahl Ader zu lassen, iedoch daß das zweytemahl etwas weniger denn zuvor weggelassen werden, weil die Frucht, iemehr sie zunimmt, ie mehrere Nahrung bedarff."[51]

Bei einer zu großen Blutansammlung in der Gebärmutter befürchtete man eine Frühgeburt und glaubte diese durch einen rechtzeitigen Aderlaß zu verhindern, wie z.B. in Nürnberg (1711) vorgeschrieben wurde:

„doch wird bey Blutreichen Personen / und da sich Nasenschweissen oder sonsten der Blut-Fluss ungewöhnlich einfindet / item bey der Helffte der Schwangerschafft eine kleine Aderlass allezeit erlaubt seyn / als dadurch offtermahlen die frühezeitige Geburten können verhindert werden."[52]

Praktisch ging man dabei so vor, daß eine Vene mit einem Aderlaßschnäpper, einer 5-7 cm langen spitzen Klinge, geöffnet und das Blut in einem Aderlaßbecken aufgefangen wurde. Zur Schwangerschaftsmitte wurde am Arm, gegen Ende der Schwangerschaft jedoch am Fuß zur Ader gelassen:

„Vollblütige und engbrüstige Frauen müssen zwey- auch dreymal in der Schwangerschaft aderlassen... Im dritten, wenigstens im sechsten Monat lässet man am Arm; etliche Tage vor der Niederkunft auf dem Fuße... Der letzte Aderlaß auf dem Fuße beugt vielen Uebeln vor; er macht die Geburt leichter, nach der Entbindung folgen nicht so leicht Blutstürze, Entzündung, Fieber; die Geburtsreinigung gehet kürzer und leichter ab."[53]

---

[50] 1 Unze: etwa 30 g; 1 Lot: 15,6 g

[51] Siegemundin, S. 238f

[52] Nöth, S. 67

[53] Thilenius, S. 165f

Der Aderlaß hatte sich soweit eingebürgert, daß viele Schwangere ihn wünschten, auch wenn er aus ärztlicher Seite überflüssig oder nicht angezeigt war. Der französische Geburtshelfer De la Motte, der durchaus bei „vollblütigen" Schwangeren einen Aderlaß befürwortete, lehnte ihn bei gesunden Frauen ab. Er beschreibt, wie er am 13.3.1697 zu einer schwangeren Gräfin gerufen wurde, die auf einem Aderlaß bestand. Da die Frau völlig gesund war, willigte De la Motte zunächst nicht ein, ließ sich aber doch schließlich dazu überreden. Noch in derselben Nacht gebar sie ihr Kind, das De la Motte auf sieben Monate schätzte. Er führt die frühzeitige Geburt auf den Aderlaß zurück, da das Kind wegen Nahrungsentzugs die Mutter habe verlassen müssen.[54]

Während im 19. Jahrhundert der Aderlaß selbst von medizinischen Fachleuten noch gelobt und praktiziert wurde, gab es auch einige, die ihn ablehnten und auf seine Gefahren aufmerksam machten, wie der Geburtshelfer C. Pfeufer im Jahr 1810:

> „Ehe noch die Bäuerin von ihrer Schwangerschaft vollkommen überzeugt ist, nimmt sie ihre Zuflucht zu dem Aderlasschnepper, und lässt sich bei völliger Ueberzeugung während der Schwangerschaft oft in der Regel drei bis viermal den edlen Saft in bedeutender Portion abzapfen. Hierdurch glaubt sie am füglichsten der grossen Anhäufung des Blutes durch das Zurückbleiben der monatlichen Reinigung zuvorzukommen ... noch steht es dem rohen Landbader frei, für einige Groschen den Grund zu den mannichfaltigen Beschwerden und Krankheiten zu legen, mit denen so oft die Gebährenden, Wöchnerinnen und Neugebornen zu kämpfen haben ... uneingeschränkt kann aber jedes Weib den edlen Lebenssaft verschwenden, und sich andern schmerzhafte Gebrechen, ja selbst den frühen Tod bereiten."[55]

Dennoch wurde noch bis ins 20. Jahrhundert in abgelegenen Gegenden zur Ader gelassen, und lehnten Fachleute wie Hebammen und Ärzte den Eingriff ab, gab es andere, die sich dazu bereit fanden.

---

[54] De la Motte, Guillaume Mauquest, S. 103ff

[55] Pfeufer, S. 43-74

Fazit: In der Vergangenheit bestand Schwangerschaftsvorsorge im wesentlichen in Ratschlägen, die Ernährung und Kleidung betrafen, sowie in Warnungen vor emotionalen und körperlichen Belastungen, insbesondere vor dem Versehen. Der Aderlaß wurde vor allem „vollblütigen" Frauen angeraten.

6. Gebärpositionen

Ob im Liegen — auf dem Rücken oder der Seite —, Hocken, Sitzen, Knien, Stehen oder Hängen — geboren haben die Menschen je nach Kultur und Zeit in den verschiedensten Körperhaltungen. Dabei wurde hie und da die eine oder andere Körperhaltung bevorzugt. Die Geburt im Sitzen hat bei uns eine jahrhundertealte Tradition. In diesem und dem letzten Jahrhundert versprach man sich vom Liegen viele Vorteile, und die Rückenlage mit angezogenen Beinen wurde die übliche Gebärposition. In den letzten Jahren werden zunehmend die Vorteile einer senkrechten Gebärhaltung erkannt.

Geschichte des Gebärstuhls

Antike

Bereits die alten Ägypter kannten den Gebärstuhl. Dort wurde er vor über 4000 Jahren in dem Papyrus von Westcar erwähnt.[1] Die Wochenbettdarstellungen auf den Reliefs des ägyptischen Felsentempels von Deir el Bahri zeigen eine auf einem stuhlähnlichen Gegenstand sitzende Gebärende. Die Hieroglyphe für die Geburt zeigt bildhaft eine Frau auf einem Stuhl, und es gibt auch ein Zeichen für Gebärstuhl (Abbildung 6.1).

Abb. 6.1: Hieroglyphen für das Gebären. Links: Hieroglyphe aus dem Geburtshaus des Tempels von Esneh (Geburt im Knien), rechts: Hieroglyphe aus der Stele von Harris (Geburt im Hocken auf Ziegelsteinen).

---

[1] Weindler, S. 4ff

Anhand dieser Darstellungen weiß man heute, daß im antiken
Ägypten die gebärende Frau in die Hocke ging und sich auf drei
hufeisenförmig angeordnete Backsteine setzte. Diese Art von Gebärstuhl wurde später durch einen hölzernen ersetzt.[2]

Ob der Gebärstuhl im Alten Testament erwähnt wird oder nicht,
ist eine Frage der Interpretation. In der bereits in Kapitel 1 zitierten
Bibelstelle (Exodus 1:15), in der der ägyptische König den Hebammen Schifra und Pua befiehlt, alle männlichen Neugeborenen zu
töten, taucht der Begriff *efnoim* auf: „...wenn ihr den hebräischen
Weibern helfet und auf dem Stuhl (efnoim) sehet, daß es ein Sohn
ist, tötet ihn ..." Ob *efnoim* mit *Gebärstuhl* richtig übersetzt ist, wie
in Luthers Bibelübersetzung, darüber streiten sich die Gelehrten.
Martin Luthers (1483-1546) Übersetzung der fünf Bücher Moses, die
diese Bibelstelle enthalten, erschien im Jahr 1523.[3] Zu jener Zeit war
der Gebärstuhl in Deutschland gerade im Aufkommen, so daß es
denkbar ist, daß Luther unter dem Einfluß seiner Zeit *efnoim* mit
Gebärstuhl wiedergab.

Im antiken Griechenland war der Gebärstuhl zwar bekannt. In der
Regel wurde jedoch im Bett entbunden. Zu operativen Zwecken setzte
sich jedoch die Frau auf einen Gebärstuhl (siehe Kapitel 1).

Der im 2. Jahrhundert n.Chr. in Rom tätige Soranus von Ephesus
gab eine detaillierte Beschreibung des Gebärstuhls. Soranus empfahl,
die Hebamme solle einen niederen Sitz vor der Gebärenden
einnehmen; drei Helferinnen, die selbst nichts von der Geburtshilfe
verstehen müßten, sollten sie unterstützen.[4]

Galen (geb. 131 n.Chr. in Pergamon) empfahl, die Gebärende
nicht zu früh und erst bei völlig erweitertem Muttermund auf den
Gebärstuhl zu setzen. So könne sie selbst durch Bauchpresse zur Geburt des Kindes beitragen.[5]

---

[2] Stucky, S. 10

[3] Martin, S. 220

[4] Fasbender 1906, S. 38f

[5] Fasbender 1906, S. 53

Deutschland

Bereits im 15. Jahrhundert beschrieb der Würzburger Arzt Ortolff von Bayerland in seinem „Frauenbüchlein"[6] den Gebärstuhl. Gleichzeitig räumte er jedoch ein, daß diese Vorrichtung nur in „welschen" Landen (d.h. Frankreich, evtl. Italien) bekannt ist:

> „Vnnd in wälschen landen hat man besunder stüll darzu wenn sy geperen wöllen.."[7] (In welschen Ländern hat man besondere Stühle zur Geburt.)

Um seinen deutschen Lesern einen Eindruck von einem Gebärstuhl zu vermitteln, vergleicht er ihn mit einem Lehnstuhl, der zusätzlich mit Tüchern ausgepolstert ist:

> „... vnd sind schier als die stüll die man für die tisch ist setzen in vnseren landen do man sich hinden an lainen ist mit dem rugken vnd füllen sy auch wol auß hinden mit tüchern. vnnd daran lainen sy dann die frawen mit dem ruggen, vnd über den stul hinden so lassen sy dann das haubte ein wenig hangen, vnd seind nit hoch stüll. vnd so es zeyt ist, so sol die hefamme die diecher wol erheben, vnd sie keren yetz und auff die rechten seyten. yetzundt auff die gelincken, vnd soll sy selten nider lassen. die fraw soll jr auch selber helfen mit ansich zuziehen den atem, vnd auch das man jr dz beüchlin gemächlich truck oberhalben des nabels vnd der hüff. vnd das ist das best wesen den mageren frawen."[8]

Ortolff von Bayerland selbst empfahl, die Frau solle im Liegen mit halb aufrechtem Oberkörper gebären:

> „... ist das die best gestallt das sy eyn fraw leg an den rugk/doch das sy nit gantz lige auch nicht recht stee/sunder ein mittel sol es sein under dem ligen und steen. un das haubt mer hinder sich soll ligen dann für sich ..."[9]

---

[6] Untertitel des Buches: „Diß Biechlin sagt wie sich die schwangern Frawen halten süllen vor der gepurt in der gepurt vnd nach der gepurd" (In diesem Büchlein steht, wie sich die Frauen vor, während und nach der Geburt verhalten sollen).

[7] Bayerland v., Ortolff, S. 7

[8] Bayerland v., Ortolff, S. 7

[9] Bayerland v., Ortolff, S. 7

Fast wortgleich findet sich Ortolffs Beschreibung in Rösslins „Rosengarten" im Jahr 1513. Ob nun Rösslin von Ortolff abgeschrieben hat oder beide die gleiche Vorlage benutzten, interessiert in diesem Zusammenhang weniger. Entscheidend ist, daß zu Rösslins Zeit der Gebärstuhl in Deutschland bereits bekannt war:

> „Vnd in hohen teutschen landen, auch in welschen landen haben die hebammen besondere stül darzu wenn die frawen geberen sollen."[10]

Der „Rosengarten" enthält neben Abbildungen verschiedener Kindslagen die älteste Darstellung eines Gebärstuhls in einem deutschen Hebammenlehrbuch (Abbildung 6.2). Es handelt sich um einen vierbeinigen Stuhl mit unbeweglicher, leicht nach hinten geneigter Rückenlehne und einem Sitz mit halbkreisförmigem Ausschnitt. Er diente als Grundmodell des deutschen Gebärstuhls. Rösslin fügt der Darstellung seines Gebärstuhls eine Beschreibung desselben und seiner Anwendung bei:

> „... unn seind nit hoch/aber inwendig usgenomen und hol ... Unnd söllen also gemacht sein daz sich die fraw hinden mög anleinen mit dem rucken. Den selben stuhl sol man hinden am rucken ußfüllen mit tüchern unn so es zeit ist/so sol die hebamm die tücher wol erheben/und sie keren yetzung uff die rechten seyten/yetzund uff die lincken seyten/Und soll die hebamm vor ir sitzen ..."[11]

---

[10] Rösslin, S. 27

[11] Rösslin, S. 27f

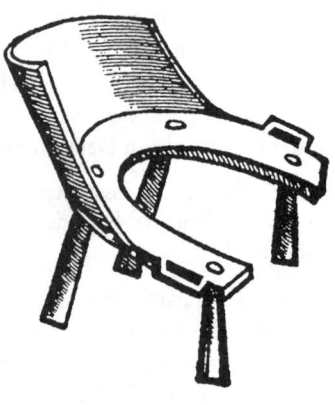

Vnnd söllen alſo ge
macht ſein das ſich die fraw
hinden mög anleünen mit
dem rucken. Den ſelben
ſtül ſol man hinden am rü
cken vßfüllen mit tücheren
Vnd ſo es zeit iſt/ ſo ſol die
heßam die tücher wol erße
ben/ vnd ſie keren yetzund
vff die rechten ſeyten/ yetzund
vff die lincken ſeyten/ Vnd
ſoll die heßam vor ir ſitzen

Abb. 6.2: Gebärstuhl mit Beschreibung aus dem „Rosengarten"

Rösslin illustrierte auch die Anwendung des Gebärstuhls
(Abbildung 6.3). Die gebärende Frau sitzt, in ihrem Alltagskleid und
mit nackten Beinen, auf dem Gebärstuhl, vor ihr die Hebamme auf
einem niederen Schemel, eine Helferin unterstützt die Gebärende
von hinten.

Auf dem Reichstag in Regensburg (1532) wurde der Gebärstuhl in
der Peinlichen Halsgerichtsordnung Karls V. neben „schärli,
schwamm, nadlen[12] und faden" zur nötigen Ausrüstung der Hebamme bestimmt. Der Gebärstuhl gehörte für Jahrhunderte zur Hebamme wie das Harnglas zum Mediziner oder das Messer zum Chirurgen. Konnte sich eine Hebamme keinen Gebärstuhl leisten, mußte
die Gemeinde einen anschaffen.[13] Um den Transport zu erleichtern,
wurden sogar zusammenklappbare Modelle entwickelt, die jedoch erst
umständlich vor der gebärenden Frau aufgebaut werden mußten.[14]
Andere Gebärlagen, z.B. liegend mit erhöhtem Oberkörper, verloren
zunehmend an Bedeutung.

---

[12] Mit der Nadel wurde die Nabelschnur etwa 1 Querhand vom kindlichen Körper
entfernt durchstochen, und danach wurden Knoten gesetzt. Martin, S. 212

[13] Siehe beispielsweise Hebammenordnung von Preußen (1781), Nöth, S. 21

[14] Stucky, S. 23f

Abb. 6.3: Eine Gebärszene aus Rösslins „Rosengarten"

Es gab auch Familien mit eigenem Gebärstuhl. In Holland erhielt z.B. jede Braut zu ihrer Aussteuer einen Deventerschen Gebärstuhl (genannt nach dem niederländischen Geburtshelfer Hendrik von Deventer, 1651-1724; Abbildung 6.4).[15]

---

[15] Schroeder, S. 242

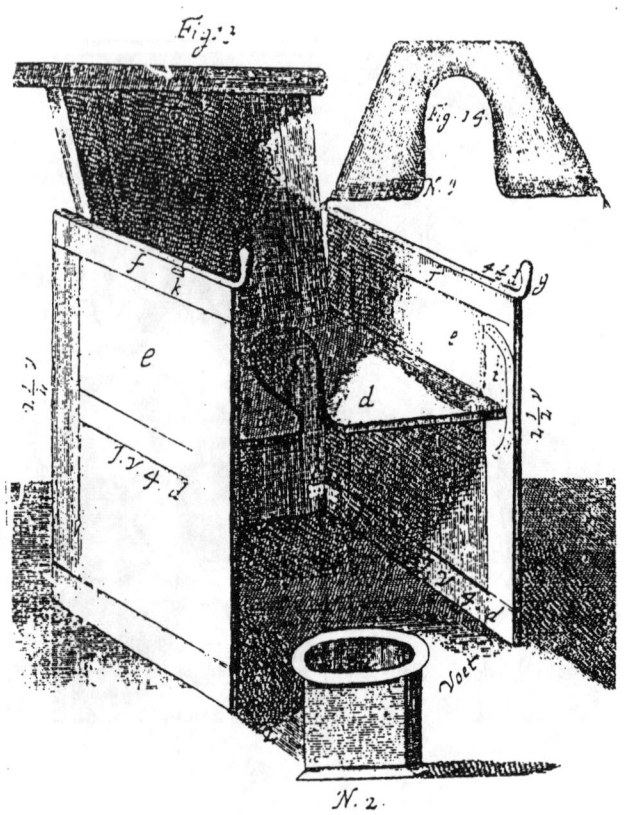

Abb. 6.4: Gebärstuhl mit verstellbarer Rückenlehne und Handgriffen, rechts daneben eine Sitzplatte für langwierige Geburten. Der Fußschemel im Vordergrund ist oben ausgehöhlt und kann mit warmen Sandsäckchen gefüllt werden, woran sich die gebärende Frau die Füße wärmen kann. Aus Deventers „Hebammenlicht"

Im 18. Jahrhundert wurden Gebärstuhlbetten entwickelt, ein Kompromißversuch, wobei ein Bett durch Sitzbrett, verstellbare Lehne und Fußstützen zu einem Gebärstuhl abgeändert werden konnte. Da sie unförmig, abschreckend, häßlich, kaum transportabel und zudem sehr teuer waren, konnten sie sich nicht durchsetzen.

Gebärstuhlbetten fanden nie eine annähernd große Verbreitung wie die Gebärstühle (Abbildung 6.5).[16]

Abb. 6.5: Gebärbett mit Handgriffen und Fußstützen. Aus J. Siegemundins Hebammenlehrbuch

Der Gebärstuhl wurde in Deutschland bis ins 19. Jahrhundert hinein ständig abgeändert und verbessert. Der Geburtshelfer Kilian erwähnt 32 verschiedene Geburtsstühle, 24 Geburtsbetten, acht Geburtsstuhlbetten und fünf Geburtstische.[17] Es gehörte zum guten Ruf

---

[16] Stucky, S. 26

[17] Fasbender 1906, S. 272; Schroeder, S. 242

eines Geburtshelfers, „einen eigenen Gebärstuhl zu erfinden und vor
allem zum Verkaufe anzupreisen (nicht ohne gleichzeitig in einer
Beschreibung alle übrigen Stühle als geburtswidrig zu verdammen und
beim eigenen dessen Vorteile gebührend herauszustreichen)."[18]

Da zunehmend die Geburt als ein natürlicher Vorgang gesehen
wurde, wurden einige Gebärbetten konstruiert, die ein Eingreifen von
Hebamme oder Geburtshelfer in den normalen Geburtsverlauf
erschwerten.[19] So pries beispielsweise ein Geburtshelfer seine Eigen-
konstruktion mit dem Hinweis an, daß sie die Hebammen in ihrer
Aktivität einschränke:

> „Es verhütet nicht allein, sondern erschwert auch auf alle Art
> und Weise, daß die Hebamme der Gebärenden Schaden und Gefahr
> zufügen kann, und auch wenn eine den größten und eifrigsten Wil-
> len haben solle, tätig und hilfreich zu sein, so weiß sie doch nicht,
> wie sie es anfangen soll, und ihre nur Schmerzen und Schäden und
> oft so großes Verderben bringenden Hände sinken ohnmächtig
> nieder."[20]

Allerdings erschwerten solche Konstruktionen auch ein rechtzeitiges Eingreifen und führten Geburtshilfe ad absurdum.

Das Ende des Gebärstuhls

Bereits Ende des 18. Jahrhunderts tauchten in deutschen Hebammenordnungen Warnungen vor der Anwendung des Gebärstuhls auf.
Er wurde abgelehnt, wenn die Gebärende an einem Gebärmuttervor-
fall oder Bruch litt.[21]

Zu Beginn des 19. Jahrhunderts war der Gebärstuhl in Deutschland umstritten. Verschiedene Entwicklungen verdrängten ihn allmählich aus seiner zentralen Stellung als jahrhundertealter traditio-
neller Gebärplatz der Frau:

---

[18] Stucky, S. 16

[19] Faust, S. 23f

[20] Faust, S. 45

[21] Hebammenordnungen von Freiberg (1785) und Lippstadt (1797), Nöth, S. 21f

• Geburtshelfer hielten aufgrund neuer Erkenntnisse zur Geburts-
  mechanik eine liegende Gebärposition für günstiger. Die bis dahin
  gesehenen Vorteile einer sitzenden Gebärhaltung — die Wirkung
  der Schwerkraft des Kindes auf den Muttermund, wodurch die
  Geburt erleichtert und beschleunigt wird — wurden verkannt. Der
  Gebärstuhl wurde für nachteilig, wenn nicht sogar gefährlich
  erachtet. Frauen mit Leistenbruch und Krampfadern wurde vom
  Gebrauch des Gebärstuhls abgeraten. Und selbstverständlich sollten Frauen mit Geburtskomplikationen wie Nabelschnurvorfall
  oder Armvorfall im Liegen gebären — eine Empfehlung die nach
  wie vor gilt.[22] Zudem glaubte man, der Gebärstuhl berge Gefahren
  wie eine erhöhte Dammrißgefahr, erhöhte Blutungsgefahr und
  raschere Erschöpfung bei der Entbindung[23] — Befürchtungen, die
  aus heutiger Sicht unbegründet sind.

• Ein weiterer Grund, vom Gebärstuhl Abstand zu nehmen, waren
  aufkommende Hygieneansprüche. Der hölzerne Gebärstuhl war
  schwierig zu reinigen, und insbesondere Frauen der gehobenen
  Gesellschaftsschicht weigerten sich, einen von zahlreichen Vorgängerinnen benutzten und verunreinigten Gebärstuhl zu bestei-
  gen. Der Gebärstuhl wurde „völlig entbehrlich" und als
  „unbehülfliche Maschine, an der das Blut und der Schweiss von
  gestern noch klebt, nicht nur der zu Entbindenden widrig, sondern auch dem Geburtshelfer mehr hinderlich als förderlich"[24]
  angesehen.

• Indirekt trugen gewiß auch die Erkenntnisse von Semmelweis
  über die Ursache des Kindbettfiebers zur Abschaffung des Gebärstuhls bei, wenn er auch den Gebärstuhl selbst nicht unter den
  Krankheitsüberträgern erwähnt. Semmelweis machte die Hände
  des Geburtshelfers sowie „Instrumente, Bettwäsche, die atmosphärische Luft, Schwämme, die Hände der Hebammen und Wärterinnen, welche mit den decomprimirten Excrementen schwer

---

[22] Eisenhuth, W: Die Kunst leicht und glücklich zu gebären. Berlin 1817, S. 86/87.
Zit. nach Stucky

[23] Schmitt, WJ: Warnung gegen des Herrn Leibarztes Faust „Guten Rath an Frauen
über das Gebären". Wien 1814. Zit. nach Stucky

[24] Osiander, J.F., 1825, Bd. 3, S. 402

erkrankter Wöchnerinnen oder anderer Kranken und hierauf wieder mit Kreissenden und Neuentbundenen in Berührung komme, Leibschüsseln"[25] für die Übertragung des Kindbettfiebers verantwortlich (siehe Kapitel 10). In der medizinischen Literatur der darauffolgenden Jahre wird ausdrücklich die mögliche Übertragungsgefahr des Kindbettfiebers durch den Gebärstuhl erwähnt.[26]

- Ein nicht zu unterschätzender kultureller Einfluß ging von Frankreich aus. Der französische Leibchirurg und Accoucheur Pierre Dionis beschrieb in einer 1718 erschienenen Schrift das Gebärbett (lit de travail), ein Möbelstück, das eigens für die Geburt gezimmert wurde. Der französische König bewahrte es in seiner Möbelkammer auf, und insbesondere vornehme Frauen gebaren in Frankreich seit dem 18. Jahrhundert im Gebärbett. Der Gebärstuhl verlor dort bereits zu dieser Zeit zunehmend an Bedeutung. [27]

- Ein psychologisches Moment spielte sicher auch eine ganz wichtige Rolle. Ein an Marter und Qualen zahlreicher Vorgängerinnen erinnernder Gebrauchsgegenstand ist gewiß einer optimistischen Grundhaltung vor der Geburt abträglich.

- Nicht zuletzt trug auch die Auffassung von der Geburt als einem natürlichen Vorgang, der Haltegriffe und Fußtritte unnötig und überflüssig macht, zum Verschwinden des Gebärstuhls bei.[28] Der Geburtshelfer Lukas Boer (1751-1831), einer der bedeutendsten Verfechter der natürlichen Geburtshilfe, war ein hartnäckiger Gegner des Gebärstuhls. Er trug wesentlich zur Abschaffung des Gebärstuhls bei. Am Ende seines Lebens gab es kaum noch Gebäranstalten, die ausschließlich auf dem Gebärstuhl gebären ließen.[29]

Soweit zur Rolle des Gebärstuhls im 19. Jahrhundert in der Stadt und in den Gebäranstalten. Die Frage, welche Bedeutung der Gebärstuhl zu dieser Zeit auf dem Land hatte, läßt sich nicht einheitlich

---

[25] Semmelweis 1861, S. 103f

[26] Stucky, S. 35

[27] Martin, S. 226

[28] Stucky, S. 37

[29] Stucky, S. 32

beantworten. Seine Verbreitung war regional ganz unterschiedlich, und in manchen Dörfern war er selbst im Jahr 1810 noch nicht eingeführt:

> „Eines der nützlichsten Stücke zur bequemeren Geburtshülfe ist ein guter Gebärstuhl. In einigen angesehenen Städten sind die Heb-ammen mit dergleichen versehen; auf dem Lande aber weiß man nichts davon. Die Hebammen werden auch hier zu schlecht beloh-net, als daß man ihnen zumuthen könnte, einen anzuschaffen."[30]

In manchen Gegenden gebar die Frau auf dem Schoß eines Man-nes, meist des Ehemannes, oder einer Helferin:

> „In einigen Orten setzt sich die Gebärende auf den Schooß ihres Mannes, der sie unter den Wehen mit beiden Armen fest umfasset. Eine Frau mag gebären in welcher Stellung sie will, so sind ihr ein Paar Gehülfinnen sehr nöthig."[31]
>
> Aus Holstein wird im Jahr 1801 folgendes berichtet: „Eine sehr starke Person männlichen oder weiblichen Geschlechts nimmt die Kreißende auf den Schoß und gibt sich dadurch selbst zum Geburts-lager her."[32]
>
> Folgender Geburtsbericht stammt aus dem Vogtland (1834): „Der Kreißenden Vater, ein großer dicker Mann mußte sich lehnend auf den Stuhl setzen und die Gebärende auf den Schoß nehmen; diese saß ziemlich bequem auf dessen dicken Schenkeln und legte ihren Kopf auf des Vaters Brust; jener umschlang sie dagegen, er hielt sie fest in der Lage; an Anstützpunkten für die Hände bei den Wehen fehlte es der Kreißenden nicht, und ihre Füße stemmte sie auf kleine Bänkchen."[33] Ein weiterer Bericht über eine Geburt auf dem Schoß einer Hilfsperson stammt vom Ende des 18. Jahrhun-derts, wobei ein Zimmermann „erst seine Frau, dann das ganze Dorf auf dem Schoße mit ausgespreizten Schenkeln entband und schließ-lich einen Geburtsstuhl zimmerte, obwohl er einen eigentlichen Geburtsstuhl nie gesehen hatte."[34]

---

[30] Thilenius, S. 36

[31] Thilenius, S. 38

[32] Martin, S. 222

[33] Martin, S. 222

[34] Martin, S. 222

Das Gebären auf dem Schoß war nicht immer Notbehelf, sondern mitunter geradezu Volkssitte. Die nach Amerika ausgewanderten Deutschen (auch die Walesier und Schotten) hielten an diesem Brauch auch noch fest, als sie längst andere Gebärhaltungen kennengelernt hatten und „sich ... mit den ‚Gesitteteren' vermischt hatten."[35]

Zur gleichen Zeit gab es in Deutschland Gegenden, wo der Gebärstuhl sich so sehr eingebürgert hatte, daß man noch für Jahrzehnte an ihm festhielt — auch als er anderswo abgeschafft wurde:

> „Er war wahrhaft volkstümlich geworden, als die Wissenschaft über ihn den Stab gebrochen hatte, einer von den vielen Fällen, in denen die Laienmedizin nichts weiter als abgetane Schulmedizin ist."[36]

Mitte der 80er Jahre des 19. Jahrhunderts war der Gebärstuhl in Mecklenburg-Schwerin noch bei der Hälfte der ländlichen Bevölkerung in Gebrauch. Eine Untersuchung ergab, daß ein Drittel aller Hebammen (41 städtische und 120 Landhebammen) noch einen Gebärstuhl besaßen![37]

Geburt im Bett

Als der Gebärstuhl aus dem Kreißsälen verbannt war und „nur noch in einigen Winkeln Deutschlands ... ein verstohlenes Dasein"[38] führte, wurde das gewöhnliche Bett, mit wasserundurchlässiger Unterlage in der Mitte, zum Gebärlager. Der gebärenden Frau war es bei normalem Geburtsverlauf freigestellt, sich bei schwachen und seltenen Wehen frei zu bewegen. Wenn die Wehen unerträglich wurden, legte sie sich nieder und begab sich in Rückenlage, mit leicht erhöhtem Oberkörper. Man wählte diese Position, um die richtige Einstellung des kindlichen Köpfchens zu begünstigen. In der letzten

---

[35] Martin, S. 223f
[36] Martin, S. 232
[37] Fasbender 1906, S. 272
[38] Schroeder, S. 242

Phase der Geburt begab sich die gebärende Frau in Rücken- oder Seitenlage.

Auch heute noch ziehen es viele Frauen vor, liegend ihr Kind zur Welt zu bringen. Zu Geburtsbeginn, d.h. bis der Muttermund fast vollständig geöffnet ist, empfinden es jedoch die meisten als angenehmer, herumzulaufen, da die Wehen auf diese Weise erträglicher sind. Die kindlichen Herztöne können gleichzeitig dank moderner Technik drahtlos kontrolliert werden. Werden die Wehen stärker und häufiger, was zeitlich mit dem Ende der Eröffnungsperiode zusammenfällt (siehe Kapitel 7), legen sich die meisten Frauen hin. Es wird ihnen empfohlen, eine Seitenlage einzunehmen, um das sogenannte Vena-cava-Syndrom (Schock durch Druck der Gebärmutter auf dieses Blutgefäß) zu vermeiden. In der letzten Phase der Geburt legt sich die Frau auf den Rücken und zieht die Beine an: die Steinschnittlage, ursprünglich die optimale Lage zur Entfernung eines Harnblasensteins.

Die Steinschnittlage war jahrzehntelang die übliche Gebärposition. Viele Frauen haben sich so sehr daran gewöhnt, daß auch heute noch für sie gar keine andere Lage in Frage kommt. Für den Geburtshelfer ist dabei von Vorteil, daß er den Geburtsverlauf genau beobachten und notfalls rasch eingreifen kann.

Alternative Gebärlagen früher ...

Die älteste Gebärhaltung überhaupt ist vermutlich die Hocke. Sie wurde abgelöst von der liegenden Haltung mit halberhöhtem Oberkörper. Der Gebärstuhl wurde im 16. Jahrhundert modern und gehörte fast 400 Jahre zum Inventar einer Hebamme. Gleichzeitg brachten jedoch auch Frauen — je nach Gegend — ihr Kind in anderen Körperhaltungen zur Welt.

Aufgeschlossene Geburtshelfer rieten bereits in früheren Zeiten dazu, die gebärende Frau selbst wählen zu lassen. So gab der Chirurg und Geburtshelfer Christoph Völter die Empfehlung (1679), man solle die Frau, so wie es für sie am angenehmsten sei, im Bett, auf dem Stuhl, sitzend, stehend oder liegend gebären lassen.[39]

---

[39] Vgl. Martin, S. 230

- Auf dem Land war es bis ins 19. Jahrhundert hinein nichts Außergewöhnliches, wenn eine Frau ihr Kind stehend, von Helfern
  gestützt, zur Welt brachte:

  „Auf dem Lande ist es uns vorgekommen, daß der Ehemann,
  hinter seiner kreißenden Frau stehend, sie umfaßt hielt, damit sie im
  Stehen einige Wehen, besonders einige Treibwehen, abwarten
  möchte und die Geburt beschleunigt würde."[40]

  „Selten entschliesst man sich überdies das Geburtsgeschäft auf
  einem gehörig bereiteten Bette oder im Gebärstuhle zu vollenden;
  viel leichter glaubt man seinen Zweck zu erreichen, wenn man die
  Wehen stehend blos auf ein paar Menschen gestützt, oder sitzend auf
  dem Schoosse und in dem Arme eines Mannes verarbeitet."[41]

- Wie in uralten Zeiten wurde in Oberbayern noch Mitte des 19.
  Jahrhunderts in hockend-kauernder Position geboren. Es galt bei
  den Jachauerinnen regelrecht als Schande, im Bett oder auf dem
  Gebärstuhl zu gebären.[42]
- Für beleibte Frauen wurde in vielen Hebammenbüchern die
  Knieellenbogenlage (waagrechte Körperhaltung, gestützt auf Ellbo-
  gen und Knieen, Abbildung 6.6) angegeben, erstmals bei Soranus
  (2. Jahrhundert n.Chr.).

Vereinzelte Berichte zu einer frei gewählten Gebärhaltung finden sich
somit bereits in der Vergangenheit; sie sind derzeit wieder ganz aktuell, wie im folgenden gezeigt wird.

---

[40] Hohl, 1862, zit. nach Martin, S. 230

[41] Pfeufer, S. 51

[42] Martin, S. 231

... und heute

Weltweit gebären heute etwa zwei Drittel aller Frauen im Sitzen, Knien oder Hocken und lediglich ein Drittel in Rückenlage.[43] Auch in Deutschland ist die Steinschnittlage nicht mehr die einzig übliche Gebärposition. Zum einen entspricht sie nicht mehr den Wünschen vieler Frauen nach einer eigenverantwortlichen und selbstbestimmten Geburt. Zum anderen werden seit einigen Jahren auch medizinische Nachteile wie Verzögerung des Geburtsverlaufs und vermehrtes Schmerzempfinden diskutiert. Die Steinschnittlage wird sogar in den „Allgemeinen Empfehlungen" der World Health Organization (WHO) von 1985 abgelehnt:

> „Die Gebärenden sollten während der Wehen und der Entbindung nicht in eine Lithotomieposition (Rückenlage) gebracht werden. Vielmehr sollten sie ermutigt werden, während der Wehen umherzugehen, und jede Frau muß frei entscheiden können, welche Stellung sie einnehmen will."[44]

Körperliche und psychische Vorteile einer aufrechten Gebärlage werden seit einigen Jahren wieder diskutiert und durch Untersuchungen bestätigt. Dabei spielt wohl die größte Rolle, daß die Wirkung der Schwerkraft des Gebärmutterinhaltes bei der Muttermunderöffnung optimal genutzt wird. In der Vertikalen ist der Beckenausgang gegenüber dem Liegen um 1,5 cm weiter. Der kindliche Kopf kann leichter tiefertreten. Die Wehen können besser verarbeitet werden, und das Schmerzempfinden ist geringer. Der mütterliche Blutkreislauf ist nicht wie beim Liegen beeinträchtigt, wodurch auch die Sauerstoffversorgung des Kindes begünstigt wird. Die Geburtsdauer verkürzt sich. Bei Beachtung eines ausreichenden Dammschutzes ist die Geburt in aufrechter Haltung eine sichere Alternative zur Geburt im Liegen.

Eine wesentliche Rolle spielt jedoch auch ein psychischer Faktor. Die aufrechte Gebärhaltung ermöglicht der gebärenden Frau ein eigenverantwortliches Handeln. Sie fühlt sich nicht unterlegen (im

---

[43] Kafka et al., S. 529-531

[44] Die „Allgemeinen Empfehlungen" wurden auf der WHO-Konferenz in Fortaleza, Brasilien, (22.-26.4.1985) formuliert.

wahrsten Sinne des Wortes), sondern gleichberechtigt. Die Geburt ist
ihre eigene stolze Leistung.

In welcher aufrechten Position eine Frau gebiert, entscheidet sie.
Sie wird dazu ermuntert, sich frei zu bewegen und eine für sie günstige
Körperhaltung einzunehmen, sei es hockend, kauernd, sitzend,
hängend oder in der Knieellenbogenlage. Sie wird dabei vom Partner
oder der Hebamme unterstützt oder greift zu Hilfsmitteln (z.B. Seil,
Stange). Die Bewegungsfreiheit ermöglicht eine leichtere Geburt.[45]

Im Jahre 1987 wurde von den Schweizer Hebammen Louise
Daemen und Blanca Landheer sowie von der Ethnologin Liselotte
Kuntner der Gebärhocker Maia mit Matte entwickelt. Abbildung 6.6
illustriert die vielseitigen Anwendungsmöglichkeiten dieses Hok-
kers.[46]

Abb. 6.6: Folgende Zeichnungen und Erläuterungen zur Gebärhaltung
stammen aus L. Kuntner 1994, S. 236-237

„Hockstellung von hinten gestützt. Sie
ermöglicht für kurze Zeit eine aufrechte
Körperhaltung"

---

[45] Mendez-Bauer et al.; Kuntner 1994, S. 140-188

[46] Kuntner 1994, S. 205-231

„Stehende Stellung mit Halt an einem Tuch oder Seil, unter Gebrauch des Gebärhockers Maia und der Matte ... Optimale Stellung zur Verarbeitung der Wehen und des Schmerzes"

„Sitzend im Sacco. Eine sehr gute Entspannungshaltung für die Wehenpause"

„Seitenlage, zur Entspannung und Entlastung der Wirbelsäule und des Beckens"

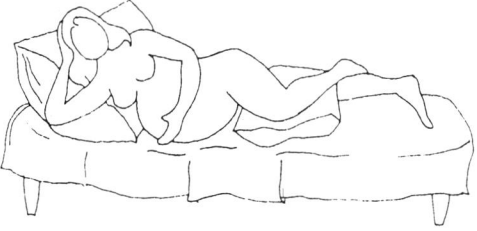

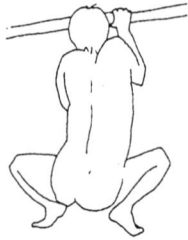

„Tiefe Hockstellung mit Halt an einer Stange
oder an einem Balken. Sie erleichtert erwiese-
nermaßen das Tiefertreten des kindlichen Kopfes und kann Lumbal- und Adduktorenspas-
men verhindern"

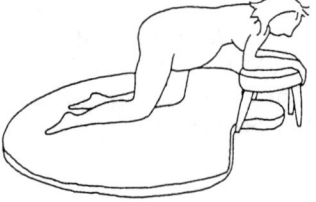

„Knieellenbogenlage. Erleichtert die
Eröffnungsphase besonders bei
‚hartnäckigem Saum'"

„Hockstellung mit Halt an Tuch
oder Seil (große Bewegungsfreiheit). Durch schmerzgesteuerte
Verhaltensänderungen sind die
Gebärenden in der Lage, selbständig
günstige Gebärpositionen zu finden"

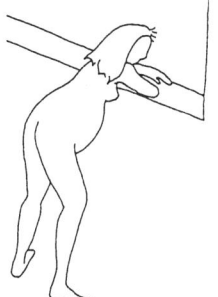

„Stehende Stellung, nach vorne geneigt und abgestützt. Die Verarbeitung der Wehen in dieser Stellung gilt als physiologisch richtig"

„Sitzend auf dem Gebärhocker Maia, von hinten gestützt. Gute Entspannungsmöglichkeit"

„Knieende Stellung mit abgestütztem Schultergürtel. Dient sowohl zur Verarbeitung der Wehen als auch zur Entspannung in den Wehenpausen"

Zur Geburt in der aufrechten Position entscheiden sich vor allem Frauen, die ihr Kind zu Hause gebären. Astrid Limburg, eine freiberufliche Hebamme in Amsterdam, berichtet, daß über 99% der von ihr betreuten Frauen in der aufrechten Körperlage gebären.[47]

Seit den achtziger Jahren ist nun auch eine Geburt in aufrechter Haltung im Wasser möglich. Man braucht dazu ein Geburtsbecken, das ausreichend groß und hoch sowie beheizbar ist. Optimal ist eine Wasserhöhe von 60 bis 100 cm; die Wassertemperatur sollte anfangs 37 Grad Celsius betragen. Gegen Ende der Eröffnungsphase, wenn die Wehen heftiger and länger werden, empfindet die gebärende Frau eine etwas geringere Temperatur meist als angenehmer. Das Gebärbecken sollte groß genug sein, um dem Partner und gegen Ende der Geburt auch der Hebamme genügend Platz zu bieten. Einige Geburtshäuser und Krankenhäuser haben eigene Gebärbecken, sie sind jedoch auch durch einen Mietservice erhältlich.

Die vorteilhafte Wirkung des Wassers zu Geburtsbeginn wie Entspannung und Schmerzlinderung wird bereits seit geraumer Zeit in der Geburtshilfe genutzt. Die Geburt des Kindes unter Wasser ist jedoch in Deutschland neu. Seit den achtziger Jahren wurden weltweit mehr als 20.000 Babys im Wasser geboren. Erlebnisberichte von Frauen, die auf diese Weise geboren haben, sind so beeindruckend und überzeugend, daß man allen Frauen diese erfreuliche Gebärerfahrung wünschen möchte. Die Geburten werden als deutlich weniger schmerzhaft empfunden, weshalb die Frauen viel weniger Schmerzmittel brauchen. Der Blutverlust ist geringer als nach einer Geburt im Bett. Es kommt seltener zu Infektionen von Mutter und Kind. Es wird seltener ein Dammschnitt gesetzt als nach „Landgeburten". Und im Wochenbett erholen sich die Frauen rasch.[48]

Kritische Stimmen fragen immer wieder nach der Sicherheit der Wassergeburt, vor allem nach Risiken für das Baby. Befürworter der Wassergeburt halten sie für das Neugeborene für absolut unbedenklich, da der sogenannte Diving-Reflex (Tauch-Reflex) ein Atmen unter Wasser verhindert. Der Diving-Reflex ist ein Schutzreflex, der beim Menschen ausgelöst wird, wenn Wasser Rezeptoren der Ge-

---

[47] Limburg, S. 22

[48] Geissbühler, Eberhard, S. 79-88. Eldering, Selke, S. 670-676. Siehe auch Enning sowie Jahn-Zöhrens

sichtshaut um Mund und Nase berührt. (Daher atmet das Kind im Mutterleib nicht.)[49]

Aufgrund der bislang gewonnenen Erfahrungswerte kann man davon ausgehen, daß unter professioneller Anleitung eine Wassergeburt keine höheren Risiken birgt als eine Landgeburt.

Fazit: Die Frage, welches die optimale Gebärposition ist, wurde in der Vergangenheit immer wieder unterschiedlich beantwortet. Drei bis vier Jahrhunderte lang kamen die meisten Frauen in Deutschland auf dem Gebärstuhl nieder, dann galt für ein bis zwei Jahrhunderte das Liegen als optimal.

Der Gedanke, daß die gebärende Frau ihre Gebärhaltung bestimmt, mutet modern an, ist es aber nicht, wie ein Blick in die Geschichte zeigt. Hebammen und Geburtshelfer betonen heute wieder die Vorteile einer aufrechten Gebärhaltung — sei es hockend, sitzend, hängend, an Land oder im Wasser. Wichtig ist, daß es nicht nur eine einzige optimale Gebärhaltung gibt, daß jede Frau die für sie angenehmste Position selbst wählen sollte und daß ein aktives Gebärverhalten die Geburt erleichtert und das Geburtserlebnis schöner macht.

---

[49] Eldering, Selke, S. 671

7. Eine normale Geburt

Nicht nur schwierige, auch ganz normale Geburten waren früher
harte Arbeit für alle Beteiligten. Angefangen bei den Maßnahmen
zum Auslösen und Verstärken der Wehen bis hin zur Entfernung der
Nachgeburt war eine Hebamme ständig beschäftigt. Die Hebammenordnungen mit ihren Vorschriften und Verboten vermitteln
einen Eindruck der zahlreichen, zum Teil aus der Antike stammenden, geburtshilflichen Handgriffe.

Erst Ende des 18. Jahrhunderts wurde allmählich die Geburt als
ein natürliches Ereignis aufgefaßt, bei dem man so wenig wie möglich
und so viel wie nötig eingreifen und nichts übereilen sollte: „Die
höchste Tugend des Geburtshelfers ist die Geduld."[1] Zugleich war
sich ein guter Geburtshelfer dessen bewußt, daß nur dann Geduld
angebracht war, wenn er etwas von seiner Arbeit verstand: „Man muß
in der Geburtshilfe viel wissen, um wenig zu tun."[2]

Daß die Gratwanderung zwischen dem Schon-Zuviel und dem
Noch-Zu-Wenig keine einfache ist, wird in der heutigen Diskussion
„Klinik- oder Hausgeburt" wieder aktuell. Im folgenden werden zwei
übliche Gebärsituationen aus heutiger und aus früherer Zeit kontra-
stierend gegenübergestellt. Anhand dieser Geburtsgeschichten wird
deutlich, wieviel sich geändert hat, obwohl doch die Geburt selbst
das immer gleichbleibende Ereignis ist. Ein wesentlicher Unterschied
besteht im Geburtsort selbst — früher zu Hause und heute im Krankenhaus. Auf die Verlagerung des Geburtsortes wird in einem Exkurs
am Ende dieses Kapitels eingegangen.

Wie sehr die Geburtsbegleiterin bzw. der Geburtsbegleiter in eine
normale Geburt eingreift, hängt entscheidend davon ab, ob sie/er
Schwangerschaft und Geburt als Krankheit oder als Normalzustand
wertet. In einem weiteren Exkurs am Ende dieses Kapitels wird diese
Problematik näher behandelt.

---

[1] Pschyrembel, Dudenhausen, S. 480f

[2] „In medicina (et arte obstetrica) multa scire oportet et pauca agere." Baglivs
Wahlspruch, zit. nach Osiander, J.F., Bd. 3. S. 251

Geburt heute

Bereits während der Schwangerschaft macht sich eine schwangere Frau in der Regel darüber Gedanken, ob sie ihr Baby lieber zu Hause oder im Krankenhaus zur Welt bringen möchte. Sind sie und ihr Kind gesund und verläuft die Schwangerschaft ohne besondere Vorkommnisse, so kann sie in ihrer gewohnten häuslichen Umgebung gebären. Fast alle Frauen entscheiden sich dennoch für eine Klinikentbindung.

Naht der Geburtstermin, so kann die schwangere Frau jeden Tag damit rechnen, daß die Geburt beginnt. Meist hat sie schon sehr früh die nötigen Vorbereitungen getroffen und Babykleidung, Windeln, Wagen und Bettchen besorgt. Das Warten fällt ihr während der letzten Tage vor dem errechneten Geburtstermin[3] und erst recht danach oft schwerer als während der gesamten Schwangerschaft. Trotz der bekannten Tatsache, daß am errechneten Geburtstermin nur 4% der Kinder geboren werden und im Zeitraum von plus/minus zehn Tagen um den Geburtstermin nur 66,6%, stellen sich viele werdende Mütter gerade an diesem Tag auf die Ankunft ihres Babys ein.

Deutliches Signal einer einsetzenden Geburt sind häufiger werdende Wehen. Wehen treten schon vorher ab und zu in Form eines schmerzlosen Ziehens in der Gebärmutter auf (Schwangerschaftswehen). In den letzten Wochen vor der Geburt wird dieses Ziehen dann leicht schmerzhaft (Senkwehen). Wenn die Geburt beginnt, nimmt dieses Ziehen vom Kreuz aus nach vorn an Stärke zu, wird unangenehm und schmerzhaft. Werden die Wehen immer stärker und häufiger, z.B. alle fünf Minuten, verständigt die gebärende Frau ihre Hebamme oder das Krankenhaus.

---

[3] Der Geburtstermin wird nach der Naegeleschen Regel berechnet: der erste Tage der letzten Monatsblutung + 7 Tage - 3 Monate. Die Schwangerschaft dauert 280 Tage, wenn man vom 1. Tag der letzten Monatsblutung an rechnet, und 266 Tage, rechnet man vom Tag der Empfängnis an.

Vorbereitung zur Geburt

Nach einem kurzen informativen Gespräch mit der Hebamme wird die gebärende Frau untersucht: Bei der äußerlichen Untersuchung wird mit speziellen Handgriffen festgestellt, wie groß die Gebärmutter ist, wo der kindliche Rücken liegt, ob das kindliche Köpfchen oben oder unten ist, wenn unten, wie tief es sich bereits im Beckeneingang befindet. Es folgt die innere Untersuchung, d.h. die Hebamme führt die Hand in die Scheide ein (Vaginaluntersuchung) und macht sich ein Bild über den Zustand des Muttermundes. Hat er sich bereits geöffnet, interessiert besonders die Weite des Muttermundes. Als Faustregel gilt, daß sich der Muttermund etwa um 1 cm pro Stunde öffnet. Auch der vorangehende kindliche Teil wird untersucht. Dies kann sehr unangenehm sein, insbesondere wenn eine Wehe kommt, ist aber für die Überwachung der Geburt unumgänglich. Einen wichtigen Hinweis auf das kindliche Befinden liefert die gleichzeitige Aufzeichnung der kindlichen Herztöne und der Wehen (Kardiotokographie). Sie gibt nicht nur Aufschluß über die kindlichen Herztöne und die mütterlichen Wehen, sondern auch über das Zusammenspiel dieser beiden Werte.

Auch aus der Farbe des Fruchtwassers läßt sich das kindliche Befinden beurteilen.

Je nach Einstellung des Krankenhauses muß sich die gebärende Frau unangenehmen Maßnahmen unterziehen, die der Verstärkung der Wehen dienen sollen. Zunächst wird sie zum Wasserlassen aufgefordert, da eine volle Harnblase die Wehentätigkeit hemmt. In manchen Häusern wird noch ein Einlauf zur Darmentleerung gemacht, der der Darmreinigung und Wehenverstärkung dient. Oft ist er jedoch nicht nötig, da die Frau wehenbedingt zu Durchfall neigt. Sind die Wehen bereits stark vorhanden, so kann ein Einlauf sie nur noch schmerzhafter machen. Ob es wirklich notwendig ist, die Schambehaarung zu rasieren, wird heute unterschiedlich beurteilt. Manche Frauen empfinden es als Übergriff, und in England durchgeführte Studien ergaben keinerlei Vorteile einer routinemäßigen Rasur.[4]

---

[4] The New Our Bodies Ourselves, S. 454

Geburtsweg

Um zu verstehen, welchen Weg das Kind bei einer ganz normalen
Geburt nimmt, kann ein kurzer Abstecher in die Anatomie hilfreich
sein.
   Die natürliche Geburt ist ein faszinierender Anpassungsvorgang,
bei dem sich das kindliche Köpfchen den verschiedenen Ebenen des
weiblichen Beckens anpaßt und entsprechend beugt, dreht und
streckt. Wie dieser Geburtsweg gebaut ist, soll im folgenden näher
erläutert werden. Die Kenntnis des Geburtsweges ist auch wichtig,
wenn man verstehen möchte, warum es manchmal „klemmt". Bei der
Geburt tritt das Kind durch den sogenannten Geburtskanal. Er
besteht aus den Knochen des weiblichen kleinen Beckens und dem
sogenannten Weichteilkanal.

Das knöcherne Becken
Der knöcherne Beckengürtel wird vom Kreuzbein und den beiden
Hüftbeinen gebildet. Die Hüftbeine vereinigen sich vorne in der
Schamfuge (Abbildung 1.4).
   Einige Abstände des querovalen Beckeneingangs sind geburtshilf-
lich sehr wichtig. In diesem Zusammenhang interessiert vor allem der
Abstand der Schamfuge von der Wirbelsäule (genauer: Promonto-
rium, d.h. das Vorspringen des 5. Lendenwirbels bzw. der Zwi-
schenwirbelscheibe zwischen diesem und dem 1. Kreuzbeinwirbel).
Dieser Abstand wird als Conjugata vera obstetrica bezeichnet
(Abbildung 7.1). Aufgrund jüngster Messungen mit bildgebenden
Verfahren weiß man, daß sie normalerweise 12 cm beträgt (und
nicht, wie früher angenommen, 11 cm). Bei krankhaften Veränderungen des weiblichen Beckens ist dieser Abstand oft verkürzt, und
das Kind hat Schwierigkeiten, mit dem Kopf in den Geburtskanal
einzudringen.
   Bislang war nur vom Beckeneingang die Rede. Auf den Beckeneingang folgt die Beckenhöhle (mit Beckenmitte) und schließlich der
Beckenausgang (Abbildung 7.2). Die Steißbeinspitze begrenzt hinten
den Beckenausgang. Sie kann um bis zu 2 cm bei der Geburt nach
außen abgewinkelt werden, wodurch der Beckenausgang im geraden
Durchmesser verlängert werden kann. Der Beckenausgang ist längs-
oval.

Bei der Geburt paßt sich des Kind den verschiedenen Beckenebe-
nen an: Der Kopf tritt mit querverlaufender Pfeilnaht in die quer-
ovale Beckeneingangsebene ein. Beim Tiefertreten beugt das Kind
den Kopf. Der Kopfdurchmesser wird kreisförmig und paßt sich somit
optimal der kreisförmigen Beckenmitte an. Beim Durchtritt durch den
längsovalen Beckenboden dreht sich der Kopf mit dem Hinterhaupt
nach vorn (Abbildung 7.3). Die Schultern des Kindes vollziehen
ähnliche Drehungen wie der Kopf.

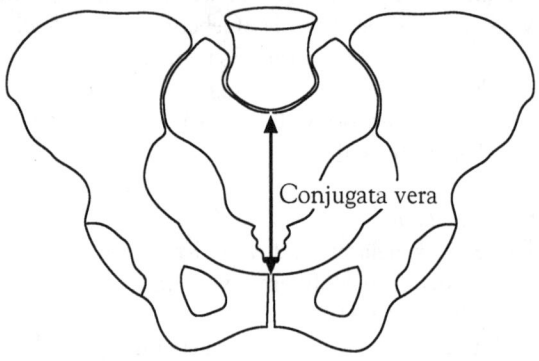

Abb. 7.1: Das weibliche Becken von oben mit der Conjugata vera obstetrica

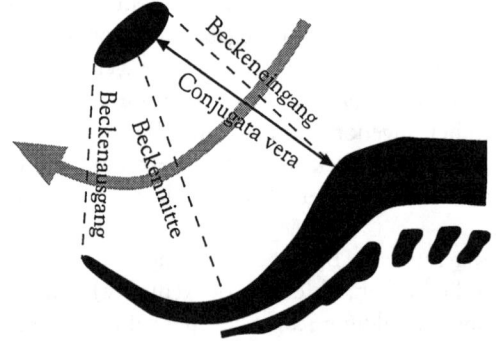

Abb. 7.2: Die 3 Ebenen des weiblichen Beckens und die Conjugata vera
obstetrica. Der graue Pfeil gibt die Richtung des kindlichen Kopfes während der Geburt an.

Abb. 7.3: Das Kind beugt, dreht und streckt seinen Kopf beim Tiefertreten während der Geburt. Aus: Pschyrembel, Dudenhausen, S. 216-218

Den Drehungen des kindlichen Kopfes und Körpers wurde lange Zeit keine Beachtung geschenkt, wie Abbildung 7.4 zeigt. Die beiden Wiener Geburtshelfer Boer und später Wilhelm Josef Schmitt wiesen zu Beginn des 19. Jahrhunderts auf die Drehungen des kindlichen Körpers hin.[5]

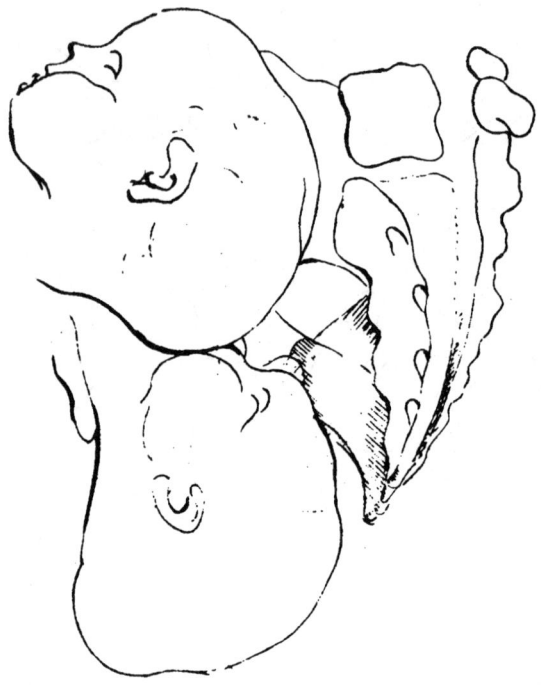

Abb. 7.4: Falsche Darstellung der Geburt des kindlichen Kopfes, entnommen aus einem Hebammenlehrbuch von 1805: „Ein gespaltenes Bekken von der Seite zu sehen. Darin siehet man zwei Köpfe, welche die Bogenlinie bezeichnen, welche der Kopf bei seinem Durchgang und Ausgang beschreibt"[6]

---

[5] Fasbender 1906, S. 274

[6] Busch, Bildanhang. Busch war „der Menschen- und Thierheilkunde ordentlicher Professor und Hebammenlehrer zu Marburg", wie aus dem Titelblatt seines Hebammenlehrbuchs hervorgeht.

Der Weichteilkanal
Den Weichteilkanal (weicher Geburtskanal, Weichteilschlauch)
kann man vereinfacht als zwei übereinandergeschobene Rohre darstel-
len. Durch das innere Weichteilrohr tritt das Kind bei der Geburt
nach außen. Es besteht aus dem unteren Teil der Gebärmutter, dem
Gebärmutterhals, der Scheide und den äußeren weiblichen Geschlechtsteilen (Vulva). Das äußere Rohr wird von den Muskeln des
Beckenbodens gebildet.[7]

Die normale Geburt

Zurück zur Krankenhausgeburt. Angenommen alles verläuft ganz
normal. Dem Kind geht es gut, es steht mit dem Kopf fest im
Beckeneingang. Die Wehen haben schon gute Arbeit geleistet: Der
Muttermund, der außerhalb der Schwangerschaft geschlossen und
kaum für eine Sonde durchgängig ist, hat sich bereits geöffnet. Bis der
Muttermund vollständig geöffnet ist und einen Durchmesser von ca.
10 cm aufweist, können Stunden vergehen. Bei einer Erstgebärenden
kann dies bis zu 9 Stunden dauern, bei einer Mehrgebärenden bis zu
7 Stunden (zu den unterschiedlichen Geburtszeiten bei Erst- und
Mehrgebärenden siehe Tabelle 7.1). Den Zeitraum von Beginn der
ersten Geburtswehen bis zur vollständigen Eröffnung des Muttermundes nennt man auch *Eröffnungsperiode*.

Am Ende dieser Eröffnungsperiode geht im Idealfall die Fruchtblase auf, d.h. die Haut, die wie ein Ballon das Kind mit dem
Fruchtwasser umschließt. Das Springen der Fruchtblase ist für die
gebärende Frau als Flüssigkeitsschwall spürbar, der sich aus der Scheide
ergießt.

Nun beginnt die *Austreibungsperiode*, d.h. die Zeit von der vollständigen Eröffnung des Muttermundes bis zur Geburt des Kindes. Es
ändert sich der Charakter der Wehen. Es setzen Preßwehen ein, und
die Gebärende verspürt einen Drang zum Mitpressen wie beim Stuhlgang, dem sie sich kaum entziehen kann. Auch der Verlauf der
Preßwehen ist wellenartig, es folgt jedoch eine Welle dicht der näch-

---

[7] Pschyrembel, Dudenhausen, S. 192ff

sten. Immerhin sorgen die sogenannten Täler für eine kurze Ver-
schnaufpause. Am unangenehmsten ist es für die Frau, wenn das
kindliche Köpfchen noch nicht tief genug steht und sie noch nicht
mitpressen darf. (Ein zu frühes Mitpressen könnte u.a. die Drehung
des kindlichen Köpfchens behindern.) Evtl. rät ihr die Hebamme zu
hecheln, d.h. mit geöffnetem Mund rasch zu atmen (was nicht mehr
in allen Krankenhäusern so gehandhabt wird). Sitzt schließlich das
Köpfchen auf dem Beckenboden, darf die Mutter bei den nächsten
Wehen mitpressen.

Tab. 7.1: Geburtszeiten bei der Erst- und Mehrgebärenden im Vergleich[8]

	Eröffnungs-periode	*Austreibungs-periode*	*Geburtsdauer*
Erstgebärende	bis zu 9 Std.	2-3 Std.	12 Std.
Mehrgebä-rende	bis zu 7 Std.	1/2 Std.	8 Std.

Eventuell wird ein Dammschnitt gesetzt. In manchen modernen
Krankenhäusern erfolgt dieser Eingriff schon beinahe routinemäßig,
in den USA z.B. bei 95 bis 98% der Geburten.[9] Wenn im richtigen
Moment (beim sogenannten Durchschneiden des kindlichen Kopfes,
d.h. unmittelbar vor der Geburt des Gesichtes, während einer Wehe)
geschnitten wird, ist der Schnitt auch ohne örtliche Betäubung für
die Gebärende kaum spürbar. Sie merkt es vor allem an dem Geräusch
der Schere.

Beim Austritt des Köpfchens darf die Gebärende wiederum nicht
mitpressen, damit das Kind auf schonendere Weise das Licht der Welt
erblickt (d.h. die Druckentlastung des Schädels nicht zu rasch
erfolgt). Mit der nächsten Preßwehe wird dann der kindliche Körper
geboren.

Nun wird die Nabelschnur durchtrennt. Ob das Neugeborene sofort nach der Geburt, nach 1 bis 1 1/2 Minuten oder noch später,
wenn die Nabelschnur nicht mehr pulsiert, abgenabelt wird, hängt

---

[8] Zahlen aus Pschyrembel, Dudenhausen, S. 277

[9] Jordan, S. 27

vom kindlichen Befinden ab, ist aber auch Einstellungssache. Besteht eine Blutgruppenunverträglichkeit zwischen Mutter und Kind (Morbus haemolyticus), muß sofort abgenabelt werden. Neigt das Kind zur Blutarmut (Anämie), wird man spät abnabeln, um dem Kind die zusätzliche Blutmenge aus dem Mutterkuchen (siehe unten) zugute kommen zu lassen. Es vermehrt dabei seine Blutmenge um ein Viertel bis ein Drittel.[10] Befürworter alternativer Geburtsformen neigen aus diesem Grund eher zum Spätabnabeln.

Gleich nach der Geburt wird das Baby der Mutter auf den Bauch gelegt, falls sie es wünscht und nicht zu erschöpft ist. Legt sie es an die Brust, ist sie — besonders wenn es das erste Kind ist — überrascht, wie gut es schon saugen kann. Eine halbe Stunde später[11] wird dann noch der Mutterkuchen geboren, und erst jetzt — denn erst jetzt ist die Geburt beendet — wird gratuliert. Wurde ein Dammschnitt gesetzt, wird er noch genäht — alles Kleinigkeiten im Vergleich zur Geburt, vor allem, wenn es dem Kind gut geht.

Geburt vor 300 Jahren

Im folgenden soll eine übliche Gebärsituation nachgestellt werden (vgl. Abbildung 7.5). Da eine Frau fünf bis zehn Kinder[12] zur Welt brachte (die Totgeburten nicht gerechnet), war eine Geburt ein häufiges Ereignis und nichts Außergewöhnliches. Die schwangere Frau, nehmen wir die Bäuerin auf dem Land, war sich zwar über ihren Zustand im klaren, den Geburtstermin konnte sie jedoch nur in etwa erahnen und keinesfalls berechnen lassen. Das spielte auch insofern keine Rolle, als ihre Arbeit — das Vieh und die Felder — darauf keine Rücksicht nahm und sie bis zur letzten Minute arbeitete.

---

[10] Pschyrembel, Dudenhausen, S. 262

[11] Diese Zeitangabe dient lediglich als Anhaltswert. Die Nachgeburt erfolgt normalerweise etwa 5 bis 45 Minuten nach der Geburt.

[12] In Südwestdeutschland gebaren zwischen 1650 und 1799 Bäuerinnen 6,4, Frauen von Handwerkern und Gewerbetreibenden 5,8 und von Tagelöhnern 5 Kinder. Über 5% der Frauen hatten 10 oder mehr Kinder. Heinsohn, Steiger, S. 167

Eines Tages verspürt sie ein Ziehen im Unterleib, dem sie zunächst keine weitere Beachtung schenkt. Als es dann immer stärker
wird, begibt sie sich nach Hause und läßt die Hebamme holen. Diese
erscheint kurz darauf mit zwei älteren Frauen aus der Nachbarschaft
zum Helfen. Fenster und Türen werden verschlossen, es wird Feuer
gemacht, um kräftig einzuheizen und heißes Wasser vorzubereiten. Die
gebärende Frau setzt sich auf den Gebärstuhl, den die Hebamme
mitgebracht hat. Sie weiß, daß nun Höllenqualen auf sie zukommen,
aber sie wird sie mit Beten und Hoffen durchstehen.

Die Hebamme salbt den Körper der gebärenden Frau und ihre eigenen Hände mit warmem Rosenöl. Durch eine äußere und innere
Untersuchung stellt sie fest, in welcher Lage sich das Kind befindet.
Das kindliche Köpfchen steht bereits weit unten im Becken, aber der
Muttermund ist noch nicht vollständig geöffnet. Da — wie man
damals meinte — das Kind sich seinen schwierigen Weg in die Au-
ßenwelt selbst bahnen muß, wird es von allen Beteiligten nach Kräften unterstützt. Die Hebamme tut ihr Bestes, den Muttermund mit
ihren Fingern zu dehnen. Inzwischen drücken die beiden Helferinnen von oben auf die Gebärmutter, um dem Kind zu helfen. Die
Bäuerin selbst hilft mit, so gut sie kann und preßt, wozu die Hebamme sie immer wieder auffordert. Ab und zu wird ihr ein Stärkungstrunk gereicht, den sie bei der Hitze und Anstrengung dringend nötig
hat. Dann gelingt es der Hebamme, die Blase zu sprengen, und das
Fruchtwasser fließt davon. Es geht nun alles sehr schnell. Die Gebärende preßt bei den stärker werdenden Wehen mit, und bald hat sie
es geschafft. Das Kind wird von der Hebamme gewickelt und gebadet,
die Mutter ist noch nicht ganz fertig, der Mutterkuchen will nicht
kommen. Mit Niesmitteln versucht die Hebamme, eine Lösung des
Mutterkuchens herbeizuführen. Auch ein Zug an der Nabelschnur
bleibt ohne Erfolg. Schließlich führt die Hebamme ihre Hand in die
Gebärmutter ein und schält den Mutterkuchen ab.

Die Bäuerin legt sich ins Bett und gönnt sich eine kurze Erholung
von den Geburtsstrapazen. Die Ruhe wird ohnehin nicht von langer
Dauer sein, denn auf einem kleinen Hof wird jede Hand gebraucht,
besonders im Sommer. Am nächsten Tag nimmt sie wieder die all-
tägliche Routine im Haus auf, und ein paar Tage später sieht man sie
wieder auf dem Feld.

Abb. 7.5: Eine Geburtsszene im 16. Jahrhundert von Jost Amman. Aus: Jacob Rueff: De conceptu et generatione hominis, 1554. Die gebärende Frau sitzt auf dem Gebärstuhl, vor ihr die Hebamme auf einem Hocker, seitlich zwei Helferinnen. Neben ihr wartet bereits ein Badegefäß auf das Kind, daneben ein Krug mit gewärmtem Wasser. Auf einem Tisch sind Garn, Schere und Salbfläschchen angeordnet, dahinter ein Krug mit einem Stärkungstrunk. Die beiden Männer im Hintergrund berechnen aus den Sternen das Schicksal des neuen Erdenbürgers.

In diesen beiden geschilderten Gebärsituationen in früherer Zeit und
heute treten die Unterschiede deutlich zutage. Dabei bedarf es nicht
viel Phantasie, um sich in die Vergangenheit zu versetzen, und ich
denke nicht, übertrieben zu haben. Was an zeitgenössischen Aufzeichnungen erhalten ist, legt nahe, daß es sich in ähnlicher Weise
abgespielt haben muß. Auf die einzelnen Etappen einer normalen
Geburt vor 300 Jahren soll nun näher eingegangen werden. Diese
Zeitangabe dient lediglich als grober Anhaltspunkt und läßt sich um
Jahrhunderte zurückverschieben und ein bis zwei Jahrhunderte vor-
rücken. Die besprochenen Geburtspraktiken lassen sich bis in die
Antike zurückverfolgen und wirkten noch bis in die jüngste Vergangenheit.

Vorbereitung zur Geburt

Das Gebärzimmer

In früheren Zeiten kam eine schwangere Frau zu Hause nieder. In
dem Gebärzimmer waren außer der Hebamme noch Helferinnen
anwesend, z.B. Frauen aus der Nachbarschaft. Diese gingen bei der
Geburt zur Hand, sammelten geburtshilfliche Erfahrungen und hatten
darüber hinaus noch eine juristische Funktion. Im Falle einer
Totgeburt dienten sie als Zeugen und konnten die Mutter bei Verdacht auf Kindstötung entlasten. Vor allem wenn es um die Geburt
eines königlichen Erben ging, konnten diese Frauen die rechtmäßige
Geburt des Thronfolgers bezeugen und den Austausch durch ein
anderes Neugeborenes verhindern.[13]
    Manchmal wurde die gebärende Frau von so vielen Frauen um-
standen, daß die Gebärsituation eher Party-Charakter als den eines
ganz privaten Erlebnisses trug. Um einer unnötigen Überfüllung des
Raumes während der Geburt vorzubeugen, wurde in der Hebammenordnung von Castell aus dem Jahre 1724 den Hebammen nahegelegt, außer ein paar Hilfskräften keine weiteren Zuschauer, vor
allem nicht Unverheiratete und Kinder, zu dulden.[14]

---

[13] Worschech, S. 101-216. Donnison, S. 3

[14] Nöth, S. 87

Das Gebärzimmer wurde bis zur Unerträglichkeit eingeheizt:

> „Die unausstehlich heißen Stuben hält der gemeine Mann für seine größte Erquickung. Man verstopfet sorgfältig ein jedes kleines Loch an dem dunstvollen Gemach, damit ja kein erfrischendes Lüftchen hinein komme; sie sind aber eine wahre Marter für die angstvollen Gebärenden."[15]

Für eine gebärende Frau konnte die Hitze vor allem in der letzten Phase der Geburt sehr unangenehm werden. Wenn man bedenkt, daß die körperliche Leistung einer Geburt der einer Bergbesteigung entspricht, leuchtet ein, warum es die meisten Frauen besonders am Schluß der Geburt lieber etwas kühler mögen. Thilenius (1810) warnte vor übermäßigem Einheizen und beschrieb die angenehmen Auswirkungen eines gelüfteten Zimmers:

> „Die Stube muß mäßig warm seyn, man hitze deswegen weniger ein; man öffne von Zeit zu Zeit ein Fenster an einem solchen Ort, daß kein Zugwind die Gebärende treffen kann. Sie hat Hitze genug, und die dazu kommende äußere Hitze macht sie matt und ohnmächtig. Augenscheinlich siehet man sie sich erholen, wenn man die Luft in der Stube kühler und frischer macht, und ihnen ein kühlendes Getränke reichet."[16]

Geburtshelfer, die die Vorteile eines kühlen Gebärortes erkannten, verfielen in das andere Extrem und muteten der gebärenden Frau mehr Kälte zu, als ihr guttat:

> „... indem sie (die „modernen" Geburtshelfer) mit abgedroschenen Beyspielen von Soldatenweibern, die im Feld und Schnee geboren und Wochen gehalten haben, angezogen kommen, vergessen sie, daß sie verzärtelte, und von Natur schwächliche Mütter vor sich haben, die nicht selten ein trauriges Opfer solcher Genies-Räthe werden."[17]

---

[15] Thilenius, S. 171

[16] Thilenius, S. 171

[17] F.B. Osiander 1787, S. 166

Rasur der Schambehaarung

Das Abschneiden oder Rasieren der Schambehaarung „an heimlichen
Orten" wurde bereits vor 200 Jahren von F.B. Osiander empfohlen

> „Eines Theils erfordert solches die Reinlichkeit ... andern Theils
> ist es deswegen vorzüglich nöthig, weil es ... die Hebamme oder den
> Geburtshelfer nicht nur in seiner Verrichtung hindert, sondern, weil
> auch bey der genauesten Sorgfalt die Hebamme oder der Geburts-
> helfer nicht verhüten kann, daß nicht ein oder das andere Härchen
> sich an seine Hände anhängen ..."[18]

Bis routinemäßig rasiert wurde, gingen nochmals über 100 Jahre
ins Land. Bei einer Klinikentbindung war es dabei eher möglich, die
gebärende Frau von der Notwendigkeit dieser Maßnahme zu überzeugen, als bei einer Hausgeburt.[19]

Um die hygienischen Verhältnisse bei einer Geburt zu verbessern,
wurden Ende des 19. Jahrhunderts auch Scheidenspülungen mit
Desinfektionsmitteln (Carbolsäure-Lösung), in besonderen Fällen
(z.B. bei Gonorrhoe) sogar während der Geburt durchgeführt. Wenige
Jahre später wurden jedoch bereits die Nachteile eines übertriebenen
Einsatzes von Desinfektionsmitteln erkannt, und man nahm von den
Spülungen wieder Abstand.[20]

Einsalben

Der Schambereich wurde mit Öl oder ungesalzener Butter gesalbt, um
den Geburtsweg geschmeidiger zu machen, salopp formuliert, „damit
das Kind besser rutscht". Sinn und Zweck dieser Maßnahme waren
bei Hebammen und Geburtshelfern in gleicher Weise anerkannt:

> „Eine ... Gewohnheit, die Mutterscheide und die Schaamlefzen
> mit warmer ungesalzener Butter, oder mit warmen Oehl einzu-
> schmieren, verdienet allen Beifall. Dies hilft sehr zu ihrer Ausdeh-

---

[18] F.B. Osiander 1787, S. 154

[19] Shorter, S. 167f

[20] Shorter, S. 167; Kaltenbach, S. 129f

nung, besonders wenn das Wasser schon abgeflossen und die Theile trocken sind. Man muß nur immer den Zugang der kalten Luft dabei wehren."[21]

Das Einsalben der Scheide war in manchen Gegenden Deutschlands und der Schweiz bis zu Beginn des 20. Jahrhunderts üblich.[22] Es wird heute teilweise wieder empfohlen.

Halsbinde

In früheren Zeiten glaubte man, durch die Geburt werde der Hals dicker. Vorbeugend wurde daher der Gebärenden eine Binde um den Hals gelegt. Auch J. Siegemundin empfahl diese Vorsichtsmaßnahme:

> „Sogleich fällt diese Begebenheit mir vor, daß eine Frau in der Geburt von gezwungenen Wehen einen dicken Hals bekommen. Darum wehret den starcken Wehen (1) mit Warnungs-Worten, verrichtet es auch (2) mit einer tüchtigen Binde um den Hals, damit kein solche Andencken zurücke bleibe, welches mit der Zeit zunimmt, und grosse Beschwehrung verursachet."[23]

Im 19. Jahrhundert wurde schließlich der Sinn dieser Maßnahme angezweifelt und die Halbsbinde für überflüssig und unnütz erklärt:

> „Das an einigen Orten gebräuchliche Binden des Halses taugt nicht. Ist der Band zu lose angelegt, so hilft er nichts; sitzt er zu fest, so hindert er den Umlauf des Blutes, und macht ängstliche Beschwerden."[24]

Man fürchtete jedoch nach wie vor, von der Geburt einen dicken Hals zurückzubehalten. Durch eine entsprechende Kopfhaltung während der Geburt — Kinn auf die Brust — sollte dies vermieden werden:

---

[21] Thilenius, S. 60

[22] Hintereicher, S. 80, Favre, S. 179

[23] Siegemundin, S. 264

[24] Thilenius, S. 57f

„Unter jeder Wehe setzet sie das Kinn auf die Brust, oder eine Gehülfin legt die Hand auf ihren Kopf, und drücket ihn gegen dieselbe. Hierdurch werden die dicken Hälse am sichersten verhütet."[25]

Auch heute noch legt die liegend gebärende Frau in der allerletzten Phase der Geburt beim Herauspressen des Babys das Kinn auf die Brust und zieht die Beine an. Durch diese Haltung verkleinert sie automatisch den Bauchraum und unterstützt die Bauchpresse.

Es sei noch erwähnt, daß der Hals — ganz gleich, welche Haltung die Gebärende einnimmt — durch die Geburt nicht dicker wird.

Innere Untersuchung

Die innere Untersuchung von der Scheide aus (Vaginaluntersuchung) war bis Ende des 18. Jahrhunderts ausschließlich Sache der Hebamme. Sie gewann durch diese Untersuchung wesentliche Informationen über den Geburtsverlauf. J. Siegemundin versuchte ihre Schülerinnen von der Notwendigkeit der Vaginaluntersuchung — sie nannte sie den „Angriff" — zu überzeugen: „Darum laß dir den Angriff nicht abschwatzen."[26] Eine pflichtbewußte Hebamme stieß jedoch nicht selten auf moralische Schranken und mußte mitunter die Vaginaluntersuchung ganz unterlassen, da manche Frauen sie aus Schamgefühl verweigerten.

Geburtserleichterung

Stärkungstrunk

Wir können uns heute kaum mehr vorstellen, wie unsere Urgroßmütter eine Geburt — immer mit dem Tod im Nacken — durchstanden. Es war nicht nur die Angst vor den Schmerzen und die Schmerzen selbst, die sie quälten und die sie ohne Schmerzbekämpfung durchzu-

---

[25] Thilenius, S. 57f

[26] Siegemundin, S. 87

stehen hatten, es war auch die Angst ums eigene Überleben und das des Kindes, mit der sie bei jeder Geburt konfrontiert waren.

Es gab jedoch auch begrenzte Möglichkeiten, die Geburt erträglicher zu machen. Für das körperliche Wohlergehen wurde mit erfrischenden Getränken gesorgt: „Wasser oder dünnes Halbbier ist am besten."[27] Manche Hebammen reichten der gebärenden Frau eine kräftigende Suppe. In späteren Zeiten diente auch Bohnenkaffee dem Anregen der Wehentätigkeit.[28]

Geringe Mengen alkoholischer Getränke waren erlaubt oder wurden sogar empfohlen. In manchen Gegenden tranken allerdings die gebärenden Frauen derart große Mengen, daß sie davon betrunken wurden:

> „In der Gegend meines ersten Aufenthalts war der Brantewein die allgemeine Zuflucht, hier ist es der Wein. Ich bin überzeugt, daß manche Frau besoffen niederkommt... Man will damit stärken, und das Uebermaß schwächet handgreiflich."[29]

Nahm die Gebärende entgegen der Warnung der Hebamme Wein, Brantwein oder Gewürze zu sich, so mußte es die Hebamme nach der Entbindung in der Stadt einem Arzt oder Geburtshelfer und auf dem Land dem Dorfgeistlichen melden.[30]

Psychoprophylaxe: Trost im Gottvertrauen

Die Einstellung zur Geburt war völlig anders als heutzutage. Der christliche Glaube prägte die gebärende Frau, und sie nahm die Geburtsschmerzen als gottgegeben hin. Mit dieser Gottgewolltheit wurde sie von der Hebamme getröstet:

> „Gottes will ist, das alle frawen in schmertzen sollen geberen."[31]

---

[27] Thilenius, S. 168

[28] Hintereicher, S. 80

[29] Thilenius, S. 169

[30] Nöth, S. 161, 168

[31] Regensburger Hebammenordnungen (1552/1555), zit nach Birkelbach et al., S. 88

Diese Einstellung geht auf die Schöpfungsgeschichte zurück, in der Gott Eva mit Geburtsschmerzen straft, weil sie vom verbotenen Apfelbaum gegessen hat:

> „Zur Frau sprach er: Viel Mühsal bereite ich dir, sooft du schwanger wirst. Unter Schmerzen gebierst du Kinder."[32]

Der Apostel Paulus sah im Gebären die Chance für die Frau, den Sündenfall zu sühnen:

> „Sie wird aber dadurch gerettet werden, daß sie Kinder zur Welt bringt, wenn sie in Glaube, Liebe und Heiligkeit ein besonnenes Leben führt."[33]

Die Hebamme ermutigte jedoch auch die gebärende Frau, indem sie ihr die große Freude nach der Geburt in Aussicht stellte, daß „sie bald für freuden an die angst vnd schmertzen nit mehr gedencken."[34] Ging es aufs Ende zu, sprachen alle anwesenden Frauen ein Vaterunser und baten Gott um einen glücklichen Ausgang.[35]

Von einer guten Hebamme wurde erwartet (was heute in gleicher Weise zutrifft), daß sie der gebärenden Frau sehr viel Angst nimmt, indem sie Optimismus ausstrahlt, Mut macht und gegebenenfalls auch energisch auftritt. Keinesfalls sollte sie die Gebärende mit Horrorgeschichten unterhalten, z.B. über unglückliche Geburten oder unfähige Mediziner. Die psychischen Auswirkungen einer positiven Grundeinstellung der Hebamme wurden bereits in den Hebammenordnungen thematisiert.[36] J. Siegemundin gibt ein Beispiel, wie eine Hebamme zu einer Gebärenden sprechen sollte:

> „Mein liebes Kind, fürchtet euch nur nicht vor den Wehen, und erschrecket nicht, haltet euch so harte und getrost, als ihr immer könnet, und lasset den Muth und die gute Hoffnung nur nicht fallen, ich versichere euch, es wird mit Gottes Hülffe besser gehen, als ihr gedencket! haltet euch mit den Händen nur feste an, daß ihr

---

[32] Genesis 3, 16

[33] Paulus, Tim. 2,15

[34] Zit. nach Birkelbach et al., S. 88

[35] Haberling, S. 69

[36] Nöth, S. 20

nicht so zittern dürffet, es gehet gleich wieder über, ihr werdet sehen, daß euch der liebe Gott bald helffen wird: Wie bald ist eine Wehe vorbey? Wer wolte seinen Muth so bald sincken lassen? Dann hier ist Gottes Hülffe gleich da."[37]

Eine positive Grundeinstellung zur Geburt, unterstützt durch umfassende Geburtsvorbereitung, ist heute eine Selbstverständlichkeit. Die modernen Geburtsvorbereitungskurse gehen u.a. auf den Geburtshelfer Grantly Dick Read (1890-1959) zurück, der in seinen Büchern über natürliche und angstfreie Geburt (Natural Childbirth, 1933; Childbirth without Fear, 1944, 1960) seit den 30er Jahren darauf hinwies, wie wichtig ausreichende Aufklärung für eine angstfreie und entspannte Geburt ist. Angst vor der Geburt erzeugt Verspannung, und Verspannung verstärkt die Wehenschmerzen. Eine Frau, die weiß, was sie während der Geburt erwartet, die während der Schwangerschaft in Vorbereitungskursen gelernt hat, sich zu entspannen und die Wehen richtig zu verarbeiten, wird weniger Schmerzen empfinden. Durch die richtige Einstellung zur Geburt kommt das Angst-Spannung-Schmerz-Syndrom erst gar nicht zustande. Die Gebärende kommt mit weniger oder sogar ohne Schmerzmittel aus. Das Readsche Konzept liegt modernen Geburtsvorbereitungskursen zugrunde, in denen die schwangere Frau umfassend informiert wird und sich mit Entspannungs- und Atemübungen auf die konkrete Geburtssituation vorbereitet. (Wenn man bedenkt, daß in Deutschland heute je nach Krankenhaus ein bis über zwei Drittel aller gebärenden Frauen schmerzbetäubende Mittel bekommen, kann auf die Bedeutung einer guten Geburtsvorbereitung nicht genug hingewiesen werden.)[38]

---

[37] Siegemundin, S. 119

[38] Albrecht-Engel, S. 39

Warum beginnt die Geburt?

Die Menschen machten sich bereits in frühesten Zeiten darüber Gedanken, wodurch die Geburt des Kindes ausgelöst wird. Im Corpus hippocraticum wird die Auffassung vertreten, das Kind sei nach neunmonatiger Schwangerschaft so weit entwickelt, daß die Mutter es nicht mehr ernähren könne. Aus Nahrungsmangel verlasse das Kind die Gebärmutter und bahne sich seinen Weg nach außen. Der Gedanke, daß das Kind die Initiative zur Geburt ergreift, wurde erst im 18. Jahrhundert aufgegeben. Ab dem 17. Jahrhundert setzte sich allmählich die Ansicht durch, daß die gedehnte Gebärmutter am Ende der Schwangerschaft das Kind nach außen treibt.[39]

Wodurch die Geburt wirklich ausgelöst wird, weiß man bis heute nicht genau. Wahrscheinlich spielen dabei verschiedene Faktoren eine Rolle. Man nimmt an, daß ein kompliziertes Zusammenspiel der Hormonproduktion von Mutter und Kind und der Reaktion der Gebärmutter darauf für den Geburtsbeginn verantwortlich ist. Eine wichtige Rolle spielt dabei das gleiche Hormon, das nach der Geburt für die Rückbildung der Gebärmutter sorgt und die Milchproduktion ankurbelt: Oxytocin. Vor Wehenbeginn produziert der kindliche Hypophysenhinterlappen vermehrt Oxytocin. Gleichzeitig nimmt gegen Ende der Schwangerschaft die Oxytocin-Empfindlichkeit der Gebärmutter deutlich zu. Nach dieser Auffassung würde das Kind selbst seine Geburt auslösen. Gewiß spielen jedoch auch noch andere Faktoren für den Geburtsbeginn eine Rolle. Bekanntlich kann z.B. auch eine Streßsituation Wehen auslösen.[40]

Je nachdem, wie der Geburtsbeginn erklärt wird, gehen Geburtsbegleiter unterschiedlich mit diesem Ereignis um. Geht man davon aus, daß das Kind diese Situation allein meistern muß, wird man alles Erdenkliche tun, um ihm zu helfen — wie es bis ins 18. und sogar bis ins 19. Jahrhundert hinein der Fall war.

---

[39] Fasbender 1906, S. 511f

[40] Pschyrembel, Dudenhausen, S. 200

Das „Geburtsgeschäft"

Wilde und rechte Wehen

Wie oben bereits beschrieben, nehmen die Wehen während der Geburt an Intensität und Häufigkeit zu. Bevor es die Möglichkeit gab, die Wehen aufzuzeichnen, war die Unterscheidung zwischen verschiedenen Wehentypen besonders wichtig. Wehen während der Schwangerschaft (Schwangerschaftswehen und Senkwehen), die noch nicht den Muttermund öffnen, bezeichnete man als wilde oder falsche Wehen und unterschied sie damit von den rechten Wehen, die den Beginn der Geburt signalisieren:

> „Die so genannten wilden Wehen gehen nur quer, und spannen den Leib sehr über sich ... Die rechten Wehen aber bey angehender rechten Geburt ... dringen in den Mutter-Mund, und zwingen ihn von Wehen zu Wehen, daß er sich nach und nach mehr auffgiebet. Die rechten Wehen seynd von den wilden Wehen gar leichte zu erkennen und zu unterscheiden."[41]

Die genaue Unterscheidung von falschen und rechten Wehen war nicht nur wichtig, um den Beginn einer Geburt rechtzeitig zu erkennen und die nötigen Vorbereitungen zu treffen, sondern auch, um eine schwangere Frau nicht zu früh auf den Gebärstuhl zu setzen. Bei falscher Einschätzung der Wehen konnte es passieren, daß eine Frau Wochen zu früh von der Hebamme zum Gebären angehalten wurde. Es kam auch vor, daß eine Frau, z.B. bei einer Gebärmuttergeschwulst, irrtümlicherweise für schwanger gehalten wurde, eine Verhärtung der Bauchdecken als Wehen interpretiert wurde und die Kranke unnötig zum Gebären angehalten wurde, wie es J. Siegemundin erging.[42]

---

[41] Siegemundin, S. 196

[42] Eine Gebärmuttergeschwulst wurde von mehreren Hebammen für eine Schwangerschaft gehalten. Zwei Wochen lang lag J. Siegemundin in vermeintlichen Wehen und quälte sich unnötig, bis eine weitere Hebamme die richtige Diagnose stellte. Dieses Erlebnis stellte die Weichen für ihr weiteres Leben. Aus persönlichem Interesse besorgte sich J. Siegemundin geburtshilfliche Literatur und belas sich, ohne vorerst eine praktische Umsetzung ihres Wissens im Sinne zu haben. Nachdem es ihr eines Tages gelungen war, mit ihrem theoretischen Hintergrund einer gebärenden

Das Erkennen rechter Wehen hatte jedoch noch weitere praktische Folgen. Eine Hebamme kannte verschiedene Mittel und Wege, um Wehen zu verstärken. Man hielt dies für unerläßlich, da man wie erwähnt glaubte, dem Kind nach draußen verhelfen zu müssen. Dazu gehörten mechanische Methoden wie die Dehnung des Muttermundes und die Sprengung der Fruchtblase, Medikamente und abergläubische Mittel. Setzte eine Hebamme diese Mittel zu früh ein, verstärkten diese die Geburtsschmerzen und waren für Mutter und Kind gefährlich. Wenn beispielsweise der Muttermund zu früh und zu stark gedehnt wurde, konnte er am Rand einreißen. Wehenauslösende Mittel wie die Gartenraute verstärkten nicht nur die Gebärmutterkontraktionen, sondern waren auch für Mutter und Kind giftig.

Als die Geburt im Zeitalter der Aufklärung, im 18. Jahrhundert, als natürlicher Vorgang aufgefaßt wurde, paßten ständige Manipulationen nicht mehr zu dem neuen Geburtsverständnis. Die Hebammenordnung von Frankfurt aus dem Jahr 1703 war in dieser Hinsicht sehr fortschrittlich und verbot den Gebrauch wehenauslösender Mittel. Die Hebamme sollte die Gebärende

> „nicht zur Arbeit unnöhtiglich dringen; noch mit ihren Fingern
> den Muttermund auffbohren oder durchbrechen, oder den Frauen-
> Leib von einander reissen, um mit Gewalt das Kind zu haben, und zu
> erzwingen; noch auch die Geburt ohne Noht übereilen, mit den
> sogenannten Wehen machend, und treibenden Mitteln ..."[43]

Bald zogen auch andere Hebammenordnungen mit diesbezüglichen Verboten nach. Wehenauslösende Maßnahmen wie reizende Dämpfe, Drücken auf den Leib und Ausdehnen der äußeren Geschlechtsteile wurden verboten.[44] Ebenso wurde die Gabe von Arzneimitteln oder abergläubischen und ekelerregenden Mitteln (z.B. der Harn des Mannes) zur Wehenauslösung untersagt.[45]

Frau aus einer verzweifelten Situation zu helfen, wurde sie bald zum Ratgeber und Helfer bei schwierigen Geburten (siehe Kapitel 8). — Von Medizinhistorikern wurden verschiedene Diagnosen für das von Siegemundin beschriebene Krankheitsbild vorgeschlagen. Vgl. Pulz 1994, S. 23f

[43] Nöth, S. 43

[44] Vgl. Hebammenordnung von Baden aus dem Jahr 1795. Nöth, S. 128

[45] Isenburg 1782, Zittau 1792. Nöth, S. 161 u. 168

Blasensprengung

Verläuft die Geburt normal, so springt die Fruchtblase am Ende der Eröffnungsperiode, d.h. wenn der Muttermund vollständig eröffnet ist. Man spricht dann vom *rechtzeitigen* Blasensprung. Die Fruchtblase kann auch zu früh springen. Bei einem *vorzeitigen* Blasensprung ist der Muttermund noch geschlossen; es besteht dann die Gefahr, daß Keime in die Gebärmutter dringen und zu einer Entzündung führen. Springt die Fruchtblase während der Eröffnungsperiode, spricht man vom *frühzeitigen* Blasensprung. Folge eines frühzeitigen Blasensprungs kann ein Nabelschnurvorfall sein: Das kindliche Köpfchen sitzt noch nicht tief genug im mütterlichen Becken, es dichtet seinen Geburtsweg nicht nach allen Seiten ab, und die Nabelschnur wird noch vor dem kindlichen Kopf in der Scheide sichtbar. Da bei jeder Wehe die Nabelschnur zwischen dem Kopf des Kindes und dem Geburtskanal eingeklemmt wird, ist auch die Blut- und Sauerstoffzufuhr zum Kind unterbrochen. Die Geburt muß schleunigst beendet werden. Glücklicherweise ist eine derart für das Kind lebensbedrohliche Situation nur selten (0,5% aller Geburten), da in der Regel der kindliche Kopf den Geburtskanal ausfüllt und die Nabelschnur nicht daran vorbeirutschen kann.[46]

Jahrhundertelang wurde das spontane Springen der Fruchtblase nicht abgewartet, sondern von außen nachgeholfen. Sobald die Hebamme sie erreichen konnte, ritzte sie sie mit dem Fingernagel, einem spitzen Fingerhut oder einer Schere an, um die Wehen zu verstärken und die Geburt zu beschleunigen.

Die Blasensprengung war bereits zu Siegemundins Zeiten so verpönt, daß ihr die Fälle, in denen sie sich zur Blasensprengung gezwungen sah, vorgeworfen wurden. Ihr Vorgesetzter, der Liegnitzer Stadtphysikus Dr. Kerger,[47] strengte ein Gerichtsverfahren gegen sie an. Siegemundin holte Zeugnisse der jeweiligen Frauen ein, die zum überwiegenden Teil vor Gericht aussagten und ihr Vorgehen rechtfertigten. Die Aussagen der Frauen zeugen von einem äußerst vorsichtigen, behutsamen und abwartenden Vorgehen der Hebamme, die

---

[46] Pschyrembel, Dudenhausen, S. 244, 424; Schmidt-Matthiesen, S. 348ff
[47] Pulz 1994, S. 88

geburtshilfliche Eingriffe erst nach Rücksprache mit medizinischen Sachverständigen und der Einwilligung der Patientinnen vornahm.[48] Sie sprengte die Blase „wohl abgepaßt".

Siegemundin berichtet jedoch auch von einem Fall, der zeigt, wieviel Unheil mit einer falsch indizierten oder zu frühen Blasensprengung angerichtet werden kann. Durch die zu frühe Sprengung der Fruchtblase fielen eine Hand und ein Fuß des Kindes vor, was schließlich den Tod von Mutter und Kind zur Folge hatte:

> „Hiebey muß ich einer Wehe-Mutter in Liegnitz gedencken, welche bey einer Strickerin daselbst sich eben dergleichen unverständigen Wassersprengens unterfangen, und gemeynet, die Geburt verzöge sich nur, weil das Wasser nicht springen wolte, und das Netze zu starck wäre. Also hat sie es, ehe sie einmahl gewust, wie das Kind zur Geburt gestanden, gesprenget. Den Augenblick kommt mit dem Wasser das rechte Händlein und rechte Füßlein des Kindes in und vor die Geburt. Die Wehe-Mutter erschrickt, und weiß ihr nicht zu helffen, ausser daß sie Händ- und Füßlein, so gut sie kan, zurücke hält, wodurch sich dann die Geburt biß an den dritten Tag hat halten lassen, wobey sie ihre gantze Macht um das Kind im Mutter-Leibe zu erhalten, und daß es sich wieder einwenden solte, daran gesetzet, dadurch sich Mutter und Kind bey grossen Wehen so abgemattet, daß das Kind sterben müssen, und die Mutter nur noch ein weniges zu leben übrig behalten."[49]

In den Hebammenordnungen wurde zunächst abwartendes Verhalten angeraten und die Blasensprengung nur im Notfall erlaubt.[50] Die Reihenfolge der Hilfsmittel, zu denen eine Hebamme greifen durfte, wurde genau festgelegt. Zunächst sollte sie einen Versuch mit den Fingernägeln unternehmen; wenn dieser fehlschlug, durfte sie eine Schere oder ein Messer zur Hilfe nehmen.[51] Gleichzeitig wurden jedoch auch Hebammenordnungen verfaßt, die das Kurzschneiden der Fingernägel vorschrieben und so der Fingernagel-Methode einen

---

[48] Siegemundin, S. 131ff

[49] Siegemundin, S. 129f

[50] Kaufbeuren 1737, Baden 1795; Nöth, S. 22

[51] Nürnberg 1711, Sachsen-Altenburg 1705; Nöth, S. 22

Riegel vorschoben.[52] In späteren Hebammenordnungen wurde die
Blasensprengung dann strikt verboten.[53]
Befürworter der natürlichen Geburtshilfe hielten die Blasenspren-
gung für völlig überflüssig:

> „In der natürlichen Geburt ist es fast niemals nöthig, sie zu
> sprengen, sie platzet von sich selbst, und das Wasser macht zur rech-
> ten Zeit die Wege schlüpfrig."[54]

Heutzutage kann die Fruchtblase, wenn sie bei vollständig geöffnetem Muttermund und beginnenden Preßwehen noch nicht gesprungen ist, mit einem Instrument gesprengt werden.[55]

Antreiben

Sobald die Wehen einsetzten, war die gebärende Frau angehalten
mitzupressen. Allerdings wurde sie dadurch rasch erschöpft und war
zur Kooperation nicht mehr fähig, wenn ein Pressen in der letzten
Phase der Entbindung sinnvoll gewesen wäre.

> Siegemundin beschreibt die Entbindung einer Frau, die von
> einer anderen Hebamme „dermaßen angetrieben (wird), daß auch
> der Kreist-Stuhl unter ihr zerbrochen. Dieses unvernünfftige Trei-
> ben ist am Sonnabend bald den ersten Tag geschehen, und sie ist erst
> den Dienstag drauf gegen Morgen erlöset und gerettet worden, und
> zwar bey grosser Gefahr ..."[56]

Die gebärende Frau stand insbesondere dann unter Druck, wenn
woanders noch eine Geburt bevorstand und die Hilfe der Hebamme
benötigt wurde:

---

[52] Nürnberg 1755, Nöth, S. 135. Kaufbeuren 1737, Nöth, S. 114

[53] Öttingen-Wallerstein 1775, , Nöth, S. 149-155. Regensburg 1779; Nöth, S. 160

[54] Thilenius, S. 59

[55] Pschyrembel, Dudenhausen, S. 244

[56] Siegemundin, S. 28

„Offte bedeutet die Antreibung auch eine Eilfertigkeit ... insonderheit, wenn ohngefehr noch eine sich meldet, die ihrer Hülfe begehrend ist."[57]

Durch Hebammenordnungen und weitere Erlasse sollte ein übermäßiges Eingreifen in den Geburtsvorgang verhindert werden. 1669 wurde beispielsweise in Darmstadt angeordnet, die Hebamme solle die Gebärende nicht zu früh zum Pressen anhalten. 1703 wurden die Hebammen in Frankfurt zur Geduld aufgefordert. In der Hebammeninstruktion von Oettingen-Wallerstein aus dem Jahr 1782 wurde den Hebammen verboten, den Muttermund und die äußeren Geburtsteile während der Wehen gewaltsam auseinanderzuzerren, „wobey sie durch ebenso heftiges Schnaufen und Drucken als die Kreissende selbst, die Gebährende und Umstehenden von ihrer Geschäftigkeit, Geburtshülfe und Beschleunigung überführen wollen"; lediglich der Dammschutz war ihnen während der Wehen noch erlaubt.[58] In der vorbildlichen Hebammenordnung von Baden aus dem Jahr 1795 wurden die Hebammen vor unnötigem Eingreifen und unnötiger Eile gewarnt. Die Gebärende sollte erst bei vollständiger Öffnung des Muttermundes auf den Gebärstuhl gebracht werden, da es durch eine unnötige Geburtsbeschleunigung zu Dammrissen, Gebärmuttervorfällen und Entzündungen kommen könne.[59]

Doch auch trotz dieser Erlasse war das Antreiben der gebärenden Frau auch im 19. Jahrhundert noch sehr verbreitet:

„... spannt sie daher nicht alle Kräfte an, scheint das Geburtsgeschäft sich wider Erwarten zu verzögern, dann ist man leicht geneigt, es auf Rechnung der Ungeschicklichkeit, der Weichlichkeit und Faulheit der armen Kreisenden zu bringen, und sie durch harte Aeusserungen und bittere Vorwürfe zur Beschleunigung der Arbeit anzuspornen."[60]

---

[57] Siegemundin, S. 244

[58] Nöth, S. 154. Zu ähnlichen Erlassen in Regensburg und Lippstadt siehe Nöth, S. 160 und 175

[59] Nöth, S. 129

[60] Pfeufer, S. 50f

Aderlaß

Der Aderlaß galt als Allheilmittel, das man fast gegen jede Krankheit einsetzte (zur praktischen Durchführung siehe Kapitel 5). Er wurde nicht nur während der Schwangerschaft bei vollblütigen Frauen empfohlen, sondern auch unter der Geburt, um den Geburtsverlauf zu beschleunigen. Es wurden dieser Maßnahme unglaubliche Wirkungen zugeschrieben:

> „Ich habe schon gesagt, daß vollblütige Personen schwerer gebären. Wenn die Hebamme gewiß ist, daß die Gebärende sehr blutreich, frisch, stark, fett ist, daß das Kind völlig recht stehet, und sonst ein natürliches Verhältniß zwischen seinem Kopf und den Geburtswegen ist, und die Geburt gehet sehr langsam; wenn Beängstigungen, Hitze, ein starker Puls da sind, so lasse sie eine Ader am Arm öffnen, wodurch die ausgedehnten Blutgefässe kleiner werden, der Anhäufung, Verstopfung des Blutes und der Entzündung vorgebeuget wird, und die Geburt oft glücklich von statten gehet. Noch vor wenigen Tagen habe ich den besten Erfolg davon bey einer sehr blutvollen fetten Gebärenden gesehen, die schon über 24 Stunden in der Geburtsarbeit mit dem völlig rechtstehenden, jedoch großen Kinde zugebracht hatte, und darauf in weniger als einer Stunde entbunden wurde."[61]

Dammschutz

Der Dammschutz wurde erstmals von Soranus von Ephesus (siehe Kapitel 1) beschrieben. Mit diesem Handgriff beabsichtigte man vor allem, den mütterlichen Damm (= Mittelfleisch), d.h. die Gegend zwischen den äußeren Geschlechtsteilen und dem After, beim Durchtritt des kindlichen Köpfchens zu schonen und ein Zerreißen zu verhindern. Bei dem von Soranus beschriebenen Handgriff faßte eine Hilfsperson den Damm der gebärenden Frau mit Hilfe eines Leintuchs. Es genügte demnach eine Hand. Der Dammschutz geriet in Vergessenheit und wurde im 11. Jahrhundert erneut beschrieben.[62]

---

[61] Thilenius, S. 172

[62] Diese Beschreibung findet sich bei Trotula. Der Dammschutz wird — wie bei

Bereits vor zweihundert Jahren wurde erkannt, wie wichtig ein langsamer Austritt des kindlichen Kopfes ist. Eine Helferin mußte dafür Sorge tragen, daß der kindliche Kopf nicht zu rasch geboren wurde, damit der Damm langsam gedehnt werden konnte:

> „Je langsamer man den Kopf durch Ein- und Aufwärtsdrücken ein- und durchschneiden lässet, desto gewißer wird das Schaamlippenband und das Mittelfleisch unzerrissen erhalten."[63]

Dieses Ziel wurde durch Zurückhalten des kindlichen Kopfes und Druck auf den Damm erreicht, d.h. man brauchte beide Hände.

Auch bei dem heute noch geübten Dammschutz kommt es ganz wesentlich darauf an, einen zu raschen Austritt des kindlichen Kopfes zu verhindern. Der Dammschutz ist zugleich eine Kopfbremse.[64] Die eine Hand des Geburtsbegleiters übt einen Druck auf den Damm und damit auf die darunter befindliche kindliche Stirn aus, die andere Hand hält das kindliche Hinterhaupt zurück (Abbildung 7.6).

Durch den Dammschutz wird nicht nur der Damm geschützt; durch das Zurückhalten des kindlichen Kopfes erfolgt eine langsamere Druckentlastung. Dieses wichtige Ziel des Dammschutzes wurde erst in den letzten Jahren erkannt und formuliert. Wird jedoch der Damm blaß — ein Zeichen, daß er gleich reißt —, verhindert man mit einem Schnitt ein unkontrolliertes Einreißen.

Soranus auch — mit einer Hand ausgeübt, wobei eine Helferin ein Tuch auf den After der gebärenden Frau legt. Fasbender 1906, S. 87. Vermutlich war Trotula eine italienische Ärztin an der Schule von Salerno, die im 11. Jahrhundert lebte. Bekannt wurde sie durch ihr Buch über die Entbindungskunst und über Kinderkrankheiten. Diese Schrift ist in Auszügen wiedergegeben in Grant, E., S. 761-767. Ein englisches Trotula-Manuskript wurde von Rowland, B., mit einer Übersetzung in modernes Englisch herausgegeben.

[63] Osiander, F.B., S. 61

[64] Pschyrembel, Dudenhausen, S. 257

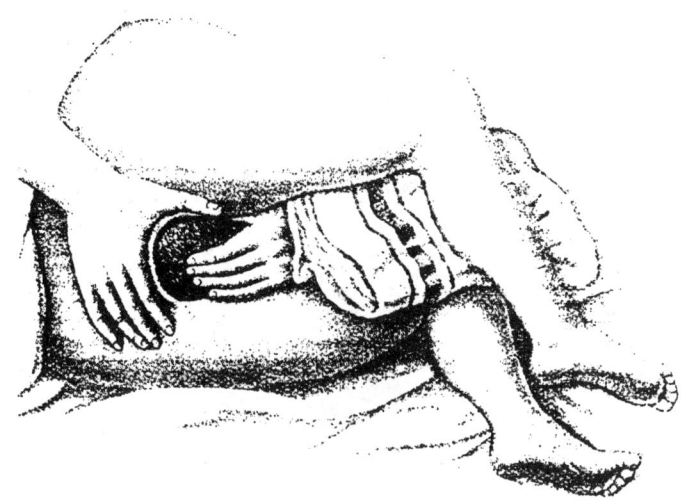

Abb. 7.6: Austritt des kindlichen Kopfes und Dammschutz. Aus: Müller 1926, Tafel 34

Die Nachgeburt

Wenn das Kind geboren ist, ist die wichtigste Phase durchstanden, und die Mutter ist überglücklich. Die Geburt ist jedoch noch nicht beendet, es kommt noch die Nachgeburt: Mutterkuchen und Eihäute. Der Mutterkuchen ist rund oder etwas oval, hat einen Durchmesser von ca. 20 cm und wiegt etwa 500 g. Er dient dem Austausch zwischen mütterlichem und kindlichem Blut, stellt jedoch auch verschiedene Hormone her. Die Eihäute kleiden während der Schwangerschaft die Gebärmutter aus (Abbildung 7.7).

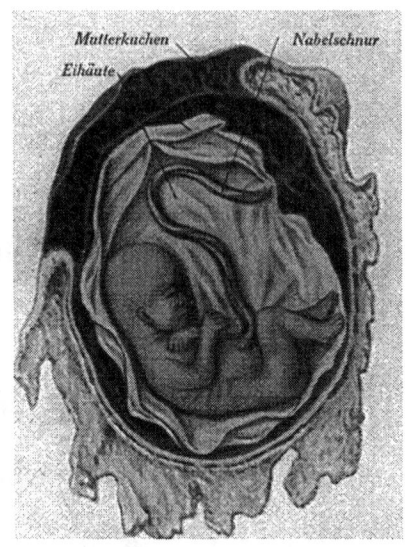

Abb.7.7: 12 Wochen alter Fötus mit Plazenta und Eihäuten. Aus: Müller, B.: Die Familienärztin, Tafel 29

Wie zuvor das Kind wird auch die Nachgeburt durch Wehen (Nachgeburtswehen) nach außen befördert. Die Nachgeburt kann wenige Minuten nach Geburt des Kindes, aber auch erst eine halbe Stunde danach und später erscheinen.

Jahrhundertelang glaubte man, die Nachgeburt müsse unmittelbar nach der Geburt des Kindes erfolgen. Andernfalls ziehe sich die Gebärmutter zusammen, umschließe Mutterkuchen und Eihäute fest und behalte sie bei sich.[65] Daher zog die Hebamme an der Nabelschnur oder am Mutterkuchen gleich nach Geburt des Kindes. Sie führte ihre Hand mehrmals in die Gebärmutter ein: einmal direkt nach der Geburt des Kindes, um zu tasten, ob evtl. noch ein Zwilling vorhanden sei, und nach vorsichtigem Entfernen der Nachgeburt ein weiteres Mal:

---

[65] Fasbender 1906, S. 766ff

„Es hat vielen Nutzen, wenn man nach herausgebrachter Nachgeburt noch einmal sehr behutsam in die Gebärmutter greifet, und
was sich von geronnenem Blut oder Häuten noch darin befindet,
mit gebogener Hand herausführet."[66]

Von einer solchen Reinigung der Gebärmutter versprach man sich
weniger Nachwehen sowie eine raschere Rückbildung der Gebärmutter.

Die Ansichten über das Verhalten in der Nachgeburtsperiode
änderten sich im Laufe der Jahrhunderte. Die Anweisungen, die in
den Hebammenordnungen zum Umgang mit der Nachgeburt gegeben
wurden, weisen ein weites Spektrum auf: Sie reichen von dem unbedingt abwartenden Verhalten (bis zu sechs Tage) bis zum sofortigen
Eingreifen der Hebamme. So wurde beispielsweise in den Hebammenordnungen von Runkel-Wied (aus dem Jahr 1771) und Oldenburg (aus dem Jahr 1753) eine unmittelbare Entfernung der Nachgeburt im Anschluß an die Geburt des Kindes vorgeschrieben. Die
Hebamme mußte sie sofort nach der Geburt mit der Hand herausho-
len.[67]

In zahlreichen Hebammenordnungen wurde ausdrücklich bestimmt, die Nachgeburt der Natur zu überlassen.[68] In einem Erlaß
von Schaumburg-Lippe (1795) heißt es sogar, daß die Nachgeburt
manchmal erst nach drei bis fünf Tagen natürlicherweise ausgestoßen
wird. Der Bedeutung einer schonenden Nachgeburt und den sich aus
einer gewaltsamen Lösung ergebenden Gefahren für das Leben der
Mutter wurde somit in diesen Bestimmungen Rechnung getragen.

Die natürliche Lösung, d.h. abwartendes Verhalten, hatte besonders in England viele Anhänger:

„Die größten und erfahrensten Geburtshelfer in England und
Deutschland rathen, die Ausscheidung der Nachgeburt in allen Fällen, bei zeitigen nicht nur, sondern auch bei unzeitigen Geburten
oder Mißfällen, der Natur zu überlassen. Unthätigkeit der Gebärmutter und Blutfluß macht keine schnellere Herausnahme derselben
nothwendig, und letzterer läßt sich durch gewisse innerliche und

---

[66] Thilenius, S. 68

[67] Nöth, S. 24, 25, 134, 143

[68] Nöth, S. 128, 149, 160

äußerlicher Arzneimittel sehr zuverläßig stillen. ... Zurückgebliebene Stücke der Nachgeburt mit der Hand aus der Mutter zu
bringen, ist ebenfalls unnütz und schädlich. Die Zufälle sind äußerst
selten, welche ihre künstliche Wegnahme zu erfordern scheinen,
und im Fall solche eintreten, so soll man sich nicht übereilen, und
sie auf die gelindeste Weise und durch die sanftesten Handgriffe
wegzuschaffen suchen. Wenn zurückgebliebene Nachgeburt oder
Stücke derselben Zufälle eines Faulfiebers, hauptsächlich aber
einen scharfen stinkenden Fluß aus den Geburtstheilen verursachen, was auch nach der künstlichen und gewaltsamen Herauszie-
hung nicht ungewöhnlich ist, so sind laue Einspritzungen von
Milch und Wasser sehr nützlich."[69]

Thilenius schildert den Fall einer Lösung der Nachgeburt von
Hand, die tödlich verlief:

> „Noch neulich schrieb mir ein würdiger Freund den Verlust sei-
> ner Gattin aus dieser Ursach: Die Geburt des Kindes war leichter, als
> eine der vorhergehenden geendiget, die Nachgeburt war aber zu-
> rückgeblieben; man zögert, die Hebamme tröstet immer mit einigen
> Beyspielen, wo die Natur geholfen hätte. Ein in der Geburtshülfe
> unerfahrner Arzt hatte allerhand Arzneyen verordnet; alles umsonst!
> Nach etwa 42 Stunden wird ein bekannter sehr geschickter Ge-
> burtshelfer geholet, er bringet mit Mühe und Zeit die Nachgeburt,
> aber in wenigen Minuten darnach war die Mutter das Opfer der
> Unwissenheit ... geworden."

Der Autor bemerkt zu dieser Fallgeschichte noch folgendes:

> „Von 5 künstlichen Nachgeburtsentbindungen lief, nach
> meinen Beobachtungen, wenigstens Eine, — von 10, welche der
> Natur überlassen wurden, kaum eine Einzige unglücklich ab."[70]

Eine beliebte Methode zur Lösung der Nachgeburt war um die
Jahrhundertwende der Wechselguß:

> „Man läßt die Frau von zwei Personen über eine Wanne halten
> und gießt zuerst einen Eimer von 42° C., dann einen von 14° C. auf
> ihren Leib; in den meisten Fällen wird darnach die ganze Nachge-

---

[69] Thilenius, S. 79f

[70] Thilenius, S. 86f

burt schmerzlos auf die Unterlage fallen, und die Gebärmutter wird sich darauf kräftig zusammenziehen."[71]

In der modernen Geburtshilfe wird bei Ausbleiben der Plazentalösung bei starker Blutung (über 300 ml) von Hand nachgeholfen, d.h. die Plazenta wird vorsichtig durch die in die Gebärmutter eingeführe Hand in Narkose gelöst. Ohne starke Blutung wartet man ein bis zwei Stunden bis zur Narkose ab.

Der angewachsene Mutterkuchen

Ist der Mutterkuchen fest mit der Gebärmutter verwachsen (Placenta increta oder accreta), gelingt die manuelle Lösung nicht, und die Gebärmutter muß entfernt werden.

Zu Siegemundins Zeiten war dies eine lebensgefährliche Situation, vor der auch eine so geschickte Hebamme wie Siegemundin kapitulieren mußte. Sie schildert eindrucksvoll, wie sie tatenlos mitansehen mußte, als zwei Frauen vor ihren Augen verbluteten:

> „Aber dieser Zustand wegen Anwachsung der Nach-Geburt ist mir schwerer und geführlicher unter Händen kommen, und unmöglich zu retten gewesen, als bey allen geburten und Wendungen der Kinder."[72]

Mutterkuchen oder Gebärmutter? Eine verhängnisvolle Verwechslung

In ganz seltenen Fällen kann die Gebärmutter während oder kurz nach der Geburt wie ein Beutel in die Scheide umgestülpt werden, so daß das Innere der Gebärmutter nach außen gekrempelt wird, die Umkrempelung der Gebärmutter (Uterusinversion). Dies kann z.B. durch zu starken Zug an der Nabelschnur passieren. Eine umgekrempelte Gebärmutter muß sofort in tiefer Narkose zurückgekrempelt werden.

---

[71] Fischer-Dückelmann, S. 708

[72] Siegemundin, S. 104

Glücklicherweise ist dieses Ereignis so selten, daß ein Geburtshelfer höchstens ein- bis zweimal während seines Berufslebens damit konfrontiert wird.[73] J.F. Osiander nennt eine Umstülpung der Gebärmutter „eine der seltensten Dislocationen der Gebärmutter, die mir, in meiner Praxis, nicht ein einziges Mal vorgekommen."[74]

In der Hebammenordnung von Sachsen-Altenburg aus dem Jahr 1705 wurde ausdrücklich vor dem gewaltsamen Herausziehen der Nachgeburt mit der Gefahr einer Uterusinversion gewarnt, „damit die Gebährmutter selbsten nicht mit heraus falle oder gezogen werden".[75] Ebenso in Nürnberg (1711), „darmit nicht solchergestalt die Mutter (d.h. Gebärmutter) selbst mit der Nachgeburt aus dem Leib gezogen werde."[76]

Die Gebärmutterumstülpung allein war schon äußerst gefährlich. Tödlich endeten jedoch solche Fälle insbesondere, wenn es zu Verwechslungen kam und die umgestülpte Gebärmutter für den Mutterkuchen, einen Tumor oder Zwilling gehalten wurde,

> „so dass, in mehreren Fällen, die umgekehrte Gebärmutter für ein an dem Mutterkuchen hängendes fremdes Gewächs oder für eine Mole angesehen, weiter hervorgezogen, umgedreht, unterbunden oder abgeschnitten worden ist. Auch hat man sie zuweilen für den Kopf eines zweiten Kindes gehalten, und sogar gewaltsam mit der Zange angezogen."[77]

Die Hebammenordnung von Kaufbeuren (1737) erwähnt die in der Vergangenheit beobachteten Fällen einer meist tödlich verlaufenden Uterusinversion und Verwechslung der Gebärmutter mit dem Mutterkuchen:

> „Es hat aber hiebey eine Hebamme in Acht zu nehmen, dass sie nicht ... die Mutter selbst, für die Nachgeburt halte, und einen Griff thue, welcher, wie leidige Exempel bezeugen, grosse Gefahr, ja den Tod nach sich ziehet ... Oder wenn sie die Nachgeburt selbst oder an

---

[73] Flock et al., S. 689-691

[74] Osiander, J.F., 3. Bd., S. 123

[75] Nöth, S. 56

[76] Nöth, S. 76

[77] Osiander, J.F., 3. Bd., S. 126

der Schnur starck ziehen wolte, ehe sie von der Mutter abgelöset ist, so könnte geschehen, dass der Theil der Mutter, wo sie anhangt, nachfolgt, und also ein höchst gefährlicher Vorfall der Mutter entstünde ..."[78]

In Vallstadt bei Wolfenbüttel forderten die Stadträte 1805 nach dem gewaltsamen Tod einer Mutter infolge einer Uterusinversion statt der beiden tätigen Hebammen ohne Ausbildung eine ausgebildete Hebamme.[79]

In der Literatur werden immer wieder die gleichen Fallgeschichten wiedergegeben wie die folgende, die sich wie eine Horrorgeschichte liest:

„Ein Arzt schickt auf Wunsch des Gerichts von Zittau folgendes Zeugnis an die Medizinische Fakultät von Leipzig: Am 18. Januar 1681 gebar die 22jährige Dorothea Thielin ihr erstes Kind, einen gesunden Knaben. Sie fühlte sich wohl und glücklich. Die Hebamme, Christine Scherin, löste die Nachgeburt von Hand. Zugleich mit der Nachgeburt trat der obere Teil der Gebärmutter aus der Scheide. Die Hebamme hielt ihn für eine Zwillingsgeburt und trieb die Wöchnerin zu erneutem Pressen an. Nach etwa einer Stunde starb die Frau, gerade als der Berichterstatter an ihr Bett trat. Er erkannte im vermeintlichen Zwilling den in die Scheide gestülpten Uterus. Was die Hebamme für die Arme des Kindes hielt, waren dessen Aufhängebänder. Bei der darauffolgenden Sektion der Leiche war das kleine Becken leer."[80]

Der Geburtshelfer J.F. Osiander teilt zwei Verwechslungsfälle mit. In dem einen Fall fand ein Londoner Geburtshelfer bei der Sektion einer verstorbenen Wöchnerin keine Gebärmutter mehr:

„Er forscht nach, was bei der Entbindung vorgegangen ist, und der, welcher die Frau entbunden, gesteht: dass er unter dem Anziehen der Nachgeburt den Uterus invertirt, diesen für den Kopf eines

---

[78] Nöth, S. 119f

[79] Nolde 1807, S. 91

[80] Fischer-Homberger 1983, S. 60

zweiten Kindes gehalten, mit der Zange gefasst und ausgerissen
habe.“[81]

Osiander selbst lernte eine alte Bäuerin kennen, die sich jedes
halbe Jahr zur Untersuchung einfand. Sie hatte nur noch einen Gebärmutterhals, der in eine Narbe mündete. Die Gebärmutter war nach
der Geburt von der Hebamme mit dem Mutterkuchen verwechselt
und mit einem Brotmesser abgeschnitten worden.[82] Diese Frau war
vermutlich eine der ganz wenigen Überlebenden einer solchen Verwechslung.

Nachgeburt und Zauber

Der Nachgeburt wurden magische Kräfte zugeschrieben, und sie diente
der Hebamme zu abergläubischen Zwecken. Unter das Bett der
Wöchnerin gelegt sollte sie die Nachwehen vertreiben. In zahlreichen
Hebammenordnungen wurde den Hebammen die abergläubische
Verwendung des Mutterkuchens ausdrücklich verboten. Er mußte
vergraben oder ins Wasser geworfen werden.[83]
     Dem Mutterkuchen wurden auch Heilkräfte zugeschrieben. So war
es üblich, ein Muttermal oder andere Flecken des Neugeborenen mit
dem Mutterkuchen zu bestreichen, um sie zu entfernen.[84] Die Hebamme wurde in der Hebammenordnung von Kaufbeuren (1737)
eigens auf dieses Heilverfahren hingewiesen.[85] Und noch zu Osianders Zeiten war „das Besudeln der Brüste mit der Nachgeburt“ eine
volkstümliche Methode „zur Verhinderung der Geschwülste in den-
selben“.[86]

---

[81] Osiander, J.F. 1825, S. 126f

[82] Osiander, J.F. 1825, S. 129

[83] Vgl. die Hebammenordnungen von Nürnberg-Burggrafschaft 1711, Castell 1724,
Nürnberg-Reichsstadt 1755, Schwerin 1763, Zittau 1792. Siehe dazu Nöth, S. 25, 86f,
136, 139, 168

[84] Handwörterbuch des Deutschen Aberglaubens, Bd. 6, S. 704.

[85] Nöth, S. 118

[86] F.B. Osiander, S. 179

Pfeufer berichtet im Jahr 1810 über die Verwendung des Mutterkuchens auf dem Land:

> „Auch mit der Nachgeburt treibt man auf dem Lande grossen
> Unfug. Sie wird im allgemeinen als schützender Genius betrachtet,
> die Wöchnerin und das Neugeborne vor Unglück und bösen Leuten
> zu bewahren. Man bindet einzelne Stücke davon an die Waden der
> erstern, und reibet ihre Brüste damit, um auf der einen Seite
> Blutflüsse zu verhüten, auf der andern Krankheiten der Brüste zu-
> vorzukommen. Vorzüglich geschickt soll dieselbe zur Vertreibung
> der Muttermäler und anderer Verunstaltungen seyn; die dabei
> nothwendige Manipulation besteht darin, dass man diese einigemal
> damit bestreicht, und die gebrauchten Stücke unter gewissen For-
> meln an einem abgelegenen dunkeln Orte im Hause vergräbt."[87]

Es gab ganz vereinzelt die Sitte, den Mutterkuchen klein zu
schneiden und daraus eine kräftige Suppe zu kochen. Immerhin
kannten noch zwei der bayerischen Hebammen, die von Hintereicher
1987 befragt wurden, den Brauch, aus dem Mutterkuchen eine warme
Mahlzeit zu bereiten, was allerdings nur bei sehr armen Leuten üblich
gewesen sei.[88] In den 60er Jahren war es übrigens auch unter den
Hippies in Amerika Mode, die Nachgeburt zu verspeisen, und sie
wurde nach besonderen Rezepten zu einer geschmackvollen Mahlzeit
verarbeitet.

Glückshaube

Blieb ein Teil der Eihaut am kindlichen Kopf bei der Geburt hängen
und überlebte das Kind die Geburt, so wurde dies als gutes Vorzeichen
gedeutet. Warum diesem Stückchen Eihaut glücksbringende Wirkung
zugeschrieben wurde, faßte eine der von Hintereicher interviewten
Hebammen mit folgenden Worten zusammen:

---

[87] Pfeufer, S. 56f

[88] Hintereicher, S. 84

„Das Kind hat Glück gehabt, daß es nicht schon bei der Geburt verreckt ist und es wird sein ganzes Leben lang Glück haben."[89]

Die Hebammen nahmen die Glückshaube an sich, um sie für die eigenen Kinder zu nutzen oder sie zu verkaufen.[90] Bereits bei den Römern verkauften sie die Glückshaube an Anwälte, die sich davon berufliches Glück versprachen.[91] Soldaten verwendeten sie als Glücksbringer im Krieg.[92]

Der Ochsenfurter Stadtphysikus Seitz (1714) war allerdings von der glücksbringenden Wirkung der Glückshaube nicht so überzeugt und warnte:

„man vermeint / daß diejenigen Kinder ... die mit einem Helmlein oder Labhaublein / wie man es nennet / auf die Welt ge-bohren / Zeit Lebens glückseelig leben werden. Darauf sich aber nicht zu verlassen; dann die Erfahrung das Widerspiel bring"[93]

Wie abergläubische Praktiken allgemein so wurde auch die Verwendung der Glückshaube verboten. Die Hebamme mußte sie — ebenso wie die Nachgeburt — vergraben und durfte sie auch nicht mit dem Kind taufen.[94]

„Die sogenannte Sehnen- oder Nabelschnur, Nachgeburten, Helmlein und Kleidlein, so die Kinder mit auf die Welt bringen, solle keine Hebamme heimlich verpartiren, oder verdächtigen Personen zum Mißbrauch und Treibung allerhand höchstverdammlichen Leichtfertigkeiten verkauffen, welche hierüber betretten würden, sollen zur ernstlichen Straffe gezogen werden."[95]

---

[89] Hintereicher, S. 85

[90] Handwörterbuch des Deutschen Aberglaubens, Bd. 3, S. 890-894

[91] Siebold, 1. Band, S. 125.

[92] Hintereicher, S. 85

[93] Handwörterbuch des Deutschen Aberglaubens, Bd. 3, S. 891

[94] Hebammenordnung von Castell (1724), Nöth, S. 87. Hebammenordnung von Baden (1795), Nöth, S. 129, Hebammenordnung von Braunschweig (1757), Nöth, S. 131

[95] Brandenburgische Hebammen-Ordnung von 1743, Krauss, S. 70

Exkurs 1: Zu Hause oder im Krankenhaus

In Deutschland ist es gesetzlich vorgeschrieben, daß bei jeder Geburt eine Hebamme dabei sein muß, nicht jedoch unbedingt ein Arzt. Eine gesunde Frau ohne Risikofaktoren kann ihr Kind durchaus zu Hause mit Hilfe einer Hebamme gebären. Diese Gebärsituation ist jedoch in den westlichen Industrienationen sehr selten geworden. Das Verhältnis der Hausgeburtenrate zur Klinikgeburtenrate hat sich in den letzten hundert Jahren genau umgekehrt: 1877 fanden noch über 99% aller Geburten zu Hause statt.[96] Seit den 30er Jahren entschieden sich immer mehr Frauen für das Krankenhaus. Doch noch in den 50er Jahren bestand die Vorschrift, daß eine Schwangere nur bei drohender Komplikation in eine Klinik eingewiesen werden mußte.[97] Während die Hausgeburtenrate 1950 noch 70% betrug, sank sie 1992 unter 1%. In den letzten Jahren ist wieder eine leicht steigende Tendenz zu verzeichnen,[98] insbesondere in einigen Großstädten wie z.B. Berlin (3%).[99]

Seit Jahren wird diskutiert, wie sicher eine Hausgeburt im Vergleich zur Klinikentbindung ist. Wenn die schwangere Frau gesund ist, wenn es dem Kind gutgeht und die Schwangerschaft ohne Komplikationen verlaufen ist, spricht nichts gegen eine Hausgeburt. Ganz besonders wichtig ist jedoch ein guter Kontakt der schwangeren Frau zur Hebamme während der ganzen Schwangerschaft, damit die Hebamme jede Veränderung im Schwangerschaftsverlauf bemerken und beurteilen und somit grünes Licht für eine Hausgeburt geben kann. Seit Ende 1997 werden auch die Kosten einer zweiten Hebamme bei einer Hausgeburt erstattet, die bei eventuell auftretenden Schwierigkeiten Unterstützung bietet oder die gebärende Frau bei einer notwendigen Einweisung in ein Krankenhaus begleitet.

---

[96] Shorter, S. 157

[97] Murken 1994, S. M61

[98] Im Jahr 1995 wurden beispielsweise in Deutschland 756 756 Lebendgeborene in Krankenhäusern erfaßt bei insgesamt 765 221 Lebendgeborenen, d.h. die Hausgeburtenrate lag vermutlich knapp über 1%. Mitteilung des Statistischen Bundesamtes. Siehe auch Albrecht-Engel, S. 31-42.

[99] Berg, Süß, S. 131-138

Für eine abschließende Beurteilung der Sicherheit der Hausgeburt
sind die Ergebnisse einer Erhebung abzuwarten, die derzeit vom Bund
Deutscher Hebammen in Zusammenarbeit mit dem Bund freiberufli-
cher Hebammen Deutschlands durchgeführt wird.

Geburtsort Kreißsaal

Als starkes Argument für eine Klinikentbindung galt jahrelang die
vergleichsweise hohe Säuglingssterblichkeit in Deutschland. Deutschland lag in Europa Mitte der 70er Jahre mit 19,3 Promille an
dritthöchster Stelle.[100] Als geeignete Maßnahmen zur Senkung der
Säuglingssterblichkeit betrachtete man eine engmaschige Überwachung während der Schwangerschaft und eine zunehmende Technisierung des Geburtsvorgangs. Die großzügige Indikationsstellung zum
Kaiserschnitt ist hierfür bezeichnend. Erfreulicherweise ging in
Deutschland die Säuglingssterblichkeit zu Beginn der 80er Jahre drastisch zurück. Während 1960 noch 33,8 Sterbefälle auf 1.000 Lebendgeburten verzeichnet wurden, waren es 1990 nur noch 7,1 Sterbefälle auf 1.000 Lebendgeburten. Dies ist um so bemerkenswerter, da
gleichzeitig der Anteil der Frühgeburten anstieg, die besonders anfällig
sind.[101]
Die Klinikentbindungen nahmen rapide zu, die Säuglingsster-
lichkeit ging zurück — zwei Entwicklungen, die jahrelang ursächlich
miteinander verknüpft wurden. 1996 wies die Statistikerin Alison
Macfarlane nach, daß die genannten Trends — gleichzeitige Abnahme der Hausgeburten und Säuglingssterblichkeit — zwar parallel
verliefen, aber nicht auseinander folgten. Sie verglich dabei die Situation in Dänemark (ähnlich wie in Deutschland) mit der in den
Niederlanden und konnte nachweisen, daß wenig Technik nicht
unbedingt in einer hohen Säuglingssterblichkeit resultieren muß: Die
Säuglingssterblichkeit ist in beiden Ländern gleich niedrig; in Dä-

---

[100] Eurostat 1992 Health Statistics of the Nordic countries. Arbeitsgemeinschaft
Schweiz, Frauenklinik. Zit. nach Berg, Süß, S. 137. Der Wechsel des Geburtsortes und
der Einstellung zur Geburt geht auch eindrücklich aus den Tagebuchaufzeichnungen
von Rosalie Linner hervor, die von 1943 bis 1980 als Landhebamme arbeitete.

[101] Hebammengesetz, S. 4

nemark bringen fast alle Frauen ihr Kind in der Klinik zur Welt, in den Niederlanden hingegen ein Drittel zu Hause, d.h. die Hausgeburt ist bei guter Betreuung so sicher wie die Klinikentbindung. Der Rückgang der Säuglingssterblichkeit ist auf verschiedene Faktoren wie gesündere Mütter, mehr geplante Schwangerschaften und höhere Standards zurückzuführen.[102]

Geburt im Kreißsaal bedeutet heute nicht mehr „Geburt in kalten weißen, gefließten Räumen". Durch sinkende Geburtenzahlen in den letzten dreißig Jahren[103] ist der Konkurrenzdruck zwischen den geburtshilflichen Abteilungen in Deutschland gestiegen, und viele haben ihr Gesicht völlig verändert. Seit Mitte der 70er Jahre werden Wünsche von Frauen und ihren Partnern laut, die Gebärsituation und den Krankenhausaufenthalt angenehmer zu gestalten. Salopp formuliert: eine Synthese von Heim und Krankenhaus mit der Verfügbarkeit moderner medizinischer Möglichkeiten, d.h. mit einem Höchstmaß an Sicherheit, in anheimelnder Atmosphäre. Da die Geburtenrate rückläufig war, gingen viele geburtshilfliche Abteilungen unter steigendem Konkurrenzdruck auf entsprechende Wünsche ein. Manche Kreißsäle ähneln heute eher einem Spielplatz als einem Operationsraum: Sie sind in angenehmen Pastellfarben gehalten und mit sämtlichen Vorrichtungen ausgestattet, die für die Geburt im Stehen, Hängen, Knien, Hocken, Sitzen oder Liegen hilfreich sein könnten (Abbildung 6.6). Der Partner kann während der ganzen Zeit dabei sein, was heutzutage die Regel ist.[104] Die gebärende Frau kann nach der Geburt nach Hause gehen oder bleiben, je nach Fitness und Wahl, und wenn sie sich zum Bleiben entschieden hat, kann sie das Kind zu sich ins Zimmer nehmen. 24-Stunden-Rooming-in und Self-Demand-Feeding (Stillen nach Bedarf) sind zu einer Selbstverständlichkeit geworden.[105]

---

[102] Motluk, S. 5

[103] Zwischen 1963 und 1993 ist die durchschnittliche Geburtenrate in den westlichen zivilisierten Ländern um 2-3 gesunken. Im Durchschnitt brachte im Jahr 1993 eine Frau zwei oder weniger Kinder zur Welt. Saeger, S. 32f

[104] 90% machen davon Gebrauch. Albrecht-Engel, S. 36. In Fachkreisen wird sogar ein gesellschaftlicher Druck auf schwangere Frauen befürchtet, die ohne Partner zur Geburt kommen. David et al., S. M154-156

[105] Neuhaus, S M124-M125

Alternativen

In Deutschland entscheiden sich wieder mehr Hebammen zu einem
Einstieg in die Freiberuflichkeit. Von den ca. 12.000 deutschen
Hebammen arbeitet etwa ein Drittel im Angestelltenverhältnis in
einer Klinik, und ein Drittel ist freiberuflich tätig. Ein weiteres Drittel kombiniert Angestelltendasein und Freiberuflichkeit.[106] Viele
freiberufliche Hebammen haben sich in den letzten Jahren in Praxisgemeinschaften zusammengeschlossen. Auf diese Weise sind geregelte
Arbeitszeiten realisierbar, und die Verknüpfung von Arbeit mit eigenem Familienleben gelingt eher.

Das Arbeitsspektrum der freiberuflichen Hebamme reicht von der
Betreuung während der Schwangerschaft über die Hausgeburt bis zur
Wochenbetthilfe. Der Kontakt während der Schwangerschaft entsteht
meist durch einen Geburtsvorbereitungskurs. Eine steigende Zahl von
Frauen weiß die angenehme Atmosphäre einer Hebammenpraxis zu
schätzen und zieht sie einem Klinikkreißsaal für die Geburt vor. Wie
groß der Anteil dieser Frauen allerdings genau ist, läßt sich schwer
ausmachen. Die Zahlenangaben schwanken zwischen unter 2% und
3-5%.

In den letzten Jahren sind in Deutschland Geburtshäuser mit hohem medizinischen Standard unter Hebammenleitung entstanden.
Sie stoßen auf große Resonanz in der Bevölkerung, und die Nachfrage
ist so groß, daß längst nicht alle Anmeldungen berücksichtigt werden
können.[107]

Im Vergleich: Niederlande und USA

Die Niederlande nehmen bezüglich der Hausgeburtenrate einen Sonderstatus in Europa ein. Etwa ein Drittel der Niederländerinnen
bringt ihr Kind zu Hause zur Welt.[108]

---

[106] Edelmann, S. 8

[107] Edelmann, S. 9

[108] Allerdings lag die Häufigkeit der Hausgeburten zu Beginn der siebziger Jahre
doppelt so hoch: Während 1970 noch 70% aller Geburten zu Hause stattfanden,
betrug der Anteil 1979 nur noch 35%. Naaktgeboren, S. 287

Bereits zur Schwangerschaftsvorsorge wendet sich die Niederländerin, die eine Hausgeburt wünscht, an eine freiberufliche Hebamme. Diese führt die nötigen Vorsorgeuntersuchungen durch und entscheidet, ob eine Hausgeburt unbedenklich ist. Treten keinerlei Komplikationen während der Schwangerschaft auf, kann die Schwangere zu Hause mit der Hebamme ihr Kind zur Welt bringen. Es kommt durchaus vor, daß sie während Schwangerschaft, Geburt und Wochenbett keinen Arzt benötigt.

Der Anteil der freiberuflichen Hebammen in den Niederlanden ist entsprechend hoch: Im Januar 1989 waren von den 1.040 in den Niederlanden beschäftigten Hebammen 70,5% in einer eigenen Praxis tätig, 15,1% im Krankenhaus, 6,8% arbeiteten als Assistentinnen in freiberuflichen Praxen und 8,1% als Vertretung für freiberufliche Hebammen.[109]

Auch in den Niederlanden drohen der Hausgeburt Gefahren. Es kommt vor, daß überarbeitete freiberufliche Hebammen nicht die nötige Geduld für eine Hausgeburt aufbringen und zu rasch ins Krankenhaus überweisen. Andere sind aus Gründen der Zeitersparnis nicht mehr zu Hausgeburten bereit, sondern betreuen nur noch ambulante Entbindungen im Krankenhaus. Es bleibt zu wünschen, daß gesunden Frauen die Möglichkeit einer Hausgeburt erhalten bleibt.[110]

In den USA, wo in vielen Staaten Hausgeburten sogar illegal sind und in den frühen siebziger Jahren nur noch 0,5% aller Geburten von Hebammen geleitet wurden, zeichnet sich seit einigen Jahren eine Gegenbewegung zur technisierten Geburt ab. Diese Bewegung wird von Frauen getragen, die nicht als Patientinnen, sondern als eigenverantwortliche Personen betrachtet werden wollen. Bereits in den 20er Jahren gab es in den USA die certified nurse midwife (kurz: CNM genannt), die jedoch erst im Jahr 1971 offiziell als Beruf anerkannt wurde. Die CNM wird nach einem bestimmten Programm ausgebildet und geprüft. Sie ist in der freien Praxis oder im Krankenhaus tätig und führt auch Hausgeburten durch, allerdings immer in enger Zusammenarbeit mit einem Arzt, falls Komplikationen auftauchen. Die independent midwife gibt es seit etwa 20 Jahren. Sie wird

---

[109] Limburg, S. 13-27

[110] Naaktgeboren, S. 289

bei einer erfahrenen Hebamme oder in einer der wenigen Hebammenschulen ausgebildet und ist in der Hausgeburtshilfe tätig.[111]

Seither werden in den USA wieder mehr Kinder zu Hause geboren. Wie weit dieser Trend geht, bleibt abzuwarten.[112]

Exkurs 2: Ist Schwangerschaft eine Krankheit?

Entscheidend für den Umgang mit Schwangerschaft und Geburt ist
die Antwort auf die Frage, ob man diese Zustände als normal oder als
Krankheit wertet. Lange Zeit galt Geburt als Krankheit, die behandelt
werden muß und ein Eingreifen von außen erfordert. Es dauerte
lange, bis sich die Erkenntnis durchsetzte, daß bei einer normalen
Geburt im Idealfall nur das Kind aufzufangen ist. Der Geburtshelfer
A.F. Nolde (1806) nannte Schwangerschaft einen Normalzustand
und verglich sie mit einer „thierische(n) Funktion ..., die eben sowohl als jede andere Funktion des thierischen Organismus zu dem
Normalzustande desselben gehört".[113] Ebenso betrachtete er die Geburt als eine natürliche Körperfunktion, „welcher die Naturkräfte
schon hinlänglich gewachsen sind".[114] In ähnlicher Weise wird in
der WHO-Definition Geburt als physiologisches Geschehen bezeichnet.

Entscheidend für das richtige Verhalten eines Geburtsbegleiters ist
die richtige Einschätzung der jeweiligen Gebärsituation, d.h. die
Unterscheidung eines normalen Geburtsverlaufs von einem pathologischen. Ebenso entscheidend ist jedoch auch, eine Normalgeburt
normal verlaufen zu lassen und nicht durch zuviel Technik zu stören.
Ein unnötiges Eingreifen kann eine völlig normale Geburt zur

---

[111] The New Our Bodies Ourselves, S. 410f. Siehe auch die kurze, aber gute Übersicht zur Geschichte des Hebammenwesens in Amerika in Mankiller et al., S. 368-
370. Eine anschauliche Darstellung zum vielfältigen Aufgabenbereich einer amerika-
nischen Hebamme um 1800 gibt Ulrich.

[112] Jordan, S. 25-30

[113] Nolde 1806, S. 40

[114] Nolde 1806, S. 50

Krankheit machen, wenn sie als Krankheit gewertet wird. Die „Oxytocin-Story" ist dafür ein anschauliches Beispiel:

> „Eine schwangere Frau — am Termin und mit seit Stunden regelmäßigen und kräftigen Wehen — trifft in ihrer Geburtsklinik ein. Kurze Zeit später werden ihre Wehen seltener und schwächer. Die Geburt geht nicht voran ... Ihre sekundäre Wehenschwäche wird mit einem synthetischen Wehenhormon — einer Oxytocin-Infusion — behandelt. Die anfängliche Dosierung führt nicht zu dem gewünschten Erfolg, also wird die Dosis gesteigert. Das führt zu unphysiologischen schmerzhaften Wehen bei gleichzeitiger Herabsetzung der Schmerztoleranz, denn das Oxytocin stört das hormonelle Gleichgewicht im Ökosystem Mutter. Dieses Gleichgewicht sorgt unter natürlichen physiologischen Bedingungen für eine Bewußtseinsveränderung und für eine positive Veränderung der Körperempfindungen ... Die Mutter verlangt jetzt nach irgendeiner Schmerzbekämpfung. Sie bekommt eine Periduralanästhesie, die — bei vollem Bewußtsein — nur den Beckenbereich und die Beine der Mutter gefühllos macht. Die Geburt geht weiter, der Muttermund öffnet sich. In der letzten Phase der Geburt kann die Mutter aber ihr Kind nicht selbst hinausdrücken. Die Periduralanästhesie schaltet nämlich nicht nur den Schmerz, sondern alle Empfindungen im Beckenbereich aus. Das Kind muß deshalb mit Vakuumextraktion (= Saugglocke, Anm. d. Verf.) geholt werden. Für das Kind ist dies eine unsanfte, traumatische Geburt wegen des enormen Sogs, dem sein Kopf ohne den Schutz durch die Fruchtblase ausgesetzt ist; es muß auch den Weg im Geburtskanal, für den es normalerweise 30 bis 60 Minuten bräuchte, in fünf Minuten zurücklegen; dabei werden seine Schädelplatten stärker zusammengeschoben — mit allen Gefahren eines Hirntraumas ... Die Mutter bekommt einen großen Dammschnitt, da die Vulva und der Damm keine Zeit haben, sich physiologisch langsam — durch den Druck des kindlichen Köpfchens in jeder Wehe — zu dehnen."[115]

Eine völlig normal einsetzende Geburt wird gestört; die Störung — der Oxytocin-Tropf — zieht eine Kaskade von Störungen und damit notwendigen Eingriffen nach sich. Diese Darstellung einer pathologisierenden Geburtshilfe macht deutlich, daß ein Eingreifen nicht Folge, sondern Ursache einer pathologischen Geburt sein kann.

---

[115] Kühnel, S. 172-198

Sie veranschaulicht, daß auch heute die Zahl komplizierter Geburten geringer sein könnte, wenn eine Geburt als natürlicher Vorgang aufgefaßt und entsprechend damit umgegangen würde.

Hiervon zu unterscheiden sind selbstverständlich pathologische Geburtsverläufe, die dringend Hilfe benötigen, um Mutter und Kind zu retten.

Kühnel schlägt als Lösung eine Trennung der Geburtshilfe von der Geburtsmedizin vor: „Die Geburtshilfe soll der Regelfall sein; Geburtsmedizin sollte nur da intervenieren, wo Geburtshilfe versagt."[116] In der Geburtshilfe sollte eine Hebamme die Geburt begleiten. Kühnel fordert, daß die Hebammenausbildung anders strukturiert werden sollte mit Schwerpunkt auf normale Schwangerschafts- und Geburtsverläufe. Hebammenschülerinnen sollten praktische Geburtshilfe bei Hebammen lernen und nur zu einem geringen Teil in geburtsmedizinischen Zentren. Theoretisches Wissen sollte in Schulen vermittelt werden, die von Hebammen geleitet werden; als Lehrer könnten „Schwangere und Eltern, Hebammen, Geburtsvorbereiter, Sozialarbeiter, Pädagogen und Psychologen, Endokrinologen (Hormonexperten, Anm. d. Verf.) und Spezialisten für Naturheilverfahren, Geburtshelfer, Kinderärzte und Pharmakologen" fungieren.[117]

Die von Kühnel vorgeschlagene Trennung von Geburtshilfe und Geburtsmedizin ist ein Modell, das in den Niederlanden erfolgreich praktiziert wird. Frauen mit unkompliziertem Schwangerschaftsverlauf und geringem Risiko werden von einer Hebamme und nach der Entbindung von einer Wochenbettpflegerin betreut. Auch ambulante Krankenhausentbindungen werden von einer freiberuflichen Hebamme geleitet. Die schwangere Frau wird dadurch vor einer hochtechnisierten Geburtsmedizin bewahrt. Frauen mit hohem Risikofaktor werden von einem Gynäkologen und einer gynäkologischen Krankenschwester im Krankenhaus entbunden. Diesen Frauen kommt der medizinische Fortschritt im Bereich der Geburtshilfe zugute.

---

[116] Kühnel, S. 190

[117] Kühnel, S. 191

Fazit: In der Vergangenheit war jede Geburt harte Arbeit, sowohl für die Hebamme als auch für die gebärende Frau. Die Hebamme war während des gesamten Geburtsverlaufs mit äußeren Hilfeleistungen beschäftigt, deren Sinn es letztlich war, das Kind auf seinem Weg nach draußen zu unterstützen. Überholte Vorstellungen aus der Antike über den Bau des weiblichen Körpers und den Geburtsverlauf spielten dabei eine wesentliche Rolle.

Daß eine Geburt etwas völlig Normales ist, wird heutzutage allgemein anerkannt. Dennoch entbinden in der westlichen zivilisierten Welt (Ausnahme: Niederlande) fast alle Frauen im Krankenhaus, damit im Falle einer Komplikation ein rasches Eingreifen möglich ist. Heute wie vor drei Jahrhunderten ist dabei die Versuchung groß, in eine völlig normal verlaufende Geburt unnötig einzugreifen und das Geburtsgeschehen zu pathologisieren.

In den letzten zehn Jahren zeichnet sich eine deutliche Trendwende ab: Die Kreißsäle werden heimeliger, gleichzeitig entscheiden sich wieder mehr Frauen zur Hausgeburt.

8. „Von schweren und unrecht-stehenden Geburthen"[1]

Fast alle Kinder werden normal geboren, d.h. mit dem Kopf zuerst, wobei der Hinterkopf vorne liegt: die vordere Hinterhauptslage. Bei Komplikationen besteht heute die Möglichkeit, die Geburt durch einen Eingriff rasch zu beenden, sei es durch Kaiserschnitt (17%),[2] mit der Saugglocke (5%) oder der Zange (ca. 2%). Im Krankenhaus wird außerdem häufig ein Dammschnitt gesetzt.

Bevor der Kaiserschnitt so sicher und routiniert durchgeführt werden konnte, wie es heute der Fall ist, waren Hebamme und Geburtshelfer gezwungen, zu anderen Verfahren zu greifen, um Mutter und Kind zu retten. Die Entscheidung für den einen oder anderen Eingriff wurde nicht nur entsprechend den technischen Möglichkeiten getroffen, sondern war auch Einstellungssache des jeweiligen Operateurs. Der eine griff rasch zur Zange, wo ein anderer geduldig abwartete.

Im folgenden werde ich zunächst auf die geschichtliche Entwicklung der einzelnen Operationsverfahren — Wendung, Zangengeburt und Kaiserschnitt — eingehen. In Anschluß daran werden einige Fakten genannt, die die unterschiedliche Einstellung verschiedener Geburtshelfer widerspiegeln und zeigen, daß Operationshäufigkeit nicht nur von äußeren Gegebenheiten abhängt — ein Thema, das an Aktualität nichts eingebüßt hat.

---

[1] So lautet das Thema des von Justine Siegemundin verfaßten Hebammenlehrbuchs.

[2] Im Zuge der zunehmenden Technisierung der Geburt ist die Zahl der Kaiserschnitte in den letzten Jahrzehnten in einigen westlichen Industrieländern stark angestiegen. In den USA beträgt der Prozentsatz nahezu 25%; Jordan, S. 25-30.

Wendungen auf Kopf und Fuß

Lange Zeit glaubte man, nur die Geburt mit dem Kopf voran sei normal (siehe Kapitel 1). Daher versuchte man, das Kind bei allen anderen Lagen in eine Kopflage zu bringen, d.h. es so zu wenden, daß der Kopf zuerst austritt.[3] Übliche, jedoch gefährliche und meist nutzlose Verfahren, mit denen man auf die erwünschte Wendung des Kindes zielte, entsprangen einer sehr mechanistischen Vorstellung: Durch Erschütterungen des mütterlichen Körpers hoffte man, eine günstige Drehung des Kindes zu bewirken. Die hippokratischen Schüttelungen wurden bereits erwähnt. Verbreitet war auch das Stürzen der Schwangeren: Eine abrupte Drehung der schwangeren Frau um 180 Grad sollte in einer Wendung des Kindes resultieren.[4] J. Siegemundin beschrieb dieses Stürzen, lehnte es jedoch entschieden ab.

> „Es wird die Frau überworffen, oder ... überstürtzet ... Etliche binden die Frau auf ein Bret, und stürtzen sie auf den Kopff; Etliche überkugeln sie nach der Seiten; Etliche legen sie auf den Tisch, und überwerffen sie von dem Tische auf eine Streu, gleichsam schwebende, daß sie sich überstürtzet ... Darum ist das Stürtzen eine blind Sache, und kommet von unvernünfftigen Leuten her, aus blosser Meynung, weil die Frau überstürtzet wird, so solle sich das Kind auch überstürtzen, sie verstehen aber nicht, daß das Kind so feste stecket."[5]

---

[3] Beispielsweise empfiehlt Elisabeth Horenburg aus Wolfenbüttel in ihrem Hebammenbuch „Wohlmeynender und nöhtiger Unterricht der Hebe-Ammen. Hannover und Wolfenbüttel 1700" hauptsächlich die Wendung auf den Kopf bei geburtsungünstiger Lage des Kindes. Siehe Deichert, S. 93

[4] In der modernen Geburtshilfe wird seit den siebziger Jahren die Wendung des Kindes aus Beckenendlage in die Schädellage propagiert, wenn sich das Kind bis zur 37. Schwangerschaftswoche noch nicht mit dem Köpfchen nach unten gedreht hat. Unter medikamentöser Wehenhemmung versuchen zwei Personen, das Kind mit äußeren Handgriffen zu einem Purzelbaum im Mutterleib zu bewegen. Vorteile: 50-60% dieser Kinder können auf natürlichem Weg und mit dem Kopf voran das Licht der Welt erblicken, und der Mutter bleibt ein Kaiserschnitt erspart. Pschyrembel, Dudenhausen, S. 355; Saling et al., Osenbrügge-Müller et al., Nohe et al.

[5] Siegemundin, S. 182ff

Siegemundin verglich Gebärmutter und Kind mit einem Sack, der fest ein Stück Fleisch umschließt.[6] Äußere Drehungen und Wendungen könnten das Fleisch darin ebensowenig bewegen wie äußere Drehungen der Mutter an der Lage des Kindes etwas änderten. Man kann sich leicht vorstellen, wie gefährlich diese Methoden für Mutter und Kind waren.

Ambroise Paré (1510-90), Chirurg am französischen Königshof, wurde durch die Wiederentdeckung der sogenannten Wendung auf den Fuß berühmt. Diese Methode war bereits in der Antike von Cornelius Celsus (25-30 v. Chr. bis etwa 45-50 n. Chr.) beschrieben worden (allerdings bei Querlage und verstorbenem Kind), jedoch in Vergessenheit geraten.[7] Paré selbst erwähnte, eine Hebamme habe ihn mit der Wendung auf den Fuß vertraut gemacht. Bereits 100 Jahre später war dieser Eingriff soweit etabliert, daß Francois Mauriceau (1637-1709), ein französischer Geburtshelfer und Zeitgenosse J. Siegemundins, die Wendung auf den Kopf entschieden ablehnte, jedoch einräumte, es gebe immer noch welche, die sie durchführten.[8]

Die Wendung auf den Fuß kam bei allen Lagen mit Ausnahme der Kopflage und vollkommenen Fußlage in Betracht. Bevor die Geburtszange allgemein bekannt wurde (im Jahr 1720; siehe dazu Kapitel 4), war die Kenntnis der Wendung auf den Fuß ganz entscheidend.[9] Aber auch danach mußte eine Hebamme damit vertraut sein, da sie die Geburtszange nicht benutzen durfte und außerdem mit der Wendung öfters etwas ausrichten konnte.

> „Die größte Hülfe, welche eine Hebamme in widernatürlichen Lagen des Kindes denen Gebärenden leisten kann, bestehet in der Wendung des Kindes, so, daß man seine Füße ergreifet und es dabey herausziehet. Sie findet allemal statt, wenn das Kind mit einem andern Theile, als mit dem Kopfe, vor oder in dem Muttermunde liegt, und in der Lage nicht gebohren werden kann."[10]

---

[6] Siegemundin, S. 183

[7] Fasbender 1906, S. 28f

[8] Fasbender 1906, S. 159-174

[9] Siebold, II, S. 75-84. Fasbender 1906, S. 124-129

[10] Thilenius, S. 97f

Die Unterweisung einer Hebamme in der natürlichen Geburtshilfe war daher genauso wichtig wie die Lehre der Wendung auf den
Fuß:

> „Es kann wohl nicht dringend genug empfohlen werden, mit
> dem Unterricht der Hebammen jedesmal auch die Anweisung zur
> Verrichtung der Wendung zu verbinden, überhaupt die Hebammen
> mit den widernatürlichen Geburten, oder vielmehr der Kunst näher
> bekannt zu machen, dieselben vorher zu verkündigen und densel-
> ben vorzubeugen. Daß Hebammen die Wendung nicht unternehmen
> dürfen, sondern die Gebärenden ohne Hülfe liegen lassen müssen,
> bis ein Geburtshelfer aus der Ferne geholt werden kann, ist un-
> verantwortlich, und ein für das Landvolk besonders unglücklicher
> Grundsatz. Verf. dieses kennt mehrere Hebammen, die die Wendung
> sehr geschickt und fertig zu verrichten gelernt haben.“[11]

Da der Name Justine Siegemundin untrennbar mit der Wendung
auf den Fuß, genauer mit dem sogenannten gedoppelten Handgriff
nach J. Siegemundin, verbunden ist, gehe ich kurz auf die Lebensge-
schichte dieser Frau ein. In diesem Zusammenhang wird auch die
praktische Durchführung der Wendung erläutert.

Eine ungewöhnliche Hebamme: Justine Siegemundin

Justine Siegemundin wurde am 26.12.1636 als Tochter des Predigers
Elias Dietterich und seiner Frau Anna in Rohnstock bei Jauer in
Schlesien geboren. Im Jahr 1655 heiratete sie den Schreiber Christian
Sigmund.[12] Sie las sich aufgrund einer schmerzvollen Erfahrung
(Verwechslung einer Gebärmuttergeschwulst mit einer Schwanger-
schaft, siehe Kapitel 7) geburtshilfliches Wissen an, zunächst aus rein
persönlichem Interesse. Im Alter von 23 Jahren wurde sie erstmals
von einer verzweifelten Hebamme um Hilfe angegangen. Der Arm
des Kindes ragte bereits seit 14 Stunden aus der Gebärmutter. Die
Hebamme wußte, daß Siegemundin geburtshilfliche Lehrbücher mit

---

[11] Thilenius, S. 99

[12] Pulz 1994, S. 27, 29

Abbildungen zu Hause hatte, und versuchte, sich mit Hilfe des
Bildmaterials einen Eindruck von der Situation des Kindes zu verschaffen — ohne Erfolg. Siegemundin kam auf ihr Drängen mit,
führte den Arm des Kindes, nachdem sie ihn mit Butter eingerieben
hatte, in die Gebärmutter zurück, und das Kind konnte normal geboren werden.[13]

Zwölf Jahre lang wurde J. Siegemundin in die umliegenden Dör-
fer geholt, wenn es zu einem Geburtsstillstand kam. Sie arbeitete mit
so großem Erfolg, daß sie schließlich zur Stadthebamme in Liegnitz
berufen wurde, von wo aus sie zur Hofwehemutter am Hof Friedrichs
III. aufstieg.[14] J. Siegemundin starb am 10.11.1705.[15]

J. Siegemundin führte 6.199 registrierte Geburten durch; der Verfasser ihrer Leichenpredigt nennt über 7.000 Geburten.[16] Sie war so
erfolgreich, daß sie auch über die Landesgrenzen hinaus bekannt
wurde. Natürlich blieben bei einem derartigen Erfolg nicht die Neider aus. Davon zeugen zum einen die Verfahren, die ihr Vorgesetzter,
der Liegnitzer Stadtphysikus Dr. Kerger,[17] gegen sie anstrengte (siehe
Kapitel 7). Des weiteren verfaßte ein anderer Arzt, der Professor für
Anatomie und Chirurgie D. Andreas Petermann, mehrere Jahre nach
Erscheinen ihres erfolgreichen Lehrbuches eine Gegenschrift, woraus
ein Briefwechsel entstand, in dem sich Siegemundin nicht nur als
kompetent, sondern auch als diplomatisch und schlagfertig erweist.

---

[13] Siehe Siegemundin, S. a3ff. Die Vorstellung, daß eine lesekundige Frau ein Hebammenbuch zu einer Geburt mitnimmt und die Hebamme unterweist, erfüllt uns mit
leichtem Unbehagen. Entsprechend einer späteren Ausgabe des „The Byrth of
Mankynde", einer Übersetzung von Rösslins „Rosengarten" und des ersten englischen
Hebammenbuches, war diese Praxis in England gang und gäbe: Gebildete Frauen, die
ein Exemplar dieses Buches besaßen, nahmen es mit zu einer Geburt und lasen vor
versammelter Mannschaft der entbindenden Hebamme daraus vor. Siehe Donnison,
S. 7f

[14] Siegemundin, S. b1-3

[15] Pulz 1994, S. 59

[16] Pulz 1994, S. 59f

[17] Pulz 1994, S. 47f, 84

An Gottes hilff und Seegen
Geschickten Hand bewegen
Ist all mein Thun gelegen.

Abb. 8.1: Justine Siegemundin. Frontispiz zu ihrem Hebammenlehrbuch

Siegemundin war eine in der Wendung auf den Fuß äußerst erfahrene und erfolgreiche Hebamme. Ihren reichen Erfahrungsschatz faßte
sie in einem Lehrbuch zusammen, um ihn so auch anderen Hebammen zugute kommen zu lassen. Es handelt sich dabei um das erste von
einer deutschen Hebamme geschriebene Lehrbuch (1690) und
zugleich das bedeutendste deutsche Geburtshilfelehrbuch des 17.

Jahrhunderts.[18] In Dialogform wird geburtshilfliches Wissen vermittelt, wobei es vor allem um Geburtskomplikationen geht. Gesprächspartner ist die Hebamme Christina, die ihrer Lehrerin, der weitaus erfahreneren Hebamme Justina, Fragen stellt. Siegemundin beschreibt sehr detailliert die verschiedenen Handgriffe, die nötig sind, um eine schwierige Geburt zu einem glücklichen Ende zu führen. Ihre Erläuterungen sind mit Bildmaterial veranschaulicht.

Im folgenden werde ich lediglich auf den heute noch in geburtshilflichen Lehrbüchern beschriebenen gedoppelten Handgriff nach Justine Siegemundin eingehen (Abbildungen 8.2 bis 8.4).[19] Es würde den Rahmen dieses Buches sprengen, auch weitere von Siegemundin beschriebene Handgriffe zu erläutern.

Der gedoppelte Handgriff kam dann zur Anwendung, wenn das Kind quer oder schräg lag und die Fruchtblase gesprungen war, d.h. das Kind wurde durch innere Handgriffe so gedreht, daß es mit den Füßen zuerst kommen konnte. Um beide Füße des Kindes wurde eine Schlinge gelegt, die außerhalb der gebärenden Frau gehalten wurde, während die Hebamme mit der freien Hand in die Gebärmutter griff und den Arm bzw. den Kopf oder Oberkörper zurückschob. Die Wendungsschlinge ersetzte somit die primär innere Hand, und in der Gebärmutter war noch Platz für die vorher äußere Hand: der gedoppelte Handgriff nach Justine Siegemundin.[20]

Heutzutage ist der gedoppelte Handgriff nur noch bei der Geburt des zweiten Zwillings zulässig.

---

[18] Pulz 1994, S. 16; Fasbender 1906, S. 216

[19] Mit der Urheberfrage des „gedoppelten Handgriffs" sowie des von Siegemundin beschriebenen Wendungsstöckchens setzt sich Pulz intensiv auseinander. Eine Beschreibung des Wendungsstöckchens, das das Anbringen einer Wendungsschlinge um den kindlichen Fuß im Inneren der Gebärmutter erleichtert, findet sich bereits bei dem Arzt und Chirurgen Huxholtz (1652). Die Annahme liegt nahe, daß sowohl J. Siegemundin als auch Huxholtz damals unter Hebammen bekanntes Wissen schriftlich fixiert haben, jedoch nicht als Erfinder in Frage kommen (Pulz 1994 S. 161). Ähnlich könnte es sich auch mit dem gedoppelten Handgriff verhalten.

[20] Pulz ist der Ansicht, daß — anders als bei der hier gegebenen, aus der „Checkliste der Geburtshilfe" entnommenen Definition — der Handwechsel bei J. Siegemundin unterbleibt: (Pulz 1994, S. 160). Da J. Siegemundin nicht angibt, mit welcher Hand sie in die Gebärmutter eingeht, um die Wendungsschlinge um die Füße zu legen, bleibt die Frage des Handwechsels bei J. Siegemundin offen.

Siegemundin gibt auch Anweisungen zur Entbindung verstorbener Kinder, da nur so das Leben der Mutter gerettet werden konnte. Auch hier war in ganz besonderem Maße das Geschick der Hebamme gefragt. Die Hebamme mußte mit äußerster Behutsamkeit vorgehen, um Verletzungen der entkräfteten Mutter zu vermeiden. Nicht selten kam es vor, daß es selbst für diesen Eingriff zu spät war und die Mutter samt dem Kind starb, da es sehr schwierig war, den Tod des Kindes in der Gebärmutter früh genug festzustellen.

Bei all den Beschreibungen und Illustrationen fällt auf, daß die Hebamme recht tief in die Gebärmutter greifen muß — „daß ich meinen Arm bis zum Ellbogen eingelassen, um ihr zu helffen."[21] Eine Patientin berichtet, daß sie „der Frau Justinen Hand unter den Rippen an der rechten Seite mit ihrer Hand gefühlet gehabt, wie selbte des Kindes Häuptlein unter sich zu ziehen gesuchet."[22]

Es ist heute kaum vorstellbar, wie eine gebärende Frau die dabei entstehenden Schmerzen aushalten konnte. Sie hatte allerdings keine andere Wahl, als die Hebamme gewähren zu lassen. Eine gute Hebamme wie Siegemundin wußte sehr wohl, wie eng es in der Gebärmutter ist.

---

[21] Siegemundin, S. 88

[22] Siegemundin, S. 139

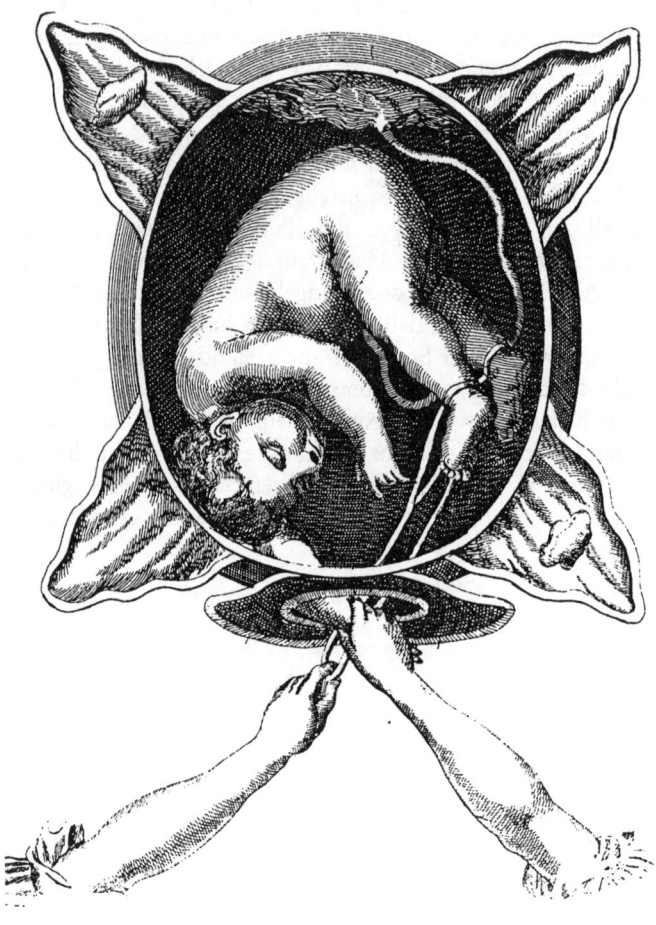

Abb. 8.2: Wendung bei Armvorfall. Abbildung aus Siegemundins Hebammenlehrbuch

Abb. 8.3: Wendung bei Armvorfall. Abbildung aus Siegemundins Heb-
ammenlehrbuch

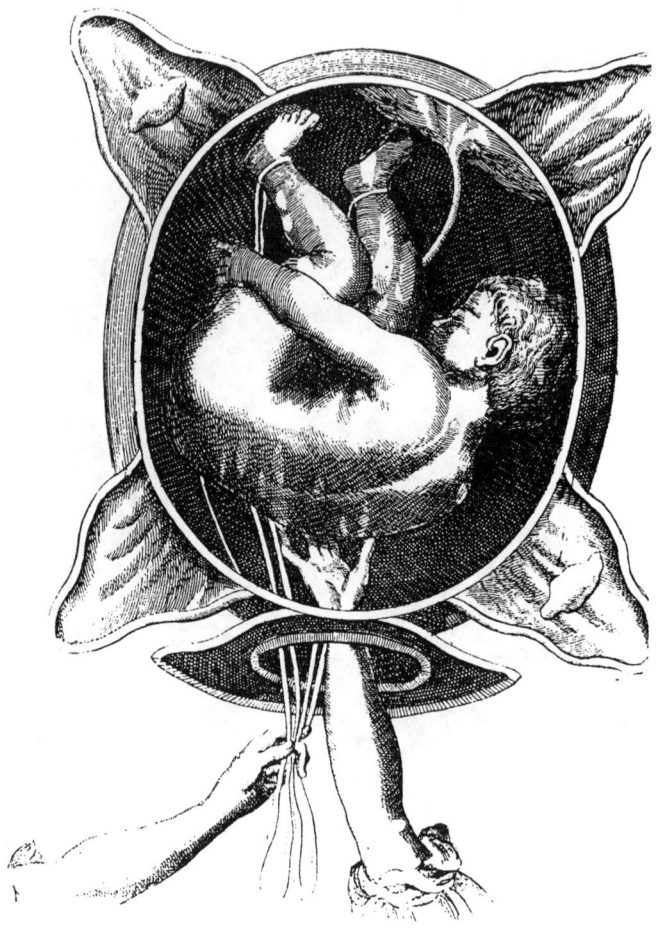

Abb. 8.4: Wendung bei Querlage ohne Armvorfall. Abbildung aus Siegemundins Hebammenlehrbuch

In alten Geburtshilfelehrbüchern, die von Männern ohne praktische geburtshilfliche Erfahrung verfaßt wurden, hat das Kind in der
Gebärmutter jede Menge Platz zum Springen oder, um den Zwil-
lingsbruder zu ärgern. Das Innere der Gebärmutter wurde auf den
Abbildungen im Vergleich zum kindlichen Körper so großzügig

dargestellt, daß Manipulationen in der Gebärmutter am Kind als durchaus möglich erscheinen mußten. Und es gab gewiß Hebammen und Geburtshelfer, wie beispielsweise diejenigen, die die genannten Schüttelungen durchführten, die aufgrund solcher Darstellungen von einer großen Bewegungsfreiheit des Kindes ausgingen. Je älter die Bilder, desto mehr Platz wird dem Kind eingeräumt (Abbildungen 8.5 bis 8.7).

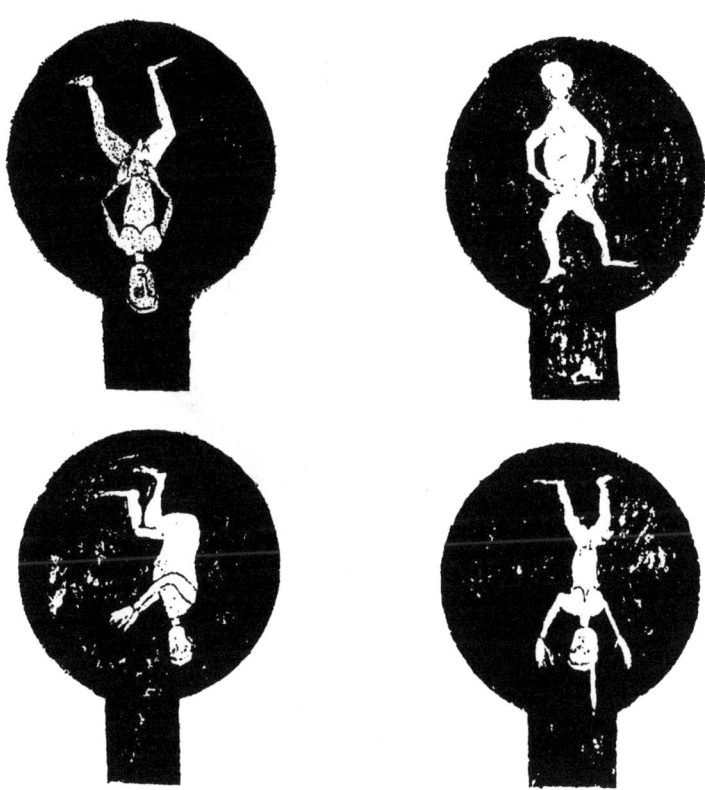

Abb. 8.5: Kind in der Gebärmutter aus dem Codex latin. Monac (13.-14. Jahrhundert). Bis Ende des 18. Jahrhunderts wurde das Kind in der Gebärmutter mit erwachsenen Proportionen und kaum kindlichen Gesichtszügen dargestellt.

Abb. 8.6: Kind in der geräumigen Gebärmutter. Aus Rösslins „Rosengarten"

Abb. 8.7: Zwillinge in der geräumigen Gebärmutter. Aus Rösslins „Rosengarten"

Das enge Becken und die Geburt auf natürlichem Weg

Bei den bisherigen Ausführungen gingen wir davon aus, daß der Geburtsweg normal gebaut ist, aber das Kind nicht richtig liegt. Es kann vorkommen — was früher häufiger als heute der Fall war —, daß das Kind sich zwar richtig mit dem Kopf nach unten zur Geburt einstellt, aber das Becken der Mutter zu eng oder verformt ist. Heute würde man in einem solchen Fall sofort einen Kaiserschnitt durchführen. Als diese Möglichkeit jedoch noch nicht bestand, gab es nur den natürlichen Weg: die Beendigung der Geburt durch die Scheide.

Die englische Krankheit oder das enge Becken

In früheren Zeiten hatten wesentlich mehr Frauen als heute ein enges oder verformtes Becken. Eine häufige Ursache war die sogenannte englische Krankheit oder Rachitis, die längst nicht nur in England vorkam:

> „Die übelste Beschaffenheit desselben (des Beckens) ist, wenn ein Knochen nach inwendig gekrümmet oder ausgewachsen ist, wodurch nothwendig der Raum für das durchgehende Kind enger und die ordentliche Geburt oft unmöglich gemacht wird. Die englische Krankheit ist eine vorzügliche Ursache dieser Verunstaltung."[23]

Heute weiß man, daß Rachitis bei unzureichender Vitamin-D-Bildung in der Haut entsteht, wenn diese zu wenig Sonne abbekommt. Die Sonnenstrahlen (genauer der ultraviolette Anteil der Sonnenstrahlen) sind notwendig, damit im menschlichen Körper ausreichend Vitamin D gebildet werden kann. Knochen und Zähne brauchen Vitamin D zur Kalziumaufnahme, wodurch sie hart genug werden. Zu wenig Sonne bedeutet daher zu wenig Vitamin D, zu geringe Kalzium-Aufnahme in Knochen und Zähnen, die somit zu weich werden.[24]

---

[23] Thilenius, S. 3

[24] Zu einem mangelnden Hautkontakt mit ultravioletten Strahlen kann es kommen, wenn diese durch eine Wolken- oder Dunstschicht abgehalten werden, z.B. in Indu-

Folgen eines Vitamin-D-Mangels sind u.a. Zahnschäden, Auftreibungen an den Rippen (rachitischer Rosenkranz), Veränderungen am Schädel und Deformierungen des Beckens, besonders des sogenannten Beckeneingangs (Abbildungen 8.8 und 8.9).

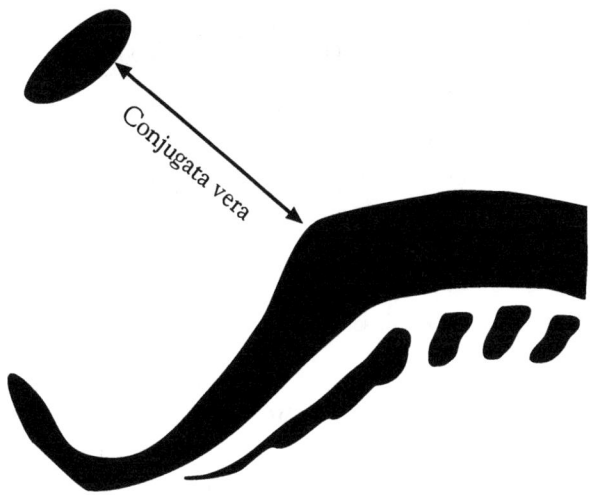

Abb. 8.8: Das rachitische Becken. Seitenansicht eines Längsschnitts: Das Promontorium ist eingesunken, so daß der Abstand zwischen Promontorium und Oberrand der Schambeinfuge verkürzt ist. Dadurch ist der Beckeneingang im geraden Durchmesser verkürzt.

striegebieten, in den Wintermonaten, wenn die Sonne nicht so intensiv scheint, oder bei zu seltenem Aufenthalt im Freien. Die Rachitis ist heute sehr selten geworden, da Säuglinge in der Regel in den ersten Lebensmonaten Vitamin D prophylaktisch in Tablettenform erhalten.

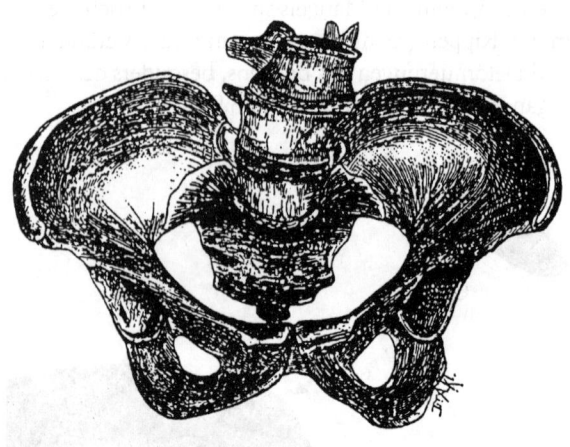

Abb. 8.9: Ansicht des rachitischen Beckens von vorne. Aus Kaltenbach

In früheren Zeiten wurde der Keim zu einem rachitischen und deformierten Becken bereits in die Wiege gelegt. Die Neugeborenen wurden im Haus gehalten und zudem so eng gewickelt, daß ihnen kaum Bewegungsfreiheit blieb. Durch den seltenen Aufenthalt im Freien bekamen die Säuglinge zu wenig Sonne und neigten zu Rachitis; das enge Wickeln begünstigte Verformungen der Knochen. Bereits vor 200 Jahren kannte man die Gefahren zu engen Wickelns und warnte die Mütter vor dieser Tyrannei ihrer Kinder:

> „Man würde die Kinder mehr stärken, wenn man sie die ersten zwey Tage ihres Lebens gar nicht wickelte, blos in Tücher hüllte, und ihnen Freyheit liesse, ihre Glieder nach Gefallen zu bewegen. Den dritten Tag wickele man sie, aber nicht auf die gewohnte Art, da sie kein Glied bewegen, fast keinen Athem holen können; daher kommt es, daß viele Kinder so schwach bleiben, eine niedergedrückte Brust, schiefe Arme und Beine, plattgedrückte Gelenke, und die englische Krankheit bekommen. Man muß sie wickeln; Ja! aber so, daß die Binde um die Brust, um Arme und Beine nur locker anliegt, damit diese Theile nicht gepresset und ganz in ihrer Wirkung gestöret werden. Die Hände muß man ihnen schon den vierten Tag frey lassen, nur vor der Kälte verwahren. Die Wickelschnur muß mit keinen Stecknadeln bevestiget, sondern mit daran genäheten

Bändern auf dem Leibe zusammengebunden werden. Durch jene werden sie leicht gestochen, und sitzt der Knoten auf der Seite oder Rücken, so drückt er."[25]

Ein anderer Mediziner beschreibt die Auswirkungen des engen Wickelns so drastisch, daß man sich wirklich fragen muß, warum sich diese Methode so lange halten konnte:

„Unnatürlich martert man die Kinder, welche im Mutterleib frey gelegen, und wohlgebildet gebohren worden sind: man fatschet (wickelt, Anm. d.Verf.) sie so fest, daß man sie bey den Füßen wie eine Kerze halten kann: sie sind dunkel blauroth im Gesicht, und hohlen ängstlich Athem: sie brechen, und schreyen, und lassen sehr hart Stuhl und Urin, weil der ganze Körper sammt den Eingeweiden zusammengepreßt ist. Krankheiten entstehen dadurch: unzählige sind zu Krippel geworden: und Tausende tödtlich hingerissen worden... Folge man Schritt vor Schritt der Natur, und es gehet gut."[26]

Man meint hier den französischen Philosophen Rousseau mit seinem Aufruf „Zurück zur Natur" zu hören.

Zangengeburt

Für die gebärende Frau mit engem Becken gab es — je nach Schweregrad — verschiedene Möglichkeiten zur Entbindung. War der Beckeneingang nur geringfügig verengt, d.h. bei einer Länge der Conjugata von 3 1/2 bis 2 3/4 Zoll[27] (= 8,25-10,5 cm), so kam die Geburtszange zum Einsatz. Dem kindlichen Kopf, der im Beckeneingang eingeklemmt war, wurde mit der Zange weitergeholfen: „Jede wahre Einkeilung ... erlaubt und indicirt den Gebrauch der Zange."[28] Zur Not wurde auch mit Gewalt vorgegangen: „... wenn der Kopf durch mässigen Druck und Zug nicht fortzubewegen ist, muss man die Compression verstärken," grobe Verletzungen des kindlichen

---

[25] Thilenius, S. 192f

[26] Steidele, S. 168

[27] Altes Längenmaß, 1 Zoll entspricht 2,7 cm

[28] Osiander, J.F., S. 169

Schädels, „Depressionen, Quetschungen und Brüche der Schädelknochen",[29] waren unmittelbare Folgen und wurden dabei in Kauf genommen. Allerdings stellte auch vor 200 Jahren die geschilderte Geburtssituation — enges Becken, eingekeilter Kopf — eine Notsituation dar. Ein erfahrener Geburtshelfer griff damals wie heute normalerweise nur dann zur Zange, wenn der Muttermund völlig geöffnet war und sich der kindliche Kopf in der Beckenhöhle befand.

Die Durchtrennung der Schambeinfuge

Ein weiteres, allerdings kaum praktiziertes und wenig anerkanntes Operationsverfahren bei engem Becken war die Durchtrennung der Schambeinfuge (Symphysiotomie). Auf diese Weise konnte der enge Beckenring etwas aufgeweitet werden. Diese Operation hatte jedoch wesentlich mehr Gegner als Befürworter. Die einzige Autorität auf diesem Gebiet war der französische Geburtshelfer Antoine Dubois, der an der Maternité in Paris arbeitete.[30] Gewiß war die Operation vor 200 Jahren weniger lebensgefährlich für die Frau als der Kaiserschnitt. Allerdings litt eine Frau mit durchtrennter Schambeinfuge zeitlebens unter Gehbeschwerden oder war sogar gehunfähig.

Selbst der sonst so operationsfreudige F.B. Osiander lehnte daher die Symphysiotomie ganz entschieden ab und empfahl allen, die sich für dieses Verfahren entschieden hatten, den Gebrauch der Geburtszange zu erlernen:

> „Möchten sich doch dies diejenige merken, welche die Trennungssucht angewandelt hat, und nun bey jedem engen Becken die Zerschneidung der Schaambeine vornehmen wollen! Möchten sie doch erst die Zange recht zu gebrauchen, und ihren wahren Werth kennen lernen, so würde ihnen die Lust zu schneidenden Werkzeugen nie, oder nur höchst selten durch äußerste Noth gedrungen, aufsteigen!"[31]

---

[29] Osiander, J.F., S. 175f

[30] Osiander, J.F., S. 204

[31] Osiander, F.B., S. 18

J.F. Osiander berichtet von mehreren Frauen, bei denen eine Symphysiotomie durchgeführt wurde:

> „Der erste Fall vom Jahr 1815 kam bei einer verkrüppelten Erst-gebärenden vor, deren Conj. auf 2 1/2 Zoll geschätzt wurde. Das Kind lag mit den Füssen vor, und wurde nach der Durchschneidung der Schossbeinvereinigung leicht entwickelt; es gab aber kein Le-benszeichen von sich. Die Mutter kam davon, behielt aber unwill-kührlichen Harnabgang. Der 2te Fall von 1817 betraf eine Ver-krüppelte, deren Conj. auf 2 Zoll und einige Linien geschätzt wurde. Das Kind, mit dem Kopfe voran ohne weitere Hülfe geboren; gab Lebenszeichen von sich, die Mutter aber starb am achten Tage unter Erscheinungen von Unterleibsentzündung ... Der 3te Fall betraf eine cachectische, gleichfalls verkrüppelte Erstgebärende, deren Conjugata 2 1/2 mass. Eine Viertelstunde, nachdem der Schoss-knorpel durchschnitten war, wurde das Kind durch die Wehen allein geboren, lebte, und die Mutter verliess das Hospital ge-heilt."[32]

Kaiserschnitt

Der Kaiserschnitt ist eine Operation, bei der das Kind durch Schnitt von Bauch- und Gebärmutterhöhle entbunden wird. Der Begriff Kaiserschnitt, im Medizinerdeutsch auch Sectio caesarea genannt, kommt aus dem Lateinischen von sectio = Schnitt, Operation und caedere = schneiden; genau genommen heißt somit Kaiserschnitt „Schnittschnitt". Der römische Schriftsteller Cajus Plinius Secundus maior (23-79 n.Chr.) verwendet den Begriff Kaiserschnitt in seiner ursprünglichen Bedeutung — die Schnittentbindung. Er berichtet von durch Kaiserschnitt (an der Verstorbenen) geborene Personen, die er als Caesares oder Caesonen bezeichnet, d.h. als Ausschnitt-linge.[33] Im übrigen wurde keiner von ihnen Kaiser:[34]

---

[32] Osiander, J.F., S. 208

[33] Büttner, S. 130

[34] Fasbender 1906, S. 30

„Wenn sie Glück haben, werden sie auch noch nach dem Tod
der Mutter geboren; so soll Scipio Africanus der Ältere als Erster der
Caesaren aus dem Mutterleib geschnitten worden sein. Daher werden
sie auch Caesonen genannt" (Übers. d.Verf.).[35]

Der erste römische Kaiser Julius war ein Caesar. Der Sage nach soll
er durch Schnittentbindung geboren worden sein.[36] Als er Ober-
haupt des Römischen Reiches wurde, wurde der Begriff caesar um die
Bedeutung „hoher Würdenträger" reicher. Später entwickelte sich
daraus das Wort Kaiser.[37] Der Kaiserschnitt erhielt seinen Namen
nicht, wie oft geglaubt wird, vom ersten Kaiser, sondern es war umgekehrt.

Einige Chronisten schildern die Geburt eines kirchlichen oder
staatlichen Würdenträgers, der durch Kaiserschnitt ins Leben trat
(siehe unten). Bereits durch die besonderen Geburtsumstände wurden
sie aus der Gruppe der Normalgeborenen herausgehoben; der Kaiserschnitt verwies auf eine bedeutende Zukunft des Kindes.

Kaiserschnitt an der Toten

Der Kaiserschnitt wurde jahrhundertelang fast ausschließlich an der
Verstorbenen ausgeführt. Vermutlich machten bereits in ältesten
Zeiten die Menschen die Erfahrung, daß Opfer- oder Schlachttiere
noch lebende Junge in ihrem Leib bergen. Der Kaiserschnitt an der
Verstorbenen wurde bereits in der griechischen Mythologie erwähnt.

---

[35] „auspicatius enecta parente gignuntur; sicut Scipio africanus prior natus primus-
que Caesarum a caeso matris utero dictus: qua de causa et Caesones appellati;"
Plinius, Hist. nat. Lib VII 7; zit. nach Fasbender 1906, S. 30

[36] Das ist allerdings sehr unwahrscheinlich, da seine Mutter Aurelia noch lebte, als
er in Britannien einfiel und zu Caesars Zeit ein Kaiserschnitt kaum überlebt wurde.
O'Dowd, Philipp, S. 158

[37] Diese Episode erzählt Eucharius Rösslin in seinem „Rosengarten": „... das der erst
keiser Julius genannt von seiner mutter leib geschnitten ward/darumb heißt er Cesar
... als ein ußgeschnitner von mutter leib" (Kap. X, Ende). Von der Geburt Julius
Caesars wird beispielsweise auch in der Kaufbeurer Hebammenordnung (1737) im
Anschluß an die Bestimmung berichtet, bei einer verstorbenen Schwangeren einen
Kaiserschnitt zwecks Taufe des Kindes durchzuführen. Nöth, S. 120

So wird beschrieben, daß Asclepios aus dem Körper seiner auf dem Scheiterhaufen verbrannten Mutter gerettet wurde. Der römische König Numa Pompilius (regierte von 715 bis 673 v.Chr.) soll per Gesetz, die sogenannte Lex regia, angeordnet haben, daß man eine verstorbene Schwangere erst dann bestatten dürfe, wenn zuvor ihr Kind aus dem Mutterleib herausgeschnitten worden ist.[38]

Im christlichen Abendland wurde der Kaiserschnitt an der Verstorbenen ein Muß, eine Regelung, die auf die Lex regia zurückging. Die Unterlassung des Kaiserschnitts wurde streng bestraft. Zweck des Kaiserschnitts war bis ins 10. Jahrhundert n.Chr. weniger das Seelenheil, sondern vielmehr die Sicherung der Erbfolge. Von Burckhardt (geb. 919), der Abt von St. Gallen wurde, und Gebhard (geb. 949), später Bischof von Konstanz, die beide durch Kaiserschnitt geboren wurden, wird berichtet, daß zunächst einmal abgewartet wurde, ob die Kinder nach damaliger Rechtsauffassung lebensfähig waren, d.h. ob sie kräftig schreien konnten. Erst nachdem sich die Säuglinge als lebensfähig erwiesen hatten, wurden sie getauft.

In späteren Zeiten stand beim Kaiserschnitt an der Toten eher die Seelenrettung des Kindes im Vordergrund und nicht so sehr die Rettung des leiblichen Lebens. Denn diese Operation mußte auch durchgeführt werden, wenn die schwangere Frau bereits im 2. Schwangerschaftsdrittel starb, d.h. in einem Zeitabschnitt, in dem das Kind noch gar nicht überleben konnte. Es erhielt dann rasch noch die Nottaufe, bevor es verstarb.[39] Wichtiger Bestandteil der Hebammenordnungen waren daher Bestimmungen zum Kaiserschnitt und zur Nottaufe, „damit es (das Kind) zur Heil Tauff komme / und wo möglich / bey Leben erhalten werde".[40]

---

[38] Siehe Siebold, Bd. I, S. 64ff u. S. 134ff

[39] In den Hebammenordnungen von Augsburg (1728) ab dem 4. Monat, von Runkel-Wied (1771) ab dem 5. Monat, von Baden (1795) ab dem 6. Monat, von Preußen (1776) ab dem 7. Monat; Nöth, S. 27. Ein weiteres, aber weniger bedeutendes Motiv für den Kaiserschnitt an der Verstorbenen war wissenschaftliches Interesse: In Regensburg (1779) durfte keine Schwangere begraben werden, bevor das Kind durch Kaiserschnitt geholt worden war, um auf diese Weise auch die Todesursache festzustellen; Nöth, S. 160.

[40] Nürnberg (1711), Nöth, S. 84

Der Kaiserschnitt — an der verstorbenen, aber auch an der lebenden Frau — gehörte lange Zeit zum Aufgabenbereich einer Hebamme.
In Frankfurt a.M. schickte 1411 ein Bürger ein Gesuch an den
Magistrat, er möge eine alte, geisteskranke Hebamme freilassen, da sie
„sieben kynder von iren müttern geschniden ... die alle zu der
Helligen dauff sinth kommen, die sonst von andern personen mußten verdorben seyn."[41] Gewiß hatte diese Hebamme in ihrem Leben
noch wesentlich mehr Schnittentbindungen durchgeführt, aber
sieben Mal konnten die Kinder getauft werden. Die Regensburger
Hebammenordnung von 1452 schreibt der Hebamme unter Strafan-
drohung den Kaiserschnitt an der Verstorbenen zur Seelenrettung des
Kindes vor.[42] Auch Eucharius Rösslin erwähnt in seinem Hebammenlehrbuch (1513) den Kaiserschnitt als Operation der Hebammen.[43] Erst ab der zweiten Hälfte des 16. Jahrhunderts führten in
großen Städten Wundärzte den Kaiserschnitt durch; die Hebammen
waren jedoch zu dieser Operation verpflichtet, wenn kein Arzt oder
Chirurg zu erreichen war. Hebammen waren auf diesem Gebiet vermutlich noch eine ganze Weile überlegen.

Wie wurde der Kaiserschnitt praktisch durchgeführt? Da man
glaubte, das Kind atme im Mutterleib und es bestehe eine Verbindung
zwischen Gebärmutter und Mund der Mutter (siehe Kapitel 1), hielt
man den Mund der Verstorbenen offen. Die Hebamme steckte ihr ein
Hölzchen zwischen Ober- und Unterkiefer.

> Auf dem Konzil zu Köln (1280) wurde die Hebamme ermahnt,
> der toten Mutter ein Sperrholz in den Mund zu stecken, damit das
> Kind atmen könne, bis es durch den Kaiserschnitt befreit sei.[44]
> Alexander Benedictus riet 1549: „Wenn trotzdem eine Mutter in
> der Geburt stirbt, so klemmen wir ihr ein Sperrholz zwischen die
> Zähne, damit wir der Gebärmutter möglichst viel Luft zuführen,
> dann schneiden wir den Leib auf mit scharfen Messern und danach
> die Gebärmutter. Nachdem wir das Kind herausgenommen haben,
> unterbinden wir sofort die Nabelschnur und blasen dem Kinde in

---

[41] Zit. nach Haberling, S. 88

[42] Birkelbach et al., S. 83-98

[43] Rösslin, Kap. X

[44] Haberling, S. 83.

den Mund, damit es zu sich kommt."[45] Der Stadtarzt Johannes Scultetus, der in der ersten Hälfte des 17. Jahrhunderts in Ulm wirkte, riet ebenfalls dazu, der Sterbenden den Mund offenzuhalten, da „das Kind seine eigene Seel" habe und ansonsten ersticke.[46] Laut Rechberger Hebammenordnung (1782) beispielsweise mußte die Hebamme der verstorbenen Gebärenden das „Maul aufspändeln", wenn das Kind noch am Leben war, und den Chirurgen kommen lassen.[47]

Nicht nur der Mund, auch der Scheideneingang wurde durch Spreizen der Oberschenkel offengehalten, um dem Kind im Mutterleib das Atmen zu erleichtern. Eucharius Rösslin gibt in seinem „Rosengarten" den Hebammen entsprechende Anweisung:

> „So soltu der frawen mund/die bermuter/und die gemecht[48] offenhalten/darumb das das kind lufft und athem hab/als die frawen gewönlich wol wissen."[49].
> „So sollst du Mund, Gebärmutter und die Scheide der Frauen offenhalten, damit das Kind Luft holen und atmen kann, wie die Frauen in der Regel wissen."[50]

Der französische Geburtshelfer Mauriceau wies bereits im 17. Jahrhundert auf die Sinnlosigkeit dieser Vorkehrungen hin, da das Kind im Mutterleib nicht atme.[51]

Die Hebamme (später der Geburtshelfer) setzte — anders als heute — einen Längsschnitt parallel zur Weißen Linie (Linea alba, weiße

---

[45] Zit. nach Haberling, S. 84

[46] Scultetus-Gesellschaft e.V. Ulm-Donau, S. 10

[47] Nöth, S. 162f

[48] gemecht, gemacht: der äußere Geschlechtsteil

[49] Rösslin, Kap. X. Diese Empfehlung geht auf Bernard von Gordon zurück, der im 14. Jahrhundert lebte. Fasbender 1906, S. 981

[50] Johannes Scultetus, der in der ersten Hälfte des 17. Jahrhunderts Stadtphysikus in Ulm war, beschreibt in seinem Chirurgielehrbuch (das erste Lehrbuch, das alle damals üblichen Operationsverfahren und -instrumente darstellte) in ähnlicher Weise die praktische Durchführung des Kaiserschnitts an der Toten. Scultetus, S. 156

[51] Fasbender 1906, S. 982

Hautlinie zwischen Schambeinfuge und Bauchnabel).[52] Daher wurde
der Kaiserschnitt auch Seitengeburt genannt. In einer württembergi-
schen Hebammenordnung von 1480 wird die angewandte Technik
geschildert.[53] Der Schnitt wurde links gesetzt, um Leber und Herz zu
schonen, das man auf der rechten Seite vermutete.[54] Die Hebamme
begann beim Schambein und schnitt eine Handbreit auf, d.h. sie
setzte einen relativ kleinen Schnitt im Unterleib. Durch Tieflagerung
des Kopfes trat die Gebärmutter aus der Bauchwunde heraus. Nach der
Eröffnung der Gebärmutter wurde die Operierte auf die Schnittseite
gedreht, so daß das Kind problemlos aus der Gebärmutter geholt
werden konnte. Die richtige Lagerung erlaubte der Hebamme eine
Entbindung ohne häufige Wundberührung. Handelte es sich aus-
nahmsweise um die Entbindung einer noch lebenden Frau, so wurde
der Schnitt mit Nadel und Faden vernäht und die Wunde anschließend verbunden.

Die bevorzugte Schnittführung beim Kaiserschnitt blieb bis ins
20. Jahrhundert hinein die Längsrichtung (Abbildungen 8.10 bis
8.12).

Die Chance, ein noch lebendes Kind anzutreffen, war allerdings
sehr gering, es längere Zeit am Leben zu halten, gelang selten. Es
existieren einige Zusammenstellungen aus dem 19. Jahrhundert. Laut
eines Berichtes lebten nach 331 Operationen „sechs oder sieben Kinder"; eine andere Übersicht faßt 141 Fälle zusammen, in denen drei
Kinder am Leben blieben. In Kurhessen wurde in 13 Jahren (1836-
1848) bei 346 941 Geburten 107mal ein Kaiserschnitt an Verstorbenen durchgeführt, wobei in keinem Fall das Kind lebte. Bei den 54
Kaiserschnitten an der Verstorbenen, die zwischen 1870 und 1885 im
Großherzogtum Baden ausgeführt wurden, überlebte ein Kind.[55] Aussicht auf Rettung bestand ohnehin nur, wenn innerhalb weniger
Minuten nach dem Tod der Mutter das Kind geholt werden konnte.

---

[52] Der Längsschnitt, der auf der linken Seite mit einem Rasiermesser ausgeführt
werden sollte, wurde erstmals von dem Franzosen Guy de Chauliac (geb. kurz vor
1300 n.Chr.) erwähnt. Fasbender 1906, S. 98

[53] Haberling, S. 84f

[54] Fasbender 1906, S. 98

[55] Fasbender 1906, S. 983

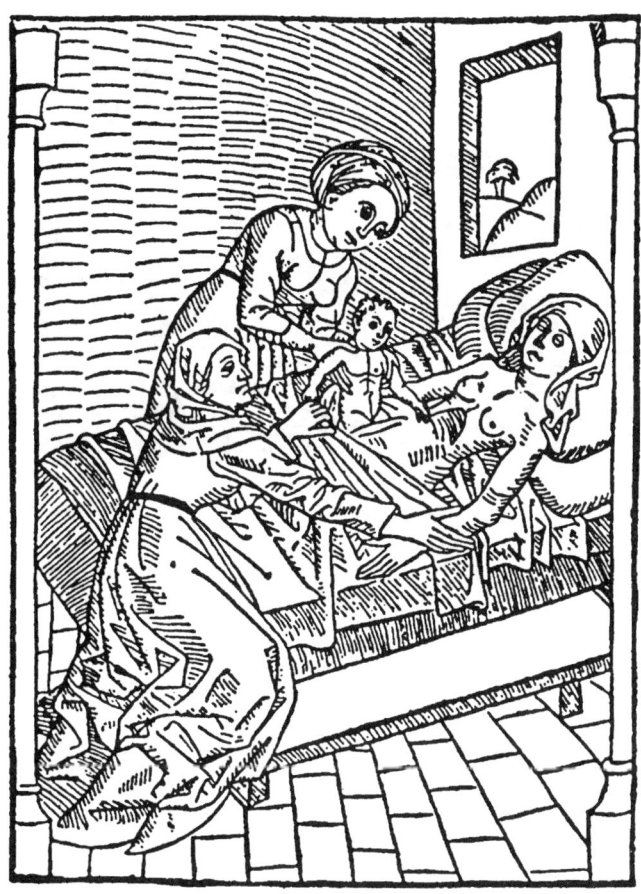

Abb. 8.10: Holzschnitt von 1483. Die Geburt des Antichrist. Aus: Konrad Dinkmuth: Der seel wurtzgärtllein, Ulm, 1483. Es handelt sich wahrscheinlich um eine tote Frau, die durch Kaiserschnitt von einem lebensfähigen Kind entbunden wurde. Anders als in der Württemberger Hebammenordnung liegt der Bauchschnitt in der Mitte, der Oberkörper der Operierten ist erhöht. Es handelt sich um ein Andachtsbild, bei dem es auf eine lebensgetreue Darstellung nicht ankommt.

Abb. 8.11: Schnittentbindung an der Toten. Die Hebamme hält das Neugeborene, eine Helferin hält den Mund der Mutter offen, eine andere faßt ihre Hand und spreizt die Schenkel, eine weitere bereitet das Badewasser für das Kind vor. Französische Miniatur des 14. Jahrhunderts aus der Pariser Nationalbibliothek.

Der Kaiserschnitt an der Toten war nicht unumstritten und hatte auch unter den Ärzten Gegner. Problematisch war beispielsweise die Unterscheidung zwischen Tod und Scheintod. Wann war man sich sicher, daß die Mutter verstorben war? Andererseits durfte man nicht zu lange zögern, da sonst die Überlebenschance des Kindes noch geringer war. (Die Entscheidungszwänge, unter denen Ärzte standen, waren vergleichbar mit der heutigen Problematik bei der Organentnahme.) Es wird in der Literatur beispielsweise beschrieben, daß Frauen irrtümlicherweise für tot gehalten und operiert wurden. Sie verstarben erst infolge des Blutverlustes nach der Operation. In einem anderen Fall hielt der anwesende Geburtshelfer die gebärende Frau für tot, eilte nach Hause, um die nötigen Instrumente zum Kaiserschnitt zu holen, und war überrascht, sie bei seiner Rückkehr lebend anzutreffen. Die Geburt konnte in diesem Fall auf natürlichem Wege

beendet werden. Das verzögernde Moment des Instrumenteholens
hatte der Frau das Leben gerettet.[56]

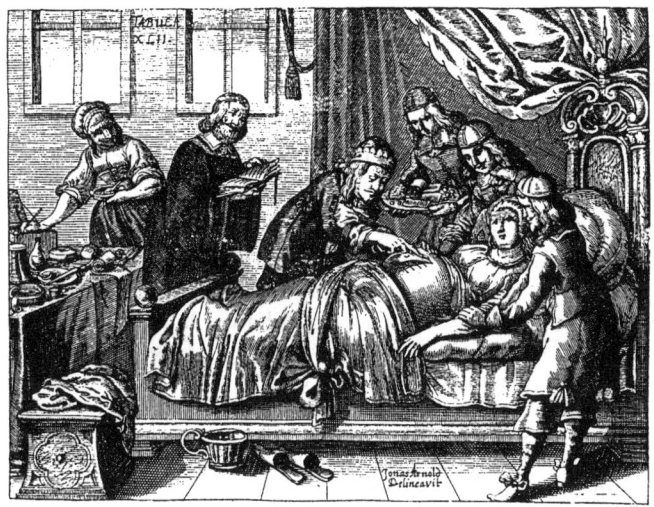

Abb. 8.12: „Von der Seiten-Geburt oder Keyser-Schnitt/zu Latein Partus
Caesareus genant." Aus: Scultetus

Aber trotz des Risikos, eine Scheintote durch den Kaiserschnitt zu
töten, befürworteten manche Ärzte diese Operation. Erstens bestünde
ja schließlich selbst bei Scheintod der Mutter eine Überlebenschance
für Mutter und Kind.[57] Außerdem sei ein Geburtshelfer dadurch auch
juristisch auf der sicheren Seite. Zögerte er beispielsweise mit dem
Kaiserschnitt, so verstarb mit der Mutter auch ein eventueller
zukünftiger Erbe. Das Vermögen der Frau ging in die Hände des
Ehemanns über. Die Angehörigen der Verstorbenen konnten dem
Ehemann daraus leicht den Vorwurf machen, aus egoistischen Be-
weggründen die Rettung des Kindes unterlassen zu haben. Dieser
wiederum konnte den Arzt dafür belangen. Daher waren Ärzte gut

---

[56] Fasbender 1906, S. 979ff

[57] Büttner, S. 132

beraten, wenn sie den Kaiserschnitt durchführten und das Kind mit
Wiederbelebungsversuchen — Beatmung, stärkende Mittel, Klistiere
— wenigstens so lange am Leben erhalten konnten, bis es getauft
war. Starb das Kind anschließend, so konnte der Kindsvater guten
Gewissens seine Frau beerben, und der Mediziner hatte auch das
Seinige getan.[58] So zynisch dieser Ratschlag klingt, so wurde er doch
in dieser Form vor etwa 200 Jahren Ärzten erteilt, damit sie nicht an
Gesetzesklippen scheiterten.

Bis ins 19. Jahrhundert hinein gab es Bestimmungen zum Kaiserschnitt an der Toten.[59]

> So schreibt beispielsweise noch 1805 die Kurfürstlich-Hessische
> Hebammenordnung vor, daß Geburtshelfer, „wenn eine
> Gebährende vor oder unter der Entbintung stirbt, ungesäumt zum
> Kayserschnitt schreiten"[60] müssen. Der Kaiserschnitt war in Hessen
> nach dem 7. Schwangerschaftsmonat Pflicht: „Denn es soll keine
> Schwangere, die über den siebenten Mond hinaus ist, begraben wer-
> den, ohne ihrer Leibesbürde entledigt zu seyn."[61]

Geburtshelfer waren nicht nur der Kirche und ihrem eigenen
Gewissen gegenüber, sondern auch dem weltlichen Gesetzgeber verpflichtet, diese Operation durchzuführen.

Das Preußische Strafgesetzbuch vom 14.4.1851 enthielt keine Bestimmungen mehr zum Kaiserschnitt an der Verstorbenen.[62] Ärzte
waren jedoch nach wie vor ethisch zu dieser Operation verpflichtet,
wenn Aussicht auf Erfolg bestand:

> „In der zweiten Hälfte der Schwangerschaft ist die Pflicht, die
> Sectio caesarea post mortem, d.h. gleich nach dem letzten Atemzug
> zu machen, unbedingt vorhanden. Wo die Früchte nicht lebensfähig

---

[58] Büttner, S. 131

[59] Spiegelberg berichtet von einem Arzt, der Mitte des 18. Jahrhunderts vom sizi-
lianischen König zum Tode verurteilt wurde, da er den Kaiserschnitt an einer Verstorbenen nicht durchgeführt hatte. Spiegelberg, S. 851

[60] Kurfürstlich-Hessische Hebammenordnung von 1805, § 15. Siehe Busch, S. 12 im
Anhang

[61] Busch, S. 60

[62] Fasbender 1906, S. 981

sind, hat die Operation vom medicinischen Standpunkt aus keinen Sinn."[63]

Kaiserschnitt an der Lebenden

Bis ins 20. Jahrhundert hinein war der Kaiserschnitt an der Lebenden eine gefährliche Operation, die ein Geburtshelfer nur im äußersten Notfall durchführte. Den wenigen Frauen und Kindern, die einen Kaiserschnitt vor 1800 überlebten, wurden literarische Denkmäler gesetzt: Ulrich von Württemberg wurde 1487 durch Schnitt von seiner lebenden Mutter entbunden. Sie starb 10 Tage nach der Geburt.[64] Es wird von einem Kaiserschnitt im Jahre 1500 berichtet, von dem die Mutter sich so weit erholte, daß sie später noch etliche Male schwanger wurde.[65] 1610 entband Jeremias Trautman in Wittenberg eine lebende Frau durch Kaiserschnitt. Das Kind wurde neun Jahre alt, die Mutter starb allerdings drei Wochen nach der Geburt aus ungeklärter Ursache.[66] Den ersten literarisch festgehaltenen Kaiserschnitt, der auf den britischen Inseln durchgeführt wurde und bei dem Mutter und Kind überlebten, nahm 1738 die irische Hebamme Mary Dunally vor.[67]

Noch in der ersten Hälfte des 19. Jahrhunderts berichtet Boer von höchstens einer Überlebenden bei 13 bis 14 Kaiserschnitten.[68] Der wesentlich operationsfreudigere J.F. Osiander spricht von höheren Überlebenschancen: „...über 2/3 der Frauen ... sterben ... kaum 1/3 (wird) gerettet."[69] Fasbender nennt Sterblichkeitsziffern im 19. Jahrhundert zwischen 50 und 100%.[70] Kaltenbach weist darauf hin, daß

---

[63] Zweifel, Lehrbuch 1887, S. 762, zit. nach Fasbender 1906, S. 985

[64] Haberling, S. 86

[65] Büttner, S. 132

[66] Fasbender 1906, S. 221

[67] Donnison, S. 49

[68] Boer, S. 186.

[69] Osiander, J.F., S. 198

[70] Fasbender 1906, S. 996f

die Sterblichkeit in Wirklichkeit noch die der offiziellen Angaben überstieg, da jeder günstig verlaufende Fall darin auftauchte, manch ein tödlich verlaufender jedoch verschwiegen wurde.[71] In England überlebte von den 21 Frauen, die insgesamt bis zum Jahr 1814 durch Kaiserschnitt entbunden wurden, nur eine einzige die Operation.[72] Ein gewissenhafter Arzt forderte daher vor dem Kaiserschnitt die gebärende Frau auf, ihr Testament zu schreiben und sich auf den Tod vorzubereiten.[73] Der Kaiserschnitt kam als allerletzte Lösung nur dann in Frage, wenn das Becken der Frau so eng war, daß keine andere Operation möglich war. Manche Geburtshelfer, besonders die Engländer, sprachen sich sogar dafür aus, lieber das Leben des Kindes zu opfern und es auf irgendeine Weise, notfalls mit Gewalt, auf natürlichem Weg zu holen, als das Leben der Mutter durch den Kaiserschnitt aufs Spiel zu setzen.[74]

Noch im 17. Jahrhundert kam der Kaiserschnitt an der lebenden Schwangeren einem Mord gleich, weshalb er von führenden französischen Geburtshelfern entschieden abgelehnt wurde. Mauriceau beispielsweise verließ eine gebärende Frau mit hochgradiger Beckenverengung und überließ sie ihrem Schicksal, d.h. dem Tode, da er sie nicht durch Kaiserschnitt töten wollte.

Die Diskussion um den Kaiserschnitt an der Lebenden wurde im 18. Jahrhundert durch den französischen Geburtshelfer De la Motte wieder von neuem entfacht. Er befürwortete den Kaiserschnitt bei extrem engem Becken, worunter er ein Becken verstand, das zu eng

---

[71] Kaltenbach , S. 504

[72] Osiander, J.F., S. 199

[73] Osiander, J.F., S. 200

[74] J.F. Osiander zitiert einen englischen Geburtshelfer, demzufolge kein Engländer den Kaiserschnitt durchführt, wenn die Entbindung noch mit Aufopferung des Kindes möglich sei: „no British practitioner will perform the caesarean operation, when delivery can, by the destruction of the child, be procured per vias naturales." Osiander, J.F., S. 203. Den Kaiserschnitt sahen die Engländer als allerletzte Möglichkeit, wenn selbst ein zerstückeltes Kind nicht mehr auf natürlichem Weg geholt werden konnte, d.h. bei einer Conjugata von „etwas über 1 Zoll". Fasbender 1906, S. 994. Interessanterweise setzten die Engländer dem Kaiserschnitt auch dann noch Widerstand entgegen, als er sicherer geworden war und in der übrigen zivilisierten Welt selbstverständlich durchgeführt wurde. Siehe Shorter, S. 163f

zum Einführen der Hand des Untersuchers sei. Er selbst hat den Kaiserschnitt an der Lebenden allerdings nie durchgeführt.[75] Ab der 2. Hälfte des 18. Jahrhunderts wurde der Kaiserschnitt an der Lebenden in Frankreich und Deutschland wieder vereinzelt vorgenommen,[76] allerdings blieb das extrem enge Becken die einzige Indikation. Genauer: eine Verengung des Beckens auf 2 1/2 Zoll (6,7 cm) und darunter: „... unter diesem Masse aber bei 2 1/2 Z. und weniger bleibt zur Rettung des Kindes nichts als der Kaiserschnitt übrig ...“[77]

Eine derart extreme Beckenverengung war jedoch glücklicherweise relativ selten:

> „Es gibt unter dem weiblichen Geschlechte Individuen, welche ein zum Gebährungsgeschäfte übelgestaltetes Becken haben. ... Seltner sind zum Glücke jene äußerst fehlerhafte Becken ... in welchem man ... den Kaiserschnitt mit Recht und Vernunft vorschlagen, und unternehmen kann.“[78]

Ein Geburtshelfer mußte jedoch erst andere Methoden ausprobieren, bevor er sich zum Kaiserschnitt entschloß.[79] Zögerte er allerdings zu lange und die schwangere Frau verstarb, so hatte er den Tod einer Gebärenden mit extrem engem Becken zu verantworten. So beispielsweise in den „Göttingenschen Anzeigen vom 8. Febr. 1770“:

> „Unser Herr I. Iul. Walbaum hat bey seiner zur Geburtshülfe angewandten Mühe einen Verdruß gehabt, indem er bey einem verstellten Becken, und überaus grossen Kopfe, das Kind nicht hat heraus bringen können ... und die Wöchnerin gestorben ist. ... Der Kopf war auch ungewöhnlich hart, folglich war der Durchschnitt des Beckens, etwas kleiner, als der Durchschnitt des Kopfes. Man gab endlich dem Herrn Verfasser keine weitere Schuld, als daß er den

---

[75] Fasbender 1906, S. 192

[76] In der Augsburger Hebammenordnung von 1762 wird der Kopfzieher abgelehnt und der Kaiserschnitt, wenn die Mutter noch kräftig genug ist und das Kind lebt, empfohlen. Bei Lebensgefahr der Mutter dürfen zerstückelnde Instrumente auch bei noch nicht sicher verstorbenem Kind eingesetzt werden. Nöth, S. 96, 111

[77] Osiander, J.F., S. 201

[78] Boer, S. 181f

[79] Boer, S. 182

Kayserschnitt hätte versuchen sollen, welches allerdings ein sehr mißliches Mittel ist."[80]

Welches Wagnis der Kaiserschnitt in einer Zeit war, als man noch keine Desinfektionsmaßnahmen und kaum Betäubungsmittel kannte, macht folgende Fallbeschreibung deutlich. Der Wiener Geburtshelfer Raphael Johann Steidele[81] beschreibt sehr ausführlich einen Kaiserschnitt, den er im Jahr 1783 an einer lebenden Frau vornahm, und gibt ein detailliertes Bild von den Komplikationen im Wochenbett. Der Geburtshelfer fand die gebärende Frau am 18. Dezember 1783 um 5 Uhr frühmorgens mit kräftigen Wehen vor. Bei der inneren Untersuchung stellte er fest, daß der Geburtskanal durch eine kindskopfgroße knöcherne Geschwulst versperrt war und zudem der Muttermund durch zwei vorherige gewaltsame Entbindungen narbig verändert und somit kaum dehnbar war. Kurzum: Der Geburtskanal ließ für das Kind nur einen halbmondförmigen Spalt von 3 cm frei; Mutter und Kind waren nur durch Kaiserschnitt zu retten:

> „Ich sagte dem Gemahle, daß hier die äusserste Gefahr sey, und nur zwey Wege zur Aenderung der Lage der vorseyenden Umstände wären, entweder Mutter und Kind, die doch beyde ihre erhaltene Existenz durch muntere Bewegungen bewiesen, sterben zu lassen, oder durch den Kaiserschnitt zu entbinden."[82]

Nach einer ausführlichen Geburtsvorbereitung mit Aderlaß — er „ließ ... am Arm noch ein Pfund Blut weg"[83] — und abführenden Maßnahmen wurde die Operation unter zwei Zeugen durchgeführt. Betäubungsmittel wurden nicht gegeben. Erstaunlicherweise hatte die Patientin jedoch „nach der Operation alles vergessen ..., was während der Operation vorgegangen war, ohnerachtet sie völliges Bewußtsein und den ganzen Tag über Gegenwart des Geistes hatte."[84] Die Schnittführung erfolgte längs (siehe unten) auf der Weißen Linie:

---

[80] Büttner, S. 133f

[81] Steidele war von 1797 bis 1816 Professor an der Wiener Universität und hielt Vorlesungen über theoretische Geburtshilfe. Fasbender 1906, S. 266

[82] Steidele, S. 211

[83] Steidele, S. 214

[84] Steidele, S. 264

„Ein mir schon vorausgedachter gemäßigter Druck mit der Hand eines Assistenten auf die Nabelgegend mußte mir das Herausfallen der Gedärme verhindern ... Das Kind war zwar von der Heftigkeit der Wehen schon ganz blau gedruckt, fing aber doch bald an zu schreyen."[85]

Trotz allem überstand das Kind die Geburt gut und entwickelte sich zu einem „munteren Fräulein", dem der Arzt später die Schilderung seiner Geburt widmete. Die Operation dauerte nur fünf Minuten. Die Gebärmutterwunde wurde — wie damals üblich — nicht genäht; die Bauchwunde wurde nur durch Heftpflaster zusammengehalten und verbunden. Steidele entschloß sich zu dieser offenen Wundversorgung, um der Patientin die Schmerzen beim Nähen zu ersparen und sich außerdem bei eventuellen späteren Wundkomplikationen die Möglichkeit des Eingriffs offenzuhalten.

Das Wochenbett war für die Patientin eine Qual. Monatelang konnte sie kaum Flüssigkeit oder Nahrung bei sich behalten und wurde von Erbrechen, starken Blähungen und chronischer Verstopfung geplagt. Offensichtlich hatte sich ein Darmverschluß entwickelt. Am vierten Tag nach der Operation bemerkte der Arzt beim Verbandwechsel eine eingeklemmte Dünndarmschlinge, die „ziemlich dunkelroth aussah und entzündet zu seyn schien ... und schob ihn [den Dünndarm, Anm. d.Verf.] mit einer etwas breiten Sonde wieder höher hinauf."[86] Immer wieder spülte der Arzt die Gebärmutter von der Scheide und von der Bauchwunde aus, um so den sich ansammelnden Eiter herauszubefördern. Acht Wochen nach der Operation war die Gebärmutter immer noch nicht geschlossen. Erst am 24. Februar — also nach mehr als drei Monaten — stellte der Arzt erleichtert eine „gänzliche Verheilung"[87] fest. Daß es bei all den geschilderten widrigen Umständen — Darmverschluß und monatelang eiternde Bauchwunde — doch noch zu einer Genesung kam, grenzt in jener Zeit an ein Wunder.

Ein weiteres außergewöhnliches Schicksal soll in aller Kürze geschildert werden. Frau A.M. Adametz, die unter einem stark vereng-

---

[85] Steidele, S. 216

[86] Steidele, S. 231

[87] Steidele, S. 250

ten rachitischen Becken litt, wurde in Kiel in den Jahren 1826, 1830, 1832 und 1836 jeweils durch Kaiserschnitt entbunden. Jedesmal mußte sie die Operation ohne jegliche Schmerzbetäubung durchstehen. Das erste Mal wurde sie mit vier Tüchern auf einen Holztisch gebunden, das zweite Mal vertraute man auf ihre Tapferkeit und unterließ diese Fixierung. Die mutige Frau nahm alles mit Fassung hin und gab während der ganzen Operation keinen Laut von sich. Das erste Kind wurde tot geboren, die beiden weiteren Kinder verstarben bald nach der Geburt. Ihr Kinderwunsch war jedoch so stark, daß sie auch vor einer vierten Schwangerschaft und einer vierten Kaiserschnittentbindung nicht zurückscheute. Das Mädchen, das sie gebar, überlebte. Frau Adametz sprach bei ihrer Krankenhausentlassung noch von weiteren Schwangerschaften, als sei ein Kaiserschnitt nichts Außergewöhnliches.[88]

Abgesehen von diesem berühmt gewordenen Fall sah es in der Operationslandschaft längst nicht so rosig aus. Selbst nach Einführung der Chloroformnarkose (1847) und desinfizierender Maßnahmen (1867) fielen die Ergebnisse der Kaiserschnittoperationen so ungünstig aus, daß man ihn mit allen Mitteln zu vermeiden bzw. durch andere Verfahren zu ersetzen suchte. Nur aus dieser verzweifelten Situation heraus ist es zu verstehen, daß der italienische Geburtshelfer Porro (1842-1902) mit seiner radikalen Operationsmethode auf soviel Resonanz stieß. Im Jahr 1876 entband er eine Frau mit rachitisch verformtem Becken durch Kaiserschnitt und entfernte anschließend die Gebärmutter. Die Frau überlebte die Operation. Porro veröffentlichte seine Operationsmethode „Kaiserschnitt mit anschließender Gebärmutteramputation" noch im gleichen Jahr und fand bei allem Widerstand Nachahmer in Europa und den USA.[89] Mit seiner Methode konnten die Überlebenschancen deutlich erhöht werden, da, wie Porro angab, der Gefahr des Platzens der Gebärmutterwunde mit allen daraus resultierenden Risiken (Blutung, Infektion der Bauchhöhle durch den Wochenfluß) vorgebeugt wurde. In Wien überlebte eine Porro-Operierte, was für erheblichen Aufruhr sorgte, da seit über sieben Jahrzehnten alle in den Wiener Gebäranstalten

---

[88] Semm, Weichert-von Hassel, S. 37-43

[89] Fasbender 1906, S. 999ff

durchgeführten Kaiserschnitte tödlich verlaufen waren.[90] Einer im Jahre 1881 veröffentlichten Statistik zufolge überlebten von 93 Porro-Operierten 42 Fauen.[91] Die Sterblichkeit von 54,8% war verglichen mit der — je nach Entbindungsanstalt — bis über 90%igen Sterblichkeit nach dem klassischen Kaiserschnitt eine Sensation.

Die richtige Richtung: Vorschläge zur Schnittführung

Als der Kaiserschnitt an der Lebenden zunehmend Anerkennung fand, wurde auch die Schnittführung diskutiert und in alle Richtungen abgewandelt (Abbildung 8.12).

- Der französische Geburtshelfer Levret empfahl 1751 einen *Längsschnitt* zwei bis drei Querfinger von der Weißen Linie entfernt. Es sollte auf der Seite geschnitten werden, auf der der Gebärmuttergrund (Fundus uteri, obere Wölbung der Gebärmutter) mehr hervorragte. Andere rieten eher zu einem schrägen Schnitt.
- Manche Geburtshelfer führten den Kaiserschnitt direkt auf der Weißen Linie durch. Die einen ließen den Schnitt unter dem Nabel, die anderen über dem Nabel enden.
- Nur wenige Anhänger fand der Vorschlag, den Schnitt seitlich quer zu setzen. Er beruhte auf der Beobachtung eines wütenden Stieres, der einer schwangeren Frau seitlich quer den Leib aufgerissen hatte. Sie überlebte diesen Unfall.[92]
- Auch der Diagonalschnitt über die ganze Bauchdecke fand wenig Nachahmer. [93]

Bis gegen Ende des 19. Jahrhunderts wurde überwiegend längs geschnitten, entweder auf der Weißen Linie oder knapp daneben. Der Geburtshelfer J.F. Osiander empfahl als ideale Schnittführung eine „Linie parallel mit der Weissen Linie ... einige Zoll über dem Nabel

---

[90] Kaltenbach, S. 505

[91] Fasbender 1906, S. 999

[92] Siebold, Vol. II, S. 551: „Merkwürdig genug gab ein wüthender Stier, welcher eine schwangere Frau mit seinem Horne in der gegebenen Richtung durchbohrte, und wobei die Frau mit dem Leben davon kam, die Veranlassung zu diesem Vorschlage.“

[93] Fasbender 1906, S. 987ff

angefangen, gehörig weit herabgeführt." Sie war von der Weißen
Linie „höchstens einen Daumen breit entfernt." Der Schnitt war
etwa 6 Zoll, d.h. 16 cm lang.[94] Der Geburtshelfer Sänger schlug in
den 80er Jahren einen vorderen, mittleren 16 cm langen Bauch- und
Gebärmutterschnitt vor.[95]

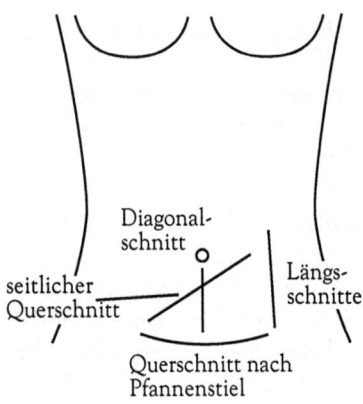

Abb. 8.12: Schematische Darstellung der Schnittführungen beim Kaiserschnitt

Bereits Ende des 19. Jahrhunderts wurde ein tiefer Querschnitt
vorgeschlagen, der zunächst jedoch keine Zustimmung fand. Diese
Schnittführung ist mittlerweile die übliche: der Querschnitt nach
Pfannenstiel (deutscher Geburtshelfer, 1862-1909). Dieser Schnitt
wird zwei bis drei Querfinger oberhalb der Schamfuge gesetzt. Der
untere Gebärmutterteil wird 2 cm aufgeschnitten, die Schnittenden
werden mit den Fingern nach rechts und links erweitert. Nach der
Geburt des Kindes, des Mutterkuchens und der Eihäute wird die
Gebärmutter wieder zugenäht.[96] Der Querschnitt nach Pfannenstiel
hat gegenüber dem früher üblichen Längsschnitt einige Vorteile: die

---

[94] Osiander, J.F., S. 198

[95] Fasbender 1906, S. 1007

[96] Pschyrembel, Dudenhausen, S. 515f

Gefahr eines Reißens der Gebärmutter (Uterusruptur) ist geringer, auch bei weiteren Schwangerschaften; und da der Schnitt außerhalb der Bauchhöhle gesetzt wird, ist die Gefahr einer Bauchfellentzündung wesentlich geringer.

Kaiserschnitt — mit und ohne Naht

Bis Mitte des 19. Jahrhunderts hielten es viele Geburtshelfer für überflüssig und sogar schädlich, die Gebärmutter nach einem Kaiserschnitt zu nähen, da die Naht die Gebärmutter an der Rückbildung hindere oder unnötig reize. Man vertraute darauf, daß sich die Gebärmutterwunde durch das Zusammenziehen der Gebärmutter nach der Geburt von selbst schließe,[97] und verschloß die Bauchwunde lediglich mit einem Pflasterverband. So wurde beispielsweise auch bei der ersten der vier Kaiserschnittentbindungen von Frau A.M. Adametz in Kiel im Jahr 1826 verfahren.

Als Erster wagte es der Franzose Lebas (1769), die Gebärmutterwunde zu nähen, setzte sich damit jedoch zahlreichen Angriffen seitens seiner Kollegen aus. Der Niederländer Simon Thoma veröffentlichte in den Jahren 1869 und 1873 zwei Kaiserschnittoperationen, bei denen er die Gebärmutterwunde mit 6/10 mm dünnem Silberdraht verschlossen hatte. Die beiden Frauen überlebten. Thomas Erfolg war sensationell; dennoch war man von einer allgemeinen Anerkennung und Verbreitung der Gebärmutternaht noch weit entfernt. Immer wieder wurde auf die Gefahren einer Naht hingewiesen. In einigen Fällen waren Kaiserschnittoperierte nach einer Naht verstorben, und die Sektion ergab, daß die Nähte ausgerissen waren. Die Diskussion um Für und Wider der Gebärmutternaht hielt bis in die achtziger Jahre des 19. Jahrhunderts an: Ohne Naht blieb nur die Hoffnung auf viel Glück, nähte man, war mit einem Ausreißen der Nähte zu rechnen.[98]

---

[97] Siehe z.B. Scultetus, S. 164: „dann es ist besser / daß sich der Gebährleib selbsten einziehe / und ineinander runtzele / als daß er gehefftet werde".

[98] Fasbender 1906, S. 991ff

Daher blieb trotz Einführung antiseptischer Methoden im Jahr 1867[99] ein Kaiserschnitt immer noch sehr gefährlich. Die Erkenntnisse von Semmelweis und Lister, die den Operationsraum und vor allem den Wundbereich der Patientinnen keimfreier machten, verbesserten die Erfolgsbilanz nach chirurgischen Operationen, nur nicht nach einem Kaiserschnitt. Viele Frauen verbluteten oder starben an Bauchfellentzündung, entweder durch äußere Infektion oder durch Eindringen des Wochenflusses in die Bauchhöhle.

Der Uterusnaht wurde zunehmend Aufmerksamkeit geschenkt: „Die Uterusnaht ist der Punkt, von dem der Erfolg abhängt."[100] Erstens konnte so ein Nachbluten der Gebärmutter verhindert werden. Zweitens wurde dem Wochenfluß eine wirksame Barriere zum Bauchraum gesetzt. Die Geburtshelfer Sänger und Kehrer entwickelten in den Jahren 1881 und 1882 unabhängig voneinander Doppelnähte, bei denen zuerst die Muskelschicht der Gebärmutter und anschließend das darauf befindliche Bauchfell genäht wurden. Zugleich legten sie jedoch auch großen Wert darauf, den Bauchraum keimfrei zu halten. Sänger zum Beispiel zog die Gebärmutter aus der Bauchhöhle und durch den Schnitt nach draußen, um ein Eindringen von Fruchtwasser in die Bauchhöhle zu vermeiden. Gleichzeitig sorgte er dafür, daß das Fruchtwasser durch den Gebärmutterhals aus der Scheide abfließen konnte.[101] Fritsch (1890) schlug hingegen eine Einzelnaht mit durchgreifenden Stichen und einzeln geknüpften Nähten aus Seide vor.

Die Überlebenschance nach einem Kaiserschnitt wurde durch die Erkenntnisse von Sänger und Kehrer schlagartig verbessert. Die Wundheilung der Gebärmutter überließ man nicht mehr dem Zufall,

---

[99] Spiegelberg, 1878, beschreibt die praktische Ausführung eines Kaiserschnitts. Das Operationszimmer sowie alles, was mit der Bauchhöhle in Berührung kam, wurde mit Carbolspray besprüht oder zuvor in Carbolwasser getaucht. Die Operation fand unter Chloroformnarkose statt. Spiegelberg selbst führte den Kaiserschnitt fünfmal durch; in allen Fällen verstarb die Operierte. Spiegelberg, S. 855ff

[100] Zweifel 1887, zit. nach Fasbender 1906, S. 1005

[101] Fasbender 1906, S. 1002ff. Wie so oft in der Wissenschaftsgeschichte entbrannte auch hier ein Streit zur Prioritätenfrage. Vermutlich operierte Kehrer nach seiner Methode ein halbes Jahr vor Sänger; dieser war jedoch mit der Veröffentlichung schneller. O'Dowd, Philipp, S. 163

sondern verschloß sie teils mit Catgut (Katzendarm, der gut vom menschlichen Körper aufgenommen wird, allerdings weniger haltbar ist) oder Seide. Die mütterliche Überlebensrate stieg Ende des 19. Jahrhunderts auf über 70%; die der Kinder wurde ebenfalls verbessert.[102]

Kaiserschnitt — ein Routineeingriff

Die genannten Entwicklungen in den letzten hundert Jahren — bessere Nähmethoden, sinnvollere Schnittführung — haben den Kaiserschnitt zu einem Routineverfahren gemacht. Während er bis Ende des 19. Jahrhunderts nur als allerletzte Möglichkeit in Betracht kam, wenn alle anderen Verfahren versagten, löste er allmählich Operationsmethoden wie die Schamfugendurchtrennung (Symphysiotomie) oder die hohe Zange ab. Insgesamt nahm zunächst der Anteil der operativen Entbindungen nicht zu, so daß zu Beginn des 20. Jahrhunderts noch nicht von einem Eingreifen in den normalen Geburtsverlauf die Rede sein konnte.

Eine drastische Zunahme operativer Entbindungen ist erst in den letzten beiden Jahrzehnten zu verzeichnen. Eine amerikanische Studie erbrachte, daß 33% bis 75% der in den USA durchgeführten Kaiserschnitte vermeidbar gewesen wären. Und das National Center for Health Statistics schätzt, daß im Jahr 2000 die Kaiserschnittrate in den USA möglicherweise 40% erreicht.[103] Auch wenn man amerikanische Verhältnisse keineswegs direkt auf die hiesigen übertragen darf, sollen diese Zahlenangaben vor einer allzu großen Fortschrittsgläubigkeit warnen.[104]

Die hohe Kaiserschnittrate ist auf mehrere gleichzeitig stattfindende Entwicklungen zurückzuführen.

---

[102] Fasbender 1906, S. 1008f Kaltenbach (S. 510) gibt die Mortalität mit „kaum mehr als 2-3%" an. Schulz, S. M37, nennt eine Sterblichkeitsziffer um 1900 von 10%, 1938 lag sie bei 5%.

[103] Kolben 1993, S. 829

[104] The New Our bodies Ourselves, S: 460

- Die Geburtenrate ging zurück; gleichzeitig stieg das Bedürfnis nach
  größtmöglicher Sicherheit.
- Außerdem galt sechs Jahrzehnte lang die im Jahr 1916 von dem
  Amerikaner E.B. Cragin ausgesprochene Empfehlung „einmal
  Kaiserschnitt, immer Kaiserschnitt" als Richtschnur. Heute gilt allerdings wieder die Empfehlung, auch nach einem Kaiserschnitt
  — wenn möglich — eine Entbindung auf natürlichem Weg zu
  versuchen.[105]
- Eine weitere Neuerung hat den Kaiserschnitt für die gebärende
  Frau akzeptabler gemacht: die örtliche Betäubung (z.B. Epidural-
  anästhesie). Die Frau kann dadurch die Entbindung bewußt
  miterleben, den ersten Schrei ihres Kindes hören und es sogar,
  bevor der Schnitt genäht wird, an die Brust legen.
- Dank des Fortschritts der modernen Medizin kann eine Kaiserschnittentbindung heute vergleichsweise risikoarm durchgeführt
  werden. Während der Operation kommt es heute in weniger als
  0,5% der Fälle zu Komplikationen wie Verletzung von Harnblase
  oder Harnleiter, Blutungen, Gerinnungsstörungen, Fruchtwasser-
  embolien oder Narkosezwischenfällen. Höher liegt dagegen die
  Rate der Komplikationen im Wochenbett: in etwa 10% der Fälle
  kann es zu Infektionen der Harnwege oder der Gebärmutterschleimhaut (Endometritis) kommen, zu Wundheilungsstörun-
  gen, Wundinfektion, Blutarmut (Anämie), Lungenentzündung
  (Pneumonie), Thrombose, Embolie, Darmverschluß (Subileus,
  Ileus) und Blutvergiftung (Sepsis).

Dennoch darf man nicht übersehen, daß auch heute noch bei 1000
bis 5000 Schnittentbindungen eine Frau stirbt und somit die Mortalität nach Kaiserschnitt um ein Vielfaches die nach Vaginalentbin-
dung übersteigt.[106]

---

[105] Kolben 1993, S. 829-834; Kolben et al.1997, S. 486-490; Kainz et al., 230-234
[106] Pschyrembel, Dudenhausen, S. 516-517

Natürliche oder operative Geburtshilfe?

Ob und wieviel operiert wird und wurde, hängt bekanntlich nicht nur von den zur Verfügung stehenden Möglichkeiten ab. Die Bereitschaft zu operieren war in der Vergangenheit regional und je nach Einstellung des Operateurs sehr unterschiedlich ausgeprägt. Insgesamt wurde dort mehr operiert, wo es mehr Geburtshelfer gab: Während in der Stadt Kassel zwischen 1836 und 1838 auf 21,3 Geburten 1 Operation kam, entfiel im Landkreis Kassel auf 144 Geburten 1 Operation, wobei Operation meist Zangengeburt bedeutete.[107] In England wurde eher eine natürliche Geburtshilfe propagiert, in Frankreich bestand hingegen die Tendenz zur operativen Entbindung.

Während Verfechter der natürlichen Geburt die Geburtszange nur sehr sparsam gebrauchten, neigten andere wiederum zu energischem aktivem Eingreifen. In Deutschland traten die Hauptvertreter dieser beiden Strömungen, Lucas Johann Boer (1751-1835) und F.B. Osiander (1759-1822), in heftige Konkurrenz.[108] „Niemand hatte ... bis dahin in solcher Ausdehnung und mit einer so zielbewußten Festigkeit den Naturkräften prinzipiell den Geburtshergang überlassen, wie dies von Boer geschehen ist." F.B. Osiander hingegen vertrat „mit Überbietung selbst der aktiven Tendenz der französischen Geburtshülfe die ‚Entbindungskunst' bis zum Äußersten."[109] Die unter-

---

[107] Frevert, S. 197

[108] In seinen schriftlichen Auseinandersetzungen mit seinen Gegnern beruft sich F.B. Osiander auf Belege über die Gebräuche „wilder Völker", die ihre Kinder ohne Hilfe zur Welt bringen und sich dabei von ihrem Instinkt leiten lassen, und argumentiert für eine aktive Leitung der Geburt. Zur näheren Auseinandersetzung mit Osianders Ansichten siehe Loytved, S. 7-18

[109] Fasbender 1906, S. 270. Der Einfluß Boers, den Fasbender in bezug auf die Praxis als „den bedeutendsten Reformator der Geburtshülfe" bezeichnet, kann nicht hoch genug eingeschätzt werden, gerade zu einer Zeit, in der auch in den normalen Geburtsvorgang unentwegt eingegriffen wurde. Boer lehnte das Ziehen am Gebärmutterhals ab, sprach sich „rückhaltlos für den prinzipiell spontanen Verlauf der Gesichts- wie der Beckenendgeburt aus", plädierte für ein abwartendes Verhalten nach der Geburt des Kopfes („... so soll man den übrigen Körper nicht sogleich herausziehen, sondern warten, bis ihn eine oder die andere Wehe herausbewegt"). Boer lehnte Geburtsstühle und Geburtsbetten ab, konnte sich mit seinen Ansichten jedoch nicht durchsetzen. Aderlaß und Abführkuren während der Schwangerschaft verwarf er. Siehe Fasbender 1906, S. 268-273.

schiedliche Häufigkeit der Zangengeburten beider Geburtshelfer ist
daher keineswegs überraschend: Bei Boer kamen auf 4.456 Geburten
21 Zangengeburten (0,47%), bei Osiander auf 2.540 Geburten 1016
Zangengeburten (40%)![110]

Der in Wien tätige Boer hatte es sich bei den Tausenden von Geburten, bei denen er anwesend war, zur Regel gemacht, so lange wie
möglich abzuwarten und nur im Notfall einzugreifen. 33 Jahre lang
leitete er die Gebärabteilung des Wiener Allgemeinen Krankenhauses
und machte sie in kurzer Zeit zur führenden Gebäranstalt Europas.
Die Jahresberichte, die er erstellte, spiegeln Boers Einstellung wider.
Es fällt auf, daß der Anteil der Spontangeburten außerordentlich
hoch (98%) war und entsprechend die Anzahl der durchgeführten
Operationen sehr niedrig lag (2%). Boer führte in diesen Jahren
keinen Kaiserschnitt durch; Kinder, die sich in Lagen befanden, die
man heute als geburtsunmöglich bezeichnet, wurden spontan geboren,
und nur wenige Kinder wurden gewendet oder mit der Zange geholt.

Tabelle 8.1 gibt einen Überblick über drei Jahresberichte. Zwil-
lingsgeburten sowie Geburten bei Fuß-, Steiß- und Gesichtslage erfolgten auf natürlichem Wege. Die in der Tabelle aufgeführten Zahlen umfassen lebende und tote Mütter bzw. Kinder. Die Anzahl der
verstorbenen Mütter oder Kinder steht in Klammern jeweils dahinter.[111]

Wichtig ist in diesem Zusammenhang noch, daß es zu Boers Zeiten zunächst einmal vor allem darauf ankam, daß Mutter und Kind
die Geburt lebend überstanden. Ob bei einem Kind infolge eines
langsamen Geburtsverlaufs oder eines Geburtstraumas langfristig
Schäden auftraten, wurde damals noch nicht in der Weise verfolgt
wie heute. Die folgende Tabelle ist ein interessantes Zeitdokument;
sie soll aber nicht der natürlichen Geburt „koste es, was es wolle" das
Wort reden.

---

[110] Fasbender 1906, S. 271, 289

[111] Nicht alle Mütter starben an Krankheiten, die unmittelbar in Zusammenhang
mit der Entbindung standen, sondern z.B. an Tuberkulose: „.... so geschieht es nicht
selten, daß man solche Weiber oft bloß in der Absicht, um zu Hause die Leichen-
kosten zu ersparen, in einem Gebährungszustande dahin bringt, welcher fast gar
keiner Hülfe mehr empfänglich ist." Und nicht alle Kinder starben während der
Geburt; einige „waren schon in Fäulniß übergegangen." Boer, Bd. 1, S. 73

Tab. 8.1: Häufigkeit von Spontangeburten aus verschiedenen Lagen und von Zangengeburten. Daten aus drei Jahrgängen (nach Boer 1817), wobei zunächst die Anzahl der Mütter, dann die der Kinder insgesamt und dann die Häufigkeiten der verschiedenen Komplikationen genannt sind. Auffällig ist die geringe Zahl der Zangengeburten.

Jahr	Mütter	Kinder	Zwi	Fuß	Steiß	Ges	Wendg	Zange
1789	958(6)	967(41)	9	7	8	10	10(4)	5
1790	953(6)	962(62)	8	6	10	9	8(3)	7(3)
1791	1003(10)	1015(60)	12	9	14	8	8(3)	7(2)
zus.	2914(22)	2944(163)	29	22	32	27	26(10)	19(5)

Zwi: Zwillingsgeburt; Ges: Gesichtsgeburt; Wendg: Wendung

Fazit: Der Kaiserschnitt — heute ein Routineeingriff — kam bis ins 20. Jahrhundert nur in Betracht, wenn alle anderen Gebärmöglichkeiten versagten. Für das Kind gefährliche Verfahren wie Wendung und Zangengeburt hatten in jedem Fall Vorrang. Erst mit der Weiterentwicklung technischer Details wie Nähmethoden und Schnittführung konnte die Mortalitätsrate nach Kaiserschnittoperation drastisch gesenkt werden. Mit der zunehmenden Sicherheit des Kaiserschnitts wurde auch die Indikation zu diesem Eingriff weiter gestellt, so daß heute in der westlichen Welt Raten von bis zu 25% und höher erreicht werden.

9. Wochenbett und Frauenfeste

Nach der Geburt beginnt das Wochenbett. In dieser Zeit bilden sich die körperlichen Veränderungen, die während der Schwangerschaft entstanden sind, zurück, und die Eierstöcke nehmen wieder ihre Funktion auf. Diese Vorgänge dauern etwa sechs bis acht Wochen. Entsprechend lang ist auch der Mutterschutz für die berufstätige Frau geregelt. Des weiteren kommt zu Beginn des Wochenbettes die Milchbildung in den Brustdrüsen in Gang.

Das Wochenbett ist nicht nur die Zeit der körperlichen Umstellung, es ist auch die Zeit des Vertrautwerdens mit dem Kind und — gerade beim ersten Kind — der Neustrukturierung des Alltags. Daß eine Frau gerade in dieser Phase ihres Lebens in jeder Hinsicht unterstützt werden muß, wurde auch in früheren Zeiten erkannt und in Erlassen und Lehrbüchern festgeschrieben.

Diese aufregende Zeit war von einer Reihe von Bräuchen und Zeremonien geprägt: der Wochenbettbesuch mit der Wochensuppe, Taufe und Aussegnung. Übriggeblieben ist davon der Besucheransturm und in einigen Familien die Taufe.

Nach einem kurzen Abriß moderner Wochenbettempfehlungen werden frühere Verhaltensempfehlungen für diese Zeit beschrieben, worauf eine Schilderung der erwähnten Bräuche und Feste folgt.

Wochenbett heute

Direkt im Anschluß an eine komplikationslose Spontangeburt kann sich die frischentbundene Frau entscheiden, ob sie nach ein paar Stunden nach Hause geht (ambulante Entbindung) oder noch einige Tage im Krankenhaus verbringt. Nach einer ambulanten Entbindung wird sie zu Hause von einer Haushaltshilfe unterstützt und täglich von einer Hebamme besucht, bis die restliche Nabelschnur des Kindes abgefallen ist.

Eine Wöchnerin ist ruhe- und schonungsbedürftig. Strenge Bettruhe ist jedoch unnötig und nicht zu empfehlen. Spätestens sechs Stunden nach der Geburt sollte sie mit einer Begleitperson zur Toilette gehen. Das frühe Aufstehen hat viele Vorteile und keine Nach-

teile. Es verringert die Thrombosegefahr, regt die Darmtätigkeit an,
fördert die Rückbildung und hebt die Stimmung, um nur einige
Vorteile zu nennen. Mit Frühaufstehen ist — besonders zu Beginn des
Wochenbetts — das kurzfristige Verlassen des Bettes gemeint und
nicht die Bewältigung des tagtäglich anfallenden Arbeitspensums.
Diese Empfehlung bildet den goldenen Mittelweg zwischen dem
strengen Flachliegen für zehn Tage, wie es noch vor 40 Jahren üblich
war, und der sofortigen Rückkehr zur Alltagsroutine.

Die sechs bis acht Wochen Schonfrist erleichtern es einer frischentbundenen Mutter, sich von den Strapazen der Geburt zu erholen,
andererseits hat sie nun auch genügend Zeit, sich auf ihr Baby einzustellen. Besonders bei der Geburt des ersten Kindes beginnt damit für
die Eltern ein neuer Lebensabschnitt, der — bei aller innerlichen wie
äußerlichen Vorbereitung und Vorfreude — doch auch Unwäg-
barkeiten bereithält. Viele Frauen befällt vor allem nach der Geburt
des ersten Kindes ein Gefühl der Niedergeschlagenheit, das bei manchen bis zu einer ernsthaften Depression gehen kann. Ein Auslöser
für diese Stimmungslage ist der plötzliche Hormonabfall nach der
Geburt. Aber auch andere Faktoren wie unerwarteter körperlicher
Streß, z.B. Schlaflosigkeit, oder das Gefühl der Isolation wirken ver-
stärkend. Wichtig ist, daß die Mutter keine Schuldgefühle aufgrund
dieser negativen Stimmungen empfindet, sondern das Gespräch mit
anderen und unter Umständen auch professionelle Hilfe sucht.

Die Sechswöchnerin

Es ist eine alte Erkenntnis, daß eine Wöchnerin ebenso wie eine
schwangere Frau schonungsbedürftig ist. Ob sie allerdings wie eine
Kranke behandelt werden sollte, ist Ansichtssache. Bereits zu Beginn
des 19. Jahrhunderts zog der Geburtshelfer L.J. Boer die gängige Auffassung, die Wochenbettphase als Krankheit zu verstehen, stark in
Zweifel. Er ging sogar so weit, Erkrankungen im Wochenbett auf
übertriebene pflegerische Maßnahmen wie Diät, Aderlaß oder Einläufe zurückzuführen: „Bey dergleichen routinemäßigen Verfahrungs-
arten können freylich nur wenige Entbundene gesund und wohlbe-

halten ihre Wochen durchkommen."[1] Er war der festen Überzeugung, daß „die Natur oft mehr zur Heilung beyträgt, als die Kunst dabey verderben kann."[2]

Schonung und Bettruhe

Die Weistümer (vgl. Kapitel 5) enthielten zahlreiche Regelungen zum Umgang mit einer sogenannten Sechswöchnerin[3] oder Kindbetterin, die zu ihrer rascheren Erholung beitrugen. Durch Lebensmittelgeschenke sowie Steuer- und Militärdienstbefreiungen des Ehemannes wurde ihr das Leben für die Zeit des Wochenbetts leichter gemacht: In manchen Gegenden ließ man ihr Wein und Brot zukommen, z.B. im Johanniterhaus zu Bubikon. Wenn der Bote der Herrschaft das Fastnachtshuhn abholen wollte, schlug er dem Huhn den Kopf ab — als Zeichen des guten Willens des Bauern, die Abgabe zu entrichten — und warf das Huhn wieder für die Wöchnerin ins Haus zurück. Selbst der Ehemann wurde ihr zuliebe geschont: In Herbizheim mußte er dem Heer nur folgen, wenn er nachts nach Hause zurückkehren konnte. In Schönfels wurde er vom Frondienst völlig befreit.[4]

Der Geltungsbereich der Weistümer war allerdings begrenzt. Sie galten immer für einen bestimmten Ort oder eine bestimmte Gegend und wurden in späteren Zeiten durch andere Bestimmungen abgelöst.

In den Hebammenordnungen wurde die Unterstützung einer Wöchnerin durch die Hebamme genau geregelt. Sie kam für ein bis sechs Wochen nach der Geburt ins Haus, pflegte die Frischentbundene und badete täglich das Kind. In Regensburg (1779) wurde die Sechswöchnerin in den ersten 14 Tagen zweimal täglich von der Hebamme besucht.[5] In Freiberg (1785) besuchte die Hebamme die Wöchnerin sechs Wochen lang täglich morgens und badete das

---

1 Boer, Bd. 2, S. 14

2 Boer, Bd. 2, S. 7

3 Fehr, S. 9

4 Fehr, S. 5f

5 Nöth, S. 161

Kind.[6] In Lippstadt (1797) gehörte es auch zu den Aufgaben einer Hebamme, für saubere Kleidung und Bettwäsche der Wöchnerin zu sorgen.[7]

Darüber hinaus war es Aufgabe einer Hebamme, darauf zu achten, daß die frischentbundene Frau strenge Bettruhe einhielt. Man erwartete von einer Wöchnerin, daß sie etwa neun Tage flach auf dem Rücken lag und nur beim Einnehmen der Mahlzeiten und beim Stillen des Kindes den Oberkörper leicht erhob,[8] denn „... nichts erquicket sie mehr, als der sanfte Schlaf ... Sie müssen acht bis neun Tage das Bette hüten."[9] Stand die Wöchnerin zu früh auf, rechnete man mit den schlimmsten Folgen:

> „Eine Wöchnerin muß sich allemal als eine schwer Verwundete betrachten, und von andern so betrachtet werden. Die übele Gewohnheit, schon den andern Tag das Bette zu verlassen, Hausgeschäfte zu verrichten, hat schon Tausenden das Leben gekostet, oder sie doch in gefährliche Krankheiten gestürzet, und doch lernet der Bauer nie die Gefahr eher einsehen, bis daß er sie fühlet."[10]

Eine Wöchnerin sollte jedoch nicht nur vor körperlichen, sondern auch vor seelischen Belastungen verschont bleiben:

> „Zorn, Schrecken, Traurigkeit, alle heftige Leidenschaften bereiten gar leicht einer Wöchnerin die grausamsten Krankheiten und den elendesten Tod. Alles, was sie beunruhigen kann, muß man verbannen."[11]

Diese Empfehlungen zeigen sehr deutlich, wie ausgeprägt das Bewußtsein war, daß eine Wöchnerin hilfe- und schutzbedürftig ist und ihr ein Sonderstatus zusteht.

---

[6] Nöth, S. 165

[7] Nöth, S. 178

[8] Kaltenbach, S. 164

[9] Thilenius, S. 173f

[10] Thilenius, S. 175

[11] Thilenius, S. 178

Zimmerwärme

Ebenso wie der Gebärraum wurde auch das Zimmer einer Wöchnerin
oft bis zur Unerträglichkeit geheizt — eine Sitte, von der einige
Hebammenordnungen abrieten. Die Hebamme sorgte für eine angenehme Zimmertemperatur,[12] da man etliche Wochenbetterkrankun-
gen auf Überhitzung zurückführte:

> „Die Stube muß mäßig warm, die Bettdecke nicht zu dick seyn.
> Heiße Stuben, zu warme Betten machen, daß die Entbundene immer
> von Schweiß trieft, sie erzeugen Kopfweh, hitzige Fieber, Friesel,
> Blutstürze; die Ausdünstung muß sorgfältig unterhalten, aber nicht
> bis zum fortdauernden Schweiß getrieben werden."[13]

Schwitz- und Hungerkuren

Die Ernährung im Wochenbett war ein besonders heikles Thema.
Viele Frauen ernährten sich tagaus tagein äußerst dürftig und einseitig.
Wurden sie im Wochenbett von Nachbarn und Freunden mit der
sogenannten Wochensuppe (siehe unten in diesem Kapitel) be-
schenkt, hatten sie die einmalige Gelegenheit, gut und ausgiebig zu
speisen. Diese zügellose Schlemmerei wurde jedoch von Ärzten hart
verurteilt, die eine Magerkost für die einzig richtige Diät im Wochenbett hielten. Leichte Kost war ihrer Ansicht nach eine Grundvoraussetzung für einen normalen Wochenbettverlauf. Milchfieber und
Kindbettfieber (siehe Kapitel 10) wurden z.B. lange Zeit auf Diätfehler zurückgeführt.

Leichte Kost bestand vor allem in Getreidebrei und Wasser in verschiedenen Kombinationen: „Wasser mit Citronen, oder Wasser mit
wenig Rosinen abgekocht, wie auch lauteres, reines Brunnen-Was-
ser."[14] Thilenius empfahl — gemäß seiner Zeit — einfachen und
vornehmen Frauen unterschiedliche Getränke: ersteren Wasser,

---

[12] Isenburg 1782, Zittau 1792, Lippstadt 1797; siehe Nöth S. 162, 169, 178

[13] Thilenius, S. 173

[14] Runkel-Wieder Hebammenordnung von 1778; Nöth, S. 146

Cofent[15] oder Halbbier, letzteren Mandelmilch oder Wasser mit Zitronensaft.[16] „Wein, Brandtwein, Fleisch, Fleischbrüh, Hühnerbrüh, Bier- oder Weinsuppen, mit oder ohne Gewürz" waren in den ersten sechs Tagen nicht gestattet; dagegen wurden „reichlich Hafer- oder Gerstenschleim mit Wasser etwas Butter und ein wenig Salz bereitet, mit ein wenig leichtem Gemüss"[17] empfohlen.

Die äußerst kalorienarme Kost und die Unmengen an Brühen und Tees wuchsen sich zu regelrechten Schwitz- und Hungerkuren aus, die, bei konsequenter Einhaltung, die Wöchnerin schwächten und den Erholungsprozeß verzögerten.[18] Die Wöchnerin kam bei der Magerkost kaum zu Kräften, um so schwächer wurde sie, wenn sie ihr Kind stillte. Im 19. Jahrhundert waren Hungerkuren noch weit verbreitet, allmählich setzte sich jedoch auch die Überzeugung durch, daß eine Wöchnerin tüchtig essen müsse, da sie für zwei esse: „... diese müssen von Anfang an kräftig genährt werden, es kommt ihren Kindern zu Gute."[19]

Einläufe

Es wurde nicht nur der richtigen Nahrungszufuhr viel Beachtung geschenkt, sondern auch der ausreichenden Ausscheidung. Dafür wurde mit tagtäglichen Einläufen, den Klistieren, gesorgt. In der Isenburger Hebammenordnung von 1782 wurde beispielsweise festgelegt, daß die Hebamme der Wöchnerin in den ersten neun Tagen täglich mindestens ein Klistier verabreichte.[20]

Abschließend möchte ich festhalten, daß die Ansichten zum richtigen Verhalten im Wochenbett unter Laien und Fachleuten sehr unterschiedlich und zudem Modeströmungen unterworfen waren. L.J.

---

[15] Cofent = Dünnbier, von Convent = Kloster; daher eigentlich Klosterbier

[16] Thilenius, S. 177

[17] Isenburger Hebammenordnung von 1782; Nöth, S. 162

[18] Kaltenbach, S. 164

[19] Spiegelberg, S. 234

[20] Nöth, S. 162

Boer beschreibt knapp, aber treffend den Wandel im Umgang mit
Wöchnerinnen:

> „Da war eine lange Jahren-Reihe, wo man die Kindbetterinnen
> halb todt schwitzen machte. Zu andern Zeiten schützte man sie nicht
> vor Kälte. Einst durfte ihnen in den ersten Tagen des Wochenbettes
> kaum ein Klystier, viel weniger innerlich ein eröffnendes Medica-
> ment gegeben werden; bald darauf mußten sie sich mit Manna und
> Wundersalz den letzten guten Tropfen ... aus dem Leibe purgiren. ...
> Dort ist es gebräuchlich, Wöchnerinnen mit geistigen Getränken
> und nahrhaften Speisen vor Hitze fast zu verbrennen; hier weiß man
> nicht genug abzukühlen, und ertränkt sie wieder mit einem faden
> Geschlürfe von leerem Blumenthee oder wässerigter Kernmilch, und
> läßt sie vor Hunger darben."[21]

Der rauhe Alltag

All diese beschriebenen Empfehlungen zum Wochenbett bestanden
zwar in der Theorie, vielen Frauen blieb jedoch die nötige Ruhe
verwehrt. Frauen aus unteren Gesellschaftsschichten — Bäuerinnen
von kleinen Gehöften und Fabrikarbeiterinnen — blieb nichts anderes übrig, als bereits ein bis zwei Tage nach der Entbindung wieder zur
Routine zurückzukehren. In der Wertheimer Hebammenordnung von
1778 wurde beispielsweise die Tatsache verurteilt, daß Wöchnerinnen
auf dem Land mit Billigung der Hebammen acht bis zehn Tage nach
der Geburt aufstanden und schwere körperliche Arbeit verrichteten.[22]
Die Hebamme L. Burger beschreibt die Verhältnisse um die Jahrhundertwende in einem Dorf in Süddeutschland:

> „Vier Wochen nach der Geburt gingen die armen Mütter wieder
> in die Fabrik. Sie wären schon nach vierzehn Tagen wieder gegan-
> gen, wenn nicht ein entsprechendes Arbeitsverbot sie daran gehin-
> dert hätte. Um einige Tage übertrat man das sowieso. Was sollten sie
> machen, wenn die Männer arbeitslos waren? Da sie meist gute Arbei-
> terinnen waren, drückte man gern ein Auge zu und nahm sie wieder.

---

[21] Boer, Bd. 2, S. 13f

[22] Nöth, S. 156

Auch war der Überschuß an Arbeitskräften nicht so groß wie heute. In kurzer Zeit hatte ich in diesem Winter sechs Mütter entbunden, die alle gleich wieder in die Fabrik gingen."[23]

Es war jedoch nicht nur die Not, die diese Frauen zur Arbeit drängte, sondern auch die eigene Erwartung bzw. die der Angehörigen, sofort wieder einsatzfähig zu sein. Es galt als Verweichlichung, sich tagelang nichtstuend ins Bett zu legen:

> „Nie wird hier die Wochenzeit ganz abgewartet, und dem Körper hinlängliche Erholung vergönnt... Man sieht es als Verzärtelung und Hochmuth an, sich seinem Zustande gemäss zu verhalten, und setzt eine Grösse darin, der Natur Hohn zu sprechen und auf ihre Kraft zu sündigen. Manche Bäuerin unterzieht sich noch am nämlichen Tage ... nach der Geburt anstrengenden Geschäften, und unternimmt mit einer Art Tollkühnheit gerade dasjenige, was sie ihrer gegenwärtigen Konstitution nach nicht unternehmen sollte."[24]

Die Wöchnerin, die das Bett hütete, konnte aufgrund ihrer gesellschaftlichen Verpflichtungen allerdings auch keine Ruhe finden. Die Bettruhe wurde durch die zahlreichen Besuche ihrer Nachbarinnen unterbrochen, die sie beglückwünschten:

> „Das Wochenbett ist für sie kein Ausruhen; sie liegt inmitten ihres Haushaltungsbetriebes, umgeben von der Kinderschar und sieht, wo ihre Mitarbeit fehlt. Schon bald nach den ersten Tagen erscheinen die Nachbarinnen in Scharen, machen ihren Wochenbesuch, und bringen den ‚Kindswecken' mit guten Wünschen für Mutter und Kind."[25]

Diese Wochenbettbesuche und weitere angenehme Unterbrechungen des Wochenbettes, die heute beinahe in Vergessenheit geraten sind, sind Thema der folgenden Abschnitte.

---

[23] Burger, S. 68

[24] Pfeufer, S. 53f

[25] Wohlgemuth, S. 124f

Wochensuppe

Jede Frau, die einmal geboren hat, kennt das: besonders beim ersten Kind reißt der Besucherstrom nicht ab. Verwandte und Freunde, alle sind gespannt, wie der neue Erdenbürger aussieht, wem er ähnlich sieht und wie die Mutter alles überstanden hat. Soviel Anteilnahme wie kurz nach der Geburt erfährt eine Frau kaum ein anderes Mal in ihrem Leben.

Ebenso war es früher. Weibliche Verwandte, Freundinnen und Nachbarinnen — in kleinen Dörfern alle Frauen des Dorfes — statteten der Wöchnerin kurz nach der Geburt einen Besuch ab. Das Neugeborene wurde begutachtet und die Frischentbundene beglückwünscht. Die Besucherschar stand dicht gedrängt im Zimmer der Wöchnerin. Ärzte, die eine strenge Bettruhe im Wochenbett empfahlen, beargwöhnten diese Sitte und rieten dringend ab:

> „Die täglichen Versammlungen der geschwätzigen Gevatterinnen und Freundinnen um das Wochenbette sind eine thörige Pflicht, die man erfüllen zu müssen glaubt, und die der Wöchnerin zur Last und zum Schaden gereichen. Mit welchem Getöse stürmet man nicht um das Wochenbette und um das Kind herum! Ein jedes zahnlose Mütterchen haucht Lob oder Tadel, und Rathschläge."[26]

Als Geschenk überreichten die Besucherinnen die sogenannte Wochensuppe (Abbildung 9.1). Während es sich dabei ursprünglich tatsächlich um eine nahrhafte Suppe handelte, die für die Wöchnerin zubereitet wurde, waren es später Naturalien verschiedenster Art. Nahrhafte Speisen („fette Butter- und Mandelspeisen, Hühnerbrühen und Bakwerke") und alkoholische Nahrungsmittel waren äußerst beliebte Geschenke, die die Wöchnerin gern entgegennahm.

> Und so wurde eine Wochensuppe hergestellt (Rezept, das von dem Geburtshelfer Thilenius wiedergegeben wurde und bei ihm auf heftige Ablehnung stieß): „Sechs bis acht Pfund Rindfleisch, ein Maaß und mehr Rahm, dreyßig bis vierzig Eyer, ein halbes auch ganzes Maaß Wein, Safran und Muskatenblumen, alles mit Wasser zu einer Suppe gekocht: das ist das vergiftende Geschenk, womit man sich hier gegen die Wöchnerin wohlthätig beweiset, und wovon sie

---

[26] Thilenius, S. 175

acht und mehr Tage leben soll. Wie viele müssen aber für diese thö-
rige Leckerey büssen!"[27]

Abb. 9.1: Wochenbettszene. Eine Helferin reicht der Mutter die Wochensuppe; die Hebamme badet das Kind. Titelblatt aus dem „Rosengarten"

---

[27] Thilenius, S. 177

Gerade in einer Zeit, in der Ärzte Hunger- und Schwitzkuren während des Wochenbettes als Allheilmittel betrachteten, machten sie die Wochensuppe für auftretende Beschwerden verantwortlich:

> „Wann eine Frau von Stand in den Wochen liegt, so darf man sicher rechnen, daß ... sie binnen den drey bis vier ersten Wochen eines Arzneymittels benöthiget seyn, und ihre sämtliche liebe Jugend über Magenweh, Erbrechen, Grimmen und andere Folgen von Ueberladung klagen wird. Selten ist etwas anders die Ursache hievon, als die Zusammenkunft mehrerer Giftmischereyen von Bakwerk und andern Leckereyen, an welchen die Frau Baasen und Gevatterinnen ihre Kunst zu zeigen sich in die Wette beeifert haben ... Die Seltenheit, so was Gutes zu genießen, macht sie lüstern, auf einmal von dem vermeinten Guten recht satt zu essen, und bald wird sie merken, daß es ihr so gut bekommt, als ob sie Gift genommen hätte."[28]

Der Besuch der Wöchnerin erfüllte — abgesehen von der Anteilnahme der Besucherinnen und dem Überbringen der Wochensuppe — noch einen weiteren wichtigen Zweck: im Haushalt behilflich zu sein. Diese Nachbarschaftshilfe war vor der Zeit der organisierten Wochenbetthilfe und Unterstützung durch Dorfhelferinnen unerläßlich für das reibungslose Funktionieren von Haus und Hof. Eine in die Dorfgemeinschaft eingebundene Frau konnte sich auf die Hilfe ihrer Nachbarinnen verlassen und half auch ihrerseits, wenn sie gebraucht wurde.

Taufe

Mit der Taufe wird das Neugeborene in die christliche Gemeinschaft aufgenommen. Wie die Geburt so war auch die Taufe ein Ereignis, an dem neben dem Kind vor allem die Mutter und die Frauen ihres sozialen Umfeldes teilhatten. Geburt und Taufe waren willkommene Anlässe zum Feiern. An Männern waren an diesen typischen Frauenfesten nur noch der Kindsvater und der Pate zugelassen. In einigen

---

[28] F.B. Osiander, S. 146f

Gegenden waren allerdings bei der Taufe eines Knaben Männer, bei der eines Mädchens Frauen anwesend.

Bei der Taufe bildeten die Paten, die Hebamme und die eingeladenen Frauen einen Taufzug zur Kirche. Der Täufling wurde in katholischen Gegenden von der Hebamme zur Kirche getragen — eine Pflicht aus mittelalterlichen Zeiten, wo die Hebamme als kirchliche Vertrauensperson für die unverzügliche Taufe des Neugeborenen Sorge tragen mußte.[29] Fand die Taufe kurz nach der Geburt statt, blieb die Mutter zu Hause: nicht nur, weil sie von der Geburt noch geschwächt und erholungsbedürftig war oder das Fest vorbereiten wollte, sondern auch, weil sie erst wieder nach der Aussegnung (siehe unten in diesem Kapitel) die Kirche betrat. Die Taufhandlung fand — auch im Winter — in der Kirche statt, wo die Säuglinge entkleidet wurden.

Nach der Taufe begab sich die Taufgesellschaft in ein überhitztes Gasthaus, und es wurde ordentlich gegessen und gezecht: der sogenannte Taufschmaus.[30] Nahm die Mutter an dem Festessen teil, so wurde sie von der Hebamme[31] oder dem Pfarrer beobachtet, damit sie nicht wie die Gäste schwere Speisen zu sich nahm.[32]

Bei dem Taufschmaus ging es mitunter hoch her, „da die Weiber mit Saufen nicht mehr aufgehört, bis sie einander nicht mehr gekannt und nicht mehr nennen" konnten.[33] Für Außenstehende konnte die Lärmbelästigung recht groß werden, wenn die Frauen „mit singen, schreyen und lachen oder solches Getoeß"[34] störten.

Die ausgelassene Tauffeier war nicht gerade auf die Bedürfnisse eines empfindlichen Neugeborenen und einer noch ruhebedürftigen Mutter zugeschnitten. Ärzte warnten sogar vor den Gesundheitsschä-

---

[29] Siehe Haberling, S. 18. Ich selbst wurde noch als Säugling von meiner Hebamme zur Taufe in die Kirche getragen.

[30] Worschech gibt auf einer Landkarte Deutschlands die um 1930 regional üblichen Bezeichnungen für Taufschmaus wieder. Worschech, S. 134

[31] Nöth, S. 25

[32] Z.B. in Wertheim (Hebammenordnung von 1778), Nöth, S. 156

[33] Nürnberger Taufordnung von 1619; zit. nach Worschech, S. 108

[34] In einem Erlaß der Grafen Wolfgang und Gottfried von Castell 1619; zit. nach Worschech, S. 111

den, die von der schlechten Luft und dem Lärm im Gasthaus, vor
allem wenn noch dazu Freudenschüsse abgefeuert wurden, zu befürchten waren:

> „Hier (im Gasthaus) wird das Kind auf die Ofenbank gelegt,
> und Gevatterleute und Hebamme überlassen sich einige Stunden
> unbekümmert um das arme Geschöpf frohen Muths dem Zechgelage.
> ... Die Hitze, ... die Ausdünstung der anwesenden Gäste, womit sich
> ein ekelhafter Tabaksdampf vermischt, ihr Toben und Lärmen, der
> Wechsel der Temperatur und der Atmosphäre, ... alle diese Einflüsse
> müssen für einzelne Organe ... von bedenklichen Folgen seyn.
> Hierzu kömmt noch zuweilen die Sitte, die Taufzeremonie durch
> Flintenschüsse anzukündigen. Wenn auch nicht durch
> Unvorsichtigkeit einzelne Menschen könnten beschädigt werden, so
> muss der Knall an sich auf Mutter und Kind den widrigsten Ein-
> druck machen."[35]

Die Taufbräuche wurden von Kritikern für die hohe Kindersterblichkeit mitverantwortlich gemacht. Der Arzt Mezler klagte 1822 über
die hohe Kindersterblichkeit in der Stadt Sigmaringen und führte
diese unter anderem auf die Unsitten bei der Taufe zurück:

> „Das Verkälten der Kinder, in und ausser dem Hause, bei der
> Taufe, und die schädlichen Unfugen, die bei diesen Anlässen ge-
> trieben werden; z.B. das Tragen über Feld, das Entkleiden bei der
> Taufe, die übertriebne Hitze bei einem glühenden Ofen nach der-
> selben, das Stillen der Kinder mit Brandwein, wenn dieselben wäh-
> rend der langen Zecherei viel schreien."[36]

Störten die Kleinen, so wurden sie mit einem alkoholischen Ge-
tränk ruhiggestellt und irgendwo abgelegt. Das Motiv des im Gasthaus
liegengebliebenen Täuflings taucht in Überlieferungen wiederholt
auf.[37] Kurfürst Clemens Wenzelslaus gab 1784 einen Erlaß heraus,
daß Tauffeiern zu Hause im kleinen Kreis stattfinden sollten, um
Säuglingen das stundenlange Herumliegen in Wirtshäusern zu erspa-

---

[35] Pfeufer, S. 59f

[36] Mezler, S. 154-157

[37] Worschech, S. 209f

ren, da „die neugebohrenen Kinder halbe Tage lang in den Wirtshäusern liegen geblieben" seien.[38]

Die Taufe — vor allem in den kalten Wintermonaten — und die anschließende Feier wurden von Ärzten lieber im familiären häuslichen Kreis gesehen:

> „Nur in den heissesten Sommertagen ist es erlaubt, das Kind in die Kirch zu bringen: ... und es wäre zu wünschen, daß jedes Kind im Hause getauft würde."[39]

Für die Feier zu Hause trafen entweder Hebamme oder Wöchnerin die nötigen Vorbereitungen:

> „So gehört es zu den nicht seltenen Erscheinungen auf dem Lande, dass die Neuentbundene, während dem ihre Hausleute und Freunde das Kind zur Taufe begleiten, sich ganz sorgenlos aus ihrem Bette begibt, und mit der grössten Geschäftigkeit die Speisen zum sogenannten Gevatterschmausse bereitet."[40]

Verordnungen und Erlasse, die die verschiedenen Festlichkeiten anläßlich Geburt und Taufe einzudämmen oder sogar zu verbieten suchten (und die meist wenig beachtet wurden), lassen erahnen, wie ausgelassen gefeiert wurde. In vielen Verordnungen aus der frühen Neuzeit wurde die Zahl der bei einer Taufe anwesenden Frauen beschränkt. Der Kindbetthof, auch Kindbettschenke genannt, der sechs Wochen nach der Geburt gefeiert wurde, wurde teilweise sogar ganz verboten. Hintergrund dieser Verordnungen war, die Kosten für die Eltern des Täuflings und für die Paten auf ein vernünftiges Maß zu begrenzen und ein Ausarten der Festlichkeiten zu vermeiden. Auch sah man die Wöchnerin durch zuviel Trubel gefährdet.

Die Tauffeier mit Einbeziehung der weiblichen Dorfgemeinschaft war fester Bestandteil der Dorflebens bis zur Jahrhundertwende. Etwa ab 1900 verschwand dieser Brauch zunehmend, und aus dem Dorffest wurde eine Feier im engsten Familienkreis.[41]

---

[38] Worschech, S. 171

[39] Steidele, S. 170f

[40] Pfeufer, S. 53f

[41] Worschech, S. 156f

Exkurs: Nottaufe

Die ersten Christen wurden nicht gleich nach der Geburt, sondern erst im Erwachsenenalter getauft. Lange Zeit wurde die Kindstaufe von der Kirche nur empfohlen, war jedoch nicht Vorschrift. Erst als in den aufkommenden Ketzerbewegungen Kritik an den Dogmen der Kirche laut und die Taufe im Kindesalter abgelehnt wurde, reagierte die Kirche mit der Forderung nach einer möglichst baldigen Taufe des Neugeborenen. Um diesem Anspruch Nachdruck zu verleihen, wurde im Jahre 1277 auf der Synode von Trier angeordnet, Priester sollten Laien in der Nottaufe unterrichten. Im Jahre 1310 wurde auf dem Reformkonzil zu Trier bestimmt, Hebammen mit der Nottaufe zu betrauen.

Vor der Reformation, d.h. vor der Spaltung der Kirche in eine katholische und protestantische Richtung im 16. Jahrhundert, galt bei einer Geburt das Hauptinteresse der Hebamme der Rettung des Kindes. Wenn es nicht überleben konnte, sollte wenigstens seine Seele durch die Taufe gerettet werden. Der große Volksprediger Berthold von Regensburg (um 1210-1272) predigte beispielsweise, alle ungetauften Kinder kämen in die Vorhölle, wo sich ihre Seelen in ewiger Sehnsucht nach Gott verzehrten. War bereits der kindliche Kopf geboren oder ein anderer großer Körperteil und ging die Geburt nicht weiter voran, so war es auch erlaubt, diesen Körperteil zu taufen. Die Taufformel für ein halb geborenes Kind mit noch nicht erkennbarem Geschlecht begann dann nicht mit dem Namen des Kindes, sondern mit den Worten: „Geschöpf Gottes, ich taufe dich ...". Befand sich das Kind noch im Mutterleib und konnte es aus irgendeinem Grund nicht geboren werden, so war die Hebamme bei einer sterbenden oder toten Mutter zum Kaiserschnitt verpflichtet, um dem Kind die Taufe zu spenden. D.h. zur Not wurde auch die Mutter für das Seelenheil des Kindes geopfert. Eine weitere Konsequenz aus den Dogmen der katholischen Kirche war die Tatsache, daß im Mittelalter ein ungetauftes Kind nicht auf dem Friedhof beerdigt werden durfte, sondern nur außerhalb.

Die Entstehung der protestantischen Kirche im 16. Jahrhundert hatte weitreichende Folgen für die Nottaufe und für die gesamte Geburtshilfe. Es durfte nur noch ein vollständig geborenes Kind getauft werden. Konnte das Kind nicht geboren werden, so wurde es im

Mutterleib durch ein Gebet Gott anempfohlen, und man vertraute darauf, daß es auch so zur ewigen Seligkeit gelange. Die Hebamme mußte nicht mehr alles daran setzen, um einen Teil des Kindes zu erreichen und mit Wasser zu besprengen. Verstarb das Kind im Mutterleib, wurde die gebärende Frau notfalls durch Instrumente von ihm befreit. Auch das ungetaufte Kind wurde auf dem Friedhof bestattet. Ziel der Entbindung war nun nicht mehr die Rettung — notfalls nur die Seelenrettung — des Kindes, selbst mit Aufopferung der Mutter, sondern die Rettung des mütterlichen Lebens, auch wenn das Kind dabei verstarb.[42]

Die unterschiedlichen Einstellungen der katholischen und protestantischen Kirche zur Nottaufe haben deutlich die Hebammenordnungen katholischer bzw. protestantischer Gegenden geprägt.[43] Auch die bereits erwähnte Regensburger Hebammenordnung von 1552 enthält Bestimmungen zur Nottaufe. Dabei ist es wichtig zu wissen, daß Regensburg im Jahr 1542 zum Protestantismus überwechselte. Während die ältere Hebammenordnung von 1452 noch keine Hinweise zur Nottaufe enthält, wird in der Ordnung von 1552 ausdrücklich darauf hingewiesen, daß nur vollständig geborenen Kindern die Nottaufe gespendet werden darf. Außerdem mußten laut dieser Ordnung auch ungetaufte Kinder auf dem Kirchhof begraben werden und durften nicht mehr — wie ehemals bei den Katholiken — außerhalb des Friedhofs verscharrt werden.[44] Auch in Nürnberg (1711)[45] und Frankfurt (1703)[46] durfte die Nottaufe nur vollständig geborenen Kindern gespendet werden. In Augsburg (1750) wurden die Hebammen darauf aufmerksam gemacht, darauf zu achten, daß bei

---

[42] Dieser Wandel des geburtshilflichen Interesses ist auch bevölkerungspolitisch von Bedeutung und sinnvoll: Von einem nur mit Mühe geborenen und wahrscheinlich durch die Geburt verletzten Kind hat die Gesellschaft nicht so viel wie von einer Frau, die ihre bereits vorhandenen Kinder versorgen und noch viele gebären kann. Zu unterschiedlichen Vorschriften bzgl. der Nottaufe in der katholischen und evangelischen Kirche siehe Haberling, S. 14-26

[43] Nöth, S. 27

[44] Birkelbach et al., S. 83-98

[45] Nöth, S. 85

[46] Nöth, S. 45

der Taufe einem Jungen ein männlicher Name und einem Mädchen ein weiblicher Name gegeben werde.[47]

Um einem Kind das ewige Seelenheil zu sichern, gingen später manche Geburtshelfer so weit, selbst einen Embryo, „so groß als ein Mayen-Käffer,"[48] zu taufen.

Zur Not in der Gebärmutter

Geschah es nun, daß die gebärende Frau noch lebte, aber das Kind — z.B. bei zu engem Becken — nicht kommen wollte, so lag nichts näher, als auf irgendeine Art Taufwasser in die Gebärmutter einzubringen und die Taufe dort (intrauterine Taufe) zu vollziehen. Entweder führte die Hebamme einen mit Taufwasser benetzten Finger in die Gebärmutter ein, wobei unter Umständen das Taufwasser abgestreift und die Taufe ungültig wurde. Sicherer für den Vollzug einer gültigen Taufe war die Gabe von Taufwasser mittels einer Spritze, die die Hebamme in den Gebärmutterhals einführte.

Die intrauterine Taufe hatte besonders viele Anhänger in der französischen Geburtshilfe. Paul Portal (gest. 1703) vollzog vor jeder Entbindung einer Fußlage eine intrauterine Taufe.[49] Auch Francois Mauriceau gab die Empfehlung, man solle am besten bei jeder Wendung auf den Fuß bereits die Nottaufe spenden, während das Kind durch den Geburtskanal tritt.[50]

Ich möchte hier betonen, daß diese Taufmethode gewiß nur vereinzelt praktiziert wurde und von der Kirche nicht gutgeheißen wurde. Der Wunsch einer religiösen Hebamme, die Seele des Kindes zu retten, konnte so stark sein, daß sie auch vor dem Übertreten einer kirchlichen Vorschrift nicht zurückschreckte. So berichtet z.B. die katholische Hebamme L. Burger über eine intrauterine Taufe um 1900:

---

[47] Nöth, S. 107

[48] De la Motte, S. 306

[49] Fasbender 1906, S. 79f

[50] Fasbender 1906, S. 169

„Perforation. Wie Doktor Marx das Todesurteil gesprochen hatte, sagte Ich: ‚So will ich versuchen, das Kind zu taufen, ehe es stirbt.' Nahm mein stets bereites steriles Wasser und taufte das Kind im Mutterleib; unter getreuer Wahrung aller Desinfektionsregeln.‘ Die Hebamme hatte jedoch sehr mit dem Gespött der Dorfbewohner zu kämpfen: „Wir haben im Gemeinderat eine neue Feuerspritze angeschafft! Die könnt Ihr nächstes Mal holen lassen, wenn wieder was los ist!‘ Gelächter ringsum.“[51]

Der Kuriosität wegen sei hier noch der mörderische Vorschlag eines Mediziners dieses Jahrhunderts wiedergegeben: Treitner wandte sich 1908 in einer theologischen Zeitschrift an Seelsorger, christliche Ärzte und Hebammen mit seinem Vorschlag, dem Fötus einer sterbenden Mutter mit Hilfe einer Spritze das Taufsakrament zu spenden. Er schlug vor, das Taufwasser durch die Bauchdecke der Schwangeren unter die kindliche Kopfhaut zu spritzen, damit das Taufwasser nicht an der Käseschmiere (Vernix caseosa, die die kindliche Haut im Mutterleib bedeckt und das Gleiten des Kindes unter der Geburt erleichtert) ablaufe und so die Taufe ungültig mache. Sei keine Zeit vorhanden, die schwangere Frau zu entkleiden und ihre Bauchdecken abzutasten, könne eine „wahrscheinlich gültige Taufe ... ohne vorherige Abtastung der Bauchgegend aufs Geratewohl an einer beliebigen Stelle des vorgewölbten Bauches durch die Kleidungsstücke hindurch“ vorgenommen werden. Treitner empfahl seine Taufmethode auch vor einem künstlichen Schwangerschaftsabbruch.[52]

Das unreine Weib und die Aussegnung

Ein weiteres typisches Frauenfest zur Zeit des Wochenbettes war die Aussegnung, die etwa sechs Wochen nach der Geburt gefeiert wurde. Sie bestand in einer Kirchenzeremonie und fand ihren Abschluß in einer fröhlichen Feier.

Die Aussegnung geht auf eine Stelle im Alten Testament zurück, wo die Wöchnerin aufgrund ihres Wochenflusses als unrein bezeich-

---

[51] Burger, S. 169

[52] Treitner, S. 317-333

net wird. Interessanterweise wird die Dauer des Wochenflusses je nach Geburt eines Jungen oder Mädchens unterschiedlich angegeben: Er dauere bei Mädchen doppelt so lang wie bei Knaben. Alle Frauen seien demnach sieben Tage nach der Geburt eines Jungen und vierzehn Tage nach der Geburt eines Mädchens unrein. Für weitere 33 Tage im Falle eines Jungen und 66 Tage im Falle eines Mädchens dürfe sie nicht die Kirche betreten:

> „Der Herr sprach zu Mose: Sag zu den Israeliten: Wenn eine Frau niederkommt und einen Knaben gebiert, ist sie sieben Tage unrein, wie sie in der Zeit ihrer Regel unrein ist. Am achten Tag soll man die Vorhaut des Kindes beschneiden, und dreiunddreißig Tage soll die Frau wegen ihrer Reinigungsblutung zu Hause bleiben. Sie darf nichts Geweihtes berühren und nicht zum Heiligtum kommen, bis die Zeit ihrer Reinigung vorüber ist. Wenn sie ein Mädchen gebiert, ist sie zwei Wochen unrein wie während ihrer Regel. Sechsundsechzig Tage soll sie wegen ihrer Reinigungsblutung zu Hause bleiben."[53]

Mit dem Begriff unrein können wir heute — glücklicherweise — nicht mehr viel anfangen. Als unrein-machend galten die Monatsblutung und der Wochenfluß, der als zurückgehaltene Monatsblutung erachtet wurde. Die Äbtissin Hildegard von Bingen (1098-1179) setzte in ihrem Werk über Ursachen und Behandlung von Krankheiten („Causae et Curae") die Monatsblutung in Beziehung zu Naturvorgängen. In ihrer Sichtweise war die Monatsblutung eine Strafe für den Sündenfall: „Alle Blutgefäße wären bei der Frau unversehrt und gesund geblieben, wenn Eva immer im Paradies geblieben wäre."[54] In der Albertus Magnus (1193-1280) zugeschriebenen Schrift „De secretis mulierum" (Über die Geheimnisse der Frauen) wird der Verfasser von einem Priester gebeten, ein Buch über die Geheimnisse der Frauen zu schreiben, da menstruierende Frauen ein Gift bei sich trügen, das ein Kind in der Wiege töten könne.[55]

---

[53] Leviticus 12, 1-5, Neue Jerusalemer Bibel

[54] Hildegard von Bingen, S. 136

[55] Fasbender 1906, S. 89. Zur Urheberschaft dieses Werkes äußert sich Fasbender folgendermaßen: „Soviel lässt sich bestimmt sagen: Unter dem Titel „de secretis mulierum" oder einem ähnlichen, mit oder ohne Anführung des Namens des Albertus Magnus, sind eine grosse Anzahl von Schriften erschienen, verschieden in Form,

Nach diesen Vorbemerkungen zur Unreinheit der Frau nun zum Ritual der Aussegnung selbst. Auf der Synode von Cambrai (1310) wurde die feierliche Einführung der Wöchnerin in die Kirche als Vorrecht für die Mütter, die in legitimer Ehe leben, vorgesehen. Der Segen, der der Mutter nach der Geburt gespendet wurde, die sogenannte benedictio mulieris post partum, wurde in einem Gottesdienst erteilt. Die Wöchnerin wurde vor der Messe an der Kirchentür vom Geistlichen abgeholt und erhielt von ihm ein Chorhemd. In der Rechten hielt sie eine geweihte Kerze. Der Geistliche las aus dem Johannesevangelium vor, woraufhin sie die Bibel küßte.[56]

An dieser kirchlichen Feier nahmen neben der Wöchnerin die Hebamme, Freundinnen, Nachbarinnen und oft die Frauen des Dorfes teil. Im Anschluß an diesen ersten Kirchgang wurde in der Regel gefeiert. Paten und andere Verwandte schenkten dem Kind frische Eier, auch Plausch-, Pappel- oder Schnattereier genannt, die dem Kind den Spracherwerb erleichtern sollten.

Je nach Gegend waren unterschiedliche Wochentage für die Aussegnung vorgesehen. Der Sonntagnachmittag, der vielerorts bevorzugt wurde, wurde beispielsweise in Santheim (Münsingen) vermieden; in Künzelsau wurde eher an einem Dienstag oder Donnerstag ausgesegnet.[57]

Von Ärzten wurde die Aussegnung begrüßt, wenn dadurch die Wöchnerin länger im Bett gehalten und so ihr die nötige Ruhe zuteil werden konnte:

„Bei den Katholiken könnte ... das Aussegnen der Wöchnerinnen nach überstandenem Wochenbette ein herrliches Mittel werden, sie von allzufrühem Ausgehen abzuhalten, wenn jeder Priester verpflichtet würde, keine Wöchnerin vor dem völligen Verlauf sechs ganzer Wochen, vom Tage ihrer Niederkunft an gerechnet, auszusegnen. Dadurch würde die genaue Obsorge der Wöchnerin eine religiöse Sanktion erhalten, die bei Weibern, vorzüglich der

---

Ausdehnung und Inhalt, die den verschiedensten Autoren und auch sehr verschiedenen Zeiten angehören.“

[56] Worschech, S. 159

[57] Handwörterbuch des deutschen Aberglaubens, Bd. 1., S. 729

untern Stände, stärker wirkt, als der best gemeinte Rath der Aerzte."[58]

Die Aussegnung wurde von der katholischen und anglikanischen Kirche bis ins 20. Jahrhundert praktiziert, hatte jedoch längst nicht mehr ihre ursprüngliche Bedeutung: „Die Aussegnung der christlichen Mutter nach der Geburt ist ein Akt des Dankes und keine Zeremonie der Reinigung und Verzeihung."[59]

Fazit: Ebenso wie eine schwangere Frau wurde auch die Wöchnerin für viele Jahrhunderte nicht nur als schonungsbedürftig angesehen, sondern wie eine Kranke behandelt. Die Gleichsetzung von Wochenbett mit Krankheit äußerte sich beispielsweise in extremen Behandlungsmaßnahmen wie Schwitz- und Hungerkuren. Man muß jedoch einschränkend hinzufügen, daß derartige Empfehlungen zwar erteilt wurden, sich jedoch längst nicht alle Frauen daran halten konnten.

Dieser ganz besondere Lebensabschnitt einer Frau wurde in früheren Zeiten — mehr als heute — von fröhlichen Zusammenkünften und Festen aufgelockert, die vor allem den Frauen vorbehalten waren.

---

[58] Pfeufer, S. 55

[59] Gröber, S. 229

10. Kindbettfieber

Fast alle Wöchnerinnen, d.h. über 80%, haben normale Körpertemperatur: 36,5 bis 37,0° Celsius unter der Achsel gemessen. Ist die Temperatur nur leicht erhöht (37,1 bis 37,9° Celsius), wird sie als subfebril bezeichnet. Subfebrile Temperaturen sind nicht mehr normal, und die Wöchnerin sollte mit Medikamenten, die die Rückbildung der Gebärmutter unterstützen (Kontraktionsmittel), behandelt werden. Eine Temperatur über 38° Celsius wird als *Fieber im Wochenbett* bezeichnet und muß auf jeden Fall ernst genommen werden.[1]

Noch immer ist Fieber die häufigste Krankheitserscheinung im Wochenbett. Es kann von einer Infektion z.B. der Brust, der Nieren oder der Harnblase herrühren. Ist jedoch eine Geburtswunde infiziert, d.h. eine Wunde, die während der Geburt in Gebärmutter, Scheide, Schamlippen oder Damm entstanden ist, dann spricht man vom *Kindbettfieber* (auch Wochenbettfieber oder Puerperalfieber genannt). Die größte und gefährlichste Geburtswunde befindet sich in der Gebärmutter selbst und zwar dort, wo während der Schwangerschaft die Gebärmutter mit dem Mutterkuchen (Plazenta) verbunden war: an der Plazentahaftstelle. Die Krankheitserreger benötigen etwa drei Tage, um von der Scheide dorthin zu wandern. Das Heimtückische am Kindbettfieber ist daher, daß es oft erst einige Tage nach der Geburt auftritt: Die Wöchnerin hat alles gut überstanden und wiegt sich in Sicherheit, doch um den dritten Tag nach der Geburt wird sie plötzlich von Fieber und Schmerzen überrascht.

An der Entstehung des Kindbettfiebers ist meist nicht nur ein Erreger beteiligt, sondern mehrere. Es handelt sich fast immer um eine sogenannte Mischinfektion.

Über die Herkunft der Keime, die das Kindbettfieber verursachen, wurde jahrzehntelang in der Fachwelt diskutiert.[2] Heutzutage weiß man, daß die Keime von außen stammen können und die Wöchnerin z.B. durch den Handschuh des Geburtshelfers bzw. der Hebamme oder durch Instrumente infiziert werden kann (Fremdinfektion).

---

[1] Pschyrembel, Dudenhausen, S. 630f

[2] Schröder, S. 805ff

Aber auch Keime, die sich bereits in der Scheide der Frau befinden, können in die Gebärmutter aufsteigen oder bei einer Untersuchung in die Gebärmutter verschleppt werden.

Das Kindbettfieber kann ganz unterschiedlich verlaufen. Die Infektion kann bei der infizierten Geburtswunde stehenbleiben, d.h. die körpereigene Immunabwehr der Wöchnerin funktioniert so gut, daß die weißen Blutkörperchen (die Polizei des Körpers) die Eindringlinge erfolgreich aufhalten. Die häufigste Form des Kindbettfiebers ist die Infektion der Gebärmutter. Der Wochenfluß geht schlecht ab und stinkt, aber die Frau hat nur leichtes Fieber, ihr Allgemeinbefinden ist nur wenig beeinträchtigt. Die Entzündung ist sozusagen in der Gebärmutter stehengeblieben. Entwarnung darf keineswegs gegeben werden, denn es muß jederzeit damit gerechnet werden, daß die Keime den Schutzwall der weißen Blutkörperchen durchbrechen. Schlimmstenfalls gelangen sie in die Blutbahn, und es kommt zu einer Blutvergiftung (Sepsis): die gefährliche Puerperalsepsis.

Bei der Puerperalsepsis erreicht die Infektion auf dem Blutweg den gesamten Körper. Dies ist das echte, schwere oder bösartige Kindbettfieber, das Kindbettfieber im engeren Sinn. Es ist durch hohes Fieber, oftmals mit Schüttelfrost, gekennzeichnet, und auch heute noch — trotz Antibiotika — verläuft die Puerperalsepsis in 20-50% der Fälle tödlich.[3]

Geißel der Gebärhäuser

Das bei uns selten gewordene Kindbettfieber war bis in dieses Jahrhundert hinein für jede Frau im gebärfähigen Alter die mit Abstand bedrohlichste Krankheit. Man schätzt, daß das Risiko, am Kindbettfieber zu erkranken, für eine Frau, die sechs Kinder zur Welt brachte, bei 25% lag.[4]

Beschreibungen des Kindbettfiebers finden sich bereits in der Antike. Im Corpus hippocraticum wird eine akut fieberhafte Erkrankung

---

[3] Pschyrembel, Dudenhausen, S. 642-659

[4] Shorter, S. 107.

geschildert, die am zweiten Tag nach der Entbindung einsetzt und an deren Folgen die Wöchnerin stirbt:

„Die Frau des Dromeades hatte eine Tochter geboren; auch alles andere war ordnungsgemäß verlaufen. Am Tage nach der Entbindung wurde sie von Frost ergriffen; dann kam heftige Fieberhitze. Mit dem ersten Fiebertage begannen Beschwerden in der Gegend unter dem Brustknorpel; sie hatte Ekel, Frostschauer, Unruhe. In den nächsten Tagen blieb der Schlaf aus; der Atem war selten, groß und alsbald unterbrochen... Um die Mittagszeit des dritten Tages überkam sie ein Frösteln, heftige Hitze... In der Gegend unter dem Brustknorpel Beschwerde; Ekel, unleidliche Nacht; die Kranke konnte nicht schlafen, sie bekam einen kühlen Schweiß über den ganzen Körper, dann erwärmte sie wiederum rasch. Am vierten Tage fühlte sie in der Magengrube ein wenig Erleichterung, hatte aber schmerzhafte Kopfschwere, war etwas betäubt ... Am sechsten früh überlief sie ein Frostschauer; aber sie wurde rasch wieder durch und durch warm und schwitzte am ganzen Körper... Kurz darauf begannen Krämpfe vom Kopf aus; schnell trat der Tod ein."[5]

Über das gehäufte und geradezu seuchenartige Auftreten des Kindbettfiebers wurde erstmals im 17. Jahrhundert berichtet, als die ersten Entbindungsanstalten eröffnet wurden. Zum ersten Mal wurden viele Frauen von Händen untersucht und behandelt, die zuvor andere Patienten behandelt hatten und nicht desinfiziert waren. Hygiene- und Desinfektionsmaßnahmen waren noch unbekannt, und Krankheitserreger wurden von Krankenbett zu Krankenbett übertragen.

Die frühesten Berichte über das seuchenartige Auftreten des Kindbettfiebers stammen aus dem ältesten Gebärhaus der Welt, dem Hotel Dieu in Paris. Der französische Geburtshelfer Mauriceau berichtet über eine Epidemie Mitte des 17. Jahrhunderts. Es starben dabei mehr als zwei Drittel aller Wöchnerinnen. Angesichts dieser ungeheuren Sterblichkeit nahm sich sogar der erste Präsident der Sache an und beauftragte berühmte Ärzte und Chirurgen, Obduktionen verstorbener Wöchnerinnen durchzuführen, um die Ursache zu finden. Allerdings ohne Erfolg.[6] Die Sterblichkeit unter den Frischentbundenen war im

---

[5] Corpus hippocraticum, Die epidemischen Krankheiten, 1. Buch, 11. Krankengeschichte.

[6] Fasbender 1906, S. 173. Um welchen Präsidenten es sich hier handelt, bleibt bei

Jahr 1664 besonders hoch. Das Stockwerk, wo die Wöchnerinnen untergebracht waren, befand sich über dem Saal mit den Verwundeten. Als die Wöchnerinnen verlegt wurden, ging die Krankheit vorübergehend zurück. Ab 1774 wütete das Kindbettfieber im Hotel Dieu jedoch jahrelang, besonders im Winter. F.B. Osiander, der die Verhältnisse im Hotel Dieu kennenlernte, beschrieb in diesem Zusammenhang die katastrophalen Verhältnisse in den Sälen der Wöchnerinnen. Die Betten waren total überfüllt, so daß sich drei Frauen ein 1,20 Meter breites Bett teilen mußten: „... im Jahre 1786 lagen in 67 nicht übermässig breiten Betten 175 Schwangere und Neuentbundene und 16 Aufwärterinnen."[7]

In England brach das Kindbettfieber in Entbindungshäusern regelmäßig wie eine Seuche aus und hatte eine Müttersterblichkeit von 2,8% zur Folge.[8] Es fiel zeitgenössischen Beobachtern schon damals auf, daß das Kindbettfieber im Krankenhaus wesentlich häufiger auftrat als bei ambulanten Entbindungen oder Hausgeburten:

> „Die englischen Ärzte, welchen wir die erste und genaueste Beobachtung dieser Krankheit verdanken, haben von jeher anerkannt, daß diese Krankheit den Geburtshäusern eigen seye", berichtet F.B. Osiander.[9]

Im deutschsprachigen Raum wütete das Kindbettfieber erstmals im Jahr 1770 in Wien im Hospital zu St. Marx, in Berlin im Jahr 1778 und in Kassel im Jahr 1781.

Mauriceau unerwähnt. Er bezieht sich auf diese offensichtlich sehr einflußreiche Persönlichkeit mit dem Titel „Monsieur le Premier Président".

[7] Osiander, zit. nach Semmelweis 1861, S. 204

[8] Lancet 1879, zit. nach Donnison, S. 93

[9] F.B. Osiander, S. 37. In London beispielsweise war Ende des 18. Jahrhunderts die Rate der Kindbettfiebererkrankungen nach Krankenhausentbindungen wesentlich höher als in ambulanten Einrichtungen: Bland, Arzt und Geburtshelfer im Westminster General Dispensary, das ambulante Entbindungen durchführte, veröffentlichte 1781 eine Statistik über die Müttersterblichkeit: Von 1774 bis 1781 starb eine Mutter bei 271 Entbindungen, wohingegen die Rate in Entbindungshäusern mindestens fünfmal so hoch lag. Bland, R.: Some calculations of the number of accidents or deaths which happen in consequence of parturition taken from the midwifery reports of the Westminster General dispensary, London, 1781, S. 6-7. Zit. nach Donnison, S. 28

Die Sterblichkeit infolge des Kindbettfiebers schnellte nochmals in die Höhe, als die Ausbildung der Medizinstudenten mehr als bislang durch praktische Übungen an der Leiche ergänzt wurde (z.B. im ersten Wiener Gebärhaus und im Straßburger Gebärhaus). Der infizierte Finger von Ärzten und Studenten löste eine Welle von Kindbettfieber aus. Es war zeitweise so verheerend, daß Gebärhäuser selbst in offiziellen Kreisen „Mördergruben" genannt wurden.[10] Im Jahr 1823 sezierten Ärzte und Studenten des Wiener Gebärhauses in größerem Ausmaß, und im Februar, März und April desselben Jahres starben 19% der Wöchnerinnen. Im Jahr 1842 starben in der 1. Abteilung des Wiener Gebärhauses, in dem nur Medizinstudenten ausgebildet wurden, 518 Frauen von 3287 (16%). Ähnliche Zahlenangaben liegen auch von anderen Gebärhäusern vor, die der praktischen Ausbildung von Medizinstudenten dienten. Diese Zahlen belegen, in welch grauenhafter Weise das Kindbettfieber im 18. und 19. Jahrhundert um sich griff.[11]

Die Lehren vom Kindbettfieber

Bevor der ungarische Arzt Ignaz Philip Semmelweis (siehe unten in diesem Kapitel) der Ursache des Kindbettfiebers auf die Spur kam, zerbrachen sich Fachleute darüber jahrhundertelang den Kopf; und die Anzahl an Vorschlägen beweist das große Interesse an einer Erklärung, aber auch, wie sehr man im dunkeln tappte.[12]

Das Kindbettfieber wurde auf das Ausbleiben der Regelblutung während der Schwangerschaft und das Nicht-Abfließen des Wochenflusses im Wochenbett zurückgeführt, auf den Druck der Gebärmutter auf den Darm (insbesondere gegen Schwangerschaftsende), auf eine Entzündung der Gebärmutter, des Bauchfells oder des großen Netzes

---

[10] Semmelweis 1861, S. 88

[11] Schröder, S. 818, Semmelweis 1861, S. 378f

[12] „Das Interesse, welches das Puerperalfieber von jeher erregte, zeigt sich in den mannigfachen Theorien und Anschauungen, welche über sein Wesen und seine Stellung aufgestellt wurden, und es ist eine ganze Bibliothek darüber geschrieben worden." Spiegelberg, S. 714

(schürzenartige Bauchfellfalte am Magen und queren Darm), auf Diätfehler und — nicht zuletzt — auf die Muttermilch (Milchversetzung), um nur die gängigsten Theorien zu nennen. Viele hielten das Kindbettfieber für eine Epidemie oder eine Seuche, die in der Luft liege und daher gehäuft auftrete.

> „Es vergiengen seit des Hippokrates Zeiten viele Jahrhunderte,
> wo fast alle Krankheiten der Kindbetterinnen auf Rechnung der un-
> terdrükten Reinigung geschrieben wurden, und jetzt ist der Zeit-
> punkt, wo alle den Milchversetzungen zugerechnet werden. — Wie
> lange wird nun dieses währen? Lange wohl nicht. Denn in unsern
> Zeiten ändern sich die Hypothesen der Aerzte, und überhaupt der
> Gelehrten mit eben der Geschwindigkeit, als die Moden."[13]

Die Theorie der Milchversetzung

Zu den Kuriositäten in der Geschichte der Geburtshilfe gehört die Theorie der Milchversetzung, die als Erklärung des Kindbettfiebers vor ca. 200 Jahren heftig diskutiert wurde und herrschend war. Man nahm an, daß die Muttermilch nicht in der weiblichen Brust, son- dern im Körper der Frau entstehe und normalerweise in die Brust einströme. Die Muttermilch, so glaubte man, könne jedoch auch mit dem Blut im ganzen Körper kreisen und andere Körperteile erreichen. Milder verlaufende Erkrankungen im Wochenbett wurden allein auf die Milchbildung zurückgeführt: Man sprach vom Milchfieber. Ihm wurde ärztlicherseits kaum Beachtung geschenkt, da es sehr häufig vorkam und beinahe als normal angesehen wurde. Wahrscheinlich handelte es sich dabei um örtlich begrenzte Entzündungen z.B. der Gebärmutterschleimhaut (Endometritis), der Brust (Mastitis) oder der Harnblase (Zystitis).

Gelange die Milch jedoch an andere Körperstellen, so glaubte man, sei dies der erste Schritt zum Kindbettfieber. Man sprach von Milchversetzung. In einem Hebammenlehrbuch von 1805 heißt es entsprechend: „Nicht selten wird das gewöhnliche Milchfieber zum

---

[13] F.B. Osiander, S. 72

Kindbettfieber, sobald die Milch nicht in die Brüste, sondern in den Unterleib abgesetzt wird."[14]

Wie kam es zur Milchversetzungs-Lehre? Welche Anhaltspunkte hatten akademisch gebildete Männer, daß sie auf eine solche — wie es scheint — abwegige Theorie verfielen? Wichtig ist zunächst das ähnliche Aussehen von Eiter und Milch. Wurden Frauen, die am Kindbettfieber verstorben waren, seziert, wurden immer wieder Milchablagerungen, Milchmetastasen oder Milchdepots im ganzen Körper beschrieben. Hierbei handelte es sich in Wirklichkeit um Eiterherde, d.h. der Eiter wurde für Muttermilch gehalten. F.B. Osiander legt einem fiktiven Anhänger der Milchversetzungs-Lehre folgende Worte in den Mund:

> „Das Kindbetterinnenfieber entstehet von keiner andern Ursache, als von Versetzung der Milch in die Höle des Unterleibs, und was andere da für Eiter und Lymphe hielten, ist nichts, als Milch."[15]

Solche Ablagerungen befanden sich im Unterleib und in der Brusthöhle, gelegentlich auch im Gehirn.[16] L.J. Boer, der „eine reichhaltige Gelegenheit ... hatte, Puerperalkrankheiten in allen Formen zu beobachten,"[17] stellte zynisch fest, „daß sogenannte Milchversetzung auf das Gehirn wenigstens sehr selten, und bey weitem weniger in dem Cranium der Kranken, als in der Einbildung derjenigen vorkommen müssen, welche sie behandeln."[18]

Um den sicheren Beweis zu erbringen, daß sie mit ihrer Theorie richtig lagen, führten die Anhänger der Milchversetzungslehre Experimente durch, die aus heutiger Sicht nur verwundern können. Sie gaben vor, aus der „milchigten Flüssigkeit" (sprich: Eiter) verstorbener Frauen „eine noch vollkommene Milch", „wirklichen Käse", saure Milch und Butter gemacht zu haben. Einige Engländer erhoben je-

---

14 Busch, S. 86f

15 F.B. Osiander, S. 74

16 Fasbender 1906, S. 806

17 Boer, 2. Band, S. 3

18 Boer, 2. Band, S. 47

doch Einspruch — nicht gegen die Untersuchungen, sondern gegen die Untersuchungsergebnisse.[19]

Des weiteren wurde die Lehre von der Milchversetzung durch die Tatsache gestützt, daß zwei Vorgänge im weiblichen Körper zugleich auftreten können: die Milch schießt am zweiten bis vierten Tag nach der Geburt ein, das Kindbettfieber tritt ebenfalls in diesem Zeitraum auf. Milcheinschuß und Kindbettfieber wurden ursächlich miteinander verknüpft. Der Milcheinschuß selbst kann als schmerzhaft empfunden werden, und werden die Brüste unsachgemäß behandelt oder das Kind zu lange angelegt, so können sich durchaus auch die Brustwarzen oder gar die Brust entzünden (Mastitis). Da das Kindbettfieber auftritt, wenn auch die Milch einschießt und sich zudem noch Brustwarzen oder Brüste leicht entzünden können, versteht man, warum alles auf die Milch geschoben wurde.

Zur Vermeidung des Milchfiebers wurde ausreichende Bettruhe im Wochenbett empfohlen, beispielsweise in der Hebammenordnung von Runkel-Wied (1778):

> „Wegen des Milchfiebers soll eine Kindbetterin nur alle 24 Stunden das Bett so lang verlassen, bis solches wieder frisch gemacht worden; im Bett sich nicht hin und her werfen, sondern nur wenig bewegen, damit sie nicht durch frühzeitige Bewegung, die Sammlung der verlohrenen Kräfte verhindere, und sich allerhand Nervenkrankheiten zuziehe".[20]

Des weiteren wurde rechtzeitiges Stillen empfohlen:

> „... es kommt ein Ziehen, Spannen von den Schultern bis in die Brüste, ein leichter Schauder, und dieses zusammen erwecket und macht das sogenannte Milchfieber, oder Milchschauer. Diese Beschwerde ist gering, sie gehet leicht vorüber, ... wenn man das Kind gleich in den ersten 24 Stunden angelegt hat.... dadurch werden die Warzen leicht hervorgezogen, die Milchgänge werden geschickter

---

[19] „Die Exsudate seien nicht Milch, sondern ein mit Eiter gemischter Interstitialsaft; das käseähnliche Aussehen beruhe auf der Anwesenheit von geronnener Lymphe." Fasbender 1906, S. 808

[20] Nöth, S. 146

die dickere Milch durchzulassen, und man spüret oft von dem Milchfieber wenig oder gar nichts."[21]

Diese Empfehlung wurde möglicherweise aufgrund einer weitverbreiteten Stillmüdigkeit ausgesprochen (siehe Kapitel 11). Außerdem hatte man beobachtet, daß besonders Frauen, die nicht stillen, zu Milchfieber und Kindbettfieber neigen:

> „Noch lange bestehet gemeiniglich in diesen (den nicht-stillenden Frauen) ... der Stoff und die Fähigkeit, in puerperalfieberähnliche Krankheiten zu gerathen."[22]

Aus heutiger Sicht ist diese Beobachtung durch die hormonellen Vorgänge im Wochenbett leicht erklärbar. Beim Stillen wird das Hormon Oxytocin vermehrt ausgeschüttet, das einerseits die Milchproduktion reguliert, darüber hinaus jedoch auch die Gebärmutter zusammenzieht. Kurz: Wenn das Baby an der Brustwarze saugt, zieht sich die Gebärmutter rascher zusammen und bietet Krankheitserregern weniger Angriffsfläche. Stillende Frauen sind daher tatsächlich weniger gefährdet als nicht-stillende.

Der verhaltene Wochenfluß

Das schlechte Abgehen des Wochenflusses wurde lange Zeit nicht als Folge, sondern als Ursache des Kindbettfiebers gesehen. Man glaubte, der Wochenfluß werde z.B. durch eine Entzündung der Gebärmutter oder durch einen Krampf des Gebärmutterhalses am Abfließen gehindert. Bereits im Corpus hippocraticum wurden Fälle von unterdrücktem Wochenfluß und Wochenbettfieber geschildert. Der verhaltene Wochenfluß wurde bis in die dreißiger Jahre des 19. Jahrhunderts als Ursache des Kindbettfiebers angesehen.[23]

---

[21] Thilenius, S. 180f. Siehe auch Busch, S. 87

[22] Boer, 2. Band, S. 52

[23] Fasbender 1906, S. 804f

Das Netzfieber

F.B. Osianders Ansichten zur Entstehung des Kindbettfiebers beruhten auf seinen Beobachtungen erkrankter und verstorbener Frauen. Die Sektionen erbrachten in allen Fällen eine völlige Vereiterung des großen Netzes (eitrige Peritonitis), von dem teilweise nur noch geringe Reste übriggeblieben waren.

Osiander führte das Kindbettfieber auf eine Erkrankung des Netzes aufgrund verschiedener Ursachen zurück:

> „Zu mehrerer Deutlichkeit sollte man alle Fieber, welche bey einer Wöchnerin aus obigen einzelnen Ursachen entstehen können, da die Hauptursache das Nez einnimmt, und wobey neben einem mehr oder minder starken Fieber ein Schmerz in der Bauchhöhle und besonders in der Nabelgegend das auszeichnende Kennzeichen abgiebt, unter dem Namen Nezfieber begreifen, und alsdann die Beynamen nach den Ursachen bestimmen: z.E. 1) Nezfieber von Versetzung der Reinigung. 2) — von versetzter Milch. 3) — von versezter Galle. 4) — von verseztem Eiter. 5) — von eingesogener mephitischer Luft, und verhinderter Ausdünstung. 6) — von versezten Unreinigkeiten und fauler Luft in den ersten Wegen."[24]

Bereits Osiander stellte fest, daß nicht nur Frauen, sondern auch Männer am Kindbettfieber sterben können, d.h. daß auch Männer den gleichen pathologischen Befund aufweisen können. „Einzelne Stellen von so durch Eiter zusammenhängenden Gedärmen traf ich bey der Leichöffnung mehrer Mannspersonen an."[25] Für Osiander stand somit auch fest, daß die Milch gar nicht schuld sein kann: „Man braucht auch keine Milchversetzung anzunehmen, um sich die Entstehung einer so großen Menge von Eiter zu erklären."[26]

---

[24] F.B. Osiander, S. 87f

[25] F.B. Osiander, S. 99

[26] F.B. Osiander, S. 99

Falsche Nahrung

Andere vertraten die Auffassung, auch Diätfehler könnten das Kindbettfieber verursachen (siehe Kapitel 9). Man glaubte, eine richtige
Ernährung sei für die Wöchnerin besonders wichtig, um sie zu stär-
ken. Sie brauche die nötige Kraft, um all die schädlichen Stoffe, die
sich während der Schwangerschaft in ihrem Körper angesammelt
hätten, über die Brüste, den Wochenfluß oder den Schweiß auszu-
scheiden.[27] Durch falsche Speisen könnte der Wochenfluß gehemmt
werden und in der Folge „die Entzündung der Gebärmutter, der Brand
und der Tod" entstehen.[28] Kräftiger Nahrung schrieb man sowohl
hemmende als auch steigernde Wirkung auf den Wochenfluß zu:

> „Hitzige Speisen und Getränke, nahrhafte Sachen, Zorn,
> Schreyen, heftiges Reden, können sie [die Geburtsreinigung, d.h.
> den Wochenfluß, Anm. d.Verf.] bis zum gefährlichsten Blutsturz
> vermehren ... Schrecken, Erkältung, ein kalter Trunk, Kuchen und
> dergleichen, können die Geburtsreinigung im Gegentheil plötzlich
> hemmen, und dieses hat äußerst gefährliche Folgen."[29]

Von einer falschen Diät wurden außerdem ungünstige Auswirkungen auf den Milchfluß und eine Verstärkung des Milchfiebers
erwartet:

> „Alle starke Fleischbrühen, das Fleisch und Eyer geben viel
> Blut, nehmen in dem erhitzten Körper leicht eine scharfe faule Ei-
> genschaft an, machen das sonst unbedeutende Milchfieber stärker,
> erregen und unterhalten andere Fieber, verschlimmern die Milch,
> und sind nicht eher zuträglich, als nach vierzehn Tagen."[30]

Für uns eher nachvollziehbar ist die Auffassung, daß Magerkost
und Abführmittel als Auslöser des Kindbettfiebers angesehen wurden.
Denn die Wöchnerin wird geschwächt und eher anfällig, „wenn man
nebst einer ungemein magern Kost ... dieselben öfter Wochen und

---

[27] Fasbender 1906, S. 812

[28] Thilenius, S. 180

[29] Thilenius, S. 179f

[30] Thilenius, S. 176

Monate lang noch zu einem unausgesetzten Gebrauche der derbsten abführenden Mittel verhält."[31]

Wie wurde Kindbettfieber behandelt?

Ein beliebtes Mittel gegen Kindbettfieber war der Aderlaß. Auch L.J. Boer hielt ihn für eines der „wirksamsten und nothwendigsten"[32] Mittel. Er empfahl ihn allerdings in Maßen, d.h. fünf bis sieben Unzen (1 Unze sind etwa 30 g), und am besten am Fuß. Manche übertrieben es allerdings mit dem Aderlaß, so daß sie „in ein paar Tagen Kindbetterinnen achtzig und mehrere Unzen Blut abziehen, ohne Zweifel in der Erwartung, wie von einer überschwemmten Wiese das Wasser, so vom kranken Eingeweide die Entzündung abzuleiten."[33] Achtzig Unzen entsprechen 2,4 Liter Blut, d.h. etwa der Hälfte des durchschnittlichen Blutvolumens eines erwachsenen Menschen. Daß man diesen Frauen damit nichts Gutes tat, liegt auf der Hand.

Eine weitere Säule der Therapie war die Diät, ein „diätetisches gutes Verhalten".[34] Am besten zimmerwarmes, abgekochtes Wasser und Obst oder Gemüse. Ebenso sollte die Zimmertemperatur mäßig warm sein.

Des weiteren wurden Einläufe, „erweichende Klystiere,"[35] empfohlen.

---

[31] Boer, 2. Band, S. 25

[32] Boer, 2. Band, S. 72

[33] Boer, 2. Band, S. 72f

[34] Boer, 2. Band, S. 74

[35] Boer, 2. Band, S. 76

Ist das Kindbettfieber ansteckend?

Am 13. Februar 1843 hielt Oliver Wendel Holmes einen Vortrag über die Ansteckbarkeit des Kindbettfiebers („The contagiousness of puerperal fever"). Holmes war Professor für Anatomie und Physiologie an der Harvard-Universität in Boston. Aufgrund vieler Arztberichte über Ausbrüche von Kindbettfieber war er zu dem Schluß gekommen, daß die Erkrankung durch Ärzte und Wärterinnen von Patientin an Patientin weitergegeben wird. Er entwickelte daraus eine Reihe von Ratschlägen und Verhaltensregeln, um eine Übertragung zu vermeiden. Ein Geburtshelfer sollte nie an Sektionen teilnehmen. Habe er jedoch seziert, so solle er sich gründlich waschen, die Kleidung wechseln und mindestens 24 Stunden keine Patienten empfangen. Holmes erwähnte bei seinem Vortrag auch einen Arzt, der sich, solange er eine an Kindbettfieber erkrankte Frau behandelte, nach jedem Besuch die Hände mit Chlorkalk wusch und die Kleidung wechselte. Die anderen Patientinnen blieben gesund. Holmes gab sogar die Empfehlung, ein Arzt solle bei gehäuftem Auftreten von Kindbettfieber in der eigenen Praxis diese für mindestens einen Monat schließen.

Neu an Holmes' Gedanken war die Idee von der Ansteckungsgefahr, die vom Kindbettfieber ausging. Ihn und seine Anhänger nannte man daher auch Kontagionisten (englisch: contagion = Ansteckung). Da Holmes' Theorie eine Reihe von Verhaltensmaßregeln und damit einen erheblichen Mehraufwand für jeden Arzt bedeuteten, stieß er auf massiven Widerstand. Fast alle Mediziner seiner Zeit waren von der Nicht-Ansteckbarkeit des Kindbettfiebers überzeugt. Im Jahr 1855 sah sich Holmes daher erneut veranlaßt, seinen Vortrag zu veröffentlichen, wobei er sich diesmal im Vorwort direkt auf Ignaz Semmelweis und seine Erfolge berief.[36] Im Gegensatz zu Semmelweis widmete er sein weiteres Leben jedoch nicht dem Kampf gegen das Kindbettfieber, sondern wurde politisch tätig und schrieb in seiner Freizeit Gedichte.

In England, Irland und Schottland waren die Kontagionisten sehr rege. Desinfektionsmaßnahmen in größerem Umfang waren in

---

[36] Fasbender 1906, S. 816ff

England schon längst gang und gäbe, bevor sie auf dem europäischen
Festland akzeptiert wurden:

> „Die Engländer, von der Ansicht ausgehend, dass das Kindbett-
> fieber contagiös sei, besuchen eine gesunde Schwangere, Kreissende
> oder Wöchnerin nicht, wenn sie früher eine kranke Schwangere,
> Kreissende oder Wöchnerin besucht hatten, ohne sich früher die
> Hände mit Chlor zu waschen, ohne die Kleider gewechselt zu haben,
> und wenn die Zahl der Erkrankungen zunimmt, unternehmen selbe
> Reisen oder geben für einige Zeit die Praxis ganz auf."[37]

Entsprechend war auch die mütterliche Sterblichkeit in den englischen Entbindungsanstalten niedriger: „Die veröffentlichten Rap-
porte der englischen Gebärhäuser weisen eine durchschnittliche
Sterblichkeit von 1 Percent aus; die französischen eine von 4 Percent
..."[38]

Wie so oft, wenn es um wichtige Entdeckungen geht, wurde auch
in diesem Fall diskutiert, wer als erster die Ursache des Kindbettfiebers
fand, Holmes oder Semmelweis. Als im Jahr 1847 der Redakteur der
Zeitschrift der kaiserlich-königlichen Gesellschaft der Ärzte zu Wien
Semmelweis' neue Erkenntnisse veröffentlichte,[39] meldeten sich
einige zu Wort und beanspruchten die Priorität für sich. Die eigentli-
chen Pioniere waren jedoch die Tiermediziner. In der Tiergeburtshilfe hatte Friedrich Günther bereits im Jahr 1830 beim Rind Versu-
che mit Chlorkalklösung im Anschluß an die Nachgeburtsabnahme
durchgeführt und bekämpfte so wirksam das Wurffieber. Der Tiermediziner Hayne hatte bereits im Jahr 1830 Schriften über das Wurffieber beim Rind veröffentlicht, und seither wuschen sich die Tierärzte
die Hände mit Chlorwasser. Die Einführung antiseptischer Maßnahmen in der Veterinärmedizin wird als Wendepunkt der Geburtshilfe
bei Haustieren bezeichnet.[40] Allerdings hatte Hayne keineswegs so
eindeutig wie Semmelweis die Ursachen des Kindbettfiebers genannt,

---

[37] Semmelweis 1861, S. 146

[38] Semmelweis 1861, S. 202

[39] Fasbender 1906, S. 819

[40] Richter, Götze, S. 6

sondern nahm ebenso wie seine Kollegen in der Humanmedizin viele mögliche Ursachen an.[41]

Semmelweis distanzierte sich immer von den Kontagionisten, die nur die Ansteckung von einer Kindbettfieberkranken kannten, während er wesentlich mehr Übertragungsmöglichkeiten annahm. Er hielt den Kleiderwechsel und die Unterbrechung der Praxis, wenn Fälle von Kindbettfieber auftraten, für überflüssig. Er glaubte, allein das Waschen der Hände mit Chlorwasser sei ausreichend.

> „Ich glaube hiermit den Unterschied zwischen meiner Ansicht vom Kindbettfieber und der Ansicht englischer Aerzte, und über die Weiterverbreitung der Krankheit hinreichend deutlich gegeben zu haben."[42] Die Engländer wiederum beriefen sich gern auf Semmelweis.

Semmelweis und sein Kampf gegen das Kindbett-fieber

Ignaz Philipp Semmelweis wurde am 1.6.1818 in Buda in Ungarn geboren. Er studierte in Pest (Ungarn) und Wien Medizin. Sobald er sich dazu entschlossen hatte, Geburtshelfer zu werden, sezierte er „fast täglich sämmtliche weibliche Leichen in der Todtenkamer des k.k. allgemeinen Krankenhauses zum Behufe gynaecologischer Studien"[43], d.h. von 1844 bis 1850. „Ich habe mich in einer Ausdehnung mit Leichen beschäftigt, wie nur wenige Geburtshelfer."[44].

Im Juli 1846 begann Semmelweis als Assistenzarzt in der ersten Gebärklinik in Wien. Ihm fiel auf, wie unterschiedlich häufig das Kindbettfieber in den beiden geburtshilflichen Abteilungen der Gebärklinik auftrat, seit in der ersten Abteilung nur noch Geburtshelfer und in der zweiten Abteilung nur noch Hebammen ausgebildet wurden: vor 1840 wurden Hebammen und Geburtshelfer in beiden Abteilungen gemeinsam unterrichtet, ab diesem Zeitpunkt verlief die

---

[41] Semmelweis 1861, S. 441f

[42] Semmelweis 1861, S. 199

[43] Semmelweis 1861, S. 72

[44] Semmelweis 1861, S. 65

Ausbildung getrennt. Seither starben in der ersten Abteilung etwa
dreimal soviel Frauen am Kindbettfieber (9,92%) wie in der zweiten
Abteilung (3,38%), 1846 sogar fünfmal soviel.

> Eigentlich wäre die Sterblichkeit in der ersten Abteilung sogar
> noch viel größer gewesen, „weil ... bei überhandnehmender Sterb-
> lichkeit sämmtliche erkrankte Wöchnerinnen aus der ersten Ab-
> theilung in das allgemeine Krankenhaus transferirt wurden, daselbst
> starben ... und dann in die Ausweise des Krankenhauses eingetragen
> wurden".[45]

Ein paar Worte zur Geschichte des Wiener Gebärhauses. Es wurde
am 16. August 1784 eröffnet. In den ersten 39 Jahren seines Beste-
hens starben bei 71.395 Geburten 1,25% der Frauen. Ab dem Jahr
1823 wurde bei weitem mehr seziert: Die Wiener Medizin nahm eine
„anatomische Grundlage"[46] an. Die Sterblichkeit der Wöchnerinnen
ging sprunghaft in die Höhe. Es starben in den darauffolgenden 10
Jahren 5,3%. Im Jahr 1833 wurde das Gebärhaus in zwei Abteilungen
getrennt, Medizinstudenten und Hebammenschülerinnen wurden
jedoch in beiden Abteilungen gemeinsam unterrichtet. Die Sterblichkeit der Wöchnerinnen blieb etwa gleich (5,58%). Mit der Zu-
weisung aller Studenten an die erste Abteilung und aller Hebammenschülerinnen an die zweite Abteilung im Jahr 1840 klafften die
Sterblichkeitsziffern beider Abteilungen gewaltig auseinander (siehe
Tabelle 10.1).

Selbst unter der Bevölkerung war die hohe Sterblichkeit in der 1.
Abteilung bekannt, und die schwangeren Frauen versuchten alles, um
in der 2. Abteilung entbunden zu werden:

> „Dass sie sich wirklich vor der ersten Abtheilung fürchteten,
> davon konnte man sich leicht überzeugen, da man manchmal herz-
> zerreissende Scenen mitansehen mußte, wenn Individuen kniend
> und die Hände ringend um ihre Wiederentlassung baten, welche auf
> die zweite Abtheilung zur Aufnahme gehen wollten und wegen Un-

---

[45] Semmelweis 1861, S. 3

[46] Semmelweis 1861, S. 138

kenntniss des Locals auf die erste Abtheilung geriethen, welches ihnen die Anwesenheit vieler Männer klar machte."[47]

Tab. 10.1:[48] Sterblichkeit[49] an der Wiener Gebärklinik von der Eröffnung bis nach der Trennung in eine Klinik für Ärzte und Hebammen.

Jahre	Geburten	Tote
1784: Eröffnung		
1784-1823	71.395	897(1,25%)
1823: „anatomische Grundlage"		
1823-1833	28.429	1.509(5,3%)
1833: 2 Abteilungen		
1833-1840		
1.Abteilung	23.059	1.505(6,56%)
2.Abteilung	13.097	731(5,58%)
1840: getrennte Ausbildung		
1840-1847		
1.Abteilung	20.042	1.989(9,92%)
2.Abteilung	17.791	691(3,38%)

Es wurden viele verschiedene Erklärungen für die unterschiedliche Sterblichkeit herangezogen, die Semmelweis eine nach der anderen unter die Lupe nahm und als nicht stichhaltig ablehnte.

• Eine Lehre, die viele Anhänger hatte, war die Auffassung, das Kindbettfieber werde durch „atmosphärische, cosmische, tellurische Veränderungen"[50] hervorgerufen, es liege sozusagen in der Luft. Die Vertreter dieser Auffassung wurden von Semmelweis als Epidemiker bezeichnet. Da das Kindbettfieber jedoch nie ein großes Gebiet in gleicher Weise betraf, sondern immer nur ein Ge-

[47] Semmelweis 1861, S. 32f

[48] zusammengestellt nach Semmelweis 1861, S. 142

[49] Die weitaus häufigste Todesursache im Wochenbett war das Kindbettfieber.

[50] Semmelweis 1861, S. 4

bärhaus oder eine Abteilung, wandte sich Semmelweis heftig gegen diese Lehre. In seinem Werk kommt er immer wieder darauf
zu sprechen, daß das Kindbettfieber keine Epidemie (im Sinne der
Epidemiker) ist.

- Als weitere Ursache wurde ins Feld geführt, in der 1. Abteilung
  würden „lauter ledige, der trostlosesten Bevölkerung entnommene
  Mädchen" entbunden. Auch dieses Argument überzeugte ihn
  nicht, da in der zweiten Abteilung „gleichartige Individuen" aufgenommen wurden.[51]

- Man glaubte weiterhin, das überall in der ersten Abteilung hör-
  bare Glöckchen des Pfarrers, der die Sterbesakramente spendete,
  habe einen derart negativen Einfluß auf die Psyche der Wöchnerinnen, daß sie eher erkrankten. (In der 2. Abteilung konnte er
  die Krankenzimmer direkt ohne Umweg erreichen.)

    „Man kann sich denken, welchen Eindruck das öfters im Tage
    hörbare verhängnissvolle Glöckchen des Priesters auf die anwesen-
    den Wöchnerinnen hervorbrachte. Mir selbst war es unheimlich zu
    Muthe, wenn ich das Glöckchen an meiner Thüre vorübereilen
    hörte."[52]

Aufgrund dieser Annahme einer psychosomatischen Verursachung
des Kindbettfiebers setzte Semmelweis durch, daß die Priester „auf
einem Umwege, ohne Glockengeläute, ohne ein anderes Zimmer zu
berühren, sich unmittelbar in das Krankenzimmer begaben,"[53] was
allerdings das Wochenbettfieber nicht eindämmte.

Es wurde noch eine ganze Reihe von Ursachen in Erwägung gezogen, wobei sich jedoch meist bei genauerem Hinschauen zeigte, daß
die Verhältnisse in der 2. Abteilung vergleichbar, wenn nicht sogar
schlechter waren.

- Auch den Politikern war die hohe Sterblichkeit ein Dorn im
  Auge, und sie versuchten, durch verschiedene Maßnahmen Einfluß zu nehmen. Als alle Bemühungen erfolglos blieben, wurden
  die Medizinstudenten und vor allem die Ausländer unter ihnen

---

[51] Semmelweis 1861, S. 34

[52] Semmelweis 1861, S. 34

[53] Semmelweis 1861, S. 34

beschuldigt, zu grob zu untersuchen. Man reduzierte 1847 die Zahl
der Studenten von 42 auf 20 und ließ nur noch zwei Ausländer
zu. Die Sterblichkeit verringerte sich vorübergehend für drei Monate — allerdings aus anderen Gründen (siehe unten), stieg dann
jedoch wieder stark an.[54]
Semmelweis selbst machte hingegen interessante Beobachtungen in
der ersten Abteilung, für die er zunächst keine Erklärung fand.
- Ihm fiel auf, daß Frauen, bei denen sich die Eröffnungsperiode
über ein bis zwei Tage hinzog, „beinahe ohne Ausnahme sämmtlich"[55] kurz nach der Geburt rasch verstarben. „Aber nicht allein
diese Mütter, sondern auch deren Neugeborne sind sämmtlich am
Puerperalfieber, und zwar ohne Unterschied ob Knabe oder Mädchen, gestorben."[56] Dieser Verlauf — lange Eröffnungsperiode,
Kindbettfieber, Tod von Mutter und Kind — trat mit solcher Re-
gelmäßigkeit auf, daß Semmelweis seinen Schülern voraussagen
konnte, daß „dieses blühende, junge, vor Gesundheit strotzende
Mädchen, weil die Eröffnungsperiode bei ihr zögere, ... am rasch
verlaufenden Puerperalfieber sterben"[57] werde. Die Neugeborenensterblichkeit war in der ersten Abteilung mitunter doppelt und
dreifach so hoch wie in der zweiten. Eine lange Eröffnungsperiode
stellte hingegen in der 2. Abteilung kein erhöhtes Risiko dar.
- Eine weitere interessante Beobachtung war die Tatsache, daß
Frauen, die ihr Kind auf dem Weg zum Krankenhaus bekamen,
die sogenannten Gassengeburten, wesentlich seltener erkrankten.
- Auch Frauen mit vorzeitiger Geburt erkrankten seltener.
Diese Beobachtungen konnte sich Semmelweis später ganz einfach
erklären.
Entscheidend für die Entdeckung der Ursache des Kindbettfiebers
war ein persönliches Ereignis, das Semmelweis sehr betroffen machte.
Semmelweis kam gerade gut erholt und „mit verjüngten Kräften" von
einer Venedigreise zurück, als er von dem Tod eines befreundeten
Kollegen vernahm. Sein Freund, der Gerichtsmediziner Kolletschka,

---

[54] Semmelweis 1861, S. 49f

[55] Semmelweis 1861, S. 39

[56] Semmelweis 1861, S. 40

[57] Semmelweis 1861, S. 39f

war bei einer Sektion von einem Studenten in den Finger gestochen
worden. Er bekam eine Blutvergiftung und entwickelte ein Krankheitsbild, das dem Kindbettfieber sehr ähnlich war. Es fiel Semmelweis wie Schuppen von den Augen und „drängte sich in diesem
aufgeregten Zustande meinem Geiste mit unwiderstehlicher Klarheit
die Identität der Krankheit, an welcher Kolletschka gestorben, mit
derjenigen, an welcher ich so viele hundert Wöchnerinnen sterben
sah, auf."[58] Kolletschka war sozusagen am Kindbettfieber gestorben.
„Nicht die Wunde, sondern das Verunreinigtwerden der Wunde
durch Cadavertheile hat den Tod herbeigeführt."[59] Des Rätsels Lösung war „Leichenmaterial", das sowohl Kolletschkas Tod als auch
den vieler Wöchnerinnen herbeigeführt hatte. Ärzte und Studenten
kamen oft direkt aus dem Sektionsraum, wo sie „die heterogensten
Leichen"[60] seziert hatten, in die Krankenzimmer und untersuchten
die Frauen, nachdem sie ihre Hände nur mit Seife gewaschen hatten.
„Bei der Untersuchung der Schwangeren, Kreissenden und Wöchnerinnen wird die mit Cadavertheilen verunreinigte Hand mit den
Genitalien dieser Individuen in Berührung gebracht."[61] Da jedoch in
der 2. Abteilung nur Hebammenschülerinnen ausgebildet wurden,
die nicht im Sektionsraum arbeiteten, steckten sie Schwangere und
Wöchnerinnen in weitaus geringerem Maße an.[62]

Wichtig ist in diesem Zusammenhang noch, daß Semmelweis
ganz richtig erkannte, daß das infektiöse Material nicht unbedingt
von einer anderen an Kindbettfieber verstorbenen Frau stammen
mußte, um wiederum Kindbettfieber auszulösen. Entscheidend war
irgendein „zersetzter thierisch-organischer Stoff."[63] Dieses ansteckende
Material – Bakterien waren als Erreger der Infektionskrankheiten
noch nicht entdeckt – konnte von der Sektion einer „Leiche jeden
Alters, jeden Geschlechtes, ohne Rücksicht auf die vorausgegangene

---

[58] Semmelweis 1861, S. 53

[59] Semmelweis 1861, S. 54

[60] Semmelweis 1861, S. 103

[61] Semmelweis 1861, S. 54

[62] Semmelweis 1861, S. 58

[63] Semmelweis 1861, S. 102

Krankheit, ohne Rücksicht, ob es die Leiche einer Wöchnerin oder
einer Nichtwöchnerin ist",[64] stammen. Es konnte auch von einem
eiternden Unterschenkel oder einem „verjauchenden Medullarkrebs
der Gebärmutter"[65] stammen, wenn der untersuchende Arzt von
Krankenbett zu Krankenbett ging, ohne sich die Hände zu waschen,
wodurch in einem Krankenzimmer in der ersten Abteilung von 12
Frauen 11 verstarben.

Semmelweis zog den Schluß, daß durch chemische Reinigung der
Hände die Sterblichkeit sinken müßte. Im Mai 1847 führte er erstmals antiseptische[66] Maßnahmen ein: Er wies seine Studenten an,
die Hände gründlich zu reinigen und anschließend mit Chlorwasser
(1 Unze Chlorkalk auf 2 Pfund Wasser) zu desinfizieren. Die desinfi-
zierende Wirkung von Chlorkalk war bereits bekannt. Die Sterberate
fiel von 11,4% im Jahre 1846 auf 5,0% im Jahre 1847 und sogar auf
1,2% im darauffolgenden Jahr (siehe Tabelle 10.2).[67]

Semmelweis schlug außer den Chlorwaschungen jedoch noch
weitere Maßnahmen vor, um das Kindbettfieber einzudämmen. Er bat
die Regierung, per Gesetz allen im Gebärhaus Tätigen die Teilnahme
an Sektionen zu verbieten:

> „... so wende ich mich an sämmtliche Regierungen mit der Bitte
> um die Erlassung eines Gesetzes, welches jedem im Gebärhause Be-
> schäftigten für die Dauer seiner Beschäftigung im Gebärhause ver-
> bietet, sich mit Dingen zu beschäftigen, welche geeignet sind, seine
> Hände mit zersetzten Stoffen zu verunreinigen."[68]

---

[64] Semmelweis 1861, S. 102

[65] Semmelweis 1861, S. 103

[66] Unter Antisepsis wird die Hemmung und Vernichtung von Infektionserregern
durch chemische Desinfektion verstanden. Asepsis ist die Keimfreiheit aller Gegen-
stände (Hände, Instrumente, Verbandsmaterial), die mit der Wunde in Berührung
kommen. Sie wird durch physikalische Desinfektion (Hitzesterilisation) erreicht.

[67] Semmelweis 1861, S. 56

[68] Semmelweis 1861, S. 266

Tab. 10.2: Sterblichkeit an den beiden Abteilungen des Wiener Gebärhauses vor und nach Einführung der Chlorwaschungen[69]

Jahr	Geburten	Tote
1846		
1.Abteilung	4.010	459(11,4%)
2.Abteilung	3.754	105(2,7%)
1847		
1.Abteilung	3.490	176(5,00%)
2.Abteilung	3.306	32(0,09%)
1848		
1.Abteilung	3.556	45(1,27%)
2.Abteilung	3.219	43(1,33%)

Denn bei der großen Anzahl von Studenten, die ständig wechselten, war es nicht immer möglich, alle rechtzeitig und umfassend zu
instruieren und bei der Reinigung der Hände zu kontrollieren. Weiterhin schlug er vor, kranke Wöchnerinnen von den übrigen Frauen
getrennt unterzubringen.[70]
Die von Semmelweis gemachten Beobachtungen ließen sich ganz
leicht erklären. Frauen mit einer langen Eröffnungsperiode wurden
besonders häufig untersucht. Mit Einführung der Chlorwaschungen
„hörte die Sterblichkeit ... auf."[71] Infolgedessen sank auch die Neugeborenensterblichkeit rapide, und im Jahre 1848 war keiner der
„Todesfälle unter den Neugebornen ... durch Puerperalfieber bedingt."[72] Den beiden oben erwähnten Gruppen von Frauen, die
glücklich das Wochenbett ohne Fieber überstanden, war gemeinsam,
daß sie vor der häufig untersuchenden Hand der Studenten und Ärzte
verschont blieben. Frauen mit Gassengeburten waren „kein
Gegenstand des Unterrichts,"[73] d.h. sie wurden nicht untersucht und

---

[69] Daten zusammengestellt aus Semmelweis 1861, S. 3, 62, 140

[70] Semmelweis 1861, S. 270

[71] Semmelweis 1861, S. 66

[72] Semmelweis 1861, S. 69

[73] Semmelweis 1861, S. 69

somit nicht infiziert, und ähnlich erging es Frauen mit vorzeitiger Geburt. Der oben erwähnte kurzfristige Rückgang der Sterblichkeit im ersten Quartal 1847 konnte ganz einfach dadurch erklärt werden, daß in dieser Zeit zufällig kaum seziert worden war.

Und noch ein weiteres Rätsel fand eine einfache Lösung. Es war bekannt, daß im Winter mehr Frauen am Kindbettfieber erkrankten als im Sommer. Im Winter war der Andrang unter den Studenten sehr groß, die in den Sektionsräumen sowie im Gebärhaus arbeiteten. Im Sommer hingegen waren manchmal bis zu zwei Drittel der Plätze unbesetzt, denn „die reizenden Umgebungen Wiens üben eine grössere Anziehungskraft aus, als die stinkende Todtenkammer oder die schwülen Räume des Krankenhauses."[74] Außerdem wurden im Winter die Sektionsübungen vor der Nachmittagsvisite durchgeführt, weil es danach zu dunkel war, im Sommer danach, weil es davor zu heiß war. Die Jahreszeit machte also tatsächlich einen gewaltigen Unterschied: Im Winter untersuchten sehr viele infizierte Hände, im Sommer sehr wenige sauberere Hände.

Man sollte meinen, Semmelweis' Entdeckung und Erfolge seien überzeugend genug gewesen. Doch die Resonanz blieb aus. Führende Köpfe der Wiener Geburtshilfe hintertrieben jeden Versuch, Datenmaterial zu veröffentlichen, worin die Sterblichkeitsziffern verschiedener Jahrgänge und Monate festgehalten wurden: „An der Veröffentlichung dieser Daten bin ich dadurch gehindert, dass man zur Zeit, als ich diese Daten ermittelte, das für eine Denuntiation erklärte."[75] Seine berufliche Karriere in Wien war mit Ablauf seiner zweijährigen Dienstzeit beendet. Er bekam keine Verlängerung — anders als sein Vorgänger und Nachfolger. Zweimalige Bewerbungen um eine Dozentenstelle blieben erfolglos. Schließlich erhielt er eine Privat-Dozentenstelle über theoretische Geburtshilfe, ohne Zugang zu Patienten; lediglich Übungen am Phantom waren ihm gestattet. Semmelweis lehnte ab und zog noch im selben Monat (Oktober 1850) in seine Heimatstadt Pest.

Es folgte ein jahrelanger erbitterter Kampf zwischen Semmelweis und seinen wissenschaftlichen Gegnern, renommierten Geburtshel-

---

[74] Semmelweis 1861, S. 121

[75] Semmelweis 1861, S. 65

fern. Im Jahr 1859 wurde in Würzburg sogar eine Schrift über das Kindbettfieber, in der Semmelweis' Lehre verworfen wurde, preisgekrönt.[76]

Schließlich hatte Semmelweis die Hoffnung aufgegeben, „dass die Wichtigkeit und die Wahrheit der Sache jeden Kampf unnöthig mache."[77] Über die Ignoranz und Arroganz seiner Kollegen einerseits und den — vermeidbaren — „langen Todtenlisten"[78] andererseits verzweifelte er.

> „Und wenn ich nun nach zwölf Jahren noch immer nicht sagen kann, das Puerperalfieber ist in Folge meiner Lehre ... aus sämmtlichen Gebärhäusern und aus der Privatpraxis bis auf die Fälle von Selbstinfection verschwunden, so liegt der Grund ... darin, dass die Professoren der Geburtshilfe, einzelne ausgenommen, noch immer Irrthümer über die Aetiologie (Verursachung, Anm. d. Verf.) des Kindbettfiebers lehren ..."[79]
>
> „Seit 1847 gibt es für mich nichts Erschreckenderes, als den trostlosen Zustand, in welchem sich noch immer der geburtshilfliche Unterricht in Betreff des Kindbettfiebers an der überwiegend grössten Anzahl der geburtshilflichen Lehranstalten befindet."[80]

Trotz seiner Abneigung gegen das Schreiben faßte er seine Erkenntnisse, Beobachtungen und Erfahrungen mit dem Kindbettfieber in seinem 1861 erschienenen Buch „Die Aetiologie, der Begriff und die Prophylaxis des Kindbettfiebers" zusammen.

Noch im selben Jahr (1861) wandte er sich in offenen Briefen, die er in Pest veröffentlichte, an führende deutsche Geburtshelfer. Da er mit diesen Briefen nicht auf den erhofften Erfolg stieß, veröffentlichte er im Jahr 1862 einen weiteren offenen Brief mit dem Titel „Offener Brief an sämmtliche Professoren der Geburtshilfe". Die Wortwahl dieser Briefe zeugt von einer tiefen Verbitterung und Ent-

---

[76] Semmelweis 1861, S. 274f

[77] Semmelweis 1861, S. V

[78] Semmelweis 1861, S. 475

[79] Semmelweis 1861, S. 406

[80] Semmelweis 1861, S. 477

täuschung, womit er möglicherweise seine Gegner eher kränkte als überzeugte und in ihrer ablehnenden Haltung bestärkte.

„Das Morden muß aufhören, und damit das Morden aufhöre, werde ich Wache halten, und ein jeder, der es wagen wird, gefährliche Irrtümer über das Kindbettfieber zu verbreiten, wird an mir einen rührigen Gegner finden. Für mich gibt es kein anderes Mittel, dem Morden Einhalt zu tun, als die schonungslose Entlarvung meiner Gegner, und niemand, der das Herz auf dem rechten Flecke hat, wird mich tadeln, daß ich dieses Mittel ergreife", schrieb Semmelweis in einem seiner Briefe.[81]

Semmelweis' Leben nahm ein tragisches Ende. Er wurde in eine Irrenanstalt eingewiesen (heute würde man ihn vermutlich als manisch-depressiv diagnostizieren). Kurz darauf, am 14.8.1865, starb er im Alter von 47 Jahren in Wien und hinterließ Frau und fünf Kinder. Ob er an den Folgen einer Verletzung, die er sich vor seiner Einweisung zugezogen hatte, oder aufgrund einer anderen Ursache starb, ist bis heute unklar.[82]

Die Kontroverse um Semmelweis

Im Jahr 1847 führte Semmelweis die Chlorwaschungen an der 1. Abteilung ein. 1848 wurden bereits seine ersten Erfahrungen damit veröffentlicht. Außerdem schrieb Semmelweis zahlreiche führende Gynäkologen, d.h. Leiter von Gebäranstalten, in Europa an. Er stellte in diesen Briefen seine neuesten Erfahrungen mit Chlorwaschungen vor und bat um „Bestätigung oder Widerlegung"[83] seiner Lehre.

Nicht alle seine Briefe wurden beantwortet, und nur in ganz wenigen Fällen fielen seine Vorschläge auf fruchtbaren Boden. So schloß sich Prof. Murphy, ein Geburtshelfer in London, Semmelweis' Ansichten an. Auch Gustav Adolph Michaelis (1798-1848), der sich in der Geburtshilfe einen Namen durch seine Untersuchun-

---

[81] Semmelweiss 1899, S. 8

[82] Fasbender 1906, S. 817-824; Murken 1996, S. M136

[83] Semmelweis 1861, S. 282

gen zum engen weiblichen Becken gemacht hat und heute noch
durch die Michaelissche Raute bekannt ist, nahm dankbar Semmelweis' Empfehlungen auf. Seit er in seinem Gebärhaus Studenten in
der praktischen Geburtshilfe ausbildete, erkrankten und starben
Frauen am Kindbettfieber. Sein Gebärhaus mußte schließlich für vier
Monate geschlossen werden. Gleich nach Wiedereröffnung erkrankten die ersten drei aufgenommenen Frauen. Ein Assistent von
Michaelis, Hermann Schwartz, der gerade bei Semmelweis hospi-
tierte, schrieb Michaelis über dessen großartige Erfolge mit Chlorwaschungen. Michaelis führte sofort Chlorwaschungen ein — mit
entsprechendem Erfolg. Er war der erste deutsche Geburtshelfer, der
Semmelweis die hervorragende Wirkung der Händedesinfektion
bestätigte. Tragischerweise kam Michaelis über den Tod so vieler
Frauen in früheren Zeiten, für den er sich verantwortlich fühlte,
nicht hinweg und beging Selbstmord.[84]

Einen weiteren Anhänger fand Semmelweis in dem Gynäkologen
Levy aus Kopenhagen, der über die Händedesinfektion ebenfalls von
Hermann Schwartz erfahren hatte.[85]

Aber viele, leider auch einflußreiche Männer verwarfen Semmelweis' Ansichten oder machten sich über ihn lustig. Der berühmte
Pathologe Rudolf Virchow (1821-1902) überging Semmelweis jahrelang. Im Jahre 1858 hielt Virchow in der Gesellschaft für Geburtshilfe in Berlin einen Vortrag über das Kindbettfieber, in dem er diese
Krankheit wie seine Kollegen und Vorgänger schon seit Jahren als
Epidemie bezeichnete. Auf der Naturforscherversammlung zu Speyer
im Jahre 1861 trat Virchow gegen Semmelweis' Lehre auf.[86] Dies war
um so bedauerlicher, als Virchow eine außerordentliche Autorität in
der deutschen Medizin darstellte und „ein halbes Jahrhundert lang die
deutsche Medizin geführt und gelenkt hat.“[87]

Der führende Kopf der französischen Geburtshilfe, Paul Dubois in
Paris, verleumdete ebenfalls Semmelweis' Lehre. (Paul Dubois war der
Sohn von Antoine Dubois, der bereits im Zusammenhang mit der

---

[84] Semm, Weichert-von Hassel, S. 44-73

[85] Semmelweis 1861, S. 152ff

[86] Fasbender 1906, S. 824

[87] Sigerist, S. 254

Schambeinfugendurchtrennung bei engem Becken erwähnt wurde;
siehe Kapitel 8.) Dubois hätte genügend Gelegenheit gehabt, diese
Lehre bestätigt zu sehen. Ein ihm befreundeter Arzt, der ein kleines
Gebärhaus in der Provinz leitete, steckte nach einer Sektion zwei
Frauen an, die kurz darauf verstarben. Dubois zog aus dieser Erfahrung
die ihm eigenen furchtbaren Konsequenzen. Keineswegs hielt er seine
Studenten zur gründlichen Händereinigung und -desinfektion an,
sondern ließ Frauen aus der Stadt kommen, die sich gegen ein
Honorar untersuchen ließen: „Seitdem lässt Dubois zum Behufe der
Touchirübungen (in seiner Klinik) gegen Entgeld Weiber aus der
Stadt kommen, um zu verhindern, dass die baldigst zur Geburt
Gehenden untersucht werden."[88] Auf diese Art wurde den im Krankenhaus gebärenden Frauen zwar die Angst vor häufigen Untersuchungen genommen und die Ansteckungsgefahr geringer gehalten,
allerdings unter Inkaufnahme eines höheren Ansteckungs- und Er-
krankungsrisikos der Frauen außerhalb des Krankenhauses.

Ein sehr hartnäckiger und berühmter Gegner war der deutsche
Geburtshelfer F.W. Scanzoni. Mit ihm setzte sich Semmelweis sehr
intensiv auseinander. Scanzoni war zunächst in Prag, später in Würzburg tätig. Er führte in Prag für kurze Zeit recht halbherzig Chlorwaschungen ein. Er war jedoch von vornherein nicht von ihrer
Wirksamkeit überzeugt, kontrollierte daher auch nicht, wie gewissen-
haft sie durchgeführt wurden. Jedenfalls glaubte er, durch die Erfolg-
losigkeit dieser Maßnahme Semmelweis widerlegt zu haben. Semmelweis reagierte entsprechend hart:

> „Sollten Sie aber, Herr Hofrat, ohne meine Lehre widerlegt zu
> haben, fortfahren, Ihre Schüler und Schülerinnen in der Lehre der
> epidemischen Kindbettfieber zu erziehen, so erkläre ich Sie vor
> Gott und der Welt für einen Mörder, und die Geschichte des Kind-
> bettfiebers würde gegen Sie nicht ungerecht sein, wenn selbe Sie für
> das Verdienst der erste gewesen zu sein, der sich meiner lebensret-
> tenden Lehre widersetzt, als medizinischen Nero verewigen

---

[88] Semmelweis 1861, S. 458

würde."[89] Und dabei war Semmelweis laut eigener Aussage „jeder
Polemik abgeneigt."[90]

Äußeres sichtbares Zeichen des massiven Widerstandes gegen
Semmelweis' Lehre ist die rege Bautätigkeit in deutschen Universitäts-
städten zwischen den Jahren 1852 und 1862. Dort, wo Semmelweis'
hartnäckigste Gegner tätig waren, wurden zehn große Entbindungs-
kliniken gebaut. Man glaubte, durch eine entsprechende Bauweise das
Kindbettfieber in den Griff zu bekommen.[91]

Der entscheidende Durchbruch bei der Bekämpfung des Kindbettfiebers blieb aus, und die Krankheit wütete noch jahrzehntelang.
Noch 1878 war in einem „Lehrbuch der Geburtshülfe" zu lesen:

> „Leider ist diese Lehre von der Entstehung und Verbreitung des
> Puerperalfiebers noch nicht Gemeingut aller Geburtshelfer gewor-
> den. Noch heute wird sie von Manchem angefochten; wenn auch
> nicht offen, so doch in begrenzter praktischer Thätigkeit. Ihre Con-
> sequenzen haben sich noch nicht Bahn gebrochen, und deren Ver-
> nachlässigung fällt noch so manches Leben zum Opfer, welches er-
> halten werden könnte."[92]

Kindbettfieber — nur im Krankenhaus?

Bislang war überwiegend vom Kindbettfieber in den Gebäranstalten
die Rede, wo es auch tatsächlich aus den oben genannten Gründen
gehäuft auftrat. Man muß sich fragen, warum Frauen dennoch zur
Entbindung in eine Gebäranstalt gingen und ob eine Hausgeburt
nicht weniger riskant war.

Gebäranstalten sollten zunächst unverheirateten Schwangeren die
Möglichkeit bieten, ihr Kind auszutragen und zu gebären, ohne dabei
ihr Gesicht vor der Öffentlichkeit zu verlieren (siehe Kapitel 12).
Teilweise waren diesen Anstalten Findel- oder Waisenhäuser ange-

---

[89] Semmelweis 1899, S. 20f

[90] Semmelweis 1861, S. V

[91] Murken 1996, S. M131-137

[92] Spiegelberg, S. 715

schlossen, in denen die Mütter ihre Kinder abgeben konnten. In einer Zeit, wo eine Mutter mit einem unehelichen Kind keinen Platz in der Gesellschaft fand, konnten Gebärhäuser als Rettungsanker dienen. Darüber hinaus kamen hierher arme Frauen oder Schwangere mit Komplikationen zur Entbindung.

Wo eine Frau sicherer war, zu Hause oder im Gebärhaus, hing ganz einfach davon ab, wie sauber die Hände waren, die sie untersuchten. Nicht nur im Krankenhaus, auch außerhalb trat hin und wieder das Kindbettfieber auf. Geburtshelfer hatten auch andere Kranke zu versorgen, an denen sie ihre Hände infizieren konnten. Manche nahmen an Sektionen teil, um sich weiterzubilden. Hierbei konnte es leicht geschehen, daß sie sich die Hände verunreinigten und eine gebärende Frau infizierten. Diese Fälle von Kindbettfieber traten jedoch seltener und längst nicht in dem Ausmaß auf wie im Krankenhaus. Denn außerhalb des Krankenhauses betreute ein Arzt höchstens ein paar Geburten pro Tag, während in einem großen Gebärhaus 30 bis 40 Geburten täglich keine Seltenheit waren.[93]

Semmelweis nennt noch einen weiteren Grund, warum das Kindbettfieber so selten außerhalb eines Gebärhauses auftrat: Die Todesfälle wurden unter einem anderen Namen registriert „wie Nervenfieber, Typhus, Lungenlähmung ... weil in manchen Ländern, wie auch in Oesterreich durch eine humane Gesetzgebung es verboten ist, die durch das Wochenbett und andere Frauenkrankheiten, wie Carcinom etc., erfolgten Sterbefälle mit den Namen ihrer Krankheiten öffentlich zu bezeichnen."[94]

Semmelweis bringt eine Reihe von Beispielen, bei denen niedergelassene Geburtshelfer eine Welle von Kindbettfieber auslösten. All diesen Fällen ist gemeinsam, daß sich die Ärzte vor der Entbindung die Hände verunreinigt hatten, d.h. sie hatten andere Patienten mit ansteckenden Erkrankungen, z.B. eiternden Wunden, versorgt oder einer Sektion beigewohnt.

> „Herr Seleight in Hull berichtet, dass er einen Kranken am Erysipelas behandelte, und während seines Besuches bei demselben zu einem Geburtsfalle gerufen wurde, der sehr leicht und regelmässig

---

[93] Semmelweis 1861, S. 181

[94] Semmelweis 1861, S. 500

verlief. Nichtsdestoweniger wurde die Frau 20 Stunden darnach vom Puerperalfieber ergriffen, und starb, nachdem die Krankheit nur 18 Stunden gedauert hatte.

Hardey, gleichfalls in Hull wohnend, behandelte einen grossen Abscess in der Lendengegend, und beiläufig um dieselbe Zeit einen erysipelatösen Abscess einer Brust. ... Hardey behandelte in Monatsfrist 20 Geburtsfälle, sieben Frauen starben; alle diese Geburten hatten einen regelmässigen Verlauf gehabt ... Einige jener Frauen, deren Wochenbett glücklich endete, wurden übrigens nur wenige Stunden nach solchen von ihm übernommen, die tödtlichen Ausgang nach sich zogen.

Drei Aerzte von Hull trafen bei der Section eines Mannes zusammen, der an Gangraen nach einer Operation von Hernia incarcerata gestorben war. Alle berührten die Leichentheile. Einer von ihnen wurde von dem Leichnahme weg zu einer Geburt gerufen. Diese und noch einige rasch auf einander von ihm entbundene Frauen starben am Puerperalfieber. Nicht viel besser erging es seinen beiden Collegen, die in kürzester Frist nach jener Leichbesichtigung Fälle von Kindbettfieber in ihrer Praxis beobachteten ..."[95]

Noch ein weiteres Beispiel aus einem Geburtshilfelehrbuch: „Ein Arzt in Leith machte Section bei einer an Beckenabscess verstorbenen Frau; innerhalb der nächsten 50 Stunden nach der Section wurde er zu fünf geburtshülflichen Fällen gerufen, in vier von diesen trat alsbald Puerperalfieber ein, und in dem einen Falle, in welchem die Frau gesund blieb, war die Geburt schon vor seiner Ankunft erfolgt ... Zwei in einer Entfernung von 10 (engl.) Meilen von einander entfernt lebende Aerzte behandelten in einem zwischen ihren resp. Wohnsitzen gelegenen Orte ein an pflegmonösem Erysipel (eitrige Entzündung, Anm. d.Verf.) leidendes Individuum; nachdem Beide bei einem Besuche desselben das Erkrankte Glied und speciell die jauchende Fläche mit den Händen genau untersucht hatten, entband jeder dieser Aerzte innerhalb der nächsten 30 bis 40 Stunden in seiner resp. Heimath eine Frau, und beide Frauen erkrankten an Puerperalfieber und starben."[96]

Diese Reihe ließe sich noch weiter fortsetzen. In England setzte sich Mitte des vorigen Jahrhunderts in solchen Fällen die Gepflo-

---

[95] Semmelweis 1861, S. 184f

[96] Schröder, S. 811

genheit durch, daß Ärzte ihre Kleidung wechselten und ihre Praxis
für einige Wochen aufgaben.

Sobald Desinfektionsmaßnahmen in Krankenhäusern eingeführt
waren, sank die Sterblichkeit am Kindbettfieber (siehe Tabelle 10.3),
blieb aber noch lange Zeit etwa doppelt so hoch wie bei Hausgeburten.

Besonders in Lehrkrankenhäusern, wo viel untersucht wurde und
oftmals Frauen mit Komplikationen entbunden wurden, blieb das
Risiko, am Kindbettfieber zu erkranken, lange Zeit höher. Am ehesten blieb eine Frau vom Kindbettfieber verschont, wenn sie weder
innerlich untersucht noch bei der Entbindung operiert wurde.

Tab. 10.3: Sinkende Sterblichkeit infolge von Kindbettfieber in deutschen Gebäranstalten in der 2. Hälfte des 19. Jahrhunderts[97]

Jahre	Prozent
1866	3,4
1886	1,3
1882-1895	0,81
1906	0,1-0,2

Diese wenigen Zahlen belegen deutlich, daß Semmelweis mit seiner Lehre letztendlich doch „dem Morden Einhalt gebieten" konnte,
wenn es auch seine Zeit brauchte. In den fünfzig Jahren nach seiner
Entdeckung fiel die Sterblichkeitsrate in den Gebärhäusern langsam,
aber stetig. Bei Hausgeburten hingegen änderte sich in diesem Zeitraum wenig, d.h. die Kindbettfieberrate blieb gleich niedrig, sank
aber auch nicht. Die Hintergründe dieser Tatsache sind vielfältig.
Einerseits war es schwieriger, im Privathaushalt, z.B. auf einem
Bauernhof, gründlich zu desinfizieren; andererseits operierten manche
Ärzte im Vertrauen auf die Chlorwaschungen jetzt besonders viel und
steckten dann, wenn sie nicht ausreichend die Hände desinfiziert
hatten, die gebärende Frau an. Des weiteren wurden Ende des 19.
Jahrhunderts Sterbefälle sorgfältiger registriert und weitergemeldet als

---

[97] zusammengestellt nach Daten von Fasbender 1906, S. 839f

zu früheren Zeiten, so daß es schwierig war, Aussagen über die
Häufigkeit des Kindbettfiebers bei Hausgeburten zu machen.[98]

Kindbettfieber als Hintergrund standespolitischer und sozialer Konflikte

Als die Möglichkeit einer Übertragung des Kindbettfiebers durch die
untersuchende Hand bekannt war, mehrten sich die Mitteilungen
über Ausbrüche von Kindbettfieber auch außerhalb der Gebäranstalten. Das Thema wurde dabei standespolitisch ausgeschlachtet, und
einige Ärzte berichteten über Fälle, in denen das Kindbettfieber durch
Hebammen verschleppt worden war.[99]

Ebenso diskutiert wurde die Frage, wer sicherer vor einer Ansteckung war, die arme, einfache Frau auf dem Land oder die reiche
Stadtfrau. Man beobachtete, daß Frauen der ersten Gruppe oft besser
davonkamen, während letztere öfters an Kindbettfieber erkrankten.

Wer ist schuld — Hebammen oder Ärzte?

Die Frage, wer die Frau infizierte, Arzt oder Hebamme, war von großem Interesse. Sowohl Arzt als auch Hebamme konnten Kontakt mit
infektiösem Material und infizierten Patienten kaum vermeiden und
gefährdeten damit in gleicher Weise die gebärende Frau. Das Aufgabengebiet einer Hebamme war in einer kleinen Gemeinde meist
nicht nur auf die Geburtshilfe beschränkt, sondern sie mußte darüber
hinaus oft die Aufgaben einer Krankenschwester oder eines Arztes

---

[98] Der amerikanische Historiker Shorter führt eine Tabelle an, die die Anzahl der
Todesfälle infolge von Kindbettfieber zwischen 1860 und 1939 vergleichend bei
Krankenhausentbindung und Hausgeburt gegenüberstellt und die auf zahlreichen in-
und ausländischen Quellen basiert. Zwischen 1900 und 1909 liegt die Rate bei Krankenhausentbindungen sogar unter der bei Hausgeburten; und in den 30er Jahren
unseres Jahrhunderts sind die Zahlen identisch. Bei den Krankenhausentbindungen
kam es in dem genannten Zeitraum zu einer Abnahme von 31,1 Todesfällen bei 1.000
Geburten auf 0,7, bei den Hausgeburten von 5,7 auf 0,7. Shorter, S. 133

[99] Schröder, S. 812

übernehmen, ganz zu schweigen von der eigenen Haus- und Feldarbeit.[100] Hinzu kamen die Schwierigkeiten, bei einer Hausgeburt auf dem Land sterile Verhältnisse zu schaffen.

Der Arzt wurde vielfach nur bei Komplikationen hinzugezogen, wenn die Schwangere bereits von der Hebamme untersucht worden war. Außerdem mußte er in diesen Fällen oftmals zu Instrumenten greifen, die ihrerseits ein erhöhtes Infektionsrisiko bargen, wie bereits Semmelweis beschrieb:

> „In Folge einer schweren Zangenoperation werden durch Quetschung Stellen der Genitalien necrotisch, diese necrotischen Theile, wenn resorbirt, erzeugen das Kindbettfieber durch Selbstinfektion."[101]

Zudem hatte ein Arzt vor der Spezialisierung des Medizinerberufs in verschiedene Fachrichtungen ein sehr weites Aufgabenfeld — von der chirurgischen Versorgung eitriger Wunden und der Sektion bis hin zur Geburtshilfe. So verwundert es nicht, daß Berichte über infizierende Ärzte und Hebammen in gleicher Weise vorliegen.

Hier soll stellvertretend für eine Reihe solcher Fälle eine typische Fallgeschichte berichtet werden, die denen des letzten Unterkapitels ähnlich ist:

> „Die Hebamme B. entband am 4. December 1830 eine arme Frau, welche alsbald am Kindbettfieber verstarb; von diesem Tage an bis zum 4. Januar — also gerade innerhalb eines Monats — entband dieselbe weitere 30 Frauen in den verschiedensten Gegenden einer sehr ausgedehnten Vorstadt, und von diesen 30 Wöchnerinnen erkrankten 16 an tödlichem Puerperalfieber. Es waren dies die ersten und einzigen Fälle der Krankheit, welche seit langer Zeit in Manchester beobachtet worden waren. Die Hebammen der Stadt,

---

[100] Wengler berichtet über eine Hebamme, die täglich die eitrige Wunde einer älteren Frau versorgte und gleichzeitig geburtshilflich tätig war. In ihrem Versorgungsgebiet grassierte das Wochenbettfieber, und erst als Wengler sie auf diesen Zusammenhang aufmerksam machte, gingen die Todesfälle zurück; Dr. Wengler: Das Auftreten von Wochenbettfieber und seine Bekämpfung in zwei Landkreisen. Zeitschrift für Medicinal-Beamte 30: 176, 1917. Zit. nach Shorter, S. 137

[101] Semmelweis 1861, S. 199. Heute spricht man allerdings nicht mehr von Selbstinfektion, sondern von Infektion durch Keime, die sich in der Scheide der Frau befinden.

gewöhnlich 25 an der Zahl, machten wöchentlich im Durchschnitt
90 Entbindungen und von allen diesen 380 Entbundenen erkrankten eben damals, mit Ausnahme eben jener durch die eine Hebamme angesteckten, keine weiter."[102]

Den Hebammen wurde immer wieder Unwissenheit bezüglich
Antisepsis und Asepsis vorgeworfen, und man machte sie für die
hohe Mütter- und Säuglingssterblichkeit verantwortlich. Die Hebammen reagierten schließlich auf diese — gewiß nicht immer gerecht-
fertigten — Schuldzuweisungen sehr geschickt: Sie traten an die Ärzte
mit der Bitte um Weiterbildungsvorträge heran und erhofften sich
dadurch ein besseres Ansehen ihres Berufs (siehe Kapitel 3).

Besser arm und gesund?

Genauso spannend wie die Fragen „Krankenhaus oder zu Hause?" und
„Hebamme oder Arzt?" war die Frage, wer besser durchkommt, arme
oder reiche Frauen.

Der Berliner Geburtshelfer J.H. Schmidt verglich seine Erfahrungen auf dem „platten Land" mit denen, die er in der Berliner Charité
sammeln konnte. Als niedergelassener Arzt wurde er in früheren
Jahren zu den „westphälischen Landfrauen" nur gerufen, wenn die
Hebammen und Nachbarinnen nicht mehr weiter wußten und das
Kind schon seit Stunden eingeklemmt war. Ihm gelang es dann,
wiederum nach stundenlanger Arbeit, „die Wendung auf die Füsse in
dem eng um das Kind zusammengeschnürten Uterus zu Stande zu
bringen. Das Kind war natürlich todt; der Tod der Mutter wurde
erwartet, Tags darauf erschien der Ehemann, um — das völlige
Wohlsein der Letzteren zu melden, und wenige Wochen später die
Wöchnerin selber, um freundlichst zu danken!" Ganz andere Erfahrungen machte der Arzt mit den „zarten Berlinerinnen". Sie begaben
sich beizeiten in seine Obhut, um zu Hause oder im Krankenhaus zu
gebären. Eine nötige Wendung konnte im voraus geplant und der
richtige Zeitpunkt abgepaßt werden: „Die Wendung selbst ist eine

---

[102] Schröder, S. 811f. Auch Semmelweis berichtet über diesen Fall. Semmelweis
1861, S. 189

wahre Bagatelle, einige Zuhörer sehen nach der Uhr, in einer, zwei, bis drei Minuten sind beide Füsse an das Tageslicht gezogen." In der Regel verlief alles reibungslos, und die entbundenen Frauen waren wohlauf. „Anderen Tags hat sie — anhaltende Leibschmerzen, verträgt den Fingerdruck nicht, sie fängt an zu brechen …"[103] Natürlich war hier nicht die Konstitution der „zarten Berlinerinnen" schlechter als die der „westphälischen Landfrauen"; die Berlinerinnen wurden öfters vor der Entbindung untersucht und zwar von Händen, mit denen zuvor im Leichenhaus gearbeitet worden war.

Besonders in der englischen Literatur wurde das Phänomen beschrieben, daß in wohlhabenden Gegenden mehr Frauen am Kindbettfieber starben als in den ärmeren Stadtbezirken oder auf dem Land. Anders als in Deutschland ließen sich seit Beginn des 18. Jahrhundert in England die reichen Stadtfrauen eher von männlichen Geburtshelfern entbinden, die sich aus all den bereits genannten Gründen infiziert haben konnten. Sie trugen eventuell infiziertes Material aus dem Sektionsraum an ihren Händen, behandelten auch andere Patienten und durften die Geburtszange verwenden, die möglicherweise Wunden setzte.

Entsprechend teilte der Geburtshelfer Roberton die Frauen in zwei Gruppen ein: Die erste Gruppe bildeten diejenigen Frauen, die „ihren Haushalt einzig und allein besorgen", zur zweiten Gruppe gehörten diejenigen, „die bedient werden". Die Frauen der ersten Gruppe traf das Kindbettfieber viel seltener.

> „… das Arbeiterweib, welches die bei weitem überwiegende Ziffer der weiblichen Bevölkerung ausmacht, ist gewohnt, um fünf Uhr Morgens aufzustehen, die älteren Kinder zur Arbeit zu schicken, und sollte sie ihren Gatten nicht selbst in die Fabrik begleiten, die Geschäfte ihres Haushaltes und die Pflege ihrer Kinder zu besorgen, die sie vom frühen Morgen bis tief in die Nacht keinen Augenblick ruhen lassen. … die ganze Zeit der Schwangerschaft hindurch, ja wenn die ersten Perioden der Geburt sich hinausziehen, auch während derselben, steht sie denselben Geschäften so lange vor, bis die heftiger werdenden Geburtsschmerzen sie zum Einhalten zwingen. Und trotz dieser Entbehrungen zählt man in Hulme nach den ämtlichen Erhebungen des Decenniums von 1839-1849 nur 1 von 196 … To-

---

[103] Zit. nach Semmelweis 1861, S. 461f

desfällen auf Rechnung des Kindbettfiebers. Vier andere kleine
Städte der Nachbarschaft, deren Bewohner einer viel wohlhabende-
ren Classe angehören, hatten auf 84 Todesfälle einen, der durch das
Wochenbett bedingt war. "[104]

Der Geburtshelfer Charles White berichtet, daß die Müttersterblichkeit unter der armen Stadtbevölkerung, die oftmals schlecht ernährt und kränklich sei und nur von schlecht ausgebildeten Hebammen entbunden werde, geringer sei als bei Krankenhausentbindungen, wo wohlhabendere Frauen von Männern entbunden würden.[105]

Anders waren allerdings die Verhältnisse zu Zeiten einer Epidemie
bei Krankenhausentbindungen, „wo die in kleinen Räumen mit
zahlreichen anderen Bewohnern zusammengedrängte arme Wöchnerin häufig erliegt, während die Wohlhabende, die ein weites Gemach
bewohnt, auf Reinlichkeit und sorgsame Pflege rechnen kann, viel
grössere Hoffnung zur Genesung hat."[106]

Wie bereits erwähnt waren diese Unterschiede nicht auf die jewei-
lige körperliche Konstitution armer und reicher Frauen zurückzuführen. Begleitumstände (die eine ist hart im Nehmen, die andere ver-
weichlicht) wurden als ursächlich gewertet, während die tatsächliche
Ursache (die eine Frau wird nicht untersucht, die andere häufig)
verkannt wurde.

Der Sieg über das Kindbettfieber

Semmelweis hatte herausgefunden, woher das Kindbettfieber kommt;
er hatte die theoretischen Voraussetzungen zur Bekämpfung geschaf-
fen. Mit seinen Anweisungen zur Händedesinfektion trug er auch
praktisch zur Ausrottung des Kindbettfiebers bei. Der Durchbruch bei
der Bekämpfung des Kindbettfiebers gelang allerdings erst dem Edin-
burgher Chirurgen Joseph Lister (1827-1912): Er führte 1867 antiseptische Maßnahmen in den Operationsräumen ein, indem er mit

---

[104] Zit. nach Semmelweis 1861, S. 182f

[105] White, 338-341

[106] Semmelweis 1861, S. 183

Karbolsäure Bakterien in der Luft des Operationsraums und im
Wundbereich der Patienten abtötete. Listers Vorschläge zur Antisepsis
wurden 1874 in Deutschland und Frankreich sowie 1875 im angel-
sächsischen Raum erstmals in Dublin übernommen.[107] Die übermä-
ßige Verwendung keimtötender Mittel barg jedoch abermals Gefahren
für Patienten und Krankenhauspersonal, und es kam zu zahlreichen
Vergiftungsfällen, aber auch zu allergischen Reaktionen, Hauterkran-
kungen sowie Leber- und Nierenschäden.[108]

Ein weiterer Schritt, den Wundbereich keimfrei zu halten, gelang
im Jahr 1897 William Halsted: Er führte Gummihandschuhe ein, die
es ermöglichten, nahezu keimfrei zu operieren.[109]

In den achtziger Jahren des vorigen Jahrhunderts konstruierte Curt
Schimmelbusch (1860-1895) eine Vorrichtung, mit deren Hilfe er
durch strömenden heißen Wasserdampf Operationsinstrumente keimfrei bekam. Die Desinfektion von Instrumenten und Wäsche in
Krankenhäusern wurde zur Routine.[110]

Die Entdeckung der Krankheitserreger, d.h. der Bakterien, die das
Kindbettfieber verursachen, führte zu einem wissenschaftlichen Verständnis der Krankheit. Seit etwa 1900 untersuchte man den Wochenfluß fiebernder Wöchnerinnen auf Bakterien und fand häufig
Streptokokken. Es ist erstaunlich, wie viel man damals bereits über
den Entstehungsmechanismus des Kindbettfiebers wußte. Man wußte,
daß es sich meist um eine Mischinfektion handelt, man kannte die
Quellen (Wunden, Leichen), die Eintrittspforte (Geburtswunde),
den Übertragungsmodus (besonders der untersuchende Finger), kurz:
Man verstand und erklärte das Kindbettfieber wie in einem modernen
Lehrbuch. Das einzige, worüber man sich wunderte und wofür man
noch keine Erklärung hatte, war die Tatsache, daß derselbe
Krankheitserreger bei verschiedenen Frauen zu ganz unterschiedlichen
Krankheitserscheinungen führen kann. Die eine bekommt nur leicht
erhöhte Temperatur und ist nach einer Woche wieder fit, die andere
bekommt hohes Fieber und stirbt. Man sprach zwar bereits von

---

[107] Shorter, S. 132

[108] Fischer-Dückelmann, S. 715; Eckart, S. 241f

[109] O'Dowd, Philipp, S. 224, Ackerknecht, S. 137

[110] Ackerknecht, S. 136; Eckart, S. 242

„Wehrkräften,"[111] die körpereigene Immunabwehr, die bei jedem Menschen unterschiedlich gut funktioniert, war jedoch noch unerforscht.

Zu einem deutlichen Rückgang des Kindbettfiebers kam es erst in den 1930er Jahren mit der Entdeckung der Sulfonamide und später der Antibiotika. Mit diesen Medikamenten war es nun möglich, das Kindbettfieber auch nach Ausbruch wirkungsvoll zu behandeln.

Fazit: Mit der Erkenntnis von Ignaz Philipp Semmelweis beginnt in Deutschland ein langer mühsamer Kampf gegen das Kindbettfieber, die Geißel der Gebäranstalten des 18. und 19. Jahrhunderts. Semmelweis entdeckte die Ursache des Kindbettfiebers und führte wirkungsvolle Desinfektionsmaßnahmen ein, seine Vorschläge fanden jedoch bei den meisten deutschen Geburtshelfern keine Resonanz. Mit der weltweiten Einführung weiterer antiseptischer und aseptischer Maßnahmen sowie später der Sulfonamide und Antibiotika konnte die Sterblichkeit an Kindbettfieber drastisch gesenkt werden.

---

[111] Fasbender 1906, S. 833

11. Das Neugeborene

Jeder weiß, wie ein Neugeborenes aussieht. Bei einer Geburt im Bekanntenkreis erkundigt man sich sofort nach Größe und Gewicht, um die Reife des Kindes einzuschätzen. Die Begriffe Reife und Unreife eines Neugeborenen im modernen Sinn entwickelten sich erst in den letzten 200 Jahren.

Es überrascht keineswegs, daß sich die Erstversorgung des Neugeborenen in den letzten 20 Jahren sehr verändert hat. Sie läuft nach einem festen Schema ab, das immer wieder entsprechend neuen wissenschaftlichen Erkenntnissen abgeändert wird. Was jedoch überrascht, ist die Tatsache, daß ebenso die Säuglingsernährung einem Zeittrend unterworfen ist und immer wieder — ähnlich wie die Mode — wechselte.

Reifezeichen

Größe und Gewicht eines Neugeborenen sind die wichtigsten Zeichen der Reife Es gibt weitere Reifezeichen, und es gibt auch Zeichen der Unreife sowie Zeichen, die dann auftreten, wenn das Baby zu lange im Bauch war (Übertragung).

Ein reifes Neugeborenes ist — vom Scheitel bis zur Ferse gemessen — 49-52 cm lang und wiegt 3.000-3.500 g.[1] Sein Kopfumfang, man

---

[1] Diese Längen- und Gewichtsangaben sind lediglich grobe Anhaltswerte. Bessere und brauchbarere Standardwerte werden durch nationale Erhebungen gewonnen, da ethnische, genetische, medizinische, sozioökonomische und geographische Faktoren das Wachstum des Kindes im Mutterleib maßgeblich beeinflussen. Es spielt eine große Rolle, wo die genannten Werte erhoben wurden. Normwerte lassen sich mit Hilfe der Percentilen angeben. Bei einer Erhebung in Gesamtdeutschland wogen männliche Neugeborenen zwischen der 10. und der 90. Percentilen, d.h. 80%, in der 40. Schwangerschaftswoche 3.070 bis 4.170 g, die Mädchen zwischen 2.940 und 4.000 g. Die Körperlänge betrug bei den Knaben 50 (10. Percentile) bis 55 cm (90. Percentile), die Mädchen waren 49 (10. Percentile) bis 54 cm (90. Percentile) lang. Voigt et al., S. 550-558. Bei einer Erhebung in der Schweiz wogen alle neugeborenen Jungen zwischen der 10. und der 90. Percentilen in der 40. Schwangerschaftswoche 2.900 bis 4.100 g; bei den Mädchen war das Geburtsgewicht etwas geringer. Siehe Amato et al.

spricht tatsächlich vom Hutmaß, beträgt 34-36 cm. Die Nägel überragen die Finger- und Zehenkuppen. Ein feiner Haarflaum, die sogenannten Lanugohärchen, befindet sich allenfalls noch an den
Schultern, an den Streckseiten der Oberarme sowie am oberen Teil
des Rückens. Kommt das Kind zu früh zur Welt, bedeckt dieser Flaum
noch einen größeren Teil des Körpers. Die Haut des neugeborenen
Babys ist blaßrosa. Bei reifen Buben liegen die Hoden bereits im Ho-
densack, bei unreifen hingegen noch im Unterleib. Bei reifen Mädchen bedecken die großen Schamlippen die kleinen Schamlippen
und die Klitoris. Das reife Neugeborene schreit kräftig, bewegt sich
lebhaft und beginnt bei entsprechender Gelegenheit sofort zu saugen:
am kleinen Finger des Vaters ebenso wie an der Brust der Mutter.[2]

Bei sehr kleinen oder sehr großen Kindern sind Länge und Gewicht allein zur Beurteilung der Schwangerschaftsdauer nicht ausreichend. Ist das Kind überraschenderweise zu klein oder zu groß, so muß
dies als Hinweis gewertet werden, daß irgendetwas nicht stimmt. Das
Kind ist beispielsweise zu klein, wenn die Ernährung in der
Gebärmutter gestört war (Plazentainsuffizienz), wenn die Mutter zu
wenig ißt, zu viel raucht und Alkohol trinkt oder wenn das Kind
selbst krank ist (z.B. Chromosomenschaden wie Trisomie 21, Trisomie 18). Das Kind kann auch zu groß sein, z.B. bei einer zuckerkran-
ken Mutter (Diabetes mellitus). Die Ursache ist meist nicht sicher
festzustellen. Ein Neugeborenes kann aber auch familiär bedingt etwas
kleiner oder größer sein.

Erst Ende des 18. Jahrhunderts machte man sich darüber Gedanken, daß das Kind im Mutterleib nicht nur wächst, sondern sich
ständig verändert, d.h. reifer wird. Und auch erst in dieser Zeit war
man sich in breiten Kreisen darüber einig, daß es eine Schwangerschaftshöchstdauer gibt, d.h. daß eine Schwangerschaft maximal 302
Tage (vom Tag der Empfängnis aus gerechnet) dauern kann,[3] und
nicht, wie man lange Zeit geglaubt hatte, auch gelegentlich über ein

---

[2] Pschyrembel, Dudenhausen, S. 262f

[3] Die Schwangerschaftshöchstdauer wird im Bürgerlichen Gesetzbuch mit 302
Tagen angegeben: „Als Empfängniszeit gilt die Zeit von dem 180. bis zu dem 302.
Tage vor dem Tage der Geburt des Kindes, mit Einschluß sowohl des 180. als des 302.
Tages." Es wird jedoch auch die Möglichkeit einer länger dauernden Schwangerschaft
eingeräumt, zugunsten des Kindes. (Bürgerliches Gesetzbuch, § 1592).

Jahr. Die Zeichen der Entwicklung des Kindes wurden mit der Dauer der Schwangerschaft in Beziehung gesetzt (Abbildungen 11.1 und 11.2).

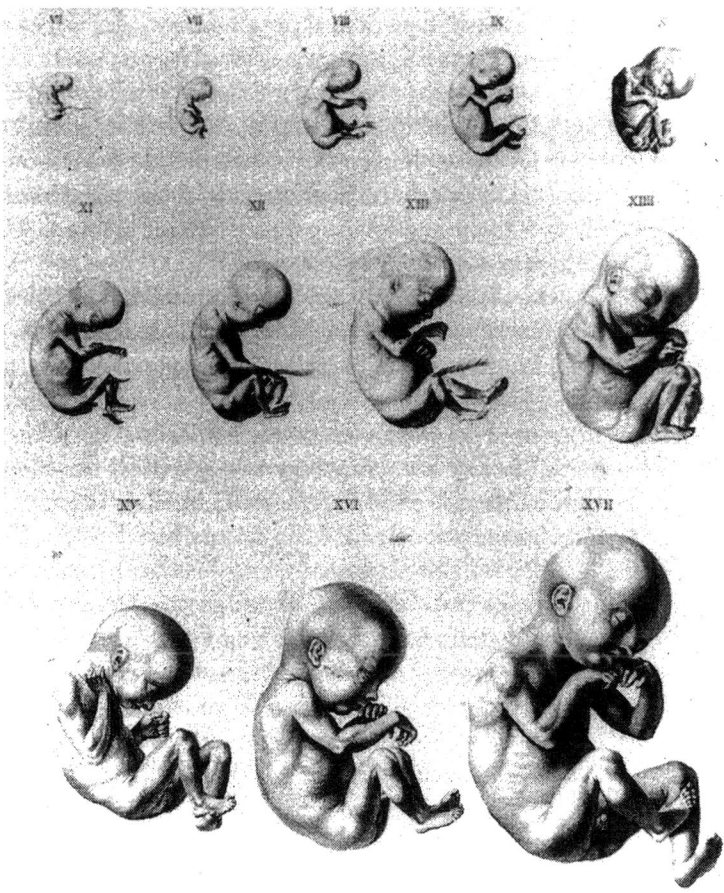

Abb. 11.1: Entwicklung des Kindes im Mutterleib, Kupferstich von S.T. Soemmerring (1799). Der Anatom Soemmerring war der erste, der das wachsende Kind im Mutterleib abbildete.

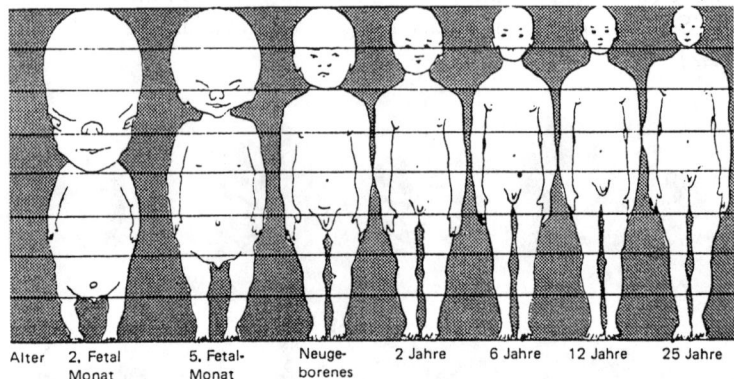

| Alter | 2. Fetal Monat | 5. Fetal- Monat | Neuge- borenes | 2 Jahre | 6 Jahre | 12 Jahre | 25 Jahre |

Abb. 11.2: Veränderung der Proportionen des Menschen vom 3. Fetal-monat bis zum Erwachsenenalter. Aus: Keller, Wiskott 1977, S. 1.6

Entsprechend den neuen Erkenntnissen zur stetigen Entwicklung des Kindes wurden Reifezeichen und Unreifezeichen genau beobachtet und festgehalten. Das reife Neugeborene wurde ab der 2. Hälfte des 18. Jahrhunderts in ähnlicher Weise wie heute in geburtshilflichen Lehrbüchern und gerichtsmedizinischen Abhandlungen beschrieben. So beschrieb Thilenius das Aussehen eines reifen Kindes, wie es auch ein moderner Geburtshelfer nicht besser könnte:

> „Ein reifes Kind hat gewöhnlich festes Fleisch, eine glatte Haut, ordentliche harte Nägel an Händen und Füßen, ordentliche Haare auf dem Kopfe, natürlich härtere Ohren, es schreyet, thut die Augen auf, bewegt seine Glieder, umfasset den im Mund gelegten Finger, es liegt nicht immer im Schlaf, die Nabelschnur ist fest und dick; seine Länge beträgt eine kleine Elle, oder achtzehn bis zwanzig Zoll[4], sein Gewicht macht wenigstens sechs Pfund."[5]

Auch der Gerichtsmediziner Büttner listete im Jahr 1771 sehr detailliert die Reifezeichen auf:

---

[4] altes Längenmaß, 1 Zoll entspricht 2,7 cm

[5] Thilenius, S. 151

„Die Reife des Kindes wird aus folgenden Kennzeichen be-
urtheilet:

1) Aus der Länge, die entweder dreyviertel Berliner, oder eine
kleine Elle, oder einen Fuß und sechs bis neun Zoll gemeiniglich
ausmachet.

2) Aus dem Gewicht, welches wenigstens sechs oder über sechs
Pfund halten muß.

3) Aus vollkommenen langen und harten Nägeln an Fingern und
Zeen.

4) Aus genugsamen Haaren auf dem Haupt.

5) Aus dem Häutlein, oder Cuticula, über der ganzen Haut, und
desselben Festigkeit und Härte, wie auch aus der weißröthlichen
Farbe der Haut.

6) Aus der Beschaffenheit der Knochen und fleischigen Theilen
oder Musculn, die ihr Länge und nöthige Stärke erhalten haben.

7) Aus der glatten und nicht runzelichen Haut.

8) Aus der festen und dicken Nabelschnur.

9) Aus der nöthigen Härte der Ohren und deren Läpchen.

10) Aus der gehörigen Grösse des Kopfs, mit einer mäßigen Fon-
tanell[6] ...

... so sind noch folgende zu merken:

1) Wenn das Kind mit vollem Geschrey zur Welt kommt, dahero
gesaget wird: das Kind habe die vier Wände beschryen.

2) Wenn es seine Gliedmassen, als Arme und Beine, vollkommen
beweget.

3) Mit offenen Augen um sich siehet.

4) Die Brüste der Mutter gut absauget und die Milch ordentlich
herunter schlucket.

5) Wenn es den Urin und die erste Unreinigkeit, Meconium genannt, gut von sich lässet.

6) Nicht immer im Schlaf lieget.

7) Auch die äussere Luft und Kälte einiger Maassen ertragen und
leiden kan ...“[7]

Büttner schließt eine Beschreibung des unreifen Neugeborenen an,
die heute noch gilt: Es ist zu klein und zu leicht, seine Fontanellen

---

[6] Knochenlücke am kindlichen Schädel. Die vierzipfelige Stirnfontanelle, auch große
Fontanelle genannt, schließt sich im 2.-3. Lebensjahr. Die dreizipfelige Hinter-
hauptsfontanelle (sogenannte kleine Fontanelle) schließt sich im 1. Vierteljahr.

[7] Büttner, S. 14ff

stehen noch weit auseinander, und seine Nägel überragen noch nicht
Finger- und Zehenspitzen.[8]

Warum ist die genaue Kenntnis der Reifezeichen so außerordentlich wichtig? Vor der Zeit des Ultraschalls und hormoneller Schwangerschaftstests konnte man das Alter eines Neugeborenen lediglich
aufgrund der Reifezeichen einschätzen. Das Neugeborenenalter war
von besonderem Interesse, wenn es um gerichtsmedizinische Fragestellungen ging. Hier einige Beispiele:

- Wollte man entscheiden, ob ein Kind aufgrund seiner Unreife
  gestorben war oder ob Mord vorlag, war das Urteil von Hebammen und Medizinern gefragt. Büttner beschreibt beispielsweise in
  seiner Schrift sehr genau ein unreifes, nicht lebensfähiges Kind
  bzw. die Zeichen einer Kindstötung.

- Die Reifezeichen konnten auch darüber Aufschluß geben, ob ein
  Kind, das sieben Monate nach der Heirat geboren worden war,
  tatsächlich erst in der Ehe gezeugt worden war. Dies war von Bedeutung, da außerhalb der Ehe gezeugte Kinder als unehelich galten, auch wenn die Eltern nach der Zeugung heirateten. Das unehelich gezeugte Kind konnte dann seine Eltern nicht beerben,
  und das elterliche Vermögen floß in die Staatskasse (in der Ober-
  pfalz zum Beispiel bis ins 19. Jahrhundert).[9]

  Gebar eine Witwe nach dem Tod ihres Ehemannes ein Kind, so
  trat regelmäßig die Frage nach der Legitimität auf. Der bereits
  mehrfach erwähnte päpstliche Berater und Gerichtsmediziner
  Paolo Zacchias erregte mit seinem Gutachten zugunsten der Witwe
  eines Bürgers von Rom, Aurelius Lingius, großes Aufsehen. Sie
  gebar sechs Monate nach dem Tode des schwerkranken
  Ehemannes ein Kind. Zacchias bestätigte die Rechtmäßigkeit des
  Kindes, jedoch weniger aufgrund medizinischer Kenntnisse, sondern weil man in solchen Zweifelsfällen für die bzw. das Angeklagte zu entscheiden pflegte.[10] Für das Kind spielte in diesem Fall

---

[8] Büttner, S. 16f

[9] Deschner, S. 284f

[10] Kerschensteiner, S. 401-410. Leider gibt Kerschensteiner nicht an, wann dieses
Gutachten verfaßt wurde.

die Entscheidung wegen der damit verbundenen Aufnahme in die
Gesellschaft und Anerkennung als Erbe eine große Rolle.
* Ebenso wie kurze Schwangerschaften wurden lange Zeit auch
  übernatürlich lange Schwangerschaften angenommen. Selbst im
  18. Jahrhundert, als man aufgrund wissenschaftlicher Erkenntnisse
  von einer normalen Schwangerschaftsdauer von 280 Tagen
  ausging, glaubten Gerichtsmediziner, es gebe auch Ausnahmen
  von der Regel. Davon war beispielsweise der französische Gerichtsmediziner Francois-Emmanuel Fodéré (1764-1835) überzeugt.
  Er berichtet von einer 16-Monats-Geburt. Weiter beschreibt er
  den Fall der Witwe eines Buchhändlers, die 13 Monate nach dem
  Tod ihres Ehemannes ein Kind gebar, dessen Rechtmäßigkeit
  anerkannt wurde. Ein junger Angestellter, der auf sie aufgepaßt
  habe, sei von ihrer Ehrbarkeit so überzeugt gewesen, daß er sie
  später geheiratet habe.[11]

Die Vagheit der Schwangerschaftsdauer kam vor allem den Kindern
zugute: Wurde eine extrem kurze oder übernatürlich lange Schwangerschaft akzeptiert, waren die Kinder legitim, d.h., sie hatten einen
rechtmäßigen Vater und waren Teil der Gesellschaft mit allen sozialen und wirtschaftlichen Folgen.[12]

Manch einem Mediziner war diese gerichtsmedizinische Laxheit
ein Dorn im Auge:

> „Ich weiß eigentlich nicht, was die Worte ‚in favorem matrimo-
> nii‘ (zugunsten der Ehe, Anm. d.Verf.) heißen sollen; es müsste dann
> seyn, dass die Herren den Ehemann für einen Packesel halten, dem
> man auf den Rücken legen kann, was man will. Ich glaube hingegen,
> dass für die Reinigkeit und Einigkeit in Ehen besser gesorgt wäre,
> wenn man wegen der Rechtmässigkeit der Posthumen genau auf den
> neunten Monat bestünde. Sollte nicht manchem die Lust zum Hey-
> rathen eher vergehen als beykommen, wenn er sieht, dass es seiner
> Frau frey steht, nach seinem Tode einem H...kinde seinen Namen
> und seine Erbschaft zuzuwenden?"[13]

---

[11] Fodéré berichtet darüber in seinem 1799 erschienenen gerichtsmedizinischen
Lehrbuch „Les lois éclairées par les sciences physiques; ou traité de médecine-légale
et d'hygiène publique". Zit. nach Fischer-Homberger 1983, S. 251

[12] Fischer-Homberger 1983, S. 235-252

[13] Metzger 1793, zit. nach Fischer-Homberger 1983, S. 252

Die Erstversorgung heute ...

Die Erstversorgung des Neugeborenen läuft heutzutage nach einem genau festgelegten Betreuungsschema ab. Mund, Rachen und Nase werden mit einem weichen Katheter abgesaugt, um die Atemwege frei zu machen. Hautfarbe, Atmung, Herzaktion, Muskeltonus und die Reflexe des Neugeborenen beim Absaugen werden 1, 5 und 10 Minuten nach der Geburt beurteilt. Für diese Lebensäußerungen werden nach dem sogenannten Apgar-Schema, genannt nach der 1974 in New York verstorbenen Anästhesistin Virginia Apgar, Punkte verteilt (Tabelle 11.1). Für eine rosige Hautfarbe erhält das Kind beispielsweise 2 Punkte, ist es blau, 0 Punkte. Bewegt es sich spontan lebhaft, trägt man 2 Punkte in das Apgar-Schema ein, liegt es nur schlaff da, 0 Punkte.

Tab. 11.1: Die Punktebewertung des Apgar-Schemas, womit das Neugeborene beurteilt wird

Hautfarbe	blau oder weiß	blaue Finger	rosig
Atmung	keine	langsam, unregelmäßig	gut
Herzaktion (Puls)	keine	unter 100	über 100
Muskeltonus	schlaff	träge Flexion	aktive Bewegungen
Reflexe beim Absaugen	keine		Schreien
Punkte	0	1	2

Die Punkte, mit denen man den Säugling zu den veschiedenen Zeiten benotet, werden addiert. Apgar-Werte von 9 (nach 1 Minute) — 10 (nach 5 Minuten) — 10 (nach 10 Minuten) sagen zum Beispiel aus, daß es dem Kind sofort nach der Geburt sehr gut geht. Betragen die Apgar-Werte jedoch 4 — 5 — 6, so kann man davon ausgehen, daß die kindliche Spontanatmung nur langsam in Gang

kommt, sein Gehirn unzureichend mit Sauerstoff versorgt wird, daß
es ernsthaft gefährdet ist und beatmet werden muß.

Ein direkter Zusammenhang zwischen einem niedrigen Apgar-
Wert — besonders des 5-Minuten-Wertes — und neurologischen
Spätschäden wie eingeschränkter Intelligenz wird seit Jahren disku-
tiert. Eine Untersuchung an 1.942 17-Jährigen, deren 1- und 5-Mi-
nuten-Apgarwerte unter 7 gelegen hatten, ergab jedoch, daß diese
Jugendlichen in Intelligenztests ebensogut abschnitten wie eine
Gruppe anderer Jugendlicher mit höheren Apgar-Werten.[14]

Wie diese Studie bereits nahelegt, kann die alleinige Beurteilung
des Neugeborenen nach dem Apgar-Schema nicht als ausreichend
angesehen werden. Einen weiteren wichtigen Aufschluß über das
kindliche Befinden gibt neben dem Apgar-Wert der Säurewert (pH-
Wert) des Blutes. Liegt dieser Wert über 7,35, so kann man von einer
guten Sauerstoffversorgung des Kindes ausgehen. Liegt der pH-Wert
unter 7,2, so ist die Sauerstoffversorgung schlecht, und eine Beatmung
des Neugeborenen kann notwendig sein. Daher wird heute aus der
Nabelschnurarterie etwas Blut entnommen, um den pH-Wert zu
bestimmen. Nur aus der kombinierten Beurteilung der Apgar-Werte
und dem pH-Wert kann der Zustand des Neugeborenen richtig eingeschätzt werden. So kann es z.B. vorkommen, daß bei einem Neugeborenen normale Apgar-Werte festgestellt werden, aber der pH-Wert
erniedrigt ist (d.h. der Säuregehalt gestiegen ist). Das Kind war dann
vermutlich kurz vor der Geburt schlecht mit Sauerstoff versorgt. Oder
das Kind ist auffallend ruhig, aber der Säuregehalt des Blutes ist normal, wie es beispielsweise bei einer Vollnarkose der Mutter der Fall
sein kann. Die geringe Lebhaftigkeit des Kindes ist hier medikamen-
tös bedingt, die momentane Sauerstoffversorgung ist jedoch gut.

Das Kind wird nun in ein warmes Tuch gehüllt, damit es nicht
auskühlt, und für kurze Zeit seiner Mutter auf den Bauch oder in den
Arm gelegt. Es folgt ein Reinigungsbad, bei dem allerdings die Käseschmiere (Vernix caseosa), eine weißlich schmierige Schicht auf der
kindlichen Haut, nicht entfernt wird, da sie die Haut schützt. Nun
wird der Nabel für 6-12 Stunden steril verbunden, danach wird kein
Nabelverband mehr angebracht. In die Augen des Kindes werden —

---

[14] Seidman et al., S. 875-878

das Einverständnis der Eltern vorausgesetzt — noch Augentropfen (1%ige Argentum nitricum aceticum-Lösung) gegeben, die einer eventuellen Gonorrhoe-Infektion, die während der Geburt erfolgt sein kann, vorbeugen.[15] Es folgt eine Reifebeurteilung des Kindes und meist sofort nach der Geburt eine sorgfältige Untersuchung, die sogenannte U1, um Erkrankungen des Kindes, die sofort behandelt werden müssen, auszuschließen. In den ersten Lebenstagen werden einige Labortests durchgeführt, mit denen z.B. Stoffwechselerkrankungen, die sich erst später äußern, frühzeitig erkannt werden.[16]

... und früher

Die Erstversorgung des Neugeborenen gehörte schon immer zum Aufgabenbereich der Hebamme. Wichtig waren das Baden und Wickeln des Kindes. Unmittelbar nach der Geburt, aber auch noch tage-, wenn nicht gar wochenlang danach versorgte die Hebamme das Kind.

> „Wann das Kind zur Welt gebracht und gelöset worden, muß es gereiniget, in warme Windeln geleget, und nicht so lange auf dem Schooß gehalten werden, biß die Nach-Geburt geholet...“[17]

Auf die schädlichen Auswirkungen der lange Zeit praktizierten zu engen Wickelmethoden wurde bereits in Kapitel 8 eingegangen.

Körperliche Untersuchungen in dem heute üblichen Umfang gab es nicht. Die Reife wurde mit Begriffen wie schwächlich, groß und kräftig beurteilt, wobei es nicht um Reife im engeren Sinn ging, also um einen der Schwangerschaftsdauer entsprechenden Entwicklungszustand, sondern schlicht um die Frage, ob das Kind wohl überleben wird.

Anschließend wurde das Kind möglichst in ein eigenes Bettchen gelegt. Seitens der Kirche wurde sogar der Mutter verboten, das Kind zu sich ins Bett zu nehmen. In medizinischen Schriften ist immer

---

15 In der Schweiz werden Augentropfen seit etwa acht Jahren nicht mehr gegeben.

16 Pschyrembel, Dudenhausen, S. 679-686

17 Siegemundin, S. 247

wieder von der Gefahr die Rede, den Säugling zu erdrücken, wenn er im mütterlichen Bett oder im Bett der Amme liegt:

> „Hauptsächlich ist schärfstens, und unter der schwersten Ahndung, und Verantwortung verbothen, das Kind zu sich in das Bett zu legen ... Wie viele Kinder sind schon von der jählings vom Schlaf überraschten Amme erdrucket worden ... Selbst die Ausdünstung einer nicht gesunden, und besonders mit Ausschlägen behafteten Kindsfrau oder Wärterin kann ein Kind anstecken."[18]

In seinem detaillierten Kapitel „Von der Besorgung des Kindes" gibt Thilenius auch Ratschläge, welche Kinderwiege auszuwählen sei:

> „Das Wiegen macht den Kindern eine sehr gute Bewegung; aber die Wiegen taugen nicht, welche sich der Länge nach bewegen und gar zu kurze Laufe haben. Die Säfte schiessen bald mit Gewalt in den Kopf, bald wieder herunter, und der Magen kann unmöglich ruhig verdauen, die Kinder brechen sich oft. Diejenigen, welche sich von einer Seite zur andern bewegen, sind die besten, man muß den Schwung nur nicht zu stark machen, und die Wiegen gar nicht rühren, wenn die Kinder schlafen."[19]

Besonderes Augenmerk galt der ersten Darmentleerung des Kindes. Normalerweise wird das schwärzlich-grünliche sogenannte Kindspech (Mekonium) bald nach der Geburt abgesetzt. Man erwartete ungeduldig den ersten Stuhlgang, da man eine Verzögerung für unheilvoll hielt und viele Krankheiten darauf zurückführte. Auch J. Siegemundin war davon überzeugt, daß das Mekonium dem Kind schade, wenn es nicht bald abgehe, daß dies jedoch natürlicherweise durch das Stillen bewerkstelligt werde.

> Sie riet, „... die im Mutter-Leibe gesammelte Unreinigkeit der Gedärme (der so genannte Heiden-Dreck) durch den Stuhlgang genugsam wegzubringen; denn so davon was zurücke bleibet, ist der Jammer nicht weit, und kan der Tod diesem leicht folgen; danenhero ist gar groß nöthig, solche Unreinigkeit genugsam abzuführen,

---

[18] Steidele, S. 174f

[19] Thilenius, S. 194f. Wer einmal sein Kind unbedacht in eine fehlkonstruierte Wiege gelegt hat, weiß diese Ratschläge zu beherzigen.

wofür die Natur, durch die Anfangs dünne und wässerige Milch schon gesorget...“[20]

Es wurde empfohlen, nicht erst auf das natürliche Abgehen des Mekoniums zu warten, sondern von oben oder unten nachzuhelfen. Z.B. mit dem sogenannten Kindersaft. Dieser bestand entweder in Honig, das man dem Neugeborenen in den Mund strich, oder etwas altem Wein.[21] Auch Rhabarbersaft war beliebt:

> „Das Kindspech, die erste braungrüne Darmunreinigkeit wird zwar durch das eingeflößte Zucker- oder Honigwasser; und durch die erste Muttermilch verdünnt, und zum Theil weggeschaffet, aber noch gewisser geschiehet dies, wenn man dem Kinde anderthalb auch zwey Loth Wegwartsaft mit Rhabarber ... den ersten Tag nachgerade giebt. Schaffet man das Kindspech nicht gleich fort, so verdirbt es die Milch, erzeugt Säure, Blähungen, Leibweh, Unruhe, Krämpfe, wahre Gichter.“[22]

Blieben Maßnahmen von oben erfolglos, so half man mit Einläufen nach: „Gehet der Koth nicht bald ab; ... so muß man mit Clystieren aus Suppe, süssen Mandelöhl, und sehr wenig Zucker zu Hülfe kommen.“[23] Nicht nur dem Mekonium wurde große Aufmerksamkeit geschenkt, auch dem Stuhlgang in den weiteren Wochen und Monaten. Man erwartete, daß ein neugeborenes Kind drei- bis viermal täglich Stuhlgang hatte. Blieb dieser 24 Stunden aus, so wurden Säfte, Einläufe oder Stuhlzäpfchen empfohlen. Man ging sogar so weit, vorbeugend den Kleinen dreimal täglich Rhabarbersaft einzuflößen.[24] Vermutlich erhielt die Mehrzahl der Neugeborenen keine so intensive Zuwendung, wodurch ihnen auch viel erspart blieb, z.B. eine chronische Verstopfung, die durch allzu häufige Einläufe verursacht werden kann.

Des weiteren hielt man die milchähnliche Flüssigkeit in den Brustdrüsen des Neugeborenen, auch Hexenmilch genannt, für schäd-

---

[20] Siegemundin, S. 247f

[21] Grimm, Grimm, Bd. 11, S. 746

[22] Thilenius, S. 191

[23] Steidele, S. 170

[24] Busch, S. 91f

lich. (Sie ist sowohl bei Mädchen als auch bei Jungen vorhanden.) Daher drückte man die Brustdrüsen so bald wie möglich aus: „Darauf ist die sich aufhaltende Feuchtigkeit in der Brust auszudrücken…"[25] Auch noch im 19. Jahrhundert wurde dies praktiziert:

> „So bekannt es ist, dass … das Auspressen der Milch aus den Brüsten dem schwachen Geschöpfe unnöthige Schmerzen verursache, oft Verhärtungen in den Brustdrüsen und fehlerhafte Ausbildung der Brustwarzen erzeuge, so finden diese Missbräuche dennoch unter den Landleuten die wärmsten Anhänger."[26]

Heute weiß man, daß diese Hexenmilch auf die Wirkung mütterlicher Hormone zurückzuführen ist. Die leichte Schwellung der Brustdrüsen geht meist nach wenigen Tagen von selbst zurück. Die Brustdrüsen sollten auf keinen Fall ausgedrückt werden, da so eine gefährliche Brustdrüsenentzündung entstehen kann.

Nebenbei bemerkt lassen bereits die Bezeichnungen Heidendreck, Kindspech und Hexenmilch Rückschlüsse darauf zu, welcher Stellenwert diesen Körperausscheidungen zugeschrieben wurde. Man hielt sie für schädlich und glaubte, dem Kind Gutes zu tun, wenn man es gewaltsam und möglichst rasch davon befreite, wodurch sie in Wirklichkeit unnötig gequält wurden.

Auch der Aderlaß blieb manch einem Kind nicht erspart. Wirkte das Kind vollblütig, so wurde ein Aderlaß aus der Nabelschnur empfohlen:

> „Siehet das Kind sehr braunroth, aufgetrieben aus; ist es also gar zu vollblütig, holet es schwer Athem: so muß man die Schnur, ohne sie erst zu binden, durchschneiden, und etwa zwei Eßlöffel voll Blut heraus laufen lassen, und dann gleich dieselbe verbinden. Man verhindert dadurch Krankheiten, welche aus der Vollblütigkeit entstehen, und macht das Kind gleich munter."[27]

Wurde das Kind mit der Nabelschnur um den Kopf (Nabelschnurumschlingung) geboren, glaubte man, dem Blutstau im Kopf nur mit einem Aderlaß abhelfen zu können:

---

[25] Siegemundin, S. 247

[26] Pfeufer, S. 57f

[27] Thilenius, S. 66

„Die Kinder sind gemeiniglich im Gesicht sehr aufgetrieben, es strotzet von Blut, sie sind matt und würden von dem im Kopfe angehäuften Blute am Schlagfluß sterben, wenn man nicht diese nothwendige Hülfe leistete. Um sie zurecht zu bringen, bindet man nach der Geburt die Schnur wieder los und lässet etwa zwey Löffel voll Blut herauslaufen, alsdann unterbindet man sie erst gehörig."[28]

Eine weitere vielpraktizierte und weitaus gefährlichere Maßnahme war das Lösen des sogenannten Zungenbändchens: Konnte das Kind weder laut schreien noch saugen, lösten Hebamme oder Geburtshelfer das unter der Zunge befindliche Bändchen mit dem Fingernagel oder einer Schere. Die Kinder hatten danach allerdings große Mühe, an der Brust zu trinken, wie beispielsweise Scultetus von zwei Säuglingen berichtet.[29] Die Infektionsgefahr war groß. Vielen Kindern wurden mit diesem unnötigen Verfahren bleibende Schäden gesetzt.[30] Siegemundin gibt die Indikation zur Lösung des Zungenbändchens an und beschreibt das Verfahren, bemerkt jedoch einschränkend, daß dieser Eingriff nur in äußerst seltenen Fällen nötig sei:

„Wann es nöthig, daß dem Kinde das Zungenbändgen oder Häutgen zu lösen, sind dieses die Zeichen, daß es die Zunge nicht ausstrecken, selbige nicht bewegen, und um die Wartze nicht recht schlagen kan. Unter tausend Kindern ist kaum eines, so Mangel daran leidet. Es kan mit einer scharffen Scheere geschehen, und hernach Rosen-Honig daran gestrichen werden."[31]

Auch noch im 19. Jahrhundert wurde dieses unheilvolle Verfahren praktiziert:

„So bekannt es ist, dass das unnütze und unvorsichtige Lösen des Zungenbandes gefährliche Verblutungen und unheilbare Fehler in den Sprachorganen leicht nach sich ziehe, ... so finden diese Missbräuche dennoch unter den Landleuten die wärmsten Anhänger."[32]

---

[28] Thilenius, S. 133f

[29] Scultetus, Bd. II, S. 84

[30] Steidele, S. 439

[31] Siegemundin, S. 246

[32] Pfeufer, S. 57f

Stillen ...

Über 90% der Mütter sind stillfähig, d.h. sind einmal sämtliche Bedenken beseitigt, können fast alle Mütter ihr Kind stillen. Und daß Muttermilch die beste Nahrung für einen neugeborenen Säugling ist, ist eine alte Erkenntnis. Bereits in der Antike gab es eifrige Verfechter des Stillens. Der griechische Schriftsteller Plutarch (ca. 46-120 n.Chr.) setzte sich dafür ein, daß die Mutter ihr Kind stillt, da dies seine naturgemäße Ernährung sei.[33] Sein Zeitgenosse Soranus empfahl ebenfalls Bruststillen, hielt aber eine Ruhepause von drei Wochen nach der Entbindung zur Erholung der Mutter für ratsam. In der Zwischenzeit sollte eine Amme das Stillen übernehmen. Als Stilldauer wurde ein Zeitraum von zwei Jahren für sinnvoll erachtet. Bereits damals war bekannt, daß mit Kuh- oder Ziegenmilch ernährte Säuglinge einer erhöhten Gefahr ausgesetzt waren, Durchfälle zu bekommen und zu sterben. Plutarch und Soranus leiteten damit eine lange Reihe von Stillempfehlungen ein, die in der Regel von männlichen Gelehrten ausgesprochen wurden.

Die Bereitschaft zum Stillen war schon immer zu verschiedenen Zeiten je nach Bevölkerungsgruppe unterschiedlich ausgeprägt. Man kann daher auch kaum von einer vorhandenen oder geringen Stillbereitschaft in einer bestimmten Zeit sprechen, da von solchen Trends immer nur einzelne Gesellschaftsschichten ergriffen wurden.

Immer wieder wurden Argumente für ein frühes Abstillen vorgebracht. Sie beruhten meist auf der Annahme, daß das Stillen Psyche und Körper einer vornehmen Frau nicht zuträglich sei: Dem allzu schwachen weiblichen Nervenkostüm sei ein schreiendes Kind nicht zuzumuten, eine Frau sei körperlich schwächlich, ihre weibliche Schönheit werde zerstört, und Vornehmheit und Schamgefühl seien mit Selbststillen unvereinbar. Und auch die Ehemänner hatten ein Interesse daran, daß ihre Frau so rasch wie möglich abstillte. Denn noch bis ins 18. Jahrhundert hinein glaubte man, der männliche Samen verderbe die Muttermilch und lasse sie gerinnen. Geschlechtsverkehr war somit für die gesamte Dauer der Stillzeit ausgeschlossen.[34] Und bedenkt man den großen Einfluß der eigenen Ein-

---

[33] Badinter, S. 144

[34] Badinter, S. 70-72

stellung auf die Milchproduktion, so ist es nicht verwunderlich, wenn eigene Vorbehalte, Ablehnung des Ehemannes oder geringe gesellschaftliche Akzeptanz die Milch rasch versiegen ließen. Ein eindrückliches Beispiel für die Wechselwirkung von Psyche und Körper.

Zahlreiche Anordnungen von oben sollten einer eventuellen Stillmüdigkeit entgegenwirken. In den Hebammenordnungen wurde die Hebamme aufgefordert, die Wöchnerin zum Stillen anzuhalten. So erstmals in der Regensburger Hebammenordnung von 1552.[35] Auch die Erkenntnis, daß das frühe Anlegen des Kindes nach der Geburt wichtig für das Ankurbeln der Milchproduktion und den Stillerfolg ist, schlug sich in verschiedenen Hebammenordnungen nieder. Die Hebamme sollte möglichst bald nach der Geburt das Kind der Mutter an die Brust geben und nicht bis nach der Taufe warten, wie es aus Aberglauben vielfach geschah.[36] Die Runkel-Wieder Hebammenordnung von 1778 enthielt beispielsweise Ratschläge zur Brustpflege, Stilltechnik und Diät für eine stillende Mutter:

> „Wann eine Kindbetterin ihr Kind selbst säugt, darf sie ihre Brüste keiner Erkältung bloss setzen, und soll dem Kind bald die rechte, bald die linke Brust reichen, auch weder viel saure, noch sehr süsse, noch stark gesalzene, geräucherte Speisen, noch hitzige Getränke nicht geniessen, auch überhaupt aller sehr nährenden Speisen sich enthalten, damit die Vollblütigkeit vermieden, und die Milch für die Verdauung des Kindes nicht zu dick, noch zu hitzig und scharf werden. Könnte, oder wollte aber eine Kindbetterin ihr Kind nicht selbst säugen, so hat sie eine sehr mässige und kühlende Nahrung und darneben gelind abführende, und zertheilende Mittel, und wenn sie sehr vollblütig ist, eine gemässigte Aderlässe am Fuss zu beobachten".[37]

Um Stillhindernisse aus dem Weg zu räumen, empfahl Thilenius eigens ein Training der Brustwarzen einige Wochen vor der Geburt,

---

[35] Nöth, S. 11. Ähnliche Ratschläge finden sich auch in späteren Hebammenordnungen. In Öttingen-Wallerstein 1775, Mainz 1784, Freiberg i.S. 1785, Zittau 1792; Nöth, S. 28, 149, 155. In Oettingen-Wallerstein 1782, Nöth, S. 155

[36] Freiberg 1785, Zittau 1792, Schwarzburg-Rudolstadt 1754; Nöth, S. 27, 164

[37] Nöth, S. 147

damit sie lang genug sind, wenn das Kind sie zu fassen sucht, und das Trinken problemlos vonstatten geht.

> Und so sah das Brustwarzentraining aus: „... etliche Wochen vor der Geburt die Warzen täglich mit den Fingern fassen und hervorziehen, oder sie durch Anlegung einer neuen erdenen Tobackspfeife hervorsaugen. Noch besser gelingt es aber, wenn eine große Person das Hervorsaugen mit dem Munde verrichtet, jedoch ohne die Warzen mit den Zähnen zu fassen und zu beissen."[38]

Sei das Kind trinkfaul, so solle man von einer starken Person die Brustwarzen etwas ansaugen lassen, bis die Milch einschießt, oder man solle die Brustwarzen mit Zuckerwasser bestreichen und dann das Kind anlegen.[39]

Auch zur optimalen Stilldauer wurden modern anmutende Ratschläge erteilt: am besten im ersten halben Jahr nur stillen, erst dann zufüttern:

> „Nichts ist den zarten Kindern schädlicher als das unvernünftige Zufüttern, gleich in den ersten Tagen ihres Lebens. Wenn die Mutter einigermassen Milch genug hat; so hat das Kind in dem ersten halben Jahr Nahrung genug daran."[40]
>
> Ebenso rät Steidele: „Je länger ein Kind trinkt, eine desto dauerhaftere Gesundheit darf man also hoffen ... Die geringste Zeit wäre vier bis sechs Monathe ... So lange das Kind mit der Muttermilch zufrieden ist, wächst, und keimt: so mißrathe ich alle Nebennahrung."[41]

Interessant ist die Ansicht, daß die Milch einer erzürnten Mutter für das Kind schädlich ist:

> „Eine erzürnte oder von Schrecken gerührte, oder erhitzte Mutter muß niemals ihrem Kinde gleich die Brust reichen, sondern die vorhandene Milch ausmelken, und erst nach ein paar Stunden,

---

[38] Thilenius, S. 166f

[39] Thilenius, S. 192

[40] Thilenius, S. 198

[41] Steidele, S. 172f

wenn sie besänftiget ist, das Kind anlegen, sonst können die schlimmsten Zufälle, Gichter und der Tod das Kind treffen."[42]

Diese Befürchtung ist gewiß reichlich übertrieben: Kein Kind stirbt, wenn es die Milch seiner zornigen Mutter trinkt. Aber daß es die Unruhe der Mutter gleichsam mit der Milch einsaugt, läßt sich durch bestimmte Hormone erklären, die bei einer nervösen Mutter ansteigen, in die Muttermilch übergehen und somit auch das Kind erreichen.

Stillempfehlungen paßten auch zur Machtpolitik des 18. Jahrhunderts. Da man glaubte, der Reichtum eines Staates sei eng mit der Größe der Bevölkerung verknüpft, war eine vernünftige Säuglingsernährung — sprich Stillen — und damit die Senkung der Neugeborenensterblichkeit auch von politischem Interesse. Die Kindersterblichkeit war im 18. Jahrundert außerordentlich hoch: Nur etwa die Hälfte der Kinder überlebte die ersten fünf Lebensjahre. Da eine Frau jedoch etwa fünf bis zehn Kinder gebar, nahm die Bevölkerung — insbesondere auf dem Land — dennoch langsam zu. Krisenzeiten konnten jedoch leicht zu einem Bevölkerungsrückgang führen.[43] Besonders hoch war die Kindersterblichkeit im ersten Lebensjahr. Kinder, die von ihren Müttern selbst gestillt wurden, hatten jedoch eine wesentlich höhere Überlebenschance.[44] So wurde im Allgemeinen Landrecht in Preußen von 1794 (Teil 2, Titel 2 §§ 67 und 68) sogar angeordnet, daß gesunde Mütter ihre Kinder selbst stillen sollten.[45] Der Vater hatte dabei die Stilldauer zu bestimmen.[46]

Aber abgesehen davon, daß derartige Empfehlungen oder gar Befehle doch nur etwas ausrichten können, wenn sie auf die nötige Bereitschaft stoßen — zumal bei so einem empfindlichen und psychisch beeinflußbaren Prozeß wie dem Stillen —, wurde das Stillen im 18. Jahrhundert modern. Diese Welle kam aus Frankreich, wo die Damen der französischen Aristokratie zu eifrigen Verfechterinnen des

---

[42] Thilenius, S. 200

[43] Frevert, S. 179f

[44] Badinter, S. 107-112

[45] Frevert, S. 180

[46] Pfeil, S. 259

Selbststillens wurden. Den wesentlichen Anstoß zu dieser Entwicklung gab der französische Philosoph Jean-Jacques Rousseau: Er forderte
in seinem Roman „Émile oder Über die Erziehung" (veröffentlicht
1762), daß alle Mütter stillen sollten.[47] Rousseau schildert in seinem
Roman die natürliche Erziehung des jungen Émile, die außerhalb der
traditionellen Erziehungsmuster steht. Rousseaus Gedanken waren zur
damaligen Zeit geradezu revolutionär. Alle berühmten Erzieher des
späten 18. und des 19. Jahrhunderts wie z.B. Johann Heinrich Pestalozzi waren von Rousseaus Ideen begeistert.[48]

Es gehörte nun auch in Deutschland zum guten Ton, selbst zu
stillen

> „Es gehört jezt an den meisten Orten Deutschlands mit zur guten
> Lebensart, daß jede Mutter von Stand, wie die gemeine Bürgerin
> und Bäurin, ihre Kinder selbst stillet ... Manche thun es blos der
> Mode zu gefallen; um nur nicht von den besuchenden Frau Baasen
> die Nachrede zu haben, die Wöchnerin seye zu bequem zum Säugen;
> oder gar sich einer noch spöttischern Vermuthung auszusetzen, daß
> sie der Schönheit ihres Gesichts und ihres Busens keinen Abbruch
> durch das Säugen thun wollen. Andere haben die Absicht, durch
> das Selbststillen ihres Kinds zu zeigen, daß sie aufgeklärt denken
> ..."[49]

Das Stillen war so selbstverständlich, daß es nicht mehr nötig war,
„Müttern von Stand das Selbststillen zu empfehlen, vielmehr ihnen
ernstlich anzurathen, daß sie zuvor einen Arzt um Rath fragen, und
sich auch selbst prüfen, ob sie zur Ausübung dieser Mutterpflicht
tüchtig sind, oder nicht."[50]

In der zweiten Hälfte des 19. Jahrhunderts ging die Stillbereitschaft stark zurück. Viele Säuglinge wurden statt mit Muttermilch mit
Kuhmilch — oftmals mit Wasser verdünnt und mit Mehl vermischt

---

[47] Rousseau, S. 120ff

[48] Kindlers Literatur-Lexikon. Nachdenklich stimmt allerdings die Tatsache, daß
Rousseau seine fünf Kinder — gegen den Wunsch der Mutter seiner Kinder — ins
Findelhaus brachte. Siehe Badinter, S. 111

[49] F.B. Osiander, S. 160f

[50] F.B. Osiander, S. 161

— ernährt. Die Säuglingssterblichkeit schnellte in die Höhe und erreichte je nach Region bis zu 50%.[51]

Um 1900 war die Stillbereitschaft in breiten Kreisen stark zurückgegangen. Die Hebamme L. Burger berichtet: „Von hundert Wöchnerinnen stillten kaum noch zehn ihr Kind, als ich Hebamme wurde."[52] Die Hebamme richtete in einer Fabrik eine Stillstube ein, um den Müttern, die kurz nach der Entbindung wieder in die Fabrik gehen mußten, das Stillen der Neugeborenen zu ermöglichen — zu jener Zeit eine einzigartige und sehr fortschrittliche Einrichtung.

Auch die Stilldauer nahm ab. Viele Frauen waren durch zahllose Schwangerschaften und ihren hohen tagtäglichen Arbeitseinsatz zu sehr in Anspruch genommen, um längere Zeit stillen zu können:

> „Der Grund für die geringe Stilldauer in St. Märgen ist wohl außer in den allgemeinen Anschauungen und Gewohnheiten vor allem in der zu starken Ausnützung der Mutterkraft durch die vielen Geburten zu suchen. Eine Frau, die fast jedes Jahr ein Kind zur Welt bringt, und dabei tüchtig arbeiten muß, hat nicht die Kraft, auch noch lange zu stillen,"[53] wird von einem süddeutschen Dorf berichtet.

Die geringe Stillbereitschaft, die im Zusammenhang mit der hohen Säuglingssterblichkeit gesehen wurde, leitete eine ganze Kampagne gegen die Säuglingssterblichkeit ein. Von öffentlicher Seite wurden nach 1900 Säuglingsfürsorgestellen eingerichtet, deren wesentliche Aufgabe in einer Stillpropaganda bestand. Zur Förderung der Stillbereitschaft wurde eine Stillprämie ausgezahlt, die nur Mütter erhielten, „wenn die Hebamme bestätigt, daß sie die Kinder wirklich entsprechend gestillt haben".[54] Der Anteil gestillter Kinder nahm bis zum 2. Weltkrieg kontinuierlich und deutlich zu, nicht zuletzt wegen der allgemeinen Lebensmittelknappheit und dem Mangel an Kuhmilch. Nach dem 2. Weltkrieg war dieser Trend jedoch wieder rückläufig: Im Zuge der zunehmenden Krankenhausentbindungen, der

---

[51] Thoms, S. 58-69

[52] Burger, S. 69. Burger wurde 1887 zur Hebamme ausgebildet.

[53] Wohlgemuth, S. 125

[54] Burger, S. 227

getrennten Unterbringung von Mutter und Kind und dem Stillen nach der Uhr (siehe unten) gingen die Stillfreudigkeit und die -dauer stark zurück.[55]

In den letzten Jahren hat die Stillbereitschaft wieder zugenommen. In Stillgruppen werden junge Mütter zum Stillen angeregt und ermutigt. Und stillenden Frauen, die wieder ins Berufsleben zurückkehren, wird es in vielen Institutionen ermöglicht, ihrem Kind auch während der Arbeitszeit die Brust zu geben. Dieser Trend erhält durch neueste wissenschaftliche Untersuchungen Aufwind, die neben altbekannten Vorteilen der Muttermilch immer wieder ihre Überlegenheit über die teuerste künstliche Ernährung bestätigen. Daß Muttermilch einzigartig in ihrer Zusammensetzung an Eiweiß, Fett, Kohlenhydraten und Mineralien ist, die nicht von künstlicher Babynahrung erreicht werden kann, bedarf kaum der Erwähnung. Auch der Gehalt an Abwehrstoffen, die das Kind vor Infektionen schützen, ist schon seit längerem bekannt.

Daß eine Mutter ihr Kind durch das Stillen vor — auch späteren — Allergien schützt, weiß man erst seit kurzem. Die Bedeutung dieser Tatsache kann heutzutage angesichts einer zunehmenden Allergisierungstendenz in der Bevölkerung gar nicht hoch genug eingeschätzt werden. Eine Studie an 150 Kindern ergab, daß Kinder, die gar nicht oder weniger als 1 Monat gestillt wurden, im Alter von 17 Jahren wesentlich häufiger (in 65%) an allergischen Erkrankungen wie Pollenallergie oder Asthma litten als Kinder, die mindestens 6 Monate gestillt worden waren. Bei diesen kam es nur in 42% zu den genannten Störungen. Schwerwiegendere Allergien traten in der nicht oder kaum gestillten Gruppe in 54% auf, bei den gestillten Kindern in 8%.[56]

Erst vor kurzem wurde ein weiterer wichtiger Inhaltsstoff der Muttermilch entdeckt, der für die Verdrahtung der Nervenzellen ganz entscheidend ist. Ein Babynahrungshersteller reagierte sofort und fügte auch diese neuentdeckte Substanz seiner Fertignahrung bei. Es ist wohl nur eine Frage der Zeit, wann wieder ein neuer wichtiger Inhaltsstoff der Muttermilch entdeckt wird.

---

[55] Thoms, S. 58-69

[56] Saarinen, Kajosaari, S. 1065-1069

Zum Stillrhythmus sei noch folgendes angemerkt. Noch vor etwa 20 Jahren wurde genau nach der Uhr gestillt. Das Kind wurde fünfmal am Tag im Vier-Stunden-Rhythmus angelegt: um 6.00 Uhr, 10.00 Uhr, 14.00 Uhr, 18.00 Uhr und 22.00 Uhr, dann folgte für Mutter und Kind eine achtstündige Pause. Schrie das Kind nachts, ließ man es schreien: „Das Stillgeschäft muss zur Schonung der Mutter und zur Sicherung der Verdauung genau nach der Uhr geregelt werden."[57] Mit dieser Methode war der Mutter ein festes Schema an die Hand gegeben, das ihr besonders beim ersten Kind anfängliche Unsicherheiten überwinden half und ihr eingeplante Erholungszeiten sicherte. Ein solches Schema ging jedoch an den Bedürfnissen eines Neugeborenen vorbei: ein Neugeborenes schreit nicht, um seine Grenzen abzustecken, sondern weil es hungrig oder naß oder beides ist. Das Stillen nach Bedarf, wie es heutzutage üblich ist, kommt viel eher den Bedürfnissen des Neugeborenen entgegen. Nach wenigen Wochen pendelt sich meist von selbst ein Rhythmus ein.

... und Stillenlassen

Vor der Ära der künstlichen Säuglingsnahrung war die beste Alternative zum Selbststillen die Beschäftigung einer Säugamme. Bereits in der Bibel wird von Ammen berichtet.

Konnte oder wollte eine Mutter aus irgendeinem Grund nicht selbst stillen und war sie vermögend genug, überließ sie noch bis ins 20. Jahrhundert hinein einer anderen Frau das Stillgeschäft. Diese Frauen hatten im Idealfall auch eben erst geboren und genügend Milch für zwei Kinder. Es war sogar Aufgabe der Hebamme dafür zu sorgen, daß das Kind der Säugamme nicht zu kurz kam.[58] Manchmal kam es auch vor, daß die Amme ihr eigenes, schon älteres Kind entwöhnte, um mit ihrer Milch ein fremdes Kind zu ernähren. Leider sah es in der Realität doch oft so aus, daß eines der beiden Kinder vernachlässigt wurde.

---

[57] Kaltenbach, S. 167

[58] Beispielsweise in Schwerin 1763; Nöth, S. 28

Das Säugammenwesen wurde insbesondere im 17. Jahrhundert im französischen Bürgertum Brauch und kam im 18. Jahrhundert in allen Schichten der städtischen Bevölkerung Frankreichs in Mode. In Paris wurden beispielsweise im Jahr 1780 21.000 Kinder geboren. Davon wurden weniger als 1.000 von der eigenen Mutter und 1.000 von einer ins Haus geholten Amme gestillt. 19.000 Kinder wurden in Pflege gegeben. Je ärmer die Kinder, um so weiter wurden sie in die Ferne auf das Land geschickt. Vorausgesetzt die Kinder überlebten den oft gefährlichen Transport zur Säugamme und den Aufenthalt bei ihr, so blieben sie durchschnittlich vier Jahre dort, bis sie wieder ins Elternhaus zurückkehrten. Die Bäuerinnen auf dem Land hingegen stillten meist ihre Kinder selbst.[59]

Wenn auch in Deutschland das Säugammenwesen nicht solche Ausmaße annahm wie in Paris, so wurde es doch auch hier üblich. Geburtshilfliche Lehrbücher und Gesundheitsratgeber waren voll von Ratschlägen zur Auswahl einer Amme. Eine Säugamme durfte offiziell erst nach einer ärztlichen körperlichen Untersuchung und der Bestätigung, daß sie frei von ansteckenden Krankheiten war, ihre Tätigkeit aufnehmen.[60].

> „Die Wahl einer Amme müssen die Aeltern niemals einer Hebamme überlassen, sondern einem Arzte. Wenn auch die Milch weder zu dick, noch zu dünn scheinet, wenn sie auch das der Muttermilch am nächsten kommende Alter hat, wenn auch die Person äußerlich gesund scheinet, so kann sie doch so böse Eigenschaften, solche heimliche Krankheiten ihrer Säfte haben, welche sie auf das Kind fortpflanzen und es auf seine ganze Lebenszeit elend machen könnte. ... Nie muß man darin leichtfertig denken. Gesundheit und Leben sind die größten Wohlthaten, die man einem hülflosen Geschöpfe verschaffen kann und muß."[61]

Diese körperliche Untersuchung sollte sehr sorgfältig erfolgen, ohne alle sonst übliche Rücksicht auf die weibliche Scham:

---

[59] Badinter, S. 48, 91-98

[60] Frankfurt 1764, Straßburg 1757, Hessen 1767, Mainz 1784, Freiberg i.S. 1785

[61] Thilenius, S. 200

„Eine Hauptsache ist, die zu wählende Amme am ganzen Leibe besichtigen zu lassen: sogar die Haare am Kopfe sind nicht zu vergessen. Man muß zu ihrem Mund riechen, und besonders ihre Geburtstheile gut untersuchen."[62]

Durch eine Milchprobe konnte sich die Mutter davon überzeugen, daß die Milch die richtige Konsistenz besaß: „... wenn man eine Tropfen auf den Nagel eines Fingers bringet, und selber auf dem Nagel so lange liegen bleibt, bis man den Finger schief hält, so ist die Milch gut."[63]

Viele Säuglinge wurden bei einer Amme in Kost gegeben. Es wurde dann vertraglich geregelt, daß die Amme das Pflegekind anstatt ihrem eigenen säugte. Wie das Kind jedoch tatsächlich ernährt wurde, entzog sich völlig der elterlichen Kontrolle. Die Chancen für einen Säugling, weit weg vom Elternhaus gute Ammenmilch zu bekommen, waren denkbar schlecht: Der finanzielle Anreiz war für eine Säugamme die einzige Stillmotivation. Oft war sie arm und schlecht genährt und mußte zudem hart arbeiten, Grund genug für eine spärliche Milchbildung. Daß die psychische Bereitschaft, ein fremdes Kind zu nähren und das eigene zu vernachlässigen, gering war, versteht sich von selbst. Die Milch reichte daher aus vielen Gründen kaum für ein Kind und schon gar nicht für zwei, und es wurde ein schlecht verdaulicher Brei zugefüttert. — Das Schicksal des Säuglings, der außer Haus in Pflege gegeben wurde, blieb dem Zufall überlassen: „Wie viele kommen als Krüppel zu Hause? Wie viele sterben nicht? ... es gerathet öfters ganz gut, das ist auch wahr: aber im Durchschnitte betrachtet, werden doch mehrere verunglücket."[64]

Vermögende Eltern holten eine Säugamme ins Haus, deren wesentliche Aufgabe darin bestand, gute Milch in ausreichender Menge zu produzieren. Denn für die übrige Pflege des Säuglings sorgte eine Kinderfrau. Von einer guten Säugamme wurde erwartet, daß sie ihr ganzes Leben darauf einstellte, gute Milch für das ihr anvertraute Kind zu produzieren. Dazu gehörte in erster Linie, daß sie sich gut ernährte, d.h. abwechslungsreiche Kost und Bier zu sich nahm — aber nur in

---

[62] Steidele, S. 205

[63] Steidele, S. 449

[64] Steidele, S. 208-209

Maßen, damit sie nachts nicht zu müde war. Die Hausfrau versorgte
sie mit sauberer Kleidung und achtete zudem auf die Körperpflege der
Amme. Auch sollte sie sich genügend Bewegung an der frischen Luft
verschaffen. Da man glaubte, daß allzu große Stimmungs-
schwankungen die Milch verderben und z.B. durch den Geschlechtsverkehr sozusagen die Sinnlichkeit auf die Milch übergehe,
wurde eine Säugamme von ihrer Familie, d.h. von Mann und Kindern, und von ihrem eigenen Haushalt völlig getrennt. Verstarb
beispielsweise ihr eigener Säugling, wurde empfohlen, es vor ihr zu
verheimlichen, damit ihre Trauer nicht auf die Milch übergehe.
Ihren Ehemann sollte sie nur im Beisein einer dritten Person sehen:
„Ist sie verheirathet, und ihr Mann verlanget, aber nur selten, wegen
häuslichen Angelegenheiten, und im nehmlichen Zimmer, wo die
Kindsfrau ist, mit ihr zu sprechen: so rathe ich es ohne Bedenken zu
erlauben ...“[65] Sexueller Kontakt mit ihrem Mann wurde für die Zeit
ihrer Säugtätigkeit vertraglich ausgeschlossen: „Wählet man eine
Verheirathete, so stelle man sich vor denen Zudringlichkeiten ihres
Mannes durch einen Kontrakt sicher.“[66]
Noch zu Beginn des 20. Jahrhunderts wurden Säuglinge in gehobenen Gesellschaftsschichten nicht selten von einer Säugamme gestillt:

> „Es gibt Gegenden und gesellschaftliche Kreise, in welchen das
> Ammenwesen sehr ausgebildet ist. Mittellose Frauen aus dem Volke
> schätzen Ammendienste als eine der schönsten Einnahmequellen
> und bemittelte Frauen aus den höheren Ständen begreifen gar nicht,
> wie man ohne Amme auskommen könne. Auf einer Seite läßt man
> ein kräftiges Kind bei elender Verpflegung und ohne Muttermilch
> verkommen und auf der anderen Seite zieht man ein schwächliches
> sorgfältig auf; eine Mutter muß treulos an ihrem Säugling handeln
> und sich einem fremden widmen und die andere Mutter kann ihren
> Vergnügungen nachgehen und die ihr heilig sein sollenden Mutter-
> pflichten von einer fremden Frau ausüben lassen.“[67]

---

[65] Steidele, S. 207

[66] Steidele, S. 204

[67] Fischer-Dückelmann, S. 736

Gesundheitsratgeber enthielten neben Diätvorschlägen und Empfehlungen zur Körperpflege einer Amme sogar Tips zum Intimleben
— eine völlige Reduktion der Persönlichkeit einer Amme auf ihre
Rolle als Milchproduzentin. Von einer pflichtbewußten Säugamme
wurde somit erwartet, daß sie ihr gesamtes Leben darauf einstellt, die
bestmögliche Milch für das Kind einer — meist reicheren — Frau zu
produzieren:

> „Hier sei nur betont, daß Ammen sicher nicht das bekommen
> dürfen, was sie selbst als ‚gute Nahrung' zu bezeichnen pflegen, das
> ist recht viel Fleisch und täglich gutes Bier. Man gebe ihnen viel-
> mehr die beste Kuhmilch zu trinken, die aufzutreiben ist ... man gebe
> reichlich Obst ... Um auch in anderer Hinsicht die Körperpflege der
> Amme kontrollieren zu können, verabreiche man ihr mindestens
> zweimal wöchentlich ein Halbbad von 35 °C. mit Nachwaschung
> von 18 °C., bestehe auf jedesmalige Waschung der Brüste mit
> warmem Seifenwasser vor Anlegung des fremden Säuglings und sehe
> auf reine Leibwäsche der Frau. Auch Erkundigungen über die
> Darmfunktionen der Amme sind dringend nötig ... Auch besondere
> körperliche Anstrengungen, erregende Belustigungen (Tanzboden!)
> müssen vermieden und der eheliche Verkehr möglichst
> eingeschränkt werden."[68]

Fischer-Dückelmann richtet in ihrem Gesundheitsratgeber einen
heftigen Appell an alle Mütter — „von der Bäuerin bis zur Königin"
— selbst zu stillen:

> „Wird in der Zukunft von Aerzten, einsichtsvollen Männern
> und Angehörigen irregeleiteten oder schwankenden jungen Frauen
> gegenüber unser erster Leitsatz: ‚Jede Frau soll selbst nähren' ener-
> gisch vertreten, so wird das Ammenunwesen aus der Welt ver-
> schwinden und manches kindliche Leben erhalten bleiben."

Nun — das Säugammenunwesen verschwand und machte anderen Ernährungs- und Betreuungsformen Platz. Die moderne Frau, die
bald nach der Geburt wieder ins Berufsleben zurückkehrt, kann ihr
Kind während der Arbeitszeit stillen oder mit hochwertiger künstlicher Säuglingsnahrung relativ vernünftig ernähren. Die Ernährung ist
somit leichter und sicherer delegierbar geworden als vor 100 Jahren:

---

[68] Fischer-Dückelmann, S. 738

Bei der hygienisch zubereiteten Säuglingsnahrung weiß man, was man hat — bei allen Vorbehalten.[69]

Alternative zur Säugamme

Wenn ein Säugling weder von seiner Mutter noch von einer Amme gestillt werden konnte, wurde ihm ein Brei gefüttert. Siegemundin nennt folgendes Rezept:

> „... von alter geriebener Semmel ... mit ein wenig Wasser oder Fleisch-Brüh von Hünern ... mit Zucker oder reinem Honig ... etwas zart-gestossenen Fenchel und Anieß ... Er muß vor allen Dingen dünne und vom Löffel abfliessend seyn, nicht so lange stehen, daß er sauer, dicke und zähe wieder werde, woraus Jammer, Noth und der Tod gar leicht entstehen können ... daher ist er alsdenn ein Kleister zu nennen, und gehöret für die Buchbinder, bringet Verstopffung, Angst, Schmertzen, unruhig Schlaffen, Schreyen, und den blehenden Jammer zuwege."[70]

Der Geburtshelfer R. Steidele empfahl den sogenannten Kindskoch, einen dünnen Mehlbrei, den die Kinder angeblich sehr gern äßen.[71]
Eine nicht säuglingsgerechte Ernährung wurde u.a. für die hohe Säuglingssterblichkeit verantwortlich gemacht. So wird beispielsweise von der hohen Kindersterblichkeit in Sigmaringen berichtet, woran auch die schlechte und unvernünftige Ernährung der Säuglinge schuld sei:

---

[69] In der heutigen Zeit, in der die Idealfrau Familie und Beruf verbindet und die Nur-Hausfrau finanzielle Einbußen und vor allem geringe Anerkennung in der Gesellschaft in Kauf zu nehmen hat, versuchen viele Mütter möglichst früh den beruflichen Wiedereinstieg. Die Betreuung des Säuglings durch andere — Babysitter, z.B. Aupair-Mädchen, oder auch Krabbelstuben — ist allerdings oft ein schwierig zu lösendes Problem, da das Angebot an Betreuungsplätzen für die Altersgruppe der Kinder unter drei Jahren bei weitem nicht dem Bedarf entspricht.

[70] Siegemundin, S. 250-251

[71] Steidele, S. 173

„... Das unvernünftige Behandeln der Kinder in den ersten Tagen, vorzüglich aber das Füttern derselben, mit einer unbändigen
Menge des zähesten, talgigsten Breies, der nicht nur bei bessern Leuten mit sehr fetter Milch oder Rahm, sondern auch noch mit vieler
frischer Butter zubereitet, und den Kindern nebst der Muttermilch,
täglich 3mal in einer Menge, die einen Holzhacker sättigen würde,
eingestopft wird... Den Kindern im ersten halben Jahr alle die Nahrung zu geben, die die Erwachsenen des Hauses verzehren (Anm.
Mezlers: 1803 erstickte wirklich ein Kind an einem Knöpfle[72]) ...
Die Gleichgiltigkeit der Mütter über das Säugen der Kinder, die bei
den nächsten besten Beschwerden, sich davon abhalten lassen, ihren
Kindern die unentbehrliche Muttermilch zu geben....“[73]

Wurde der Säugling mit Kuhmilch ernährt, mußte zum einen mit
Durchfällen gerechnet werden, zum anderen mit einer Tuberkulose-
erkrankung, wenn die Milch verseucht war:

„Die Säuglingssterblichkeit war hoch. Nicht selten lag die Ursache der Sterblichkeit in der tuberkuloseverseuchten Milch kranker
Kühe.“[74]

Besonders in den Sommermonaten konnte es passieren, daß die
Kuhmilch verdarb und die damit ernährten Säuglinge erkrankten.
Die Säuglingssterblichkeit war daher in den Sommermonaten Juni,
Juli und August bei den nicht-gestillten Kindern besonders hoch.

Im 19. Jahrhundert wurde die Zusammensetzung der Muttermilch
näher untersucht. Industriell hergestellte Ersatznahrungen wurden
entsprechend wissenschaftlichen Erkenntnissen immer mehr der
Muttermilch angepaßt, so daß schließlich die beschriebenen Ersatznahrungen teil- und volladaptierten Milchprodukten wichen.

Fazit: Erstversorgung und Pflege eines Säuglings haben sich in den
letzten 200 Jahren entscheidend geändert. Die Erstversorgung eines
Neugeborenen bestand früher im wesentlichen in pflegerischen Maßnahmen, wobei großer Wert darauf gelegt wurde, das Kind von seinen

---

[72] Knöpfle sind ähnlich wie Spätzle ein schwäbisches Nudelgericht.

[73] Mezler, S. 154-157

[74] Herrig, S. 93f

ersten Körperausscheidungen zu befreien. Beurteilungskriterien für die Reife eines Neugeborenen wurden erst seit Ende des 18. Jahrhunderts entwickelt.

Die von der Natur vorgesehene Säuglingsnahrung, die Muttermilch, hat nach vielen Jahren der Mißachtung und der Ablösung durch alternative Ernährungsmöglichkeiten wieder ein Come-back erfahren. Gerade in hochtechnisierten Ländern wird stillenden berufstätigen Frauen in zunehmendem Maße am Arbeitsplatz das Selbststillen ermöglicht.

12. Alleinerziehend

Von den derzeit 35,573 Millionen in Deutschland lebenden Frauen[1] sind etwa ein Drittel Mütter.[2] Davon haben 39% ein Kind, 44% zwei Kinder und 12% drei Kinder; vier oder mehr Kinder — in früheren Zeiten die übliche Kinderzahl — gibt es heute nur noch in knapp 4% aller Familien.

Viele Kinder wachsen heute mit einem Elternteil auf. In Deutschland sind 2,283 Millionen Mütter alleinerziehend, viele infolge einer Scheidung.[3] Der Anteil lediger Mütter hat in den letzten 20 Jahren enorm zugenommen und ist von 9,5 auf 25,8% angestiegen.

Das Dasein als Alleinerziehende kann eine Frau leicht an die Grenzen ihrer Belastbarkeit bringen. Die finanzielle Situation ist meist gespannt. In der Regel ist nur eine Halbtagsbeschäftigung realisierbar, da nicht immer Betreuungsmöglichkeiten für Kindergarten- oder Schulkinder außerhalb der jeweiligen Institutionen organisiert werden können. Dadurch fällt das Einkommen oft sehr gering aus.

Dennoch hat sich die Situation einer alleinerziehenden Frau im Vergleich zu früheren Zeiten entscheidend verbessert. Das liegt nicht nur daran, daß sie eventuell durch staatliche Projekte und Vergünstigungen Unterstützung erfährt. Viel entscheidender ist die Tatsache, daß die Klein- und Kleinstfamilie in den letzten Jahren immer mehr Alltag geworden ist und der Status einer alleinerziehenden Frau gesellschaftlich eher akzeptiert wird.

---

[1] Mit Frauen wird hier die Gruppe der 15jährigen und älteren bezeichnet. Diese sowie die folgenden Zahlen stammen aus einer Erhebung des Statistischen Bundesamtes, Stand April 1997

[2] 22,991 Millionen Frauen haben keine Kinder im Haushalt bzw. sind selbst Kinder; 12,582 Millionen Frauen haben Kinder.

[3] Von den 2,283 Millionen alleinerziehenden Frauen sind 588.000 ledig, 277.000 verheiratet und getrennt lebend, 548.000 verwitwet und 871.000 geschieden.

Ehefrau und Kindergebärerin

In früheren Zeiten wurde eine Frau, die weder verheiratet war noch Kinder hatte, mit Argwohn betrachtet. Lebenszweck einer Frau war es, geheiratet zu werden und pausenlos Kinder zu gebären. Im Mittelalter gab es daneben noch die Ausweichmöglichkeit des Klosters. Tausende von Frauen führten in einer Glaubensgemeinschaft ein mehr oder weniger von Männern unabhängiges Leben. Die Klosterfrauen waren nicht durch die Mehrfachbelastung von Haushalt, Gebären und Kindererziehung in Anspruch genommen und somit eher in der Lage, intellektuelle Neigungen zu entwickeln. Viele Frauen, die sich bis zum 16. Jahrhundert literarisch betätigten, waren Nonnen. Die wohl bekannteste unter ihnen war Hildegard von Bingen (1098-1179).

Die meisten Frauenklöster mußten gegen Ende des Mittelalters und in den darauffolgenden Jahrzehnten geschlossen werden. Die einzige alternative Lebensform neben der Ehe, die eine eigenständige geistige Existenz ermöglicht hatte, ging damit zu Ende. Die Gründe dafür sind nicht nur in der lutherischen Reformbewegung zu suchen, sondern auch in wirtschaftlichen und gesellschaftlichen Entwicklungen. Manche Klöster standen vor dem Ruin und konnten sich nicht mehr halten. Andere wiederum, denen es wirtschaftlich gutging, stießen auf Neid und Ablehnung bei der oft ärmeren Landbevölkerung. Ständige Gerüchte von der Verweltlichung und dem luxuriösen Leben hinter den Klostermauern schadeten dem ursprünglich hohen Ansehen. Als Martin Luther die Nonnen dazu aufrief, die Klöster zu verlassen (z.B. im Jahr 1523 in der Schrift „Ursach und Antwort, daß Jungfrauen Klöster göttlich verlassen mögen") und ihrer wahren Bestimmung als Ehefrau und Mutter zu folgen, brachte er lediglich den Stein ins Rollen. Luther war davon überzeugt, daß eine Frau ihre Erfüllung nur in der Ehe finden kann:

> „Gott hat Mann und Weib geschaffen, das Weib zum Mehren mit Kinder tragen; den Mann zum Nähren und Wehren."[4]

---

[4] Luther, Tischreden; zit. nach Steidinger, S. 141

„Es ist ein arm Ding um ein Weib. Die größte Ehre, die es hat, ist, daß wir allzumal durch die Weiber geboren werden und auf die Welt kommen."[5]

Ein Leben in der klösterlichen Abgeschiedenheit ging nach Luthers Lehre an der Bestimmung der Frau zur Kindergebärerin vorbei. Luther unterstützte daher Befreiungsaktionen von Nonnen aus den Klöstern. Er vermittelte die Flucht von neun Nonnen aus dem Kloster Nimbschen und brachte sie in Wittenberg unter. Eine von ihnen, Katharina von Bora, wurde später seine Frau.[6]

Luther richtete sich mit seiner Ehelehre jedoch nur an die bürgerliche und adelige Frau, nicht an die große Masse der Leibeigenen und Mägde, die ohnehin nicht heiraten konnten.[7]

Auch der Gesetzgeber im christlichen Abendland sah für Jahrhunderte Sinn und Zweck der Ehe in der Zeugung von Kindern: „Der Hauptzweck der Ehe ist die Erzeugung und Erziehung von Kindern" definierte das „Allgemeine Preußische Landrecht" im Jahre 1794 die Ehe. Dieses Recht besaß in allen preußischen Landesgebieten Gültigkeit und wurde erst im Jahr 1900 durch das Bürgerliche Gesetzbuch abgelöst. Die Pflichten und Rechte der Frau als Ehefrau und Mutter wurden im Allgemeinen Preußischen Landrecht neu formuliert. Zum Lebensinhalt einer Frau wurde ein Dasein als Mutter unter der Vormundschaft des Ehemannes bestimmt. Der Handlungsspielraum der Frau wurde detailliert festgeschrieben und selbst in typisch weiblichen Bereichen abgesteckt. So war es Sache des Ehemannes, die Stilldauer des Kindes zu bestimmen.[8] Wiederum — wie in Luthers Ehelehre — galt das hier gezeichnete Mutterbild als Leitbild für bürgerliche Frauen und überhaupt für Frauen, die Aussicht hatten, zur Heirat gewählt zu werden. Für Frauen auf der untersten Stufe der gesellschaftlichen Leiter war eine Heirat meist nicht realisierbar. Die Männer, die in Frage kamen, Knechte und Dienstboten, bedurften einer Heiratserlaubnis, die sie nur erhielten, wenn sie eine

---

[5] Luther, Bd. 2, 643; zit. nach Steidinger, S. 141

[6] Becker-Cantarino, S. 67-96

[7] Becker-Cantarino, S. 37-45

[8] Becker-Cantarino, S. 65-66

Familie ernähren konnten oder die Gunst ihres Herrn besaßen. Die Mägde und Dienstmädchen waren auf ihren Lohn angewiesen und mußten bei einer Heirat entweder mit Entlassung rechnen oder waren durch eine eigene Familie und ihren Dienst aussichtslos überlastet. Für die große Masse dieser Frauen blieb daher nur ein Leben ohne eigene Familie.

Nicht verheiratet und schwanger

Eine Frau, die ohne Aussicht auf Heirat schwanger wurde,[9] befand sich in früheren Zeiten in einer verzweifelten Situation. Zum einen wurde sie meist aus ihrem Dienstverhältnis entlassen, wenn ihr Zustand bekannt wurde, d.h. die wirtschaftliche Existenzgrundlage wurde ihr entzogen. Von Gesellschaft und Kirche wurde sie hart verurteilt und mit Geldstrafe und Kirchenbuße belegt.

Die Zahl der unehelichen Kinder stieg Ende des 18. Jahrhunderts rapide auf 15 bis 20% an. Zuvor waren es 2 bis 5% gewesen. Die starke Zunahme unehelicher Geburten ist im Zusammenhang mit enormen Veränderungen in der Wirtschaftsstruktur zu sehen. Vor der Zeit der Industrialisierung kam es besonders in der unteren Gesellschaftsschicht nicht selten vor, daß sich Partner ein Eheversprechen gaben und bereits vor der Heirat sexuell miteinander verkehrten. Da mit dem Eheversprechen für die Frau Aussicht auf Heirat bestand, war der voreheliche Geschlechtsverkehr mehr oder weniger legalisiert. Das Paar heiratete oft erst, wenn die Frau schwanger wurde oder sogar das Kind bereits geboren war. Eine schwangere Frau konnte erfolgreich gegen einen Mann klagen, wenn er sein Eheversprechen nicht einlöste.[10]

Mit der Industrialisierung wurden viele Männer durch das Angebot von Arbeitsplätzen in die Städte gezogen und ließen ihre schwangeren Freundinnen zurück.[11]

---

[9] Hatte es zuvor kein Eheversprechen gegeben, so bestand diese Aussicht nicht, und die schwangere Frau konnte schon frühzeitig einen Schwangerschaftsabbruch planen. Siehe Stukenbrock, S. 113

[10] Stukenbrock, S. 116f

[11] Anderson, B.S., Zinsser, J.P., Bd. 2, S. 294

In ihrer Verzweiflung versuchten in früheren Zeiten viele ledige
Schwangere, die Schwangerschaft zu unterbrechen. Mit den zur Verfügung stehenden Mitteln und Methoden gefährdeten sie nicht nur
das Leben ihres Kindes, sondern auch ihr eigenes. Diese Mittel waren
in allen Hebammenordnungen des 18. Jahrhunderts verboten. Hebammen, die frühen Trägerinnen und Vermittlerinnen von Verhü-
tungs- und Abtreibungswissen, war Unterstützung in diesem Bereich
verboten. Wandte sich eine Frau hilfesuchend an eine Hebamme, so
riskierte sie, von dieser angezeigt zu werden, wozu eine Hebamme
verpflichtet war.[12] Die Hebamme konnte bei gewährter Unterstützung
ihr Ansehen, ihren Beruf und sogar ihr Leben verlieren.[13]

Schlug eine Abtreibung fehl, so konnte eine unverheiratete Frau
versuchen, ihre Schwangerschaft zu verheimlichen. Sie konnte das
Kind ohne Hilfe zur Welt bringen und aussetzen, in ein Findelhaus
bringen oder töten. Auf diese letzte grausame Möglichkeit, auf eine
ungewollte Schwangerschaft zu reagieren, soll hier nicht näher eingegangen werden. Es waren fast alles ledige Mütter, meist Mägde, die im
18. und 19. Jahrhundert als Kindsmörderinnen verurteilt wurden. Sie
handelten in größter Armut und Verzweiflung. Ende des 19.
Jahrhunderts, als bessere Möglichkeiten der Geburtenkontrolle zur
Verfügung standen, ging die Kindsmordrate rapide zurück.

Die Strafgesetzgebung sah bereits Strafen für die Verheimlichung
einer Schwangerschaft, die als erster Schritt zur Beseitigung des Kindes
gewertet wurde, vor. In einer Polizeiordnung von 1768 waren sogar
Eltern und Dienstherren aufgefordert, Töchter und Dienstmägde zu
überwachen und eine Schwangerschaft der Obrigkeit zu melden, um
einer Verheimlichung vorzubeugen.[14] Dieser Verordnung wurde
jedoch kaum Folge geleistet.[15]

---

[12] Z.B. Hebammenordnung von Danzig (1703), Nöth, S. 47. Hebammenordnung von
Preußen (1725), Nöth, S. 89

[13] Z.B. in Preußen (Hebammenordnung von 1725), Nöth, S. 89

[14] Stukenbrock, S. 92

[15] "Eindeutig ist, daß die Abtreibungsversuche nie von einer Person aus dem wissen-
den Kreis zur Anzeige gebracht wurden und auch nicht von den Eltern, selbst wenn
diese nichts genaues wußten bzw. lediglich eine Schwangerschaft vermuteten. In
dieser Situation verhielten sie sich dann passiv, d.h. die Verordnungen, die zur
Verhinderung von Abtreibungen erlassen wurden und die Eltern oder Dienstherr-

Des weiteren war es Pflicht der Hebamme, illegale Schwangerschaften und Geburten zur Anzeige zu bringen. In Mainz (1782)
mußte beispielsweise jede unverheiratete Schwangere von der Hebamme bei der Obrigkeit angezeigt werden oder selbst Anzeige erstatten.
Geschah dies vor der Geburt, so wurde der Schwangeren die Hälfte
der Strafe auf den vorehelichen Geschlechtsverkehr (die delicta
carnis) erlassen. Wurde jedoch die Geburt verheimlicht und die
Anzeige versäumt, so drohte eine sechswöchige Zuchthausstrafe, jede
Woche mehrmals nur bei Wasser und Brot.[16]
Eine Entbindung ohne Hebamme wurde mit einer hohen Strafe
belegt, wohingegen eine unverheiratete Frau bei einer Entbindung in
einer Entbindungsanstalt mit einer ganz geringen Strafe davonkam.
Eine Hebamme war verpflichtet, die Geburt eines unehelichen Kindes anzuzeigen. In Lindau (1744) mußte die Hebamme sogar vorehelichen Beischlaf der Eheleute zur Anzeige bringen.[17]
Darüber hinaus sollte die Hebamme bei der Geburt eines unehcli-
chen Kindes nach dem Namen, Stand und Wohnort des Vaters
fragen bzw. drohen, nur nach Preisgabe des Namens Geburtshilfe zu
leisten.[18] Dies geht auf einen altgermanischen Brauch zurück, den die
Kirche in ihren Anfängen wie viele andere Gepflogenheiten von
den alten Germanen übernahm. Dem Volksglauben nach führte die
falsche Namensangabe des Vaters zu einem Geburtsstillstand.[19] Unterließ eine Hebamme diese quälende Ausfragerei, machte sie sich straf-
bar. Sie erhielt eine Geldstrafe und wurde bei nochmaliger Unterlassung mit Gefängnis bei Wasser und Brot und Berufsverbot bestraft.[20]
Bei Nichtanzeige des Vaters eines unehelich geborenen Kindes erhielt

---

schaften betrafen, erreichten ihr Ziel nicht;" Stukenbrock, S. 116.

[16] Nöth, S. 163

[17] Nöth, S. 30

[18] In Sachsen-Altenburg (1705) durfte sich die Hebamme nicht weigern, eine unverheiratete Frau zu entbinden, sollte sich jedoch auch nach dem Namen des Vaters
erkundigen und diesen anzeigen (Nöth, S. 58). Auch in Holstein (1765), Sachsen
(1766), Hessen-Homburg (1775, Nöth, S. 141f) und Birkenfeld (1775, Nöth, S. 156)
sollten sich die Hebammen nach dem Namen des Vaters erkundigen.

[19] Handwörterbuch des Deutschen Aberglaubens, Bd. 3, S. 417

[20] Haberling, S. 19

sie zehn Tage Gefängnis bei Wasser und Brot.[21] Gab die Mutter den
Namen des Kindsvaters preis, wurde ihr zumindest ein Teil der Strafe
erlassen. In der fortschrittlichen Hebammenordnung von Baden aus
dem Jahr 1795 durfte keine unverheiratete Schwangere mehr
gezwungen werden, den Namen des Kindsvaters zu nennen.[22]

Entbindungsanstalten

Im 18. Jahrhundert erkannte man, daß mit strenger Bestrafung Ver-
zweiflungstaten wie Abtreibung, Aussetzung und Kindsmord nicht zu
verhindern waren, solange es keine Alternativen für ledige Schwangere gab. Hinzu kam, daß die Kindersterblichkeit im 18. Jahrhundert
erschreckend hoch war und zugleich im Zuge einer absolutistischen
Bevölkerungspolitik großer Wert auf Bevölkerungswachstum gelegt
wurde. Ein Grundsatz der absolutistischen Politik des 18. Jahrhunderts war, daß ein Staat dann besonders mächtig ist, wenn die Bevölkerung groß ist. Friedrich II. (Regierungszeit 1740-1786) ließ daher in
Preußen ab dem Jahr 1748 jährlich Volkszählungen durchführen und
erließ etliche Bestimmungen zum Schutz des ungeborenen und neugeborenen Lebens. Diese Bestimmungen sollten auch die Situation
lediger Mütter erleichtern. In dem Edikt „wider den Mord neugebohrner unehelicher Kinder, Verheimlichung der Schwangerschaft
und Niederkunft" aus dem Jahr 1765 wurde diesen Frauen staatliche
Unterstützung zugesagt.

Es entstanden in dieser Zeit in Deutschland zweierlei Institutionen, die das Leben unehelich geborener Kinder schützen sollten:
Entbindungsanstalten und Findelhäuser. Um unverheirateten Müttern ein Austragen ihrer Kinder ohne Angst vor Schande und Strafe
zu ermöglichen, wurden in zunehmendem Maße Entbindungsanstalten eingerichtet, in denen die Frauen einige Wochen vor der Entbindung Aufnahme fanden. Der Aufenthalt und die Entbindung
waren kostenlos; nach der Geburt durften die Wöchnerinnen noch
zwei bis vier Wochen in der Anstalt bleiben. Im Gegenzug verrichte-

---

[21] Nöth, S. 140f

[22] Nöth, S. 128

ten diese Frauen bis zur Entbindung leichte körperliche Arbeit und mußten bei der Geburt die Anwesenheit von Hebammenschülerinnen und Medizinern in der Ausbildung zulassen.[23]

Der Geburtshelfer A.F. Nolde beschreibt anläßlich der Übernahme einer Entbindungsanstalt im Jahr 1806 die Zielgruppe einer zweckmäßigen öffentlichen Entbindungsanstalt. Es kamen vor allem ledige Schwangere zur Entbindung, aber auch Frauen auf der Durchreise und einige verheiratete Frauen, die dann allerdings eine Sonderbehandlung[24] erfuhren:

> „Diese, welche zur Aufnahme armer geschwächter Personen, dann aber auch anderer die Wirkung eines leidenschaftlichen Augenblickes bereuender Mädchen aus den höhern Ständen, selbst bisweilen für dürftige oder andere verheirathete Frauen, für einheimische, auswärtige und durchreisende Schwangere nach Verhältniss ihres Umfangs und ihrer Einrichtung bestimmt zu seyn pflegen, sollen zwar allen diesen verschiedenen Individuen insbesondere dazu dienen, dass sie hier in der Stille und unbemerkt die letzte Zeit ihrer Schwangerschaft verleben, bey ihrer Entbindung selbst die nöthige Pflege und Hülfe finden, und nach geendigtem Wochenbette gesund und wohl mit ihren Kindern zu den Ihrigen zurückkehren können."

Die Entbindungsanstalten waren oftmals Hebammenschulen angeschlossen, bei denen sich die schwangeren Frauen schon eine Weile vor der Entbindung anmelden konnten.[25] Sie wurden dann

---

[23] Derartige Vereinbarungen wurden übrigens noch bis in die 1960er Jahre an einzelnen deutschen Frauenkliniken getroffen: Die unverheiratete Schwangere, Hausschwangere genannt, wurde unentgeltlich entbunden, wofür sie im Gegenzug leichte Hausarbeit bis zur Entbindung verrichtete und sich Medizinstudenten zur Untersuchung zur Verfügung stellen mußte.

[24] In Mainz wurden auch verheiratete Schwangere aufgenommen, die ein eigenes Zimmer bekamen und bei deren Entbindung nur der Leiter der Entbindungsanstalt sowie einige Schülerinnen anwesend waren.

[25] Nolde, S. 9. In Straßburg, Hessen, Fulda und Mainz beispielsweise waren unverheiratete Schwangere angehalten, sich an den Hebammenschulen frühzeitig anzumelden. Sie wurden dann in den dazugehörigen Entbindungsanstalten entbunden. In Hessen (1761) mußten die Frauen sich ein Vierteljahr vor der Entbindung bei dem ärztlichen Leiter, dem Professor Medicinae, melden, der ihren Namen notierte, ihn jedoch anderen gegenüber verschwieg. Nöth, S. 192

aufgefordert, sich bereits vor der Aufnahme in die Entbindungsanstalt regelmäßig in ein- bis zweiwöchentlichen Abständen zu körperlichen Untersuchungen, genannt Touchierübungen, einzufinden. Diese Übungen hatten mit der modernen Schwangerschaftsvorsorge nichts gemein, sondern bildeten eine praktische Ergänzung zum theoretischen Unterricht von Hebammenschülerinnen und Medizinstudenten. Um eine genaue Kenntnis der Veränderungen des weiblichen Körpers während der Schwangerschaft zu gewinnen, war die regelmäßige innere Untersuchung der Schwangeren, d.h. die Vaginaluntersuchung, für die Ausbildung von Hebammen und Geburtshelfern unerläßlich. Natürlich bargen diese Untersuchungen in einer Zeit, als man noch keinen Begriff von Keimfreiheit hatte, Gefahren, da Keime von einer Frau zur nächsten weitergegeben wurden (siehe Kapitel 10). Verglichen mit der Ansteckungsgefahr und dem Übergriff auf das weibliche Schamgefühl nahmen sich die Entschädigungen gering aus. Die Frauen erhielten als Gegenleistung an diesen Tagen freie Verpflegung und möglicherweise „von den untersuchenden Zuhörern noch jedesmal eine kleine Gratifikation.“[26] In Hessen (1761) erhielten Schwangere, die sich alle 14 Tage zum Touchieren einfanden, einen Ortsgulden.[27]

Auch in der Wiener Gebärklinik, in der Semmelweis arbeitete, konnten Frauen kostenlos entbunden werden, wenn sie sich als Gegenleistung der Studentenausbildung zur Verfügung stellten. Sie durften auch ihr Kind umsonst im Findelhaus abgeben, mußten jedoch, soweit möglich, dort als Amme arbeiten. Ein Geheimtip, die Touchierübungen zu umgehen und dennoch das Kind kostenlos ins Findelhaus bringen zu können, war die bereits erwähnte Gassengeburt, die Geburt auf dem Weg ins Krankenhaus. Manche Frauen ließen sich daher „in der Stadt bei den Hebammen entbinden, und sich dann mittelst Kutschen in das Gebärhaus bringen.“[28]

Die Aufnahme in eine Entbindungsanstalt erfolgte wenige Wochen vor der Entbindung. Sie brachte auch rechtliche Vorteile für die ledige Schwangere: Strafen und die daran geknüpften Gebühren

---

[26] Nolde 1806, S. 44f

[27] Nöth, S. 192

[28] Semmelweis 1861, S. 44

wurden gemildert oder erlassen. In Mainz (laut Hebammenordnung
von 1784) stellte der ärztliche Leiter einen Aufnahmeschein aus, der
die schwangere Frau von Bastardgebühren, Gefängnisstrafe und rich-
terlicher Untersuchung freistellte.

Die schwangeren Frauen wurden bis zu ihrer Niederkunft — wie
auch die Wöchnerinnen — zur Hausarbeit herangezogen, wodurch sie
einerseits beschäftigt waren und andererseits dem Gebärhaus Personal-
kosten erspart blieben. So wurden die Frauen in Hessen und Fulda
mit Spinnen, Nähen und Stricken beschäftigt.[29] Die Einstellung
von Wärterinnen erübrigte sich damit:

> „Zum Einheizen, Bettmachen, zum Decken der Tische und zur
> Aufwartung sowohl für den Gehülfen als die Hebamme des Hauses
> dürften wohl die Schwangern genügen ... zur Wartung in den Wo-
> chen- und Krankenstuben könnten aber die fremden Hebammen,
> auch wohl einige von den Schwangern, genommen werden. ... die
> Wäsche müßte aber von den Mägden sowohl als den sich dazu qua-
> lifizirenden Schwangern beschafft werden".[30]

Wie bereits erwähnt dienten die Geburten in den Entbindungsanstalten der Hebammen- und Ärzteausbildung. Hebammenschülerinnen durften nur bei der Entbindung lediger Frauen dabei sein.
Diese konnten sich mancherorts mit verhülltem Gesicht entbinden
lassen, um unerkannt zu blieben.[31] Der Entbindung einer verheirate-
ten Frau konnten sie nur mit deren Einverständnis beiwohnen.[32]

Die Entbindungsanstalten waren als sichere Zufluchtsorte für ledige Schwangere geplant worden, was sie zunächst auch waren. Die
Anstalten, an denen Geburtshelfer ausgebildet wurden, wurden in
dem Moment für die gebärende Frau gefährlich, als die Studenten an
anatomischen Übungen teilnahmen, wie in Kapitel 10 beschrieben.
Eine erschreckend hohe Erkrankungs- und Mortalitätsrate an Kindbettfieber waren die Folgen.

---

[29] Nöth, S. 33f

[30] Nolde 1806, S.28

[31] Nöth, S. 198

[32] Siehe z.B. Augsburger Hebammenordnung (1728), Nöth, S. 97

Ein weiteres Risiko war — je nach Anstalt und Einstellung des Geburtshelfers — die Operationsfreudigkeit. Die Operationsrate in Gebärhäusern war teilweise ausgesprochen hoch: Besonders viel wurde in den Berliner Gebäranstalten operiert, wo in den 30er Jahren des 19. Jahrhundert in 15,4% der Fälle operativ eingegriffen wurde, während diese Rate bei anderen Gebärhäusern bei 7,7% lag. Zangengeburten machten dabei 50 bis 80% der Operationen aus. Zwei Drittel der Säuglinge überlebten diese Operationen nicht.

Die Sicherheit der Gebärhäuser wurde daher sehr fragwürdig, und es kam zu Überlegungen, sämtliche Entbindungsanstalten zu schließen. Sie verdankten ihren Erhalt lediglich dem Grund ihres Entstehens: um ledigen Müttern eine Entbindungsmöglichkeit zu bieten und sie von Abtreibung, Kindesaussetzung und -mord abzuhalten.[33]

Findelhäuser

Als weitere Maßnahme, um einer unverheirateten Frau das Austragen ihres Kindes zu erleichtern, sollten Findelhäuser gegründet werden. Geplant war die Erziehung der Kinder in den Findelhäusern und ihre Vermittlung an Pflegeeltern. In Kassel wurde 1763 ein bereits bestehendes Waisenhaus zu einem Findelhaus ausgebaut; 1778 wurde ein neues Gebäude mit Findelhaus und Entbindungsanstalt errichtet. Die anonyme Übergabe der Findelkinder ohne Verlust an Ansehen und Ehre der Mutter war sichergestellt:

> „In sein Zimmer (das des Verwalters, Anm. d.Verf.) gieng der mit einem Bett versehene Kasten, in welchen durch eine unbeschlossene Glasthüre von aussen zu jeder Stunde des Tages oder des Nachts Findlinge ungehindert eingelegt werden konnten, die dann sogleich auf das Geschell, welches beym Auf- und Zumachen der Thüre entstund, weggenommen und versorgt wurden."[34]

Das Findelhaus in Kassel hatte einen enormen Zulauf. F.B. Osiander, der die Verhältnisse dort genau kannte, schildert den Entbindungstourismus, den dieses Findelhaus auslöste:

---

[33] Semmelweis 1861, S. 88

[34] F.B. Osiander, S. 41

„Nicht Heßens Dirnen allein, sondern fast immer mehr ausländische benutzten diese Anstalt zur leichten Wegschaffung ihrer Kinder. Aus Ober- und Niedersachsen, aus allen umliegenden Gegenden entwichen schwangere Dirnen heimlich aus ihrem Vaterland,
verdingeten, oder vermietheten sich in und um Cassel, und gaben
sich in dem Geburtshause an, weil sie, als angebliche Dienstboten
im heßischen, der Aufnahme fähig waren. Hatten sie nun da ihre
Geburt gehalten, und sollten jezt mit ihrem Kind wegziehen, so legten sie es heimlich in den Findelkasten, und entwichen schnell über
die nahen Grenzen; so entgiengen sie der darauf gesezten Zuchthausstrafe, und mißbrauchten das Haus auf gedoppelt Weise. Das Findelhaus hätte ihnen nicht gelegener, als an das Thor der Stadt, und
in die, den fremden Grenzen so nahe liegende, Hauptstadt gebaut
werden können.“

Ledige Schwangere aus Hessen gingen zur Entbindung nach Göttingen, dann „zogen sie mit ihrem Kind nach Cassel, legten es, so
wie sie zum Thor herein kamen, in den Findelkasten, und entledig-
ten sich auf solche Art ganz leicht der Schande bey den Ihrigen, der
Strafe und ihres Kindes.“[35]
Die Versorgung der Findelkinder war ein ungelöstes Problem. Die
meisten Ammen mußten zwei Kinder stillen, für die sie nie genügend
Milch hatten. Sie fütterten unverträgliche Kost zu:

„Hatte die Amme zwey Kinder zu stillen, so hatte sie auch gedoppelten Lohn; sie verlohr also niemals gerne einen Säugling. Um
es nun nicht merken zu lassen, daß sie mit ihrer Milch nicht zwey
Kinder stillen konnte, so fütterte sie solche nebenher mit Brod,
Grundbiren, Gemüß u. dgl. welches die Kinder aus Hunger oft frühzeitig mit grössester Begierde verschlangen. Ich habe vierteljährige
Kinder gesehen, denen die Amme Grundbiren in den Mund stekte,
die sie zuvor selbst zerkauet hatte, und die armen Geschöpfe aßen
solche mit sichtbarem Heißhunger.“[36]

Einige Ammen waren Mütter, die zuvor heimlich ihr Kind ins
Findelhaus gebracht hatten. Sie versuchten verständlicherweise,
ihrem Kind etwas mehr zu geben als dem anderen Säugling. Körperli-

---

[35] F.B. Osiander, S. 47f

[36] F.B. Osiander, S. 42ff

che Krankheiten hielten sie geheim, um ihre Arbeit nicht zu verlieren:

> „Oft brachte die Mutter ihr Kind heimlich ins Findelhaus und
> gab sich gleich nachher als Amme an. Bekam sie nun solches nebst
> noch einem andern zu stillen, so sättigte sie immer aus dem, wiewohl
> geringen, Ueberrest natürlicher Liebe ihr eigenes Kind erst genug,
> und das andere ließ sie Hunger leiden und verderben. Viele Kinder
> wurden krank und schwächlich, ja oft halb erfrohren eingebracht,
> und die ganz gesund waren, mußten an den Brüsten und unter den
> Händen dieser Ammen bald siech werden. Der grösseste Theil der
> Ammen war selbst siech ... Viele waren venerisch."[37]

Die Säuglings- und Kindersterblichkeit war erschreckend hoch:

> „Kaum der siebende Theil davon brachte sein Leben über 10
> Jahre: der zwölfte Theil kaum über 14."[38]

Findelhäuser wurden daher auch mit Mördergruben[39] und Grä-
bern[40] verglichen. Das Findelhaus verfehlte seinen Zweck — Alternative zum Kindermord — in zweifacher Hinsicht. Neugeborene
wurden nach wie vor ermordet aufgefunden,[41] und die Kinder starben
im Findelhaus fast ohne Ausnahme — wenn auch mit Verzögerung.
    Die hohe Säuglings- und Kindersterblichkeit war ein allgemeines
Problem der Findelhäuser. Schon damals wurden Kosten-Nutzen-
Rechnungen aufgestellt und nach dem Sinn von Findelhäusern
gefragt. Die Situation der Findelhäuser stellte sich überall gleich dar:
Die meisten Kinder starben, die wenigen Überlebenden fristeten ein
Leben als Bettler oder Vagabund, und die Einrichtungen kosteten den
Staat ungeheure Summen.[42]

---

[37] F.B. Osiander, S. 45

[38] F.B. Osiander, S. 50

[39] F.B. Osiander, S. 51

[40] „Endlich sind die meisten Findelhäuser Gräber für die Kinder. Es bleiben darin im
Durchschnitt von zehn Jahren von 100 kaum 3 bis 5 leben." Kreuzfeld, zit. nach Pfeil,
S. 317

[41] „Es war bestimmt, dem Kindermord Einhalt zu thun, und es vergieng kein Jahr, wo
man nicht selbst in und um Cassel ermordete Kinder fand". F.B. Osiander, S. 49

[42] Es gab erfreulicherweise auch positive Ausnahmen. Johann Bartholomäus Hage

Die Kasseler Lösung für dieses Problem war Ende 1781 die Abschaffung des Findelkastens, d.h. die Kinder konnten nicht mehr anonym abgegeben werden:

> „Von dieser Zeit an durften nur diejenige heßische Müttern ihre Kinder einbringen, welche durch ein schriftliches Zeugniß vom Beamten und Pfarrer ihres Orts beweisen konnten, daß sie sowohl aus Armuth als Kränklichkeit nicht vermögend wären, ihrem Kind den nöthigen Unterhalt zu verschaffen."[43]

Praktisch betrachtet bedeutete dies das Ende des Findelhauses und die Umfunktionierung in ein Waisenhaus.

In Frankreich, wo es wesentlich mehr Findelhäuser gab als in Deutschland, schlug Chamousset vor, die Ernährung von Findelkindern zu ändern und sie mit Kuhmilch aufzuziehen. Er war einer der ersten, der die Ernährung des Säuglings mit der Flasche propagierte. Er versprach sich davon eine drastische Senkung der Säuglingssterblichkeit. (So viel hätte sich in Wirklichkeit dadurch nicht geändert, weil die Kinder dann an Magen-Darm-Erkrankungen gestorben wären.) Weiterhin schlug er vor, die somit geretteten Menschenleben nutzbringend in den Kolonien als billige Arbeitskräfte anzusiedeln oder dem Vaterland militärisch dienbar zu machen. Diese heute zynisch und grausam klingenden Vorschläge paßten durchaus in die Militärpolitik des 18. Jahrhunderts und erregten bei den Zeitgenossen Chamoussets keinen Anstoß. Im Gegenteil — er wurde als Menschenfreund gefeiert und ging als Philanthrop in die Geschichte ein.

Findelhäuser wurden in Deutschland nie in dem Ausmaß wie beispielsweise in Frankreich und Italien eingerichtet. Einerseits befürchtete man, Findelhäuser würden den außerehelichen Beischlaf fördern,[44] andererseits wurde das Argument der hohen Kindersterblich-

---

wurde im 30jährigen Krieg als einjähriger Säugling von seiner Schwester in das Ulmer Findelhaus gebracht. Er wurde sehr fürsorglich betreut und studierte später in Tübingen Theologie. Er wurde Dekan in Blaubeuren und anschließend Hofprediger am Hof des Herzogs von Württemberg in Stuttgart. Schulz, I., S. 55f

[43] F.B. Osiander, S. 51f

[44] Pfeil, S. 316, zitiert Kreuzfeld: „Es sei unnatürlich, unanständig und befördert die Gleichgültigkeit des unstäten Beischlafes, wenn die Mutter sich aller Verbindung mit dem Kind entledige."

keit in Findelhäusern vorgebracht. Findelhäuser hatten in Deutschland — von Ausnahmen abgesehen — niemals lange Bestand und
wurden entweder aufgelöst oder in Waisenhäuser umgewandelt.[45]

Fazit: Die Situation einer unverheirateten Mutter war bis ins 20.
Jahrhundert hinein außerordentlich schwierig, wenn nicht unerträglich. Um diesen Frauen das Austragen ihres Kindes und die Geburt
ohne Gesichtsverlust zu ermöglichen, wurden ab Mitte des 18. Jahrhunderts Entbindungshäuser eingerichtet. Des weiteren wurden Findelhäuser geplant, in denen die Mütter ihre Kinder anonym abgeben
konnten. Während beispielsweise in Frankreich, Italien und Österreich zahlreiche Findelhäuser eingerichtet wurden, wurde in Deutschland nur in wenigen Städten für kurze Zeit ein solcher Versuch ge-
startet.

---

[45] Pfeil, S. 310f

Literatur

Ackerknecht, E.H.: Geschichte der Medizin. Enke, Stuttgart, 1992

Ahrendt-Schulte, I.: Weise Frauen — böse Weiber. Die Geschichte der Hexen in der Frühen Neuzeit. Herder, 1994

Albrecht-Engel, I.: Geburt in der Bundsrepublik Deutschland. In: Schiefenhövel, W., Sich, D., Gottschalk-Batschkus, C.E.: Gebären — Ethnomedizinische Perspektiven und neue Wege. VWB, Berlin, 1995, S. 1-42

Amato, M. et al.: Das Neugeborene. Manual für Neonatologie. Kinderspital Aarau, Universität Bern

Anderson, B.S., Zinsser, J.P.: Eine eigene Geschichte. Frauen in Europa. Schweizer Verlagshaus, Zürich, 1992

Aristoteles, Historia animalium

Badinter, E.: Die Mutterliebe. Geschichte eines Gefühls vom 17. Jahrhundert bis heute. München, dtv, 1985

Barcyk, M.: Stadt Waldsee. In: Hexen und Hexenverfolgung im deutschen Südwesten. Eine Ausstellung des Badischen Landesmuseums Karlsruhe im Schloß. Cantz, 1994, S. 252-256

Baresel, A.: Die Hexe Katharina Kepler. Neue Zeitschrift für Musik 119: 434-455, 1958

Bayerland v., Ortolff: Das Frauenbüchlein. Gedruckt vor 1500. Hrsg: Klein, G., Alte Meister der Medizin und Naturkunde. München 1910

Becker-Cantarino, B.: Der lange Weg der Mündigkeit. Frauen und Literatur in Deutschland von 1500-1800. dtv, München, 1989

Berg, D., Süß, J.: Die erhöhte Mortalität in der Hausgeburtshilfe. Geburtsh. u. Frauenh. 54: 131-138, 1994

Birkelbach, D, Eifert, Ch., Lueken, S.: Zur Entwicklung des Hebammenwesens vom 14. bis zum 16. Jahrhundert am Beispiel der Regensburger Hebammenordnungen. Frauengeschichte, Beiträge 5, Verlag Frauenoffensive, München, 1981, S. 83-98

Boer, L.J.: Natürliche Geburtshülfe und Behandlung der Schwangern, Wöchnerinnen, und neugebornen Kinder. Wien, 1817

Bonner, T.N.: Becoming a physician. Medical education in Britain, France, Germany, and the United States, 1750-1945. New York, Oxford, Oxford University Press, 1995

Burger, L.: 40 Jahre Storchentante. Aus dem Tagebuch einer Hebamme. Otto Walter AG Olten, 1943

Busch, J.D.: Kurzgefaßte Hebammenkunst. Marburg, 1805

Büttner, Ch.G.: Vollständige Anweisung wie durch anzustellende Untersuchung ein verübter Kindermord auszumitteln sey, nebst acht und achtzig beygefügten eigenen Obductions-Zeugnissen, zum Nutzen derer neuangehenden Aerzte und Wundärzte. Königsberg und Leipzig, 1771

David, M., Reich, A., Kentenich, H., Morack, G.: Väter als Geburtsbegleiter — aktuelle Aspekte. Geburtsh. u. Frauenh. 54: M 154-M156, 1994

De la Motte, Guillaume Mauquest: Vollkommener Tractat von Kranckheiten Schwangerer und Gebährender Weibs-Persohnen. Johannes Beck, 1732

Deichert, H.: Geschichte des Medizinalwesens im Gebiet des ehemaligen Königreichs Hannover. Hannover und Leipzig, Hahnsche Buchhandlung, 1908

Deschner, K.: Das Kreuz mit der Kirche. Wilhelm Heyne, München, 1996

Deventer, H.: Neues Hebammenlicht. Jena, 1761

Donnison, J.: Midwives and medical men. Schocken Books, New York, 1977

Drux 1994, zit. nach Dumont du Voitel, W.: Hebammen im Odenwald. In: Schiefenhövel, W., Sich, D., Gottschalk-Batschkus, C.E.: Gebären — Ethnomedizinische Perspektiven und neue Wege. VWB, Berlin, 1995, S. 305-322

Duden, B.: „Ein falsch Gewächs, ein unzeitig Wesen, gestocktes Blut." Zur Geschichte von Wahrnehmung und Sichtweise der Leibesfrucht. In: Unter anderen Umständen. Eine Geschichte der Abtreibung. Deutsches Hygiene-Museum, Dresden und edition ebersbach, Dortmund, 1996

Eckart, W.U.: Geschichte der Medizin. Springer, Berlin, Heidelberg, New York, 1994

Edelmann, L.: Die Situation der Hebamme — Entwicklung der letzten drei Jahre. Deutsche Hebammen Zeitschrift 1: S. 8-9, 1996

Eldering, G., Selke, K.: Wassergeburt — eine mögliche Entbindungsform? Geburtsh. u. Frauenheilk. 56: 670-676, 1996

Enning, C.: Erlebnis Wassergeburt. Verlagsgesellschaft Köln, 1995

Fasbender, F.: Geschichte der Geburtshilfe. Jena, 1906

Fasbender, H.: Entwickelungslehre, Geburtshülfe und Gynäkologie in den Hippokratischen Schriften. Stuttgart, Enke, 1897

Faust, B.C.: Gedanken über Hebammen und Hebammenanstalten auf dem Lande. Frankfurt a.M., 1784

Favre, A.: Ich, Adeline, Hebamme aus dem Val d'Anniviers. Limmat Verlag Genossenschaft, Zürich, 1982

Fehr, H.: Die Rechtstellung der Frau und der Kinder in den Weistümern. Jena 1912

Fischer-Dückelmann, A.: Das goldene Frauenbuch. Die Frau als Hausärztin. Dresden, Stuttgart, 1903

Fischer-Homberger, E.: Geschichte der Medizin. Springer, 1977

Fischer-Homberger, E.: Krankheit Frau. Zur Geschichte der Einbildungen. Bern, Huber, 1984

Fischer-Homberger, E.: Medizin vor Gericht. Huber, 1983

Flock, F., Böhm, W., Schwilk, B., Kreienberg, R.: Akute partielle Inversio uteri als Ursache einer lebensbedrohlichen postpartalen Nachblutung. Geburtsh. u. Frauenheilk. 57: 689-691, 1997

Fossel, V.: Studien zur Geschichte der Medizin. Stuttgart 1909, S. 46-110

Frevert, U.: Frauen und Ärzte im späten 18. und frühen 19. Jahrhundert — zur Sozialgeschichte eines Gewaltverhältnisses. In Kuhn, A., Rüsen, J. (Hrsg.): Frauen in der Geschichte II. Düsseldorf, 1982, S. 177-210

Geissbühler, V., Eberhard, J.: Alternative Gebärmethoden im Krankenhaus. In: Vetter, K. (Hrsg.): Die Geburt. Ein Ereignis zwischen Mythos und medizinischem Risiko. Gustav Fischer, Stuttgart, 1996, S. 79-88

Grant, E. (Hrsg.): A source book in medieval science. Harvard University Press, Cambridge, MA, 1974

Grimm, J, Grimm, W.: Deutsches Wörterbuch. Nachdruck, dtv, Stuttgart, 1984

Gröber, C.: Handbuch der religiösen Gegenwartsfragen. Mit Empfehlung des deutschen Gesamtepiskopates. Neuer Abdruck 1940

Gubalke, W.: Die Hebamme im Wandel der Zeiten. Ein Beitrag zur Geschichte des Hebammenwesens. Elwin Staude, Hannover, 1964

Haberling E.: Beiträge zur Geschichte des Hebammenstandes: der Hebammenstand in Deutschland von seinen Anfängen bis zum Dreißigjährigen Krieg, Berlin, 1940

Handwörterbuch des Deutschen Aberglaubens, hrsg. von Bächtold-Stäubli, H., de Gruyter, Berlin, New York, 1987

Hartge, R.: Zur Geburtshilfe und Säuglingsfürsorge im Spiegel der Geschichte Afrikas. In: Schiefenhövel, W., Sich, D., Gottschalk-Batschkus, C.E.: Gebären — Ethnomedizinische Perspektiven und neue Wege. VWB, Berlin, 1995, S. 105-114

Hebammengesetz: Gesetz über den Beruf der Hebamme und des Entbindungspflegers vom 4. Juni 1985. Elwin Staude, Hannover, 2. Auflage 1994

Hebammenhilfe-Gebührenverordnung (HebGV) vom 28.10.1986 in der Fassung vom 7.10.1997. Elwin Staude, Hannover

Hebammenprojekt Emsland, Materialien des Institus für Entwicklungsplanung und Strukturforschung. Hannover 1993, Band 156

Heinsohn, G., Steiger, O.: Die Vernichtung der weisen Frauen. Beiträge zur Theorie und Geschichte von Bevölkerung und Kindheit. Heyne, München, 1994

Herrig, G.: Ländliche Nahrung im Strukturwandel des 20. Jahrhunderts. Meisenheim, Heim 1974

Hildegard von Bingen: Heilwissen. Von den Ursachen und der Behandlung von Krankheiten. Übers. u. hrsg. v. Manfred Pawlik. Herder, Freiburg, Basel, Wien, 1994

Hilger, W.: Die Geschichte der Gemeinde Hofsgrund (Schauinsland). Aachen, 1992

Hintereicher, M.: Brauchtum bei Schwangerschaft, Geburt und Wochenbett in Bayern, dargestellt anhand von Aussagen bayerischer Hebammen. Burgverlag, Tecklenburg, 1993

Hoffmeister v., A.: Das Medizinalwesen im Kurfürstentum Bayern. Wirken und Einfluß der Leib- und Hofärzte auf Gesetzgebung und Organisation. Diss., München, 1974

Höhn, H.: Sitte und Brauch bei Geburt, Taufe und in der Kindheit. Württembergische Jahrbücher, 1909

Jahn-Zöhrens, U.: 1. Internationale Konferenz zur Wassergeburt. Eine Zusammenfassung. Deutsche Hebammen Zeitschrift 6: 287-288, 1995

Jerouschek, S.: Mittelalter. Antikes Erbe, weltliche Gesetzgebung und Kanonisches Recht. In: Jütte, R.: Geschichte der Abtreibung. Von der Antike bis zur Gegenart. Beck, München, 1993, S. 44-67

Jordan, B.: Die Geburt aus der Sicht der Ethnologie. In: Schiefenhövel, W., Sich, D., Gottschalk-Batschkus, C.E.: Gebären — Ethnomedizinische Perspektiven und neue Wege. VWB, Berlin, 1995, S. 25-30

Jütte, R.: Geschichte der Abtreibung. Von der Antike bis zur Gegenart. Beck, München, 1993

Kafka, M., Riss, P., Trotsenburg v., M., Maly, Z.: Gebärhocker — ein geburtshilfliches Risiko? Geburtsh. u. Frauenheilk. 54: 529-531, 1994

Kainz, Ch., Lee, A., Gitsch, G., Schneider, B., Gruber, W., Dadak, Ch.: 15 Jahre Entbindung bei Status post Sectio casesarea. Geburtsh. u. Frauenheilk. 53: 230-234, 1993

Kaltenbach, R.: Lehrbuch der Geburtshilfe. Stuttgart, Enke, 1893

Kapferer, R. (Hrsg.): Die Werke des Hippokrates. Die hippokratische Schriftensammlung in neuer deutscher Übersetzung. Stuttgart, Leipzig, 1936

Keller, W., Wiskott, A.: Lehrbuch der Kinderheilkunde. Thieme, Stuttgart, 1977

Kerchner, B.: Beruf und Geschlecht. Vandenhoeck und Ruprecht, Göttingen, 1992

Kerschensteiner v., J.: Paul Zacchias. Friedreich's Blätter für gerichtliche Medicin und Sanitätspolizei 35: 401-410, 1884

Kolben, M., Weikl, R., Scholz, M.: Geburtsleitung bei Zustand nach Sectio caesarea. Geburtsh. u. Frauenheilk. 57: 486-490, 1997

Kolben, M.: Geburtshilfliche Aspekte bei Zustand nach Sectio caesarea. Geburtsh. u. Frauenheilk. 53: 829-834, 1993

Krauss, H.: Zur Geschichte des Hebammenwesens im Fürstentum Ansbach. (Sudhoff's) Archiv für die Geschichte der Medizin 6: 64-71, 1913

Kühnel, S.: Plädoyer für ein ökologisches Modell in der Geburtshilfe — Gründe für eine Trennung von Geburtshilfe und Geburtsmedizin. In: Ploil, O. (Hrsg.): Frauen brauchen Hebammen. Aleanor Verlag, Nürnberg, 1991, S. 172-198

Kuntner, L.: Die Gebärhaltung der Frau. In: Schiefenhövel, W., Sich, D., Gottschalk-Batschkus, C.E.: Gebären — Ethnomedizinische Perspektiven und neue Wege. VWB, Berlin, 1995, S. 235-243

Kuntner, L.: Die Gebärhaltung der Frau. Marseille Verlag, München, 4. Aufl., 1994

Leibrock-Plehn, L.: Frühe Neuzeit. Hebammen, Kräutermedizin und weltliche Justiz. In: Jütte, R. (Hrsg.): Geschichte der Abtreibung. Von der Antike bis zur Gegenwart. München, 1993, S. 69

Limburg, A.: Hausgeburt und aufrechte Gebärhaltung — Bericht aus einer holländischen Praxis. In: Ploil, O. (Hr.): Frauen brauchen Hebammen. Aleanor Verlag, Nürnberg, 1991, S. 13-27

Limburg, A.: Hebammen in Holland und dem neuen Europa. In: Ploil, O. (Hrsg.): Frauen brauchen Hebammen. Aleanor, Nürnberg, 1991, S. 132-140

Linner, R.: Tagebuch einer Landhebamme. 1943-1980. Rosenheimer, 1989

Loytved, C.: Osiander und die „wilden Völker". Zur Diskussion Natur versus Kultur in der Geburtshilfe um 1800. In: Schiefenhövel, W., Sich, D., Gottschalk-Batschkus, C.E. (Hrsg.): Gebären — Ethnomedizinische Perspektiven und neue Wege. VWB, Berlin, 1995, S. 7-18

Mackensen, L.: Ursprung der Wörter. Etymologisches Wörterbuch der deutschen Sprache. VMA - Verlag Wiesbaden, 1985

MacNaughton Dunn, P.: Die Geburt als physiologischer Prozeß — eine pädiatische Sichtweise der Perinatalzeit. In: Schiefenhövel, W., Sich, D., Gottschalk-Batschkus, C.E.: Gebären — Ethnomedizinische Perspektiven und neue Wege. VWB, Berlin, 1995, S. 225-232

Mankiller, W., Mink, G., Navarro, M, Smith, B., Steinem G. (Hrsg.): The reader's companion to U.S. women's history. Houghton Mifflin Company, New York, Boston, 1998

Martin, A.: Gebärlage der Frau, Bad des Neugeborenen und Wochenbett in Mitteleuropa auf Grund bildlicher und textlicher Darstellung. Archiv für Geschichte der Medizin 10/5: 209-250, 1917

Mendez-Bauer, C., Arrrayo, J., Roberts, J.: Vorteile und Nachteile verschiedener mütterlicher Stellungen während der Geburt. In: Schiefenhövel, W., Sich, D., Gottschalk-Batschkus, C.E.: Gebären — Ethnomedizinische Perspektiven und neue Wege. VWB, Berlin, 1995, S. 245-248

Mezler, F.X.: Versuch einer medizinischen Topographie der Stadt Sigmaringen. Freiburg, Herder, 1822

Midelfort, H.C.E.: Geschichte der abendländischen Hexenverfolgung. In: Hexen und Hexenverfolgung im deutschen Südwesten. Eine Ausstellung des Badischen Landesmuseums Karlsruhe im Schloß. Cantz, 1994, S. 49-58

Miesen, K.-J.: Friedrich Spee. Priester, Dichter, Hexenanwalt. Droste Verlag, Düsseldorf

Molitor, U.: Tractatus von bösen Weibern, die man nennet die Hexen. Ulm, 1490/91

Motluk, A.: Push für hospital births was misguided. New Scientist, 11.5.: 5, 1996

Mühlenbeck, S.: Die Tagebücher der Hebamme Martha Reichner. Med. Diss. Berlin, 1977

Müller, B.: Die Familienärztin. Ein ärztliches Nachschlagebuch. Süddeutsches Verlags-Institut, München, 1926

Murken, A.H.: Eigene Krankenhäuser für die Geburtshilfe — Zur Entwicklung der klinischen „Entbindungskunst" in Deutschland im 19. Jahrhundert. Geburtsh. u. Frauenheilk. 56: M131-M137, 1996

Murken, A.H.: Hebammen gibt es schon seit 2000 Jahren. Zur Geschichte der Gebutshilfe und des Hebammenwesens. Die Hebamme 6: 31-40, 1993

Murken, A.H.: Hebammen im Wandel der Zeit. Geburtsh. u. Frauenheilk. 54: M57-M62, 1994

N.N.: Zu Wiesensteig mit dem Brand gerichtet. Stauferland, 1960, Nr. 5.4

Naaktgeboren, C.: Über die Hausgeburt in den Niederlanden. In: Schiefenhövel, W., Sich, D., Gottschalk-Batschkus, C.E.: Gebären — Ethnome-

dizinische Perspektiven und neue Wege. VWB, Berlin, 1995, S. 287-
292

Neue Jerusalemer Bibel. Einheitsübersetzung mit dem Kommentar der Jerusalemer Bibel. Herder, Freiburg, Basel, Wien, 1995

Neuhaus, W.: Präpartale Erwartungen und postpartale Zufriedenheit —
Psychosoziale Aspekte in der Geburtshilfe. Geburtsh. u. Frauenh. 54:
M124-M125, 1994

Nohe, G., Hartmann, W., Klapproth, C.E.: Äußere Wendung des Feten als
ambulanter Eingriff. Geburtsh. u. Frauenheilk. 56: 328-330, 1996

Nolde, A.F.: Gedanken über die zweckmäßigste Einrichtung und Benutzung
öffentlicher Entbindungsanstalten. Eine Gelegenheitschrift beim An-
tritt einer Lehrstelle der Geburtshülfe an dem Collegio medico-chirur-
gico zu Braunschweig. Braunschweig, Vieweg, 1806

Nolde, A.F.: Notizen zur Kulturgeschichte der Geburtshülfe in dem Her-
zogthum Braunschweig. Erfurt, 1807

Noonan, J.T.: Empfängnisverhütung. Geschichte ihrer Beurteilung in der
katholischen Theologie und im kanonischen Recht. Matthias-Grüne-
wald-Verlag, Mainz, 1967

Nöth, A.: Die Hebammenordnungen des 18. Jahrhunderts. Würzburg, Med.
Diss. 1931

Osenbrügge-Müller, M., Ranke, W., Mund-Hoym, S.: Die äußere Wendung
bei Beckenendlage. Geburtsh. u. Frauenheilk. 56: 665-669, 1996

Osiander, F.B.: Beobachtungen, Abhandlungen und Nachrichten, welche
vorzüglich Krankheiten der Frauenzimmer und Kinder und die Entbin-
dungswissenschaft betreffen. Tübingen 1787

Osiander, J.F.: Anzeigen zur Hülfe bey unregelmässigen und schweren Geburten. Tübingen, 1825

O'Dowd, M.J., Philipp, E.E.: The history of obstetrics and gynaecology. The
Parthenon Publishing Group, New York, London, 1994

Pfeil, S.: Das Kind als Objekt der Planung. Eine kulturhistorische Untersuchung über Abtreibung, Kindestötung und Aussetzung. Otto Schwartz
& Co., Göttingen, 1979

Pfeufer, C.: Ueber das Verhalten der Schwangeren, Gebährenden und
Wöchnerinnen auf dem Lande, und ihre Behandlungsart der Neugebor-

nen und Kinder in den ersten Lebensjahren. Kapp's Jahrbuch der Staats-arzneikunde. III. Jahrgang: 43-74, 1810

Platon: Theaitetos. Platon, Sämtliche Werke, Bd. 4. Nach der Übersetzung von Friedrich Schleiermacher. Rowohlt, Hamburg, 1983

Platon: Timaios. Platon, Sämtliche Werke, Bd. 5. Nach der Übersetzung von Friedrich Schleiermacher. Rowohlt, Hamburg, 1983

Pschyrembel, W., Dudenhausen, J.W.: Praktische Geburtshilfe mit geburts-hilflichen Operationen. Walter de Gruyter, 1994

Pulz, W.: Rivalisierende Wissensformen in der Geburtshilfe des 16. und 17. Jahrhunderts. In: Schiefenhövel, W., Sich, D., Gottschalk-Batschkus, C.E.: Gebären — Ethnomedizinische Perspektiven und neue Wege. VWB, Berlin, 1995, S. 19-24

Pulz, W.: „Nicht alles nach der Gelahrten Sinn geschrieben" — Das Heb-ammenanleitungsbuch von Justina Siegemund. Münchener Universi-tätsschriften. Münchner Beiträge zur Volkskunde, München, 1994

Richter, J., Götze, R. (Hrsg.): Tiergeburtshilfe. 3. Aufl., Berlin, Hamburg, 1978

Rösslin, Eucharius „Der Swangern frawen und hebammen rosengarten. Gedruckt im Jahre 1513. Begleittext von Gustav Klein. Kuhn, Mün-chen, 1910

Rousseau, J.J.: Emile oder Über die Erziehung. Stuttgart, 1980

Rowland, B.: Medieval woman's guide to health. The first English gyneco-logical handbook. The Kent State University Press, Kent, Ohio, 1981

Saarinen, U.M., Kajosaari, M: Breastfeeding as prophylaxis against atopic disease: prospective follow-up study until 17 years old. Lancet 346: 1065-1069, 1995

Saeger, J.: The state of women in the world atlas. Penguin Books, Har-mondsworth, Middlesex, England, 1997

Saling, E., Almeida de, Ph., Schwarzenau, E.: Äußere Wendung des Feten aus Beckenendlage in Schädellage. Auswertung von 1000 Fällen. Ge-burtsh. u. Frauenheilk. 53: 597-602, 1993

Sauter, J.G.: Die Hexerei mit besonderer Berücksichtigung Oberschwabens. Eine kultur-historische Studie. Druck und Verlag der Ebner'schen Buchhandlung. Ulm, 1884

Schipperges, H.: Geschichte der Medizin in Schlaglichtern. Mayers Lexikonverlag, Mannheim, Wien, Zürich, 1990

Schmid, M.: Die Biberacher Scharfrichter. In: Hexen und Hexenverfolgung
im deutschen Südwesten. Eine Ausstellung des Badischen Landesmuseums Karlsruhe im Schloß. Cantz, 1994, S. 411-414

Schmidt-Matthiesen, H.: Gynäkologie und Geburtshilfe. Schattauer, Stuttgart, New York, 1982

Schneider, C.: Die Markgrafschaften Baden-Baden und Baden-Durlach. In:
Hexen und Hexenverfolgung im deutschen Südwesten. Eine Ausstellung des Badischen Landesmuseums Karlsruhe im Schloß. Cantz, 1994,
S. 187-195

Schroeder, F.-C.: Die Carolina. Die Peinliche Gerichtsordnung Kaiser Karls
V. von 1532. Wiss. Buchges., Darmstadt, 1986

Schroeder, K.: Lehrbuch der Geburtshülfe. Bonn, Cohen, 1893

Schulz, I.: Schwestern, Beginen, Meisterinnen. Universitätsverlag Ulm,
1992

Schulz, S.: In Sorge um Mutter und Kind — Ethische, operative und institutionelle Aspekte zur Geschichte der Gebutshilfe. Geburtsh. u. Frauenheilk. 56: M35-M38, 1996

Scultetus, D.J.: Wund-Artzneyisches Zeug-Hauss. Faksimile-Druck der
Scultetus-Ausgabe von 1666. Kohlhammer, Stuttgart, 1988

Scultetus-Gesellschaft e.V. Ulm-Donau: Geburtshilfe im Wandel der Zeit.
Ulm, 1977

Seidman, D.S., Paz-I., Laor, A., Gale, R., Stevenson, D.K., Danon- Y.L.: Apgar
scores and cognitive performance at 17 years of age. Obstet. Gynecol.
77/6: 875-878, 1991

Semm, K., Weichert-von Hassel, M. (Hrsg.): Kiel university hospital of
gynecology and Michaelis school of midwifery — its contributions to
gynecology from 1805-1985. Kiel, 1985

Semmelweis, I.P.: Die Aetiologie, der Begriff und die Prophylaxis des
Kindbettfiebers. Pest, Wien und Leipzig, 1861

Semmelweis, I.P.: Die offenen Briefe an Professoren der Geburtshilfe. Hrsg.
von. Johannes Grosse, Dresden, Dohrn, 1899

Shorter, E.: Women's bodies. A social history of women's encounter with health, ill-health, and medicine. Transaction publishers. New Brunswick, London, 1991

Siebold v., E.C.J.: Versuch einer Geschichte der Geburtshülfe. Berlin, 1839

Siegemundin, Justine: Ein höchst nöthiger Unterricht von schweren und unrecht-stehenden Geburthen. Voß, 1756

Sigerist, H.E.: Große Ärzte. Eine Geschichte der Heilkunde in Lebensbildern. Lehmann, München, 1932

Sömmering, S.T., anonymus: Über die Schädlichkeit der Schnürbrüste, zwey Preisschriften durch eine von der Erziehungsanstalt zu Schnepfenthal aufgegebne Preisfrage veranlast. Leipzig, Siegfried Lebrecht Crusius, 1788

Spiegelberg, O.: Lehrbuch der Geburtshülfe für Aerzte und Studirende. Moritz Schauenburg, Lahr, 1878

Sporhan-Krempel, L.: Die Hexe von Nördlingen. Das Schicksal der Maria Holl. Kullmann, Stuttgart-Degerloch (um 1950)

Staehr, Ch.: Der Bär, die Jungfrau und die Geburtshilfe. Geburtsh. u. Frauenheilk. 57: M89-M92, 1997

Statistisches Bundesamt: Bevölkerung und Erwerbstätigkeit. Fachserie 1, Reihe 3, Haushalte und Familien, 1996

Statistisches Bundesamt: Im Blickpunkt: Frauen in Deutschland. Metzler-Poeschel, Stuttgart, 1998

Statistisches Bundesamt, Mitteilung über Berufstätige Ärzte/Ärztinnen am 31.12.1995 nach Fachgebieten, Art der Tätigkeit und Geschlecht

Steidele, R.: Abhandlung von der Geburtshülfe. Erster Theil, Verhaltungsregeln für Schwangere, Gebährende und Kindbetterinnen. Gedruckt bey Johann Thomas Edlen von Trattner, 1803

Steidinger, S.: Hexenverfolgungen in der frühen Neuzeit. In: Borries, v.B., Kuhn, S. (Hrsg.): Frauen in der Geschichte VIII. Schwann, Düsseldorf, 1982, S. 91-151

Stucky, J.P: Der Gebärstuhl. Die Gründe für sein Verschwinden im deutschen Sprachbereich. Inaugural-Dissertation. Juris-Verlag, Zürich, 1965

Stukenbrock, K.: Das Zeitalter der Aufklärung. Kindsmord, Fruchtabtreibung und medizinische Policey. In: Jütte, R.: Geschichte der Abtreibung. Von der Antike bis zur Gegenwart. Beck, München, 1993, S. 91-119

The New Our Bodies, Ourselves. A book by and for women. A Tauchstone book. New York, London, Toronto, Sydney, Tokyo, Singapore, 1992

Thilenius, M.G.: Unterricht für die Hebammen, Schwangeren und Wöchnerinnen auf dem Lande. Kassel und Marburg, 1810

Thoms, U.: „Der Tod aus der Milchflasche. Säuglingssterblichkeit und Säuglingsernährung im 19. und 20. Jahrhundert. In: Kein Kinderspiel. Das erste Lebensjahr. Westfälisches Museumsamt. LWL, Münster, 1994, S. 58-69

Treitner, A.: Die Taufe im Mutterleib mittelst der Hohlnadel. Theologisch-praktische Quartalsschrift 61: 317-333, 1908

Ulrich, L.T.: A midwife's tale. The life of Martha Ballard, based on her diary 1785-1812. Random House Inc., New York, 1990

Voigt, M., Schneider, K.T.M., Jährig, K.: Analyse des Geburtengutes des Jahrgangs 1992 der Bundesrepublik Deutschland. Geburtsh. u. Frauenheilk. 56: 550-558, 1996

Wächter, O.: Vehmgerichte und Hexenprozesse in Deutschland. Stuttgart. Reprint-Verlag-Leipzig, 1882

Weindler, F: Geburts- und Wochenbettdarstellung auf altägyptischen Tempelreliefs. München, 1915

White, C.: A treatise on the management of pregnant and lying-in women, London, 1773, S. 338-41

WHO: Kongreßbericht der „Gemeinsamen interregionalen Konferenz über bedarfsgerechte Geburtstechnologie". Fortaleza, Brasilien, 1985

Wilson, A.: The making of man-midwifery. Childbirth in England, 1660-1770. Harvard University Press, Cambridge, MA, 1995

Wohlgemuth, M.: Die Bäuerin in 2 badischen Gemeinden. Karlsruhe, 1913

Worschech, R.: Frauenfeste und Frauenbräuche in vergleichender Betrachtung mit besonderer Berücksichtigung Frankens. Würzburg, phil. diss., 1971

Index